Klaus Wolf (Hg.)

Entwicklungen

in der Heimerziehung

1993 · VOTUM Verlag

Die Deutsche Bibliothek — CIP-Einheitsaufnahme

Entwicklungen in der Heimerziehung / Klaus Wolf (Hg.). -
Münster : Votum-Verl., 1993
   ISBN 3-926549-73-4
NE: Wolf, Klaus [Hrsg.]

©1993 VOTUM Verlag GmbH,
Studtstr. 20 · 48149 Münster

Lektorat: Ullrich Gintzel
Umschlag: Jauczius & Böwer, Münster
Satz: Schreibbüro Markus Schmitz, Münster
Druck: Druckwerkstatt, Münster
ISBN 3-926549-73-4

Inhalt

Vorwort 5

Zum Verständnis dieses Buches 7

Entwicklungslinien in der Heimerziehung

Klaus Wolf
Veränderungen der Heimerziehungspraxis: Die großen Linien 12

Klaus Wolf
Keine geschlossene Unterbringung in der Hamburger
Heimerziehung: Praxis und Konsequenzen 65

Rüdiger Kühn
Innovation traditioneller Heimerziehung:
Das milieunahe Heim 78

Hamburger Heimreform

Klaus Wolf
Wohin hat uns die Heimreform gebracht? 92

Friedhelm Peters / Fred Wohlert
Im Jahre 4 nach der Hamburger Heimreform von 1982:
Erfahrungen, ungelöste Probleme, Perspektiven 103

Günter Finke / Gitta Trauernicht
Weiterentwicklung der Hilfen zur Erziehung in Hamburg 131

Hans-Jürgen Sommerfeld
Grundlagen der Finanzierung von Hilfen zur Erziehung
in Hamburg 152

Neue Formen stationärer Jugendhilfe

Fred Wohlert
Außenwohngruppen und öffentliche Verwaltung 162

Vera Birtsch
Jugendwohnungen: Zwischen selbstbestimmtem Wohnen
und sozialräumlicher Pädagogik 172

Karl-Ludwig Wagner / Maren Knebel-Pasinski
Von der Heimschule zur Schulischen Erziehungshilfe 190

Veränderte Praxis: Umgang mit spezifischen
Problemlagen von Kindern, Jugendlichen und Familien

Friederike Degenhardt
Drogenkonsum in der Jugendhilfe — Akzeptanz versus Ausgrenzung   204

Christiane Kluge
Junge Frauen und ihre Kinder in den Erziehungshilfen.
Zwischen Alltäglichkeit und Problemlage   219

Klaus Wolf
Zum Verhältnis von Jugendhilfe und Jugendpsychiatrie
oder: Warum die Jugendhilfe nicht die Verlängerung
der Psychiatrie ins normale Leben sein kann   231

Michael Tüllmann
Menschen mit Behinderungen sind vor allem Menschen   241

Thomas Möbius / Dieter Kretzer
Sozialarbeit im Strichermilieu — Das BASIS-Projekt in Hamburg   258

Albert Borde / Barbara Rose
Denn sie tun, was sie können. Unbändige Kinder und Jugendhilfe   267

Peter Borchardt / Katrin Haider-Lorenz / Katrin Koldeweg
"Die Familien sind der Kompaß für unsere Arbeit"
— Lebensweltorientierung in der Sozialpädagogischen Familienhilfe   277

Über die Heimerziehung hinaus

Barbara Rose
"In erster Linie ist die Frau Mutter"
Konsequenzen des KJHG für Frauen   290

Gitta Trauernicht
Hilfen zur Erziehung — Hilfe für Alleinerziehende?
oder: Von der Heimerziehung zur sozialökologisch
orientierten Entlastung und Unterstützung   297

Zu den AutorInnen   308

Vorwort

Die Heimerziehung in der Bundesrepublik Deutschland hat in den letzten zwei Jahrzehnten eine Qualifizierung erfahren, wie kaum ein anderer Bereich der Jugendhilfe.

Wenn von der Hamburger Heimreform in den 80er Jahren die Rede ist, dann zumeist von der radikalen Auflösung großer Heime und dem raschen Ausbau der Jugendwohnungen.

Soziologische Erkenntnisse und Theorien, insbesondere der Labeling-Approach, lieferten die zentralen theoretischen Grundlagen für die Reform. Nach Meinung von Kritikern geschah dies zu Lasten der Pädagogik.

Für die konsequente Abschaffung der geschlossene Unterbringung wurde Hamburg bundesweit Respekt gezollt; aber zugleich wurde geargwöhnt, daß auf geschlossene Einrichtungen außerhalb Hamburgs zurückgegriffen würde. Überhaupt ist die Reform nicht unumstritten, was auch damit zu tun haben mag, daß die Hamburger Jugendhilfe beanspruchte, den meisten Kindern und Jugendlichen ein Angebot innerhalb der Stadtgrenzen anbieten zu wollen. Dies wurde wohl auch als Kritik an Einrichtungen in den anderen Bundesländern verstanden.

Dezentralisierung, Regionalisierung, Entspezialisierung und Individualisierung waren Schlüsselbegriffe der Hamburger Heimreform. Welche Ziele und Herausforderungen verbergen sich hinter diesen Begriffen und inwieweit bzw. in welcher Weise wurden sie umgesetzt? Welche Zielvorstellungen waren mit diesen Veränderungen verbunden und welche Aspekte wurden bei der Reform vernachlässigt? Was hat die Reform den Kindern, Jugendlichen und ihren Familien gebracht?

Diesen und anderen Themen sind Klaus Wolf als Herausgeber und die AutorInnen dieses Buches nachgegangen. Eine Bilanz der Hamburger Heimreform zu ziehen und zugleich die Erkenntnisse für die Heimerziehung in West und Ost nutzbar zu machen, war ihr Anspruch.

Die in Teilen schonungslose Analyse ist dem Ziel verpflichtet, im Interesse von Kindern und Jugendlichen die Reform nicht enden zu lassen sondern neue Fragen und Aufgaben zu formulieren und uneingelöste Ansprüche in der Diskussion zu halten.

Klaus Wolf hat in diesem Buch auch die neueren Entwicklungen in den 90er Jahren aufgenommen, die die Maximen der Dezentralisierung, der Regionalisierung, der Entspezialisierung und die Individualisierung auch auf die ambulanten Hilfen zur Erziehung beziehen und eine ganzheitliche Betrachtung beanspruchen. Partizipation von Kindern, Jugendlichen und Sorgeberechtigten an Entscheidungsfindung in Erziehungskonferenzen, Flexibilisierung von Hilfen durch Jugendhilfezentren und spezifische Finanzierungsformen, Vernetzung der

Hilfen zur Erziehung in der Region mittels Stadtteilkonferenzen mit der Kinder- und Jugendarbeit, der Kindertagesbetreuung, mit Selbsthilfeprojekten und Begegnungszentren etc. sind einige der fachlichen Herausforderungen der Zukunft.

Von zentraler Bedeutung ist aber auch die Neubestimmung der Funktion von Hilfen zur Erziehung. Dies sowohl aus frauenpolitischer als auch aus jugendpolitischer Sicht.

Auch wenn sich das Buch auf die Hamburger Heimreform bezieht gehen Beschreibung und Diskussion zentraler Angebote, Inhalte und Aufgaben in ihrer Bedeutung weit über Hamburg hinaus. Letztlich werden Kernfragen der Hilfen zur Erziehung behandelt.

Insoweit ist es ein Lehrbuch, dem ich eine weite Verbreitung wünsche.

Dr. Gitta Trauernicht
Leiterin des Amtes für Jugend
der Freien und Hansestadt Hamburg

Zum Verständnis dieses Buches

Wenn von der Heimerziehung die Rede ist, wird auch immer von ihrer Veränderung und Reform gesprochen. Während die in der Heimerziehung Arbeitenden gelegentlich den Wunsch äußern, mit den ständigen Reformen müsse es nun ein Ende haben, damit man auch mal wieder in Ruhe arbeiten könne, fordern andere eine neue Heimkampagne (Winkler 1988). Wie steht es denn nun mit den Veränderungen, ist die Heimerziehung im Westen der Bundesrepublik eine grundlegend veränderte, eine geeignete Hilfe zur Erziehung, vielleicht leuchtendes Vorbild für Reformprozesse im Osten der Bundesrepublik? Kann sie zum Normalfall des Aufwachsens für einen Teil der Kinder werden (Winkler 1990), lebensweltorientierte Betreuung organisieren? Oder ist sie nur die modernisierte Form der Anstaltserziehung, hat sich in erster Linie die Selbstdarstellung geändert? Haben die früheren Kritiker inzwischen Funktionen in der Heimerziehung übernommen und bestätigen sich jetzt selbst den Erfolg ihrer Reform, blind für die Wirklichkeit in den Heimen?

Auf den ersten Blick hat sich jedenfalls eine Menge geändert: Heime wirken in der Regel nicht mehr wie Anstalten und die materielle Ausstattung hat sich wesentlich verbessert und ist häufig deutlich besser als in den Herkunftsfamilien der Kinder. Ist es überhaupt noch sinnvoll, von Heimen und Heimerziehung zu sprechen? Sollte man nicht besser von Wohngruppen, Verbünden, Wohngemeinschaften sprechen? Ist das Bild so vielschichtig und farbenprächtig, daß man von *der* Heimerziehung gar nicht mehr sprechen kann, sondern von den Heimerziehungen (Winkler 1988, S. 2) sprechen sollte?

Zweifellos ist das Bild so vielschichtig geworden, daß die Darstellung und Bewertung differenziert sein muß. So können sich die Lebensverhältnisse in einer kleinen Jugendwohngemeinschaft so grundsätzlich von denen in einer Schichtdienstgruppe auf einem zentralen Heimgelände unterscheiden, daß die Unterschiede erheblich wichtiger sind als die gemeinsamen Merkmale. Beides als "Heim" zu bezeichnen führt dann eher zu einer Verwirrung als zu einer Klärung. Daher ist es folgerichtig, daß sich die Differenzierung auch in den Bezeichnungen für unterschiedliche Betreuungsformen widerspiegelt.

Es gibt allerdings kein System angemessener Bezeichnungen. Dies verhindert der weit verbreitete Etikettenschwindel. Da werden neue, attraktive Bezeichnungen schnell für die alten Formen und Strukturen verwendet. Wenn man sich etwa die Verwendung der Bezeichnung "Wohngruppe" ansieht, wird dies deutlich. Zunächst verwendet als Bezeichnung für kleine, dezentrale Betreuungsformen in Lebensgemeinschaften, gibt es heute kaum eine große Schichtdienstgruppe, die nicht als Wohngruppe bezeichnet wird. Selbst im Strafvollzug spricht man inzwischen vom Wohngruppenvollzug. Ähnliches gilt für Bezeichnungen wie Jugendwohngemeinschaft, Kinderhaus und Jugendwohnung. Dies illustriert, warum grundsätzliche Veränderungen in der

Heimerziehung nicht so leicht von kosmetischen Veränderungen zu unterscheiden sind: Von einem deutlich anderen Anschein kann man nicht auf tatsächlich wesentlich veränderte Erziehungs- und Lebensbedingungen schließen, weil die Veränderung des Anscheins häufig das Ziel und nicht eine Nebenwirkung der Veränderungsprozesse war und ist.

Will man die Veränderungen in der Heimerziehung untersuchen, muß man daher die Wirkungen auf der Mikroebene betrachten: wie haben sich die Lebensbedingungen der Kinder und die Erziehungsbedingungen in den Einrichtungen der stationären Jugendhilfe verändert. Hier erweist sich Erfolg und Sinn oder Mißerfolg und Unsinn von Organisations- und Strukturveränderungen.

Dies bedeutet nicht eine Ausblendung gesellschaftspolitischer Aspekte für die Heimerziehung und eine Reduzierung auf pädagogische Fragen im engsten Sinn. Selbstverständlich wirken sich die Erwartungen an die Heimerziehung und die "sozialpolitische Großwetterlage" (Thiersch 1992, S. 14) auch auf die Funktionen aus, die der Heimerziehung zugewiesen werden, auf den Bewegungsspielraum für Reformprozesse und letztlich auf die Lebensbedingungen der Kinder im Heim. Genauso eindeutig sind Entwicklungen innerhalb der Heimerziehung nicht nur Reflexe veränderter gesellschaftspolitischer Entwicklung, sondern auch Folgen sozialpädagogischer Entscheidungen, Standards und Selbstverständnisses.

Eine Linie der Kritik an der herkömmlichen Heimerziehung war die Kritik an ihrem Charakter als totale Institution. Dadurch gerieten – sehr zurecht – insbesondere die Anstaltsstrukturen ins Visier. So wurden Veränderungsprozesse befördert, die in erster Linie eine Reduzierung der offensichtlichen Merkmale der Anstalt zum Ziel hatten; zentral organisierte, nach außen deutlich abgegrenzte Heimkomplexe wurden verändert.

Eine weitere Linie war die Kritik aus der Perspektive der Stigmatheorie und der Etikettierungsansätze an der Sozialarbeit und innerhalb der Sozialarbeit, insbesondere an den Definitionsvorgängen die zur Heimeinweisung führen und durch die Heimerziehung verschärft werden. Diese Kritik fiel nicht zuletzt deswegen auf sehr fruchtbaren Boden, weil die Sozialarbeit vorher in sehr naiver Weise ihre Tätigkeit als Hilfe bezeichnet hatte, auch dort, wo die Klienten diese Hilfe als Sanktionierung empfanden. Gerade in der Heimerziehung wurde der Widerspruch besonders deutlich: angesichts elender Lebensbedingungen der Kinder in den Heimen und der geradezu offen zutage liegenden Sanktionierungspraktiken von Hilfe zu sprechen, war absurd. Daher war es naheliegend, die Aufmerksamkeit auf diese blinden Flecken zu lenken, und auch unter dieser Perspektive gab es reichhaltiges Material in der Heimerziehung. Die Funktion der Heimerziehung als Institution sozialer Kontrolle wurde zum Thema und lieferte wichtige Kriterien für Veränderungsprozesse. Insbesondere die Kritik an der Praxis geschlossener Unterbringung, rigider Regelanwendung und unterdrückender Erziehungspraktiken bewirkte eine größere Sensibilität für problematische Strukturen der Heimerziehung und unerträgliche Zustände in den Heimen.

Allerdings lag es außerhalb der Reichweite soziologischer Etikettierungsansätze, pädagogische Praxis hinreichend zu bestimmen. Die Vermeidung oder Reduzierung problematischer Definitionsprozesse brachte noch keine gute pädagogische Praxis hervor. Das war den Kritikern an der Heimerziehung wohl häufig auch bewußt. In der Praxis der Heimerziehung führte es allerdings leicht dazu, daß die Kritik in Form normativer Postulate rezipiert wurde. Vieles galt verständlicherweise als schlecht, war geradezu verboten und verpönt, aber was an die Stelle treten sollte, blieb oft unklar, unkonkret und erschien vielleicht sogar als nebensächlich. Vermeidung von Sanktionierung und Kontrolle füllt den pädagogischen Alltag selbstverständlich nicht und der blieb dann auch oft ziemlich leer und beliebig.

Für die Lebensbedingungen der Kinder und die Erziehungsbedingungen in den Einrichtungen hat dies zur Folge, daß — so berechtigt die Kritik aus dieser Perspektive ist — durch ihre Verwendung als zentrales Beurteilungskriterium nicht zwangsläufig gute Lebensbedingungen entstehen. Auch deswegen ist die Nagelprobe der Heimerziehung auf der Ebene der individuellen Lebensbedingungen notwendig. Hier liegt der Schwerpunkt der meisten Beiträge dieses Buches.

Die Darstellung in diesem Buch erfolgt überwiegend an Beispielen des Reformprozesses der Heimerziehung in Hamburg. Hier wurde die bundesweite Kritik an der Heimerziehung erst spät — nämlich zu Beginn der 80er Jahre — aufgegriffen. Dann entwickelte sich allerdings ein sehr intensiver Prozeß der Reform und der Auseinandersetzung um die Heimerziehung. Die politischen Rahmenbedingungen waren zeitweise günstiger als andernorts und vermutlich auch dadurch ergab sich ein Zusammentreffen einiger Akteure in Hamburg, die ein großes Interesse an der Veränderung der Heimerziehung hatten.

Außerdem werden typische Problemlagen von Kindern und Jugendlichen durch die Lebensbedingungen einer Großstadt oft besonders früh und gelegentlich besonders zugespitzt deutlich. Auch daher lassen sich die typischen Entwicklungen, Probleme, Chancen und Grenzen stationärer Jugendhilfe gut exemplarisch an der Entwicklung in Hamburg darstellen. Am Beispiel Hamburg sollen Entwicklungen dargestellt werden, die — trotz einiger Hamburger Besonderheiten — typisch für die Entwicklung in der Heimerziehung in der alten Bundesrepublik sind.

Im ersten Teil werden Entwicklungslinien in der Heimerziehung unter den zentralen Begriffen — wie Dezentralisierung, Abschaffung geschlossener Unterbringung und Milieunähe — beschrieben. Anschließend geht es um den Reformprozeß der stationären Jugendhilfe und — darüber hinaus — der Erziehungshilfen. In diesem Reformprozeß sind neue Formen stationären Jugendhilfe entstanden, die im dritten Teil am Beispiel der Außenwohngruppen, Jugendwohnungen und der Schulischen Erziehungshilfen beschrieben werden.

Bewähren müssen sich die angestrebten und realisierten Veränderung am veränderten Umgang mit spezifischen Problemlagen von Kindern, Jugendlichen und Familien. Darum geht es im vierten Teil am Beispiel des Umgang mit drogenkonsumierenden Jugendlichen, mit jungen Müttern, mit Kindern aus der Psychiatrie, mit behinderten Kindern, mit Kindern, die sich in der Stricherszene aufhalten, mit sogn. Crash-Kids und mit Familien.

Im fünften Teil werden die Entwicklungen über die stationäre Jugendhilfe hinaus am Beispiel insbesondere der Interessen von Frauen dargestellt.

Die Verfasserinnen und Verfasser sind Praktiker, die auf unterschiedlichen Ebenen der Jugendhilfeeinrichtungen und der Jugendhilfeadministration an der

Entwicklung und Umsetzung beteiligt waren. Das Buch richtet sich an Praktiker der Jugendhilfe, die an einer kritischen Überprüfung und Weiterentwicklung der Jugendhilfepraxis interessiert sind und will zur Diskussion und auch zum Widerspruch einladen.

Klaus Wolf

Literatur

Thiersch, H.: Lebensweltorientierte Soziale Arbeit. Aufgaben der Praxis im sozialen Wandel, Weinheim und München 1992

Winkler, M.: Alternativen sind nötig und möglich! Plädoyer für eine neue Heimkampagne. In: Neue Praxis 1988, S. 1 ff

Winkler, M.: Normalisierung der Heimerziehung? Perspektiven der Veränderung in der stationären Unterbringung von Jugendlichen. In: Neue Praxis 1990, S. 429 ff

Entwicklungslinien in der Heimerziehung

KLAUS WOLF

Veränderungen in der Heimerziehungspraxis: Die großen Linien

Einleitung

Will man die Entwicklungen in der Heimerziehung beschreiben und bewerten, kann man die hierfür nötigen Kategorien zum einen dadurch gewinnen, daß man die neuen Formen der Heimerziehung mit den alten Formen – insbesondere der Anstaltserziehung – vergleicht. Diese Perspektive ist insbesondere für Praktiker der Heimerziehung naheliegend, die Veränderungen in ihrer Praxis der Heimerziehung anstreben und realisieren. Die veränderte Heimerziehung schneidet dann gut ab: sie kann belegen, daß viele der zentralen Kritikpunkte an der Anstaltserziehung nicht mehr in gleichem Maße auf die veränderte Heimerziehung zutreffen. In diesem Sinne können Fortschritte festgestellt werden.

Andererseits können die Kategorien aus dem Vergleich der Lebensbedingungen im Heim mit den Lebenserfahrungen, aktuellen Bedürfnissen und Lebensperspektiven der Kinder und Jugendlichen gewonnen werden[1].

Die Vergangenheit der Kinder vor der Heimeinweisung wird dann nicht in erster Linie als defizitäres oder fehlgeleitetes Leben verstanden, sondern als ganzes bisheriges Leben, in dem die Kinder Strategien der Orientierung und Bilder von sich und der Welt entwickelt haben. Die Lebensbedingungen im Heim und die Erziehungseffekte werden etwa daran gemessen, inwieweit die bisherigen Lebenserfahrungen der Kinder im Heim berücksichtigt werden und welche Folgen das Leben im Heim für die Identität der Kinder hat. Gelingt es der Heimerziehung, so lautet dann die Frage, die Belastungen, die mit der Heimeinweisung verbunden sind, durch einen günstigen Umgang mit den individuellen Lebenserfahrungen und den aktuellen Bedürfnissen der Kinder auszugleichen? Gelingt dies nicht – und dies gelingt der Heimerziehung wie deutlich werden wird keineswegs leicht – erweist sich die Heimerziehung als Problem. Ähnliches gilt für den Blick auf das zukünftige Leben der Kinder: Gelingt es durch die Heimerziehung, die Lebensperspektive zu verbessern, oder wird sie sogar durch die Heimerziehung zusätzlich belastet? Allgemeiner gefragt: Vergrößert sich für die Kinder durch die Heimerziehung der Abstand zu den Lebensverhältnissen in der Gesellschaft, mit denen sie spätestens nach der Heimerziehung zurechtkommen müssen?

Diese Kriterien werden nicht aus dem Vergleich mit der Anstaltserziehung gewonnen. Die Bewertung erfolgt aufgrund der Wirkungen für das individuelle Leben der betreuten Kinder und Jugendlichen. Diese Perspektive spielt häufig eine Rolle, wenn die Heimerziehung von außen betrachtet und kritisiert wird. Auch weiterentwickelte Formen der Heimerziehung erweisen sich hier als problematisch. Die Praktiker empfinden gelegentlich diese Kritik als ungerecht: tun sie denn nicht das Mögliche zur Verbesserung und werden ihre mühsam erreichten Fortschritte auf diese Weise diskreditiert?

Dieses Gefühl erscheint mir verständlich. Die Mitarbeiter in den Heimen können nur die Verantwortung dafür übernehmen, daß die Entwicklungs-möglichkeiten in ihrem Bereich durch sie selbst genutzt werden. Die Ver-antwortung für die gesamte Heimerziehung und ihre gesellschaftliche Funktion haben sie nicht in größerem Umfang, wie andere Bürger auch. Trotzdem er-scheint mir die zweite Perspektive — die die Lebensbedingungen im Heim mit den Erfahrungen, Bedürfnissen und Perspektiven der Kinder vergleicht — die bedeutendere. Letztlich muß sich die Heimerziehung daran messen lassen inwieweit es ihr gelingt, objektiv und subjektiv die Lebensbedingungen der betreuten Kinder zu verbessern, die Lebenserfahrungen aufzugreifen und nicht zu negieren und die Kinder auf ihr Leben als Erwachsene, durch die Lebens-bedingungen im Heim und die Inhalte und Ziele der Erziehung, angemessen vorzubereiten.

Die Heimerziehung ist nur dann die richtige Hilfe zur Erziehung, wenn sie dies im Einzelfall nachweisen kann. Kann sie dies nicht, bleibt sie die letzte Station, auf die man zurückgreift, weil den Beteiligten nichts anderes einfällt.

Deswegen soll auch bei der Darstellung der wichtigsten Entwicklungslinien der Heimerziehung in der Bundesrepublik immer wieder dieser Maßstab verwendet werden. Darüber hinaus soll die Darstellung so konkret erfolgen, daß ebenfalls Entwicklungslinien sichtbar werden, die für die betroffenen Kinder auch dann sehr wichtig sein können, wenn der Anspruch nicht (ganz) eingelöst wird. Das Ziel ist es, Veränderungen in der Praxis der Heimerziehung zu unterstützen. Dies geschieht in dem Wissen, wie schwer wesentliche Veränderungen zu erreichen sind, da den Fortschritten häufig die zentralen Merkmale der Heimerziehung entgegenstehen. Das Interesse gilt dabei besonders den Formen der Heimerziehung, bei denen die Repressionsfunktion nicht im Vordergrund steht. Die Kritik an der Sanktionsfunktion spielt hier keine besondere Rolle. Ihre Funktion als Instanz der Kontrolle und Sanktion ist nicht das einzige Problem der Heimerziehung. Auch dort wo Sanktionierung keine zentrale Rolle spielt, bieten die Heime keineswegs zwangsläufig günstige Lebensbedingungen.

Die Darstellung wird immer wieder an Beispielen konkretisiert. Die Beispiele sind überwiegend der Praxis der Heimerziehung in Hamburg entnommen. Durch die Abschaffung der geschlossenen Unterbringung und eine längere Phase, in der die staatliche Jugendhilfepolitik in Hamburg manche Entwicklung zuließ, die andernorts nicht toleriert wurde, zeigten sich Chancen und Grenzen veränderter Heimerziehung hier besonders deutlich. Die großen, hier dargestellten Entwicklungslinien — Dezentralisierung, Entinstitutionalisierung, Entspezialisie-rung, Regionalisierung, Professionalisierung und Individualisierung — kennzeichnen Entwicklungen in der gesamten Heimerziehung der (alten) Bundesrepublik und wurden überall — häufig genauso halbherzig — umgesetzt, wie in Hamburg auch.

Auch die Entwicklung der Heimerziehung in Ostdeutschland wird wohl — vielleicht allerdings mit anderer Verteilung der Schwerpunkte — mit diesen Begriffen angemessen beschrieben werden können.

Dezentralisierung

Die Dezentralisierung der Heime fällt am deutlichsten ins Auge, wenn man die organisatorischen Veränderungen in der Heimerziehung seit Beginn der 70er Jahre betrachtet. Dezentralisierung im Sinne einer "Verteilung von (ursprünglich zentralisierten) Funktionen, Autoritäten, Einflüssen, Wohnverhältnissen usw. auf mehrere Zentren" (Hartfiel 1972, S. 125) war eine für viele Felder der Sozialarbeit typische Entwicklung in den letzten 20 Jahren und nicht auf die Heimerziehung beschränkt. Hier bildete sie allerdings das zentrale Element einer Veränderung. Unter Dezentralisierung wird in der Heimerziehung sowohl die Verlagerung von Gruppen in Häuser außerhalb eines zentralen Heimgeländes — gelegentlich auch nur die Auflösung zentraler Versorgungseinrichtungen und die Bildung von abgeschlossenen Wohneinheiten auf einem zentralen Gelände — als auch ein umfassender Prozeß der räumlichen Zersiedelung und Verlagerung von Kompetenzen auf die Mitarbeiter der kleineren Einheiten verstanden. Wie auch immer das Verständnis ist, nahezu jede Einrichtung behauptet von sich, sie habe dezentralisiert.

Dafür gibt es vielfältige Gründe und Absichten. Hier soll auf folgende Gründe eingegangen werden: Der Wunsch dem Trend zu folgen, das Projekt "Schöner Wohnen", die Vermeidung der Anstaltserziehung und die Entwicklung lebensweltorientierter Betreuung.

Wo ist der Trend?

Ein Grund für die häufige Beschreibung von Veränderungen mit dem Begriff Dezentralisierung war der Wunsch vieler Heime, einem Trend zu folgen, der als modern galt. Die Jugendämter waren auf der Suche nach dem kleinen heilpädagogischen Heim mit intensiven Beziehungsangeboten, in denen die Kinder nicht nur aufbewahrt werden. Auch wenn die eigene Einrichtung so ein Heim nicht war und vermutlich auch keiner so genau wußte, was eigentlich gemeint war, das große Unbehagen an den großen Anstalten zwang jeden dazu, der am Ball bleiben wollte, sein Heim zu verändern. Diese Veränderungen sollten nicht nur im Inneren stattfinden, sondern insbesondere nach draußen die Fortschrittlichkeit dokumentieren. Dieser Prozeß wurde spätestens dann zur überlebenswichtigen Notwendigkeit, als durch Rückgang der Nachfrage nach Heimplätzen unter den Heimen — jedenfalls eine Zeitlang — echter Wettbewerb entstand und die Schließung von Heimen möglich und real wurde.

Um dem Trend zu folgen, reichte es aus, sich für die unveränderten Strukturen ein neues Etikett erfolgreich zuzulegen. Da war eine Einrichtung, die weiterhin auf dem gleichen großen Heimgelände am Rande der Stadt, in den unveränderten Gebäuden die gleiche Art der Erziehung betrieb, dezentralisiert, wenn sie ihre Selbstdefinition als dezentralisierte Einrichtung durchgesetzt hatte. Dazu waren dann vielleicht Hartnäckigkeit und Ausdauer wichtiger als neue pädagogische Konzepte.

In Hamburg wurde in diesem Zusammenhang die Auseinandersetzung über die richtigen Bezeichnung um den Begriff "verselbständigte Wohngruppe" geführt. Für verselbständigte Wohngruppen – so eine Vereinbarung zwischen freien Trägern und Jugendbehörde – waren ausschließlich Sozialpädagogenstellen (und keine Erzieherstellen) vorgesehen. Was aber ist nun eine verselbständigte Wohngruppe? Eine Arbeitsgruppe, die sich um eine angemessene Definition bemühte, scheiterte, da die beteiligten Einrichtungen, nur die Kriterien akzeptieren wollten, die auch auf ihre Einrichtungen zutrafen. Von einem Tag auf den anderen hätte es in Hamburg nur noch verselbständigte Wohngruppen gegeben. Die Jugendbehörde schlug daraufhin drei Merkmale vor. Als verselbständigte Wohngruppe sollten Gruppen gelten, in denen die pädagogischen Mitarbeiter über einen Etat selbständig verfügen konnten, die maximal 8 Plätze hatten und die nicht auf einem zentralen Heimgelände lagen. Insbesondere um das letzte Kriterium gab es lange Auseinandersetzungen.

Projekt "Schöner Wohnen"

Ein weiterer Grund für die Dezentralisierung soll als Projekt "Schöner Wohnen" bezeichnet werden. Hierbei ist ausschließlich der Umzug in attraktivere Wohnungen und Häuser beabsichtigt. Im Vergleich zu den oft durch Anstaltsarchitektur geprägten, heruntergekommenen und schlecht eingerichteten Häusern, schien der Kauf oder die Anmietung von freistehenden, großen Häusern, die mit hellen Kiefermöbeln perfekt wie in einem Möbelhauskatalog eingerichtet werden konnten, eine fundamentale Veränderung der Heimerziehung zu illustrieren. Diese Veränderungen konnte man stolz vorweisen und ggf. in Hochglanzprospekten darstellen. Wenn die Erziehung in größeren Gruppen beibehalten wurde, landete man auf diese Weise mit seinen Jugendlichen gelegentlich in einer Villengegend, in der zwar das ausreichend große Haus zu finden war, in der allerdings die Herkunft und die Probleme der Jugendlichen auf die besondere Aufmerksamkeit von mit Beschwerdemacht gut ausgestatteten Nachbarn traf. Verständlich ist wenn die Heime, die auf diese Weise schöne Häuser besorgt und eingerichtet hatten, nun auch an der Betreuung von Jugendlichen teilhaben wollten, deren Schwierigkeiten nicht in ausagierender und aggressiver Weise deutlich wurden. Auch der Erhalt der sorgfältig ausgewählten, durch die Erwachsenen nach ihrem Geschmack möblierten Zimmer, verstärkt den Wunsch, die Jugendlichen sorgfältig auszuwählen und die, die diesen Lebensstil nicht schätzen, zu verlegen. Gelang dies nicht, endete das Projekt "Schöner Wohnen" regelmäßig in Enttäuschungen.

Für die Verlegung von Kindern und Jugendlichen, die als besonders schwierig gelten, bietet die Struktur einer dezentralisierten Einrichtung allerdings besondere Möglichkeiten. Mußte man früher die Verlegung in eine andere Einrichtung bewirken, was – zumindest wenn es häufig vorkam – Zweifel der Jugendämter an der Leistungsfähigkeit des Heimes auslöste (vgl. Freigang

1986), kann man nun durch die Versetzung von einer dezentralisierten Gruppe in die nächste problematische Gruppenprozesse in Schach halten, Einzelne bestrafen und allen anderen ein Exempel vor Augen führen ohne Außenstehende teilhaben zu lassen.

Distanz zur Anstaltserziehung

Ein ernsthafterer Versuch, die Heimerziehung zu verändern, war die Vermeidung der Nachteile von Anstaltserziehung durch Dezentralisierung. Dann ging es nicht nur um schöneres Wohnen und eine bessere Darstellung des Heimes, sondern um eine Verbesserung der Lebensbedingungen der Kinder. Wichtige Folgen der Anstaltserziehung, die durch die Dezentralisierung von Heimen vermieden oder gemindert werden sollten, waren Unselbständigkeit, Stigmatisierung, Subkultur und Hierarchie (vgl. Trabandt/Wolf 1981).

Unselbständigkeit

Durch die Lebensbedingungen in den Heimen – so die Kritik an der Anstaltserziehung – wird der Erwerb angemessener und für eine selbständige Orientierung außerhalb der Einrichtungen unverzichtbarer Kompetenzen und Einstellungen verhindert. Was die Kinder in den Anstalten lernen, spielt außerhalb keine Rolle und was außerhalb eine Rolle spielt, können sie in den Anstalten nicht lernen. Die Anstalt ist eine Welt für sich, die sich von jener außerhalb grundsätzlich unterscheidet. Die Entwicklung dieser anderen Welt wird erleichtert durch die Organisation des Lebens auf einem abgesonderten Gelände mit arbeitsteilig organisierten Versorgungseinrichtungen. Auch wenn das Gelände nicht durch Mauern abgetrennt ist werden die Kontakte auf den Innenbereich konzentriert und Kontakte nach außen erschwert. Dadurch werden Strategien besonders wichtig, die innerhalb der Anstalt funktional sind; je deutlicher sich diese von den außerhalb der Anstalt erfolgversprechenden Strategien unterscheiden, desto schwieriger ist die Lebensbewältigung und Orientierung nach der Entlassung. Diese Schwierigkeiten ihrer früheren Zöglinge blieben den Heimen natürlich nicht verborgen und verstärkten außerdem die Kritik an den Heimen. Die Antworten der Heime auf diese Legitimationskrise waren die Forderungen nach Verlängerung der Erziehungszeiten in den Heimen, die Betonung der Notwendigkeit von Nachbetreuung (vgl. etwa Jugendheim Marbach GmbH 1980) oder eine Organisationsstruktur, die – ähnlich wie in einem industriellen Fertigungsprozeß – die Selbständigkeitserziehung als eine spezielle Phase an das Ende der Heimerziehung setzte (vgl. etwa Frühauf 1983). In dieser Phase der "Endfertigung" sollte den Zöglingen in speziellen Selbständigkeitsgruppen zum Abschluß die Selbständigkeit beigebracht werden. Den Jugendlichen nützte dies wenig. Selbständigkeit besteht nicht nur im Erwerb einiger Techniken, sondern in komplexen Zusammenhängen des Erwerbs neuer Kompetenzen und Fähigkeiten, der Beherrschung des Risikos Neues auszuprobieren, selbst zu entscheiden, was individuell und allgemein wichtig ist und so Motivation für die Selbständigkeit zu gewinnen. Dies war nicht möglich in Lebenszusammenhängen, die wenig Selbständigkeit zuließen und erforderten. Dieser Mangel war auch nicht in einem Schnellkurs am Ende zu beseitigen.

In einer dezentralisierten Organisationsstruktur ist es naheliegend, auf zentrale hauswirtschaftliche Versorgungseinheiten zu verzichten.[2] Einkaufen, Kochen, Wäschewaschen, Briefe abschicken, aber auch einen Tischtennispartner zu finden oder einen Freund kennenzulernen, vielleicht auch einen wütenden Nachbarn zu besänftigen, hierfür hält das dezentralisierte Heim nun keine Spezialabteilungen mehr vor. Dies kann in die Lebensverhältnisse integriert sein. Die Kinder erleben, wie die Erwachsenen handeln; sie können oder müssen sich daran beteiligen und lernen Nachteile und Vorzüge größerer Kompetenzen kennen. Auf einem zentralen Heimgelände sind diese Strukturen nicht möglich.

So kann man beobachten, daß auch Jugendliche, die in einer Wohngemeinschaft auf dem zentralen Heimgelände wohnen und ihr Geld für den Lebensunterhalt selbst verwalten sollen weiterhin die Strategien, die sie in ihren früheren Heimgruppen erworben haben, fortsetzen. Sie holen sich z.B. die Reste vom Mittagessen in den früheren Gruppen ab, nutzen die Kenntnisse, bei welchem Erzieher oder bei welcher hauswirtschaftlichen Mitarbeiterin man auf welche Weise Erfolg hat oder veranlassen ein Kind, aus der Speisekammer etwas zu besorgen. Zum einen wird die Absicht der Erwachsenen – die Jugendlichen sollen lernen, sich ihr Geld einzuteilen – auf diese Weise unterlaufen. Zusätzlich funktionieren diese Strategien aber nur solange, wie die Jugendlichen in der Wohngemeinschaft leben. Nach der Entlassung beginnt der wahre Ernst des Lebens.

Allerdings ist die Dezentralisierung nur eine notwendige Voraussetzung für Lebensverhältnisse, die Selbständigkeit zulassen und nicht die Sache selbst. Auch in kleinen, dezentralen Einheit können – zumindest fast – alle Elemente einer arbeitsteiligen Organisation abgebildet werden, wenn die Spezialabteilungen durch in gleicher Weise spezialisierte Rollen von Mitarbeitern ersetzt werden und etwa für die Wäsche ausschließlich die Waschfrau zuständig ist oder die Heimaufsicht wünscht, daß ein ausgewogener Speiseplan von einer Ökotrophologin entworfen wird.

Stigmatisierung

Ein weiteres Merkmal der Anstaltserziehung, das durch Dezentralisierung beeinflußt werden kann, ist die Stigmatisierung der Kinder.

Jede Heimeinweisung ist verbunden mit einer Stigmatisierung der Kinder. Deren Verhalten oder Lebensverhältnisse unterscheiden sich – so hat es den Anschein – so deutlich von denen der meisten anderen Kinder, daß sie in einem Heim leben sollen oder wollen. Dies gilt damit grundsätzlich auch für die Kinder, die in Jugendhilfeeinrichtungen mit dezentraler Struktur leben. Je mehr Kinder allerdings an einem Ort zusammengefaßt werden, desto stärker bestimmt die Stigmatisierung aufgrund der Zugehörigkeit zu dieser Gruppe der Heimkinder die alltägliche Interaktion jedes einzelnen Mitgliedes. Ist die Zahl groß, können Nachbarn, Eltern anderer Kinder oder Gleichaltrige die Bewohner kaum als Individuen wahrnehmen und kennen, sondern sie erscheinen als ein Element einer problematischen Gruppe und durch die Feststellung der

Zugehörigkeit zu dieser Gruppe werden alle negativen Annahmen, die sich auf die Gruppe insgesamt beziehen, auch auf jedes einzelne Mitglied angewendet. Die Wahrnehmung richtet sich selektiv auf die vermuteten Probleme, die Kinder werden entsprechend der Erwartungen behandelt, die Teilhabe an anderen Lebensbereichen wird eingeschränkt und diese Behandlung ruft nicht selten das erwartete Verhalten hervor. Für ein einzelnes Kind ist es in großen Einrichtungen kaum möglich, diesen kollektiven Zuschreibungsprozessen zu entrinnen.

Die Verhältnisse in einer kleinen Einheit können anders sein. Hier ist es grundsätzlich möglich, daß die Nachbarn die einzelnen Kinder unterscheiden können und mit Namen kennen. Hier besteht eher die Chance, daß andere Kinder das Theater, das Peter im Bus aufgeführt hat, als die Angelegenheit von Peter und nicht auch als die von Christa interpretieren, nur weil diese im gleichen Haus wohnt wie Peter.

Stigmatisierung wird dadurch nicht generell verhindert, aber sie beeinflußt das Leben nicht in gleichem Umfang, die Stigmadominanz wird reduziert. Durch die Chance, der Stigmatisierung zum Teil entgehen zu können, entwickelt sich für die Kinder auch ein Anreiz Verhalten zu vermeiden, das in besonderer Weise negative Zuschreibungen auf sich zieht. Generell entstehen dadurch vielfältigere Möglichkeiten, erfolgreiches Stigmamanagement (Goffman 1975) zu lernen und zu betreiben und dadurch die Reduzierung gesellschaftlicher Teilhabechancen abzuschwächen. Auch hierfür gilt, daß die Dezentralisierung im Vergleich zur Anstaltserziehung Chancen eröffnet. Diese Chancen können genutzt oder vertan werden.

So werden diese Chancen vermutlich vertan, wenn die dezentralen Einheiten in der Villengegend landen, wie es leicht geschieht, wenn dem schöneren Wohnen das primäre Augenmerk gilt. Hier gibt es kaum gemeinsame Freizeitaktivitäten mit den Gleichaltrigen aus der Nachbarschaft und von den Nachbarn wird ein Verhalten bereits als problematisch empfunden und entsprechend sanktioniert, das in anderen Wohngegenden nicht als ungewöhnlich gilt.

Heimspezifische Subkultur

Ein weiterer Einwand gegen die Zusammenfassung vieler Kinder in einer Einrichtung ist die Entwicklung einer heimspezifischen Subkultur. Dieser Einwand macht nicht die Beteiligung von Jugendlichen an Gleichaltrigengruppen, auch nicht generell die an einer jugendlichen Subkultur zum Problem, sondern die Entwicklung einer heimspezifischen Subkultur, die ihre Normen, Wertvorstellungen und Gebräuche in erster Linie aus der Abgrenzung von den offiziellen Anstaltsregeln gewinnt und zur Sicherung individueller und kollektiver Identität gegenüber der totalen Institution benötigt (vgl. Goffman 1973). Für die Erziehung ist ein Regelsystem unter den Jugendlichen äußerst problematisch, das sich nicht nur teilweise von dem der Erwachsenen unterscheidet (was in der Regel unproblematisch wäre), sondern deren entscheidendes Merkmal es ist, die entgegengesetzten Normen zu repräsentieren. Die Stabilität der Organisation wird auf diese Weise ggf. gesichert, allerdings um den Preis der Diskreditierung der angestrebten normativen Orientierung.

Hinzu kommt bei den Heimen ein weiterer Gesichtspunkt. Die Heime sind von dem sozialen Umfeld nicht mehr so abgeschirmt, wie dies etwa in der Psychiatrie möglich ist. Probleme bleiben nicht auf das Heimgelände beschränkt, sondern haben gravierende Auswirkungen auf die soziale Umgebung. Allein die Zusammenballung vieler Kinder und Jugendlicher an einem Ort verursacht ein breites Spektrum an Störungen für die Nachbarschaft und Umgebung. Diese Störungen lösen nicht nur — wie andere Störungen auch — Gegenreaktionen aus, sondern stellen zusätzlich die Legitimation der Einrichtungen in Frage, ist doch Ruhe und Kontrolle über die Kinder für viele Außenstehende ein wichtiges und sichtbares Kriterium mit dem der Erfolg der Erziehungsarbeit beurteilt wird.

Durch die Dezentralisierung wird ein Teil dieser Probleme gemildert. Die dezentralen Einheiten sind in der Regel so klein, daß sich eine heimspezifische Subkultur dort kaum entwickeln kann. Ein Teil der Probleme, die durch die Zusammenballung entstanden sind, werden so vermieden. Die durch die Kinder verursachten Störungen verteilen sich auf ein größeres Gebiet. Eine Strategie des "Cooling out" der durch die Zusammenballung angeheizten Konflikte und Störungen dürfte für Träger ein wichtiger Anreiz für die Dezentralisierung sein, können doch auf diese Weise existenzbedrohende Eskalationen verhindert und kanalisiert werden.

So konnte man in Hamburg mehr als einmal beobachten, daß bereits lange diskutierte aber eben auch lange nicht realisierte Dezentralisierungspläne, dann sehr schnell umgesetzt wurden, als die Konflikte mit der Umgebung des Zentralheimes eskalierten und sich die Presse der Angelegenheit annahm.

Auch wenn kleine dezentralisierte Einheiten keine heimspezifische Subkultur mehr erzeugen, bleiben andere Probleme bestehen. So kann man beobachten, daß auch kleine Gruppen zum Kristallisationspunkt für eine subkulturelle Jugendszene werden können. Dies kann — je nach sozialer Umgebung — sehr schnell Sanktionen auslösen, und es ist dann für Einrichtungen verführerisch, diese Probleme durch Versetzung der für die Szene wichtigen Jugendlichen zu vermeiden.

Daß auch einzelne Wohnungen, in denen Jugendliche wohnen, zum Ärgernis für die Nachbarn werden können, ist nicht zu übersehen. So gibt es in Hamburg gelegentlich öffentliche Auseinandersetzungen um einzelne Jugendwohnungen. In diesen Auseinandersetzungen wird auch der Ärger über eine Art der Heimerziehung deutlich, die plötzlich überall auftauchen kann.

Ein anderer Hinweis, daß Probleme durch die Dezentralisierung nicht verschwinden ist die Praxis in einigen Bundesländern, eine Genehmigung zur Nutzungsänderung zu fordern, wenn ein Heim ein Haus kaufen oder anmieten will, weil durch die neue Nutzung Wohnraum in Gewerberaum umgewandelt werde. Dies kann selbstverständlich die Suche von Häusern allein dadurch stark beeinträchtigen, daß den neuen Nachbarn zusätzliche Rechtsmittel eröffnet werden.

Eine weitere Nebenwirkung ist, daß einige Jugendliche sich nach der Dezentralisierung viel seltener in ihrer Gruppe aufhalten, weil die Erwachsenen nun das Feld stärker bestimmen und das Leben innerhalb der Gruppe langweiliger geworden ist. Dies gilt besonders für Jugendliche, die in einem Zentralen Heim sozialisiert sind. Das zentrale Heim bietet eben vieles an einem Ort, das ansonsten auf unterschiedliche Orte verteilt ist.

Hierarchie

Ein weiterer Nachteil der Anstaltserziehung sind hierarchische Strukturen und die Folgen für die Erziehung. Anstalten sind nicht nur arbeitsteilig organisiert, sondern haben auch differenzierte Hierarchien entwickelt, die u.a. die Stabilität der Einrichtung sichern sollen. Innerhalb der Hierarchie der Mitarbeiter stehen die, die unmittelbar die Erziehung betreiben, unten. Zugespitzt — aber häufig nicht übertrieben — kann man sagen, je umfassender der Kontakt zu den Kindern ist, desto niedriger die Stellung in der Hierarchie. Dies bleibt den Kindern selbstverständlich nicht verborgen. Auf diese Weise sind ihre häufigsten Gesprächspartner, zugleich die, die innerhalb der Einrichtung am wenigsten zu sagen haben. Diejenigen, die ihnen gegenüber die Regeln der Einrichtung vertreten und durchsetzen (sollen), sind zugleich diejenigen, die ihrerseits auf die Regeln wenig Einfluß haben, deren Sinn gelegentlich` — oder auch öfter — nicht erkennen und sich bei ihren Entscheidungen auf die für sie geltenden Vorschriften der Einrichtung oder auf Entscheidungen in den institutionalisierten Entscheidungsgremien berufen. Diese Strukturen — die für Verwaltungsorganisationen durchaus angemessen sein können — sind für die Erziehung höchst problematisch. Die Macht und der Einfluß der Erziehenden beruht hier überwiegend auf der Androhung von negativen Sanktionen. Die Identifikation mit den Personen und den von ihnen vertreten Regeln wird sehr erschwert und Strategien der Scheinanpassung versprechen eher Erfolg, als ernsthaftes Aushandeln der Regeln.

Durch die Dezentralisierung wird die Hierarchie nun nicht zwangsläufig reduziert. Im Gegenteil kann man häufig beobachten, daß ein tiefes Mißtrauen der Leitungen zu einer Erweiterung und Effektivierung der Kontrolle führt und zu einem Ausbau der Hierarchie führt. Dann wird parallel zur Dezentralisierung die mittlere Leitungsebene ("gruppenergänzender Dienst") ausgebaut oder zusätzlich eingefügt oder durch umfangreiche Vorschriften werden Informations- und Berichtspflichten institutionalisiert. Eine Übertragung von Kompetenzen an die vor Ort arbeitenden Pädagogen erfolgt nicht. Dadurch bleiben — auch bei dezentraler Struktur — wesentliche Elemente der Anstaltsstruktur erhalten.

So konnte man in Hamburg immer wieder beobachten, daß die Entscheidungen über die Aufnahme von Kindern in eine dezentrale Gruppe in Einzelfällen von der Leitungsspitze getroffen wurde. Dort fehlten weitgehend die Informationen über die Verhältnisse in der Gruppe. Den wenigen Informationen, die man hatte, traute man nicht, da man von den meisten Mitarbeitern annahm, daß sie sowieso die Aufnahme schwieriger Jugendlicher hintertreiben würden. Daher ordnete man an und verwendete keine weitere Mühe darauf, die pädagogischen Mitarbeiter vom Sinn der Entscheidung zu überzeugen. Mit der Anordnung war die Kommunikation zwischen Mitarbeitern und Leitung zunächst wieder beendet. Die Mitarbeiter sahen die Probleme kommen. Gab es die von ihnen erwarteten Probleme — und die Wahrscheinlichkeit war groß, daß ihre Prophezeiung in Erfüllung ging — fühlten sie sich für die Bearbeitung der Konflikte nur begrenzt zuständig. In ihren Augen war die praxisferne Leitung für die Probleme verantwortlich, sie allerdings hatten die negativen Konsequenzen auszubaden. Wenn die Konflikte eskalierten, war die Berechtigung der eigenen Wahrnehmung bestätigt. Die nächsten Anordnungen lagen in der Luft.

Bisher wurden als Gründe für die Dezentralisierung der Wunsch, dem Trend zu folgen, das Projekt "Schöner Wohnen" und die Vermeidung der Anstaltserziehung genannt. Hinsichtlich der Vermeidung oder Reduzierung von Unselbständigkeit, Stigmatisierung und heimspezifischer Subkultur führt die Dezentralisierung zu einer Verbesserung der Erziehungsbedingungen und auch der Lebensbedingungen der Kinder. Die dadurch eröffneten Chancen werden nur zum Teil genutzt und durch die Verschärfung oder Fortsetzung hierarchischer Strukturen zum Teil wieder aufgehoben.

Aus der Kritik an der Anstaltserziehung hat sich aber auch ein weitergehender Entwurf entwickelt, der sich nicht damit begnügt, einzelne negative Folgen der Anstaltserziehung zu vermeiden oder durch organisatorische Veränderungen fortschrittliche Heimerziehung (im Gegensatz zur herkömmlichen[3]) zu dokumentieren. Die neue Perspektive nimmt die Lebensbedingungen der Kinder in der Jugendhilfe in den Blick. Sie strebt den Fortschritt nicht nur in Relation zur Anstaltserziehung an. Die Gestaltung von Lebens- und Erziehungsbedingungen hat zum Ziel, die neue, menschenfreundliche und nützliche Lebenserfahrungen der Kinder zuzulassen. Hierfür soll der Begriff Lebensweltorientierung verwendet werden. Darum geht es im folgenden.

Lebensweltorientierte Heimerziehung?

Kinder und Jugendliche – selbstverständlich auch Erwachsene – wollen nicht in erster Linie erzogen werden. Jugendliche etwa wollen nicht bei ihren Eltern ausziehen und in eine Jugendwohnung einziehen, weil sie dort besser erzogen werden können, sondern weil die Lebensbedingungen bei den Eltern für sie unerträglich geworden sind und weil sie die Hoffnung haben, daß die Lebensbedingungen in der Jugendwohnung eher zu ertragen sind[4]. Die Ansprüche an eher erträgliche Lebensbedingungen sind dabei oft zunächst bescheiden: etwas weniger Gewalt zu erleben, etwas weniger Angst zu haben, mehr Freiheit zu haben (durchaus auch in dem Sinn: weniger erzogen zu werden), eine zuverlässige Versorgung zu haben, einen Erwachsenen zu finden, der sich ein wenig um mich kümmert und mich aushalten kann. Sind die Lebensbedingungen in der Jugendwohnung gut, werden die Ansprüche größer: etwa keine Gewalt mehr in der Wohnung zu erleben, einen Erwachsenen zu finden, der mich mag und vieles mehr. Sind die Lebensbedingungen schlecht, muß man die Suche nach erträglichen Lebensbedingungen fortsetzen – z.B. bei Freunden und Bekannten – oder die Hoffnung auf bessere Lebensbedingungen aufgeben. An solchen Erwartungen, die selbstverständlich individuell unterschiedlich sind und viel umfangreicher sein können, müssen die Lebensbedingungen in der stationären Jugendhilfe gemessen werden. Die Maßstäbe ergeben sich aus den individuellen Lebenserfahrungen, etwa: welche Bedrohungen, Mißbräuche, Armut, gab es am vorherigen Lebensort und welche gibt es jetzt?

Die Maßstäbe ergeben sich nicht aus dem Vergleich zum Leben in einer Anstalt. Eine dezentralisierte Heimerziehung ist in dieser Perspektive nicht schon deswegen legitimiert, weil sie besser ist als die Anstaltserziehung, sondern nur dann, wenn sie nachweisen kann, daß sie die Lebensbedingungen der von ihr betreuten Jugendlichen verbessert. Damit ist die Dezentralisierung eine notwendige Voraussetzung, damit die Heimerziehung überhaupt eine Verbesserung der Lebensbedingungen auf Dauer bewirken kann. Weitere wesentliche Bedingungen müssen hinzukommen. Die Dezentralisierung ist keine hinreichende Bedingung.

Lernen kann auf Dauer nur im wirklichen Leben gelingen, in der tatsächlichen Erfahrung und der Auseinandersetzung mit der Realität, nicht in Übungsräumen imitierter, dosierter oder manipulierter Realität. Die Lebensbedingungen, unter denen Erziehung stattfinden soll, müssen realistisch sein. Auf das richtige Leben kommt es an, richtiges Leben muß möglich sein und zugelassen werden (vgl. Rößler 1988, S. 66 f). Was es heißt, richtiges Leben zuzulassen, darum soll es im folgenden gehen.

Ein Aspekt ist die Normalität der Lebensbedingungen. Aus der Perspektive der Anstaltserziehung heißt das Ziel meistens Normalisierung. Dieser Begriff soll hier nicht verwendet werden, da er nahelegt, daß die Maßstäbe wieder aus dem Vergleich mit der Anstaltserziehung gewonnen werden. Jede Veränderung der Anstaltserziehung in Richtung Normalität ist Normalisierung, aber keineswegs zwangsläufig Normalität. Was Normalität für das Leben des einzelnen Kindes oder Jugendlichen bedeutet, kann vollständig nur individuell — aufgrund der individuellen Lebenserfahrungen — bestimmt werden (dazu später mehr). Allerdings können einige allgemeine Kriterien genannt werden.

Es ist in unserer Gesellschaft normal — im Sinne von: die Regel — daß Kinder bei ihren Eltern aufwachsen. Für Kinder hat diese Norm nach meinem Eindruck oft eine ganz zentrale Bedeutung. Nicht bei den Eltern aufzuwachsen, stellt für sie oft einen so zentralen Verstoß gegen die Normalität dar, daß jedes ansonsten noch so realitätsnahe Arrangement für sie den Makel weitgehender Abweichung und völliger Unzulänglichkeit trägt. Selbst massive Vernachlässigung und Gewalt — auch sexuelle Gewalt — im Zusammenleben mit den Eltern können Kinder offensichtlich als geringeren Verstoß gegen die Normalität empfinden, als Lebensumstände, bei denen sie auf Dauer nicht mehr bei den Eltern wohnen.

So kann man beobachten, daß Kinder, die in einer Lebensgemeinschaft mit professionellen Pädagogen betreut werden, diese Mitarbeiter als ihre Eltern bezeichnen und zwar auch dann, wenn die Mitarbeiter dies ausdrücklich nicht wollen. Hartnäckig und einfallsreich führen Kinder die Bezeichnung als Mama und Papa immer wieder erfolgreich ein: sie wünschen sich, daß es so sei, und deshalb ist es für sie auch so.

Fremderziehung oder Ersatzerziehung — Begriffe die aus der Sicht dieser Kinder vermutlich ganz zutreffend sind — ist dann von Anfang an mit einer schweren Hypothek belastet. Sie muß nachweisen, daß sie dieses Handicap durch eine deutlich günstigere Gestaltung der Lebensbedingungen kompensieren kann, will sie die richtige Hilfe zur Erziehung sein.

Solche insbesondere für jüngere Kinder typischen Probleme wurden bei der Veränderung der Heimerziehung oft vernachlässigt. Viele Reformbemühungen in der Heimerziehung waren eher auf die Lebensverhältnisse von Jugendlichen bezogen als auf die von Kindern.

So haben sich in Hamburg die Veränderungen der Heimerziehung im Bereich der staatlichen Einrichtungen lange Zeit weitgehend auf Jugendliche ausgerichtet. Insbesondere jüngere Kinder sind über lange Zeit kaum in den Blick geraten. Das unveränderte Betreiben eines Säuglings- und Kleinkinderheimes illustriert dies.

Dies hat vielleicht auch mit dem Selbstverständnis einer Sozialpädagogik zu tun, in der "das Pädagogische an der Sozialpädagogik so weit in den Hintergrund gedrängt worden [ist], daß es kaum noch sichtbar ist" (Fatke/Hornstein 1987, S. 590). Die gelegentlich zu beobachtende strikte Abgrenzung von Sozialpädagogik und Erziehung macht dies deutlich[5].

Problematisch sind die Folgen etwa dann, wenn Kinder nicht nur für eine kurz begrenzte Zeit in Einrichtungen der Jugendhilfe leben, weil Pflegefamilien die langfristige Betreuung von Kindern in vielen Fällen nicht leisten können. Heimerziehung ist damit auch zuständig für die langfristige Erziehung von Kindern und für das Arrangieren von Erziehungsbedingungen unter denen Kinder aufwachsen können. Dies stellt besondere Ansprüche an die hierfür notwendige Lebenswelt. Eine solche Lebenswelt kann als erziehungsträchtig bezeichnet werden: "Bei erziehungsträchtigen Beziehungen handelt es sich um Abhängigkeiten, die bei Verlust der Beziehung die Existenzfrage für die Partner stellt. Wenngleich in pädagogischen Situationen in der Regel ein Gefälle der Existenzgefährdung zwischen Erzieher und Zögling anzunehmen ist (ein Gefälle, das überhaupt erlaubt, von Erzieher und Zögling zu sprechen), so kann doch angenommen werden, daß eine wechselseitige Abhängigkeit die 'Erziehungsträchtigkeit' erhöht" (Rößler 1988, S. 1 f)

Heimerziehung ist überwiegend genau anders strukturiert. Wie in anderen Organisationen soll jedes Mitglied grundsätzlich ersetzbar sein. Durch das Ausscheiden eines Mitgliedes soll der Organisationszweck nicht gefährdet werden können. Die Organisation Heim hat ein Interesse daran, den Erfolg der Erziehungsarbeit nicht von einem einzelnen Mitarbeiter abhängig zu machen und der Mitarbeiter und seine Interessenvertretung hat den Anspruch, daß die Abhängigkeit von seinem Arbeitsplatz nicht größer ist als bei jedem anderen Arbeitsplatz auch. Das Kind allerdings hat ein Interesse daran, daß der Mitarbeiter existentieller an seinen Arbeitsplatz gebunden ist, zumindest so lange, wie es selbst in der Einrichtung bleiben will oder muß. Dieser Konflikt kann nicht gegen den Willen der Mitarbeiter gelöst werden und man kann dieses Dilemma nicht auflösen. Aber es gibt Ansätze, mit diesem Problem durch die Betreuung in Lebensgemeinschaften anders umzugehen (dazu später[6]).

Ein weiteres Kriterium, das für Kinder und Jugendliche in gleichem Maße Bedeutung hat, ist der Anspruch auf eine Privatsphäre und Intimität. Die Trennung von Privatsphäre und Öffentlichkeit ist ein Merkmal industrialisierter Gesellschaften. Die Entwicklung der Privatsphäre hat die Abschirmung vom öffentlichen Bereich zur Voraussetzung. "Die Absonderung, die Abschirmung nach außen läßt die kleine soziale Umwelt in ihrer Einheit und Eigenart im Unterschied zur Außenwelt bewußt werden und ermöglicht, daß ihre latente Eigengesetzlichkeit zum Zuge kommt. Bewußter Ausbau und Kultivierung der engsten sozialen und dinglichen Umwelt zu einem in sich geschlossenen

System eigener Art: das sind die positiven Bestimmungen der Privatheit" (Bahrdt 1969, S. 76).

Die Anstalten sind gekennzeichnet durch ihre Absonderung von ihrer Umgebung. Die Welt innerhalb der Anstalten ist gekennzeichnet durch die Aufhebung der Trennung von Öffentlichkeit und Privatsphäre. Auf welche Weise die Insassen sich private Bereiche organisieren müssen, hat Goffman (1973) eindrucksvoll beschrieben. Mit der Entwicklung vom Schlafsaal zum Einzelzimmer ist zwar eine wichtige Bedingung für die Entwicklung der Privatsphäre vorhanden, das Einzelzimmer allein garantiert allerdings noch keine Privatsphäre.

Lebensweltorientierte stationäre Jugendhilfe ist nicht abgesondert von ihrer Umgebung. Sie kann Privatheit nach vergleichbaren Strukturen zulassen, wie dies auch für andere Lebensverhältnisse gilt. Etwa die Unverletzlichkeit der Wohnung oder die Freiheit, über Eigentum zu verfügen, kann hier nach gleichen Regeln und rechtlichen Normen erfolgen, wie anderswo.

Dies ist für die Heimerziehung, auch dort wo sie nicht in Anstaltsstrukturen organisiert ist, allerdings keineswegs selbstverständlich. Gerade die Konzentration auf die Kontrolle der Zöglinge führt zu ständigen schweren Einbrüchen in die Privatsphäre von Kindern und Jugendlichen. Dadurch kann der auf den ersten Blick gelungene, private Charakter kleiner dezentralisierter Einheiten weitgehend aufgehoben werden.

Dies zeigt sich etwa am Umgang mit dem Eigentum. So ist oft systematisch vorgesehen, daß Kinder das Eigentum, das sie mitbringen möchten, tatsächlich nicht mitbringen dürfen oder daß Jugendliche bei ihrem Auszug nahezu nichts mitnehmen können, weil alles nur von der Einrichtung — sozusagen leihweise — zur Verfügung gestellt worden ist. Dies ist selbstverständlich nicht nur eine Frage der materiellen Versorgung, sondern damit wird auch die Identität und die Lebensperspektive beeinflußt. So wird auf diese Weise etwa mitgeteilt: "Ohne uns hast Du nichts, und was bist Du ohne uns?"

Ein zentrales Kriterium für die Beurteilung der Lebensbedingungen ist daher, auf welche Weise Einrichtungen mit der Privatsphäre umgehen. Dies wird beeinflußt

- durch die gesellschaftliche Funktion der Heimerziehung — welche Rolle sollen Kontrolle oder sogar Abschreckung spielen?
- durch die Organisation der Einrichtung — etwa wie ist der Umgang mit dem Eigentum organisiert?
  und
- durch den Umgang der Erwachsenen mit den Kindern — etwa wie halten sie es mit dem pädagogischen Takt?

Für die Lebensbedingungen der Kinder und für die allgemeine Relevanz der ihnen vermittelten Erfahrungen ist die Privatsphäre entscheidend. Dezentralisierung ist auch hier eine notwendige, aber nicht hinreichende Bedingung. Der Besucher einer dezentralisierten Einheit hat vielleicht den Eindruck, es ist alles gemütlich und individuell eingerichtet, so richtig privat. Er versäumt dann vielleicht, sich darüber zu wundern, daß ihm alle Zimmer gezeigt wurden und daß alle sofort nach dem Anklopfen die Zimmer betreten haben.

Das richtige Leben ist vielschichtig, komplex, nur begrenzt planbar und immer von den beteiligten Personen abhängig. Es entwickelt sich in der Interaktion zwischen den Erwachsenen und den Kindern. Die Erwachsenen – im Falle der Heimerziehung: die für die unmittelbare Betreuung zuständigen Mitarbeiter – müssen über die Kompetenzen verfügen, das Leben mit den Kinder zu gestalten. Kompetenz umfaßt sowohl die Fähigkeiten, Einstellungen und das Wissen das Leben mit Kindern zu gestalten, die häufig sehr ungewöhnliche Lebenserfahrungen gemacht haben, als auch die Entscheidungsbefugnisse und Zuständigkeit innerhalb der Institution. Fehlt es an einem von beiden, geht das Betreuungsarrangement in die Brüche oder es entwickelt sich ein institutionstypisches Leben, das sich wieder von dem Leben außerhalb der Institution deutlicher unterscheidet. Darum soll es nun gehen.

Entinstitutionalisierung

In der Anstaltserziehung sind die Erziehungsbedingungen und die Lebensverhältnisse der Kinder in hohem Maße durch die Merkmale einer Großorganisation gekennzeichnet: Arbeitsteilung, hochformalisierte Regelanwendung und komplexe Hierarchie.

Arbeitsteilung

Arbeitsteilige Organisation bedeutet für die Heimerziehung insbesondere die Trennung zwischen hauswirtschaftlichen, therapeutischen und pädagogischen Funktionen. Innerhalb dieser Bereiche gibt es weitere arbeitsteilige Zuständigkeiten. So sind häufig für die hauswirtschaftlichen Tätigkeiten – wie Saubermachen, Wäschewaschen, Kochen, Einkaufen, aber auch Reparaturen am Gebäude und Inventar, Gartenpflege – unterschiedliche Spezialisten zuständig. In sehr großen Einrichtungen gibt es für diese Tätigkeiten jeweils eine Abteilung, aber auch in kleineren Einrichtung gibt es oft eine in dieser Weise hochgradig arbeitsteilige Organisation.

Dies gilt auch für Einrichtungen, die auf den ersten Blick – für Maßstäbe der Heimerziehung – recht normale Lebensverhältnisse zuzulassen scheinen. Die Beteiligten sind sich über den Umfang der Arbeitsteilung dann nicht unbedingt bewußt. Erst wenn ein neuer Mitarbeiter oder ein Praktikant in die Gruppe kommt, wird die Arbeitsteilung deutlich. Der Neue erweist sich ständig als der Neue, weil er die alltäglichen Probleme löst, wie im richtigen Leben: Der Ahnungslose bringt beim Lebensmitteleinkauf gleich eine Glühbirne für die Lampe im Gruppenraum mit, obwohl Glühbirnen nur beim Hausmeister abgeholt werden sollen, über eine ganz andere Haushaltsposition abgerechnet werden müßten usw.

Neben den problematischen Auswirkungen einer solchen Organisationsstruktur auf die Selbständigkeit der beteiligten Erwachsenen und der Kinder besteht eine geradezu zwangsläufige Gefahr, darin, daß jede dieser spezialisierten Arbeitsbereiche nur die optimale Bearbeitung seines Problems in den Blick nimmt und daß dadurch Zielverschiebungen auslöst werden: das Teilziel – die zuverlässige Essensversorgung, eine saubere Wohnung, das preisgünstige Einkaufen – wird zum zentralen Ziel, ein instrumenteller Wert wird zum Endwert (vgl. Merton, in: Mayntz 1971, S. 269). Zur Erreichung der Teilziele ist die Organisation durchaus zweckrational: die Ausschöpfung des Preisvorteils beim Großeinkauf oder die Zusammensetzung des Speiseplanes nach Kriterien ausgewogener Ernährung durch eine entsprechende Fachkraft ist in bezug auf die Teilziele vernünftig. Für die Erziehung und für das Leben bedeutsam sind die Nebenwirkungen: die Kinder sind am Einkauf nicht beteiligt und die Diskussion über die Ernährung führen ggf. die Fachleute unter sich. Wenn man genau hinsieht werden allerdings auch die Vorteile einer solchen Organisationsstruktur relativiert: wenn der große Vorrat und die Anstaltspackungen zur Verschwendung verleiten oder wenn der gesunde Möhrensalat nahezu unberührt in den Müll wandert, stimmen die Kalkulationen auch nicht mehr. Zweifel an der angeblich besseren Wirtschaftlichkeit großer zentraler Versorgungseinrichtungen werden auch durch empirische Untersuchungen bestätigt (vgl. Allemeyer 1983, S. 58).

Dies führt häufig dazu, daß Kinder und Mitarbeiter berichten, die Versorgung sei besser geworden, nachdem die zentralen Versorgungseinrichtungen aufgelöst wurden und sie ihre Versorgung in die eigenen Hände genommen haben. Kinder und Mitarbeiter haben das Gefühl, als stünde mehr Geld zur Verfügung, obwohl die Ausgaben nicht erhöht wurden und die finanziellen Vorteile des Großeinkaufes weggefallen sind.

Auch wenn in den meisten Heimen viele früher zentrale Versorgungsbereiche aufgelöst oder dezentralisiert sind, bestehen in anderen Bereichen arbeitsteilige Strukturen fort. Vermutlich kann man ohne Übertreibung feststellen, daß jeder Verzicht auf Arbeitsteilung der Organisation mühsam abgerungen werden muß. Dabei können Initiative und Widerstand sowohl von den Mitarbeitern, als auch von der Leitung ausgehen.

So hörte man gelegentlich von Debatten darüber, ob es mit der Ehre eines Erziehers oder Sozialpädagogen vereinbar ist, sich auch an hauswirtschaftlichen Tätigkeiten zu beteiligen.

Regelanwendung

Ein weiterer Mangel der oben beschriebenen Organisationen ist die unzureichende Anpassungsfähigkeit und ihre Innovationsschwäche. Probleme werden durch Anwendung der etablierten Regeln bewältigt, ggf. wird die Regelanwendung forciert oder besonders rigide gehandhabt. Erst wenn diese Art des Umgangs mit Problemen offensichtlich nicht mehr gelingt, kommt es zu gravierenden Regeländerungen. Längere Phasen großer Stabilität werden unterbrochen durch heftige Krisen (vgl. Crozier 1971, S. 286). In den Krisenphasen werden die Regeln geändert. Danach gelten diese veränderten Regeln solange bis es in der nächsten Krise zur nächsten Regeländerung kommt. Je stärker die Regeln formalisiert sind – etwa durch festgeschriebenen Hausordnungen oder insbesondere durch Beschlüsse zentraler Gremien wie Heimkonferenzen, Erzieherbesprechungen u.ä. -, je rigider die Regeln angewendet werden – etwa weil Mitarbeiter durch genaue Regelanwendung individuelle Verursachungszuschreibung vermeiden wollen, kurz: je weniger flexibel die Organisation Regeln setzt und ausführt, desto heftiger sind Krisen, die die Regeländerungen schließlich erzwingen.

In Erziehungsheimen erscheinen die Krisen der Organisation allerdings nicht auf den ersten Blick als Folge einer unflexiblen Regelanwendung, sondern als Krisen, die durch einzelne, als besonders schwierig geltende Jugendliche verursacht worden sind. Dann kann es zu gewaltigen und gewalttätigen Eskalationen kommen. Ein sicherer Hinweis auf einen solchen Zusammenhang von mangelnder Flexibilität der Einrichtung und Eskalationen sind (sich oft regelmäßig wiederholende) Beschlüsse, einzelne Jugendliche zu verlegen, die als Rädelsführer definiert werden und nach deren Ausschluß die Ruhe – zunächst – wiederhergestellt ist. So wechseln sich Phasen rigider Regelanwendung und Phasen der Anomie ab.

Ein weiteres Problem sind die Inhalte der Regeln. Ein großer Teil der durch die Leitung für Mitarbeiter formulierten Regeln kann als Versuch interpretiert werden, der Gleichgültigkeit der Lohnerzieher (Heinsohn/Knieper 1974) Grenzen zu setzen. Durch solche Regeln können Organinsationsabläufe gesichert werden. Wie häufig die Betten neu bezogen werden müssen, zu welchen Zeiten die Schularbeiten gemacht werden sollen oder was ein ungewöhnliches Vorkommnis ist und wer dann zu informieren ist, läßt sich durch Anordnungen regeln. Versucht man auf diese Weise eine ausreichende Versorgung der Kinder zu sichern ist das Spektrum möglicher und – folgt man der Logik dieser Art der Kontrolle – notwendiger Regeln unendlich.

Das, worauf es in der Erziehung besonders ankommt und was für die Kinder besonders wichtig ist, läßt sich auf diese Weise weder vorschreiben, erzwingen noch kontrollieren. Vertrauen, Zuwendung, Anteilnahme, Wohlwollen (Trabandt 1991) – letztlich – Liebe kann so nicht institutionell abgesichert oder gar erzeugt werden. Eher gilt das Gegenteil: "Problematisch wird Reden von Liebe im sozialpädagogischen Handeln vor allem dadurch, daß Liebe gefordert wird, unter Handlungsbedingungen, die, vorsichtig gesagt, nicht gerade ermutigend für Liebe sind" (Müller 1984, S. 116). Ein umfassendes System an vorgeschriebenen Handlungen führt eher dazu, daß Mitarbeiter sich auf die Einhaltung der Handlungsvorschriften konzentrieren, um Sanktionen zu vermeiden. Diese Art dominanter Regelorientierung wird dysfunktional (vgl. Mayntz 1982, S. 116). Weil die Regeln genau eingehalten werden, fehlt das Wesentliche.

Ein Beispiel für diese Wirkung differenzierter Verhaltensanweisungen sind Versuche Aufsichtspflichtverletzungen durch differenzierte Vorschriften zu vermeiden. Je umfangreicher die Verhaltensanweisungen für die Pädagogen sind – und ich kenne imposante Beispiele, etwa von Regelwerken für das Baden im Meer – desto stärker wird das Verhalten der Mitarbeiter gegenüber den Kindern sich auf die Einhaltung der Vorschriften beziehen. Die Aufmerksamkeit gilt dann ausschließlich der Gefahrenabwehr, was pädagogisch wichtig ist, hat höchstens noch Platz in den Lücken. Für nicht vorhergesehenen Situationen unterbleibt dann leicht die naheliegenste Vorsorge. Passiert trotz oder wegen der strengen Einhaltung der Regeln etwas, verweist der Vorgesetzte – ggf. auch der Richter – auf den natürlichen Menschenverstand. Anschließend wird das Regelwerk um einen langen Katalog ergänzt.

Vorschriften regeln nun nicht nur einen Sachverhalt, sie enthalten außerdem Festschreibungen der Identität. In den Worten von E. Goffman (1973, S. 183): "Eine Handlung vorschreiben, heißt eine Welt vorschreiben; sich vor einer Vorschrift drücken heißt, sich vor einer Identität drücken". Erhalten Mitarbeiter detaillierte Verhaltensanweisungen und ist die Kontrolle der Einhaltung jederzeit vorstellbar, werden damit zugleich Aussagen über die Kompetenz, Selbständigkeit und das erwartete Engagement bekannt gegeben. Diese Aussagen werden sowohl von den Mitarbeitern als auch von den Kindern entsprechend verstanden. Mitarbeiter, die dies als Zumutung empfinden, verlassen, wenn möglich, das Arbeitsfeld. Die anderen stellen sich darauf ein.

Einrichtungen, die so verfahren, zerstören oder belasten Motivation und berufsethische Vorstellungen ihrer Mitarbeiter. Sie ersetzen verinnerlichte Motivation durch Strategien der Sanktionsvermeidung. Die Einrichtungsleitung wird in ihren Annahmen immer wieder bestätigt. In einem typischen Prozeß sich selbst erfüllender Prophezeiung tritt das vorhergesagte Verhalten deswegen ein, weil die Beteiligten der Vorhersage gemäß behandelt werden.

Im Kontaktstudium für Erzieher, das die Hamburger Fachhochschulen über mehrere Jahre durchgeführt haben, konnte man beobachten, wie Mitarbeiter, die unter den oben beschriebenen Strukturen arbeiteten (und litten), und Mitarbeiter, die unter anderen Bedingungen arbeiteten, aus unterschiedlichen Welten zu kommen schienen. Die Erfahrungen waren so extrem unterschiedlich, daß eine Verständigung zeitweise kaum möglich war. Gelegentlich hatte man ernsthafte Zweifel an der Zurechnungsfähigkeit der anderen.

Sind solche Strukturen etabliert und haben Mitarbeiter dort einen großen Teil ihrer beruflichen Sozialisation erfahren, führen veränderte Strukturen selbstverständlich nicht schnell zu einem anderen Umgang (wenn überhaupt). Mir scheint es naheliegend, daß ein Teil der "Lohnerzieherproblematik" durch Organisationsstrukturen erzeugt wird und nicht zwangsläufig in der Erziehung als beruflicher Arbeit liegt.

Ressourcen

Ein weiteres Problem hängt ebenfalls mit der Organisation der Heime zusammen. Die Ressourcen, über die die Heime verfügen, sind weitgehend festgelegt. Eine auf die Erfordernisse des Einzelfalls gerichtete flexible Verwendung ist weitgehend ausgeschlossen. Daher verwundert es nicht, daß die Heime wie selbstverständlich die Auswahl der Kinder, für die sie sich zuständig fühlen wollen, gemäß ihren festgelegten Ressourcen vornehmen: es werden die Kinder aufgenommen, die in die Einrichtung passen. In welchem Umfang man sich die Auswahl leisten kann und leistet, hängt unter anderem vom Verhältnis von Angebot und Nachfrage von bzw. nach Heimplätzen ab.

So konnte man in Hamburg Mitte der 80er Jahre beobachten, daß Heime, die sich durch einen breiten Katalog von Ausschlußkriterien (etwa Drogenkonsum, Kontakte zu Stricher- oder Prostitutionsszene, "Schulverweigerer") die schwierigen Betreuungsaufgaben vom Leibe gehalten hatten, nun in einer Situation in der das Angebot an Heimplätzen die Nachfrage überstieg und die Schließung von Heimen drohte, ihren Katalog der Ausschlußkriterien kräftig zusammenstrichen.

Es werden also (wenn andere Organisationsziele — wie die Existenzsicherung — nicht etwas anderes erzwingen) nur die Kinder aufgenommen, die in die Einrichtung passen. Nach der Aufnahme müssen sich die Kinder den Gegebenheiten der Einrichtung anpassen, d.h. sie sollen nicht nur die Regeln übernehmen, sondern sie müssen auch mit den in der Einrichtung festgelegten Ressourcen zurechtkommen. Die Ressourcen stehen nicht zur Disposition. Die Gebäude, in denen sie wohnen werden,

die Mitarbeiter, die sie betreuen werden,

die anderen Kinder, mit denen sie zusammenleben werden,

die therapeutischen Maßnahmen und die Programme, nach denen die Erziehung abläuft,

dies alles steht fest.

Wenn die Gebäude so weit vom bisherigen Wohnort entfernt liegen, daß alle wichtigen sozialen Beziehungen unterbrochen werden,

wenn das Kind mit dem zuständigen Mitarbeiter überhaupt nicht zurecht kommen kann, weil dieser genauso ist, wie die Erwachsenen mit denen es bisher immer die größten Schwierigkeiten hatte,

wenn es Angst vor den anderen Kindern hat und diese ihm zu verstehen geben, daß es dort gerade noch gefehlt habe,

wenn die vorgesehenen Programme keinen Bezug zu seinen bisherigen Lebenserfahrungen haben,

wenn also nichts paßt, dann hat es vielleicht besonders viel Pech gehabt. Aber auch dies wird nichts daran ändern, daß es zurechtkommen muß.

Diese geringe Flexibilität im Umgang mit den Ressourcen erscheint in der Beziehung zu dem Kostenträger dadurch, daß die für individuelle Arrangements notwendigen Ressourcen extra bezahlt werden müssen. Der Pflegesatz finanziert nur die Einrichtung. Tagespflegesätze von 200,- DM (Stand 1992) sind so keine Seltenheit. Aus der Sicht der Einrichtungen war eine Verbesserung der Erziehungsbedingungen immer verbunden mit dem Einwerben zusätzlicher Ressourcen. Die kritische Überprüfung des Einsatzes der zur Verfügung stehenden Mittel — der Umbau also — blieb die Ausnahme.

An den durch die Organisationsstrukturen hervorgerufenen Problemen — Arbeitsteilung, starre Regelanwendung und unangemessener Umgang mit den Ressourcen — entzündete sich die Kritik an den etablierten Institutionen im Bereich der öffentlichen Erziehung und an der Rolle der etablierten Wohlfahrtsverbände (etwa Autorenkollektiv 1971). Gegenentwürfe von weniger organisationsbestimmten Formen öffentlicher Erziehung gewannen in der Praxis an Boden. Dadurch entstand nicht nur eine Konkurrenz zu den etablierten Einrichtungen, sondern diese gerieten in eine Legitimationskrise. Ziele und Selbstverständnis der Einrichtungen standen nun offenkundig im Gegensatz zur Praxis in den Heimen. Eine der Reaktionen auf die Legitimationskrise war die Entinstitutionalisierung.

Der allgemeine Umgang von Organisationen mit Legitimationsschwächen

D.K. Pfeiffer (1976, S. 91) nennt drei Strategien von hochformalisierten Organisationen, um Legitimationsschwächen zu begegnen:
"- Schaffung von Identifikationschancen und Verdeckung der formalen Strukturen, etwa durch charismatische Führergestalten ('dual leadership');
- Etablierung assoziativer Subsysteme innerhalb der Organisation, in denen sich Handeln an professionellen Normen orientiert und funktionale Autoritätsbeziehungen dominieren;
- Bindung an die sachliche Notwendigkeit hierarchische Strukturen zum Zweck der Zielerreichung und Erhaltung der Organisation".

Die Identifikation mit der Einrichtung oder mit charismatischen Leitern spielt in sozialpädagogischen Einrichtungen gelegentlich eine Rolle. Einrichtungen mit langer Tradition beziehen sich gerne auf diese Tradition oder betonen die Weitsicht ihrer legendärer Gründer — denkt man etwa an die Bedeutung, die Wichern für das Rauhe Haus noch heute zugeschrieben werden. Wo die Identifikation gelingt, kann sie zur Kommunikationskultur innerhalb der Einrichtung beitragen. Auf diese Weise ist es dann auch möglich, einen Konsens über die grundlegenden Prinzipien der sozialpädagogischen Arbeit herzustellen und in der Kommunikation weiterzuentwickeln. Im Gegensatz zu den konkreten Handlungsvorschriften erfolgt die Kontrolle hier über Haltungen, Einstellungen und Grundüberzeugungen. Die Kommunikation ist sicher nicht herrschaftsfrei, aber doch eher symmetrisch. So ist es auch für die Untergebenen möglich, die Leitenden nach ihren Überzeugungen zu fragen, auf Widersprüche hinzuweisen und die Einhaltung von Absprachen einzufordern.

Um Mißverständnisse zu vermeiden, muß allerdings darauf hingewiesen werden, daß mit der Kommunikation über Haltung, Einstellungen und Grundüberzeugungen nicht etwa die Verkündigung christlicher Erziehungsprinzipien — was immer dies sein mag — durch die Leiter von Einrichtungen konfessioneller Trägern gemeint sind. Auf diese Weise kommen ggf. einrichtungsspezifische Sprachregelungen zustande und kein Diskurs über die ethischen Überzeugungen, die die sozialpädagogische Arbeit beeinflussen können.

Die zweite Strategie besteht in der Legitimation durch funktionale Autorität, nicht durch formal-bürokratische. Funktionale Autorität, d.h. die Chance, andere aufgrund persönlicher Sachverständigkeit zu beeinflussen und nicht etwa aufgrund der Chance negative Sanktionen zuzuteilen (vgl. Hartmann 1964) bedeutet Leitungsmacht aufgrund nachzuweisender Kompetenz. Anstelle von Vorschrift, Befehl und Gehorsam treten Erklärung, Argumentation, Überzeugung und Begründung. Dies stellt andere Ansprüche an die Professionalität von MitarbeiterInnen und Leitung, dazu später mehr.

Die dritte Strategie verweist auf die Notwendigkeit hierarchischer Strukturierung für die Zielerreichung und Organisationserhaltung. Zweckmäßige Strukturierung bedeutet in unserem Zusammenhang eine Struktur, in der nicht alltägliche Entscheidungen der Erziehung in der Leitung getroffen werden, sondern in der die Organisation günstiger Rahmenbedingungen für die sozialpädagogische Arbeit und die Entwicklung des oben beschriebenen Kommunikationsprozesses zu den Leitungsaufgaben gehören. Dies sind allerdings auch Leitungsaufgaben. Insbesondere die Entwicklung individueller Betreuungsarrangements setzt leistungsfähige (Verwaltungs-)Strukturen, zweckrationale Planung und Stabilität voraus. So erleichtert etwa ständige Unsicherheit über die weitere Existenz der Einrichtung nicht die Weiterentwicklung der Erziehungsbedingungen.

Merkmale der Entinstitutionalisierung

Entinstitutionalisierung wird in unserem Zusammenhang deutlich durch die weitgehende Aufhebung arbeitsteiliger Organisation, durch flexible, von den Pädagogen und den Kindern beeinflußte Regeln und eine flexible Nutzung der Ressourcen.

Die weitgehende Reduzierung arbeitsteiliger Organisation orientiert sich an der Komplexität der Lebensbedingungen außerhalb der Institution Heim. Nur wenn diese Komplexität nicht durch die Organisationsstrukturen reduziert wird, sind die dort möglichen Lernprozesse zur Lebensbewältigung angemessen. Dort wo die Auflösung von Spezialabteilungen nicht möglich ist – etwa bei der Organisation einer speziellen Abteilung für Verwaltungsaufgaben – müssen die Abläufe so organisiert sein, daß sie die Lebensbedingungen nicht bestimmen. Die Verwaltung der Heime muß der Pädagogik dienen.

So kann es etwa wichtig sein, daß die Verwaltung die gegenseitige Deckungsfähigkeit von Sachausgaben durchsetzt und organisiert, damit die Abrechnung für die Lebensmittel zum Mittagessen, das Waschmittel, das Rechenheft für Erika und die neue Zahnbürste für Siegfried nicht getrennt abgerechnet werden müssen und das Kind von diesem Einkauf nicht vier Kassenbons mitbringen muß.

Entinstitutionalisierung von Erziehungseinrichtungen bedeutet nicht nur, daß viele Kompetenzen auf die Ebene der pädagogischen Mitarbeiter verlagert werden, sondern auch daß Regeln und Personen in einem ständigen Anpassungsprozeß stehen sollen. Die konkreten Erziehungsziele können sinnvollerweise nur individuell definiert werden. Auch wie die Ziele erreicht werden sollen, was, wann und auf welche Weise die Erwachsenen oder die Kinder durchsetzen können ist kaum programmierbar. Gerade im Aushandeln von Regeln liegt der Sinn und dadurch werden Kompetenzen vermittelt und erworben, die für die Orientierung wichtig sind (vgl. Klatezki 1990). Dazu benötigen die Beteiligten Freiheit, auch die Freiheit von standardisierenden Vorgaben durch die Institution.

Ein weiteres Kriterium für die Entinstitutionalisierung ist die flexible Nutzung der Ressourcen. Die Effizienz der Organisation erweist sich ganz wesentlich daran, wie weit sie in der Lage ist, die für den Einzelfall notwendigen und wünschenswerten Ressourcen zu organisieren.

Durch die Dezentralisierung ist es grundsätzlich möglich geworden, die Orte, an denen die Einrichtung die Kinder betreut, auszuwählen. Sie kann eine Wohnung anmieten und den Mietvertrag kündigen, wenn die Wohnung für die veränderte Betreuungsaufgabe nicht mehr geeignet ist. Sie kann eine Wohnung anmieten, in der ein Jugendlicher betreut wird, oder ein Einfamilienhaus anmieten, in dem drei Geschwisterkinder, die zusammen bleiben wollen, gemeinsam betreut werden. Sie kann eine Wohnung anmieten, die in einem sozialen Brennpunkt liegt, wenn sie auf diese Weise die Jugendlichen leichter erreicht oder eine Wohnung in einer ruhigen Wohngegend anmieten, wenn dies für die Betreuung günstig ist. Schwierigkeiten auf dem Wohnungsmarkt wirken sich selbstverständlich auch auf die Wohnungssuche der Einrichtungen aus. Diese Probleme sind nicht einrichtungsbedingt und leistungsfähige Einrichtungen sind im Vergleich zu ihren Klienten immer noch in einer privilegierten Position.

Außerdem wird eine Einrichtung, die die Ressourcen flexibel einsetzen will, nicht alle Stellen für Mitarbeiter fest besetzen, sondern sich für spezifische Betreuungsaufgaben die dafür geeigneten Mitarbeiter im Einzelfall suchen. Selbstverständlich ist sie dabei an die geltenden arbeitsrechtlichen Vorschriften gebunden, an weitergehende Verpflichtungen allerdings nicht.

Was darüber hinaus im Einzelfall notwendig ist, muß die Einrichtung auch nicht selbst vorhalten. Sie bleibt viel flexibler, wenn sie hierfür die Dienste anderer Institutionen — etwa niedergelassener Therapeuten — in Anspruch nimmt. Das Selbstverständnis einer solchen Einrichtung richtet sich dann nicht (mehr) auf die Gebäude, auf ein umfangreiches einrichtungsinternes Spektrum an Freizeitangeboten und Therapiemöglichkeiten, sondern auf die Leistungsfähigkeit, die für das einzelne Kind wichtigen Angebote zu finden bzw. die Schaffung entsprechender Angebote im Gemeinwesen zu initiieren.

Entspezialisierung

Entspezialisierung bedeutet — jedenfalls in der Hamburger Jugendhilfelandschaft — zweierlei: innerhalb der Einrichtungen die Reduzierung, letztlich die Abschaffung gruppenergänzender Dienste, zwischen den Einrichtungen die Abschaffung der Spezialisierung in der Zuständigkeit der Heime für bestimmte Gruppen von Kindern.

Abschaffung gruppenergänzender Dienste

Gruppenergänzende Dienst sind in großem Umfang und in großer Verbreitung in nahezu allen Heimen als eine Reaktion auf die Heimkampagne in den 70er Jahren entstanden. So wollten die Heime nachweisen, daß sie nun die Kinder nicht mehr nur kasernierten, sanktionierten und aufbewahrten, sondern daß die Kinder in den Heimen eine spezialisierte Behandlung erfahren. Heilpädagogische Behandlung und Therapie sollten die psychischen Schäden und Störungen beseitigen. Nach der Behandlung sollten die Kinder wieder in ihre Familien zurückkehren. Diese Behandlung konnte selbstverständlich nicht durch die eher schlecht ausgebildeten Heimerzieher durchgeführt werden. Hierfür benötigte man besser ausgebildete Spezialisten, die man nun verstärkt in den Heimen einstellte. Dies hatte eine Fülle von Konsequenzen.

Man orientierte sich am Modell eines Krankenhauses. Dies war auch naheliegend, wenn man die Probleme, die die Kinder hatten und die sie verursachten, als behandlungsbedürftige, psychischen Störungen interpretierte. Wie in einem Krankenhaus war auch die Arbeitsteilung zwischen Heimerziehern und gruppenergänzendem Dienst. Diese waren für die Grundversorgung da, arbeiteten ggf. unter Anleitung und waren für die Organisation des Tagesablaufes zuständig. Jene waren für die Diagnose der Störungen und die differenzierte Behandlung zuständig, orientierten sich an den Methoden und Prinzipien ihrer jeweiligen Profession und leiteten die Heimerzieher an.

Im Gegensatz zum Krankenhaus, dauerte der Aufenthalt in den Heimen allerdings lange, oft viele Jahre. Die schnelle Rückkehr der Kinder zu ihren

Eltern gelang nur selten. Häufig verbrachten die Kinder weiterhin längere Phasen ihres Lebens in den Heimen. Die Lebensbedingungen klassischer Heimerziehung bestimmten die Entwicklung der Kinder stärker als die Behandlungsangebote. Die Folgen des Lebens in großen Gruppen, der Verlust der meisten wichtigen sozialen Beziehungen durch die Heimeinweisung und ein oft stark reglementierter Alltag konnte weder durch ein oder zwei Therapiestunden in den Woche, noch etwa durch spezielle freizeitpädagogische Maßnahmen kompensiert werden (vgl. Blandow 1979).

Als fraglich erwies sich außerdem, ob eine qualifizierte Therapie unter den Bedingungen des Heimes und aufgrund der Qualifikation der therapeutischen Mitarbeiter überhaupt möglich war. Bekanntlich macht ein abgeschlossenes Psychologiestudium noch keinen qualifizierten Therapeuten[7]. Auch die organisatorischen Bedingungen im Heim unterschieden sich häufig deutlich von dem was Therapeuten als notwendige Bedingungen ihrer Arbeit definieren. Wenn etwa der Therapeut im Heim noch in anderen Rollen auftritt, weder eine deutliche räumliche noch zeitliche Trennung vom Alltag möglich ist oder die Aufträge für die durch Therapie anzustrebenden Effekte auch vom Disziplinierungswunsch der Einrichtung mitbestimmt wird, dann fehlt nahezu alles, was als notwendige Voraussetzung für Therapie angesehen wird.

Auch die Anleitung und Beratung der Pädagogen durch die therapeutischen Mitarbeiter stieß an enge Grenzen. Da die Therapeuten nicht systematisch über Pädagogikkenntnisse verfügten, waren ihre Empfehlungen in der Regel der Therapiepraxis entnommen. Diese stießen bei den Heimerziehern auf Ablehnung, gelegentlich auch auf Spott (vgl. Schnürer 1981). Sie bezweifelten etwa, daß mit den vorgeschlagen non-direktiven Strategien das Abendessen in einer Gruppe mit 12 Kindern einigermaßen reibungslos über die Bühne gebracht werden konnte. Deutlich günstigere Arbeitszeiten und die bessere Bezahlung der Therapeuten taten ein übriges, um gegenseitige Abgrenzung zu fördern. Das Ergebnis war gelegentlich eine Resistenz bei den Heimerziehern gegenüber jedem psychologischen oder sogar jedem theoretischen Zugang zu ihrer Arbeit. Die — ja durchaus problematische — pädagogische Praxis blieb dann weitgehend unberührt.

Für die Hierarchie der Heime bedeutete die Einrichtung eines gruppenergänzenden Dienstes die Einführung einer weiteren Hierarchieebene. Die Stellung von Therapeuten in der Hierarchie war meistens nicht eindeutig geklärt. Meistens gehörten sie zu den Leitungsgremien und waren tatsächlich auch an der Fachaufsicht beteiligt. Auf der anderen Seite waren sie Berater der Heimerzieher und der Kinder und diese erwarteten Vertrauensschutz und Schweigepflicht (vgl. Wetzelsberger 1981).

Waren im gruppenergänzenden Dienst Sozialpädagogen oder die dienstältesten Erzieher eingesetzt, wurden die Leitungsfunktionen noch deutlicher. Als besonders problematisch erwies sich der Einsatz der dienstältesten Erzieher im gruppenergänzenden Dienst. Eingeführt aus typischen Institutionsinteressen — etwa um eine Beförderung in der Einrichtung anbieten zu können oder um Mitarbeiter zu beschäftigen, die sonst im unmittelbaren Umgang mit den Kindern völlig überfordert waren oder um treue Mitarbeiter von dem besonders belastenden Nachtdiensten zu befreien — orientierten sich diese Mitarbeiter eher an der Anstaltserziehung und bremsten eine Weiterentwicklung der pädagogischen Arbeit.

Für die Heimleiter hatte die Einrichtung einer mittleren Hierarchieebene den Vorteil, daß die Entfernung zu den unmittelbaren Problemen in der Betreuung größer wurde: sie konnten nun delegieren und Situationen vermeiden, in denen sie an der Ratlosigkeit bei der Bewältigung der Probleme teilhätten.

Allein die Arbeitsteilung zwischen den Mitarbeitern der gruppenergänzenden Dienste und den Erziehern führte dazu, daß die Zuständigkeit für die Bearbeitung schwieriger Probleme immer wieder unklar wurde. Es kam dann zu Prozessen, in denen gegenseitig die Zuständigkeit der anderen eingeklagt wurde.

Die Erfahrungen mit den gruppenergänzenden Diensten machten immer wieder deutlich: das was in der unmittelbaren Interaktion zwischen Erziehern und Kindern fehlt oder ungünstig verläuft kann durch gruppenergänzende Dienste nicht kompensiert werden. Die Alternative ist daher, der Gestaltung dieser Interaktion die uneingeschränkte Aufmerksamkeit zuzuwenden und hierfür die durch die Abschaffung der gruppenergänzenden Dienste freigewordenen Ressourcen zu verwenden.

So können aus den Arbeitgeberkosten für eine Psychologenstelle in erheblichem Umfang unterschiedlichste Supervisionsdienstleistungen eingekauft werden. In mehreren Hamburger Einrichtungen ist es gelungen, aus den eingesparten Ausgaben für gruppenergänzende Dienste die Umwandlung von Erzieherstellen in Sozialpädagogenstellen und die Supervision durch externe Supervisoren kostenneutral zu finanzieren.

Die Abschaffung der gruppenergänzenden Dienste allein kann schon einen Kompetenzzuwachs bei den Pädagogen bewirken. Das, was andere den Pädagogen bisher nicht zugetraut haben und was sie sich selbst nicht zugetraut haben, bearbeiten sie nun oft erfolgreich.

Besonders deutlich wird der Prozeß in der Rückschau. Im Blick zurück – nun vom Standpunkt des neu erworbenen Selbstvertrauens und der bewiesenen Kompetenz aus – erscheinen die früheren Zuständigkeiten geradezu absurd.

Das Ziel ist die Veränderung der Interaktion zwischen Kindern und ihren unmittelbaren Betreuern, etwa mit dem Ziel das Spannungsverhältnis zwischen der Notwendigkeit auch schwierige Situationen verstehen und ertragen zu können und zugleich latente, punktuelle Bündnischancen zu erkennen und zu nutzen (vgl. Müller 1982). Diese ist – neben anderen Faktoren, die die Lebensbedingungen der Kinder im Heim bestimmen – ein entscheidender Faktor auch für das Gelingen oder Scheitern der Erziehung. Die Abschaffung einer ungünstigen Arbeitsteilung ist dabei nur ein wichtiges – allerdings unverzichtbares – Element.

Abschaffung der Arbeitsteilung zwischen den Heimen

Der zweite Aspekt der Entspezialisierung ist die Abschaffung der Spezialisierung in der Zuständigkeit der Heime für bestimmte Gruppen von Kindern.

Ebenfalls am Behandlungs- und Krankenhausmodell orientierte sich die Arbeitsteilung zwischen den Heimen. So wie es im Krankenhaus spezialisierte Abteilungen zur Behandlung unterschiedlicher Krankheiten gibt, gibt es spezialisierte Heime für unterschiedliche Anpassungsstörungen. Während Heime früher lediglich auf unterschiedliche Altersgruppen, nach dem Geschlecht der Kinder und nach der Rechtsgrundlage der Heimunterbringung getrennt organisiert waren, entwickelte sich mit dem Ausbau gruppenübergreifende Spezialdienste ein breites Spektrum der Differenzierung. Am Anfang stand die differenzierte Diagnose der Störungen und Defizite. Aus der Diagnose ergaben sich die Behandlungsziele und die notwendigen Behandlungsmethoden. Nun mußten die Einrichtungen gefunden werden, die diese spezielle Behandlung durchführen konnten. Für die Diagnose reichten häufig die Berichte der Jugendamtsmitarbeiter aus. In schwierigen Fällen zog man Fachleute aus der Psychiatrie hinzu. Um Fehlplazierungen zu vermeiden, sollten die Kinder im Zweifelsfall zunächst in Beobachtungsheimen untergebracht werden. Dort sollte durch genaue Beobachtung und durch die Anwendung differenzierter psychologischer Tests eine gesicherte Diagnose erfolgen.

Dieses System schien plausibel zu sein und ist − folgt man den Annahmen − widerspruchsfrei. Tatsächlich erfüllten sich die damit verbundenen Hoffnungen allerdings nicht. Einige Annahmen erwiesen sich als nicht haltbar und einige Nebenwirkungen waren folgenschwer.

Die Vorstellung, daß die Probleme, die die Kinder verursachten oder hatten, Krankheiten vergleichbar seien, erweist sich als problematisch. Daß psychiatrische Erkrankungen dabei nur eine sehr geringe Rolle spielen ist wohl unumstritten. Aber auch die "Verhaltensstörungen" genannten Probleme konnten − sah man sich die Lebensverhältnisse und Lebenserfahrungen der Kinder genauer an − durchaus als Strategien[8] verstanden werden, mit den belastenden Lebenserfahrungen umzugehen. Was vor dem Hintergrund anderer Lebenserfahrungen als abweichend, dysfunktional oder gestört erschien, konnte sich als durchaus funktionale (Über-)Lebensstrategie erweisen. Die Lebensverhältnisse und Lebenserfahrungen waren nicht so einheitlich, wie die Vorstellung einer generell definierbaren Normalität suggerierte. Eine Konzentration auf die Behandlung solcher Strategien als Störungen war daher häufig blind gegenüber dem Sinn der Strategien in den vorherigen − und in der Regel ja auch nachfolgenden − Lebensverhältnissen der Kinder. Wenn dann auch noch in den Heimen selbst ungewöhnliche und gelegentlich extrem belastende Lebensbedingungen herrschten, war eine erfolgreiche Behandlung oder Heilung kaum zu erwarten.

Im Behandlungsmodell hat die Diagnose der Störungen eine ganz herausragende Bedeutung. Von ihr hängt entscheidend die richtige Behandlung ab. Ist die Diagnose falsch, ist die aus ihr abgeleitete Behandlung falsch. Dementsprechend groß war im Einzelfall der Aufwand bei der Diagnose. Befände man sich nun auf dem (relativ) sicheren Boden der Anwendung naturwissenschaftlicher Methoden, wie dies bei der medizinischen Diagnostik zumindest zum Teil der Fall ist, dann mögen die Hoffnungen auf eindeutige und methodisch sehr umfassend abgesicherte Diagnosen berechtigt sein. Vielleicht gälte die Sicherheit noch bei der Diagnose psychiatrischer Erkrankungen obwohl es hieran schon gravierende Zweifel gibt. Bei der Diagnose von "Verhaltensstörungen", "Dissozialität" oder "Verwahrlosung" befindet man sich auf dem Gebiet sozialer Definitionsprozesse. Hier gelten andere Regeln. Was erfolgreich als gestörtes Verhalten definiert wird ist u.a. davon abhängig zu welcher Zeit, von welcher Person und an welchem Ort die Definition erfolgt. Welches Verhalten etwa als sexuelle Verwahrlosung gelten soll, wird heute anders definiert als zu Beginn der 70er Jahre (vgl. Wurr/Trabandt/Lauchstaedt 1984), wird von einem katholischen Priester anders definiert werden als von einem Sexualwissenschaftler und wird von einem Richter in Bayern anders definiert als in Hamburg. Soziale Definitionsprozesse sind in ihren Folgen nicht weniger wirklich als naturwissenschaftliche Aussagen, sie sind aber nicht in erster Linie abhängig von objektivierbaren Tatsachenfestellungen, sondern das Ergebnis von Prozessen, in denen etwa die Macht der Beteiligten oder persönliche Normalitätsvorstellungen eine große Rolle spielen.

Um etwas sichereren Boden unter die Füße zu bekommen, versuchte man es gelegentlich mit Anleihen bei der psychiatrischen Nomenklatura. Hier ergab sich dann das Problem, daß die Diagnose als Datenerhebung zwar eine Reihe von als abgesichert geltenden Ergebnissen zusammenbrachte, daß diese Diagnostik nun aber einmünden mußte in das Differenzierungsangebot der Heimerziehung. Und da war das Ergebnis eigentlich auch schon vor der Diagnose klar: wo die ausagierenden männlichen Jugendlichen hingehörten und wo die neurotischen Kinder am besten aufgehoben waren, wußten Kenner der regionalen Heimlandschaften sowieso. Wenn die Vorschläge der Diagnostiker dem vorhandenen Angebot pragmatisch folgten, dann war die Zusammenarbeit gut.

Die Diskrepanz zwischen Aufwand, Umfang und Sorgfalt der Diagnostik auf der einen Seite, und Banalität der Unterbringungsvorschläge andererseits verblüffte gelegentlich. So konnte man immer wieder Gutachten aus einer Kinder- und Jugendpsychiatrischen Klinik lesen, in der zunächst die durchgeführten psychologischen und psychiatrischen Test und die Ergebnisse dieser Verfahren differenziert dargestellt wurden, um schließlich bei sehr unterschiedlichen Kindern in dem Unterbringungsvorschlag zu münden, man benötige "ein Heim mit klaren und straffen Strukturen", in dem das Kind "konsequent geführt" würde. Ein Zusammenhang zwischen den erhobenen Daten und der Empfehlung wurde nicht argumentativ hergestellt. Hier bestimmte wohl die private Vorstellung über eine ordentliche Erziehung die Feder des führenden Psychiaters.

Ein weitere Schwierigkeit ergab sich. Im medizinischen Bereich wird ein enger Zusammenhang zwischen Diagnose und Behandlung betont. Auch wenn man nicht alle Krankheiten heilen kann, so scheint doch über das, was als eine sinnvolle Behandlung ausmacht, weitgehender Konsens zu bestehen. Dies gilt für die Behandlung von "Verhaltensstörungen" offensichtlich nicht. Auch wenn das als abweichend definierte Verhalten in seiner Entstehungsgeschichte genau erklärt worden ist, ist die Frage, welche Konsequenzen sich daraus ergeben, in vielen Fällen strittig, in anderen ist trotz der Analyse der Entstehung die Ratlosigkeit über die richtige Behandlung groß. Dies hat nicht − jedenfalls nicht ausschließlich − etwas mit fehlendem Wissen oder Können zu tun, sondern mit der Sache selber: im sozialpädagogischen Umgang mit Kindern, die sehr belastenden Lebenserfahrungen gemacht haben, können diese Lebenserfahrungen nicht ungeschehen gemacht werden. Es geht häufig darum, so weit wie möglich normale Lebensbedingungen herzustellen, trotz des als bizarr empfundenen Verhaltens der Kinder. Kurzfristige Behandlungs- oder Therapieerfolge sind zumeist unwahrscheinlich.

Zusammengefaßt kann man feststellen, daß die Spezialisierung der Heimerziehung ihre Berechtigung weder durch eine entsprechende Diagnostik noch durch einen überzeugenden Zusammenhang zwischen Diagnostik und Behandlungsvorschlägen nachweisen kann.

Entscheidend gegen ein System der in der Heimerziehung praktizierten Spezialisierung spricht eine folgenschwere Nebenwirkung: die Verlegungspraxis.

Die Verlegung eines Kindes von einer Einrichtung in eine andere oder auch von einer dezentralisierten Einheit in eine andere ist für die betroffenen Kinder eine erhebliche Belastung. Es erweist sich, daß sie in keiner Weise an den sie betreffenden existentiellen Entscheidungen beteiligt sind, ihre sozialen Beziehung werden jedesmal weitgehend zerstört und ihnen allein wird die Verursachung — und damit die Schuld — für problematische Entwicklungen zugeschrieben. Dies sind Bedingungen unter denen balancierende Identität (Krappmann 1969) besonders schwer aufrechterhalten werden kann und Identitätskrisen vorprogrammiert sind (vgl. Freigang 1986). Die Bezeichnung "Abschiebung" für diesen Vorgang ist sowohl aus der Perspektive des Kindes als auch zur Kennzeichnung der Motivation von Einrichtungen angemessen und soll daher hier verwendet werden.

Wurde häufig die Heimaufnahme schon als Abschiebung empfunden, ist in den Heimen die Drohung mit Abschiebung oder die Realisierung der Drohung eine zentrale Sanktion. Daraus entwickeln sich dann für einzelne Kinder dramatische Abschiebungskarrieren. Eine sich oft wiederholende Verlegung von einer Einrichtung in die andere zerstückelt die Biographie. In diesen Abschiebungsprozesse sind oft kurze Stationen bei den Eltern und gelegentlich auch mehrere Aufenthalte in der Psychiatrie eingestreut. Die dadurch organisierten Lebenserfahrungen korrespondieren mit den bei den Kindern definierten Störungen: Beziehungslosigkeit, Aggressivität oder die Unfähigkeit, sich auf stabile Verhältnisse einzulassen, werden als Störungen der Kinder definiert und können doch auch als Ergebnis dieser Lebensbedingungen interpretiert werden.

So unübersehbar ist, daß Kinder, die schon vor der Heimaufnahme sehr belastende Lebenserfahrungen gemacht haben, hohe Anforderungen an die Geduld, das Wissen und gelegentlich auch an die Leidensbereitschaft der Erwachsenen stellen können, so deutlich ist auch, daß Abschiebung die Lage der Kinder verschlechtert (vgl. Freigang 1986). Dies ist auch für die Mitarbeiter in den Heimen meistens nicht zu übersehen. Die Motivation, die Abschiebung trotzdem vorzunehmen, entsteht zum einen aus der kurzfristigen Entlastung durch die Entfernung der Störenfriede. Zum anderen werden heimerziehungstypische Begründungen ins Feld geführt: insbesondere die anderen Kinder der Gruppe seien gefährdet. Dann erscheint das Opfern des einen zugunsten der vielen anderen geradezu vernünftig. Trotzdem bleibt das Unbehagen an der Schädigung des einzelnen zugunsten der anderen. Einen Ausweg aus diesem Dilemma weist eine andere Strategie: interpretiert man die Abschiebung als Verlegung, damit das schwierige Kind nun in einer für es besser geeigneten Umgebung behandelt wird, ist man aus dem Schneider: aus der Abschiebung ist die Erkenntnis der Fehlplacierung geworden und dieser Fehler soll nun korrigiert werden. Dies soll als Rationalisierung des Abschiebewunsches bezeichnet werden. Eine spezialisierte, am Krankenhausmodell orientierte Struktur der Heimerziehung liefert hierfür die Grundlagen.

So wie es sinnvoll ist, einen Patienten bei dem im Krankenhaus ein Tumor festgestellt wurde in eine Spezialklinik zu verlegen, erscheint es legitimiert, ein Kind, das seine Aggressionen ausagiert und dadurch Erwachsenen und anderen Kindern Angst macht, in ein Heim zu verlegen, das für solche Kinder besonders geeignet ist. Tatsächlich ist die Analogie absurd: die Aggressivität kann in dem neuen Heim nicht behandelt werden wie ein Tumor in der Spezialklinik. Vielmehr macht das Kind eine weitere belastende Erfahrung und kommt nun in ein Heim, in dem es selbst vermutlich mehr Angst vor den anderen hat, als die vor ihm. Aber es wird ja auch stärker werden und später das austeilen können, was es zunächst bitter einstecken muß. Die Welt in Kategorien von mächtig und schwach zu interpretieren und die Strategien darauf auszurichten ist dann besonders naheliegend. Die Aggressivität wird eher größer werden, und irgendwann wird jemand feststellen, daß sich ja schon früh die pathologische Dimension oder die schädlichen Neigungen o.ä. gezeigt haben. So werden stabile Persönlichkeitsmerkmale (der "Charakter") des Kindes im Rückblick konstruiert, und die erfolgten Abschiebungen bestätigen die erfolgte Zuschreibung.

Die Rationalisierung des Abschiebewunsches wirkt sowohl in den Legitimationsstrategien der Einrichtungen als auch in der moralischen Beruhigung der Mitarbeiter. Die Einrichtung hat − ggf. unter Einschaltung von psychiatrischen Spezialisten − die Fehlplacierung erkannt und fordert nun − zum Wohle des Kindes − die richtige Unterbringung in einer anderen Einrichtung. Und auch die Mitarbeiter, die ja häufig zumindest ahnen, welche Folgen die Verlegung haben wird, können ihr schlechtes Gewissen mit dem Argument beruhigen, dort habe es das Kind sicher besser und man könne dort angemessen mit seinem Verhalten umgehen.

Diese Rationalisierung drückt sich in den zur Verlegung führenden Berichten aus. Zunächst werden die Schwierigkeiten des Kindes dramatisch geschildert. Dabei konzentriert sich die Darstellung ganz auf die Pathologisierung des Verhaltens dieses Kindes. Dann ändert sich die Tonlage. Man definiert Forderungen an die neue Einrichtung, insbesondere in bezug auf spezialisierte Behandlungsmöglichkeiten, und drückt die Hoffnung aus, dem Kind möge es dort gelingen seine Probleme zu lösen.

Die Abschiebung ist ein zentrales Problem der Heimerziehung, weil sie erhebliche negative Konsequenzen für die Kinder hat und weil sie dazu beiträgt, Probleme der Einrichtungen zu verschleiern. Die Verantwortlichen für die Hamburger Heimreform hatten dieses Problem besonders im Blick. Durch die Entspezialisierung der Zuständigkeiten sollte den Abschiebewünschen zumindest die Legitimationsbasis entzogen werden.

Beabsichtigt war daher, die bestehende Arbeitsteilung zwischen den Heimen abzuschaffen und die sehr unterschiedliche finanzielle Ausstattung zu nivellieren. Eine Unterscheidung zwischen heilpädagogischen Heimen und anderen wurde aufgegeben. Diese Heimen verloren in mehrfacher Hinsicht ihre Privilegien. Ihre Pflegesätze stagnierten, während die anderer Heime deutlich anstiegen. Die Unterschiede waren allerdings so erheblich, daß ein gleiches Niveau selbst nach mehreren Jahren noch nicht erreicht war. Außerdem mußten sich auch die heilpädagogischen Heime nun der Betreuung von ausagierenden Jugendlichen stellen, die sie bisher mit Hinweis auf die Arbeitsteilung und ihre Zuständigkeit für als neurotisch definierte Kinder abgelehnt hatten. Gegen diese Pläne gab es zum Teil erhebliche Widerstand. Der Jugendbehörde gelang es Mitte der 80er — Jahre aufgrund des Überangebotes an Heimplätzen dieses Programm in Teilen auch gegen die Widerstände durchzusetzen. Heime, die nicht in der Lage oder die nicht bereit waren, schwierige und für sie neue Betreuungsaufgaben zu übernehmen, wurden weniger belegt. Die Forderung von Heimen nach der Verlegung eines Kindes in eine andere Einrichtung führte dazu, daß die Leistungsfähigkeit dieser Einrichtungen in Frage gestellt wurden. Es kam zur Schließung einzelner Heime. Während die Heime freier Träger über die Belegung motiviert wurden, wurde in den staatlichen Heimen im Einzelfall die Aufnahme eines als schwierig geltenden Jugendlichen durch die Amtsleitung verfügt. Beides führte selbstverständlich nicht zwangsläufig zu einem angemessenen Umgang mit den neuen Aufgaben. Die Gefahr, daß einzelne Kinder Opfer dieser Durchsetzungsstrategie wurden, war nicht zu übersehen. Die erheblichen Widerstände vieler Heime und die großen Schwierigkeiten ohne die eingespielten Abschiebestrategien zurechtzukommen machen deutlich, wie groß die organisationsstabilisierende Funktion der Abschiebung ist.

Insgesamt konnte die Entspezialisierung nicht durchgesetzt werden. Bald entwickelten sich andere Abschiebungsstrategien. So wurden die Eltern unter Druck gesetzt, ihr Kind wieder Zuhause aufzunehmen, der Heimplatz wurde schnell wieder besetzt und wenn das Kind kurze Zeit nach der Rückkehr ins Elternhaus wieder zur Aufnahme anstand, war die Wiederaufnahme in das gleiche Heim nicht mehr möglich. Insbesondere der durch die Jugendbehörde aus Kostengründen verursachte Mangel an Heimplätzen in der 2. Hälfte der 80er Jahre führte dazu, daß nun kein Druck über die Belegung mehr ausgeübt werden konnte. Die Heime, die sich den schwierigen Betreuungsaufgaben gestellt hatten, wurden nun wieder durch die Konzentration von Anfragen für ungewöhnliche Jugendliche belohnt.

Auch wenn die Entspezialisierung letztlich nicht durchgesetzt werden konnte, ist es doch gelungen, die Abschiebepraxis zum zentralen Thema zu machen und sie einzuschränken. Dadurch wurden Denkgewohnheiten, die in der Heimerziehung weit verbreitet waren, verändert. Die Widerstände und Schwierigkeiten bei der Realisierung illustrieren allerdings auch, welch zentrale Rolle die Abschiebung für die Einrichtungen hat.

Regionalisierung

Die Einweisung von Kindern in weit entfernte Heime ist ein wichtiges Merkmal der Unterbringungspraxis der Jugendämter. Auch wenn sich die Begründungen hierfür im Laufe der Heimerziehungsgeschichte etwas geändert haben, der Kern ist über die Zeit erhalten geblieben: in neuer Umgebung soll ein neues Leben beginnen. Das alte Leben gilt als schlecht und verfehlt. Die Kinder sollten ihrem bisherigen Lebensstil abschwören, alles vergessen und neu beginnen. Dazu wurden — und werden — alle wichtigen sozialen Beziehungen unterbrochen.

Hinzu kommt häufig der Angriff auf die zentralen Identitätssymbole: wichtige Dinge dürfen nicht ins Heim mitgebracht werden, Frisur und Kleidung sollen verändert werden u.v.m. Strategien, doch noch ein wenig von der Sicherheit des bisherigen Lebensfeldes zu erhalten werden erschwert, indem etwa in den ersten Wochen Besuche verboten sind. Diese Regeln haben das Ziel die bisherige Identität zu zerstören. "Es ist nicht so, daß neue Attribute dem alten 'Kern' hinzugefügt würden. Die Person wird nicht verändert, sie wird neu gebildet" (Garfinkel 1974, S. 79).

Auch wenn durch die Einweisung in ein weit entferntes Heim die bisherige Identität durch eine neue ersetzt werden soll und häufig auch tatsächlich ersetzt wird, und damit für die Kinder eine dramatische Veränderung stattfindet, ist diese Form der Identitätszerstörung im Bereich der Heimerziehung unauffällig, da weit verbreitet und etabliert. Die angeführten Legitimationen sind häufig die besonders günstigen Behandlungsmöglichkeiten in den weit entfernten Heimen, der Wunsch der Eltern, daß die Kinder in ihren Lebenszusammenhängen unsichtbar werden sollen oder das Argument, das Kind solle erst einmal aus dem ganzen Schlamassel herauszukommen.

Die Folgen für die Kinder sind gravierend: alle sozialen Beziehungen werden unterbrochen, alle wichtigen Orte und die damit zusammenhängenden Kenntnisse und Kompetenzen werden unzugänglich. Später entwickeln sich häufig zwei Lebensorte, zwischen denen die Kinder und Jugendlichen hin- und hergerissen sind: der im Heim und der frühere. Unter diesen Bedingungen ist es besonders schwierig, balancierende Identität zu realisieren. Verdrängung, Entwurzelung und Identitätsverlust sind neue, durch die Heimeinweisung ausgelöste Probleme. Will man das vermeiden, muß stationäre Unterbringung in der Regel regional erfolgen. Regional bedeutet, so dicht am bisherigen Lebensmittelpunkt, daß die sozialen Beziehungen alltäglich weiterbestehen können.

Die Regionalisierung spielt in der Darstellung der Hamburger Heimreform eine eher marginale Rolle. Vielleicht weil unter den Heimen freier Träger in dieser Frage Interessengegensätze bestanden und auch die Jugendbehörde kein Interesse an einer Festlegung hatte, da man die Unterbringung in Heimen außerhalb Hamburgs gerne als Reserve bei Engpässen in Hamburg nutzte. Für viele Kinder und Jugendlichen ist die Regionalisierung vielleicht der wichtigste Teil der Heimreform.

Wertet man die Erfahrungen mit der Regionalisierung in Hamburg aus, fällt auf, wie gering die von Skeptikern prognostizierten Probleme bei der regionalen Unterbringung waren.

Kontakte, auch zufälliges Zusammentreffen zwischen Kindern und Eltern etwa beim Einkaufen, ermöglichten realistische Eindrücke voneinander. Bei den Kindern entwickelten sich nicht so leicht idealisierende Vorstellungen von dem Leben bei den Eltern und die Eltern bekamen etwas mit von der Entwicklung ihrer Kinder — auch außerhalb offizieller "Elternarbeit". Situationen der Bedrohung traten sehr selten auf und konnten immer relativ leicht geregelt werden. Gelegentlich entwickelten sich sehr positive Beziehungen zwischen Mitarbeitern und Eltern, da Kontakte nicht zwangsläufig langer Planungen und Absprachen bedurften.

Insbesondere bei Jugendlichen waren die negativen Folgen weiterbestehender Kontakte zu Gleichaltrigen, von denen man einen negativen Einfluß befürchtete, beschworen worden. Natürlich brachen diese Kontakte nicht ab. Allerdings änderte sich die Bedeutung dieser Beziehungen für die Jugendlichen, wenn sich ihre Lebensverhältnisse durch die Heimeinweisung positiv veränderten. Sie konnten so eher lernen, sich abzugrenzen oder sich nicht alles gefallenzulassen. Die Stabilität wird jedenfalls nicht zunächst zerstört, um sie dann wieder aufzubauen, sondern die Betreuung erfolgt unter realistischen Bedingungen. So können sie eher das lernen, was sie können müssen, um zurecht zu kommen.

Professionalisierung

Professionalisierung kann definiert werden als "Spezialisierung und Verwissenschaftlichung von Berufspositionen auf Grund gestiegener Anforderungen an das für die Berufsausübung erforderliche Fachwissen, verbunden mit einer Höherqualifizierung der Berufsausbildung, der Einrichtung formalisierter Studiengänge, einer Kontrolle der Berufsqualifikation und des Berufszuganges durch Fachprüfungen, der Organisation der Berufsangehörigen in besonderen Berufsverbänden, der Kodifizierung berufsethischer Normen, der Zunahme universeller Leistungsorientierung und beruflicher Autonomie sowie einer Steigerung von Berufsprestige und -einkommen" (Fuchs u.a. 1975, S. 523). Hier soll auf einige Aspekte der Professionalisierung in der Heimerziehung hingewiesen werden. Ein allgemeiner Überblick über die sozialwissenschaftliche Professionalisierungsdebatte kann hier nicht erfolgen (hierzu etwa Dewe/Otto 1987).

Die Professionalisierung im Bereich der Heimerziehung wird insbesondere durch den Einsatz von Mitarbeitern in der unmittelbaren Betreuung deutlich, die an Fachhochschulen oder wissenschaftlichen Hochschulen ausgebildet sind, anstelle von nicht oder an Fachschulen ausgebildeten Mitarbeitern.

Es ist in der bisherigen Darstellung deutlich geworden, daß bei einer grundsätzliche Veränderung der Heimerziehung insbesondere die Rolle der Mitarbeiter in der unmittelbaren Betreuung ganz anders definiert wird als dies in der Anstaltserziehung der Fall war. Auf einem zentralen Heimgelände unter ständiger Aufsicht der Heimleitung und ggf. unter Anleitung von gruppenergänzenden Spezialdiensten kam den Erziehern im wesentlichen die Aufgabe zu, die Grundversorgung zu sichern und die Einhaltung der Anstaltsregeln zu garantieren. Hierfür — so die nicht nur für die Heimerziehung gültige Annahme — ist etwa ein mütterliches Herz oder die natürliche Autorität eines gestandenen Handwerkers wichtiger als theoretische Kenntnisse oder eine Hochschulausbildung, die — so wird beklagt — in die Irre führe und Naturbegabungen den Zugang versperre (vgl. Arnold 1980; Auersch 1983). Eine einrichtungsinterne Ausbildung, von den Dienstvorgesetzten berufsbegleitend durchgeführt erscheint durchaus ausreichend, um das Funktionieren zu sichern.

Die Anforderungen an die Pädagogen in einer Heimerziehung, die sich an den Lebenserfahrungen der Kinder orientiert, sind anders. Dezentralisierte Betreuungsarrangements mit einer umfassenden Zuständigkeit der Pädagogen für die Lebensbedingungen und die Erziehung der Kinder, ohne hochformalisierte

Handlungsvorschriften und mit wesentlichen Kompetenzen ausgestattet und ohne die Delegation wichtiger Funktionen an gruppenübergreifende Dienste, erfordern anders qualifizierte pädagogische Mitarbeiter. Dies wird auch darin deutlich, daß inzwischen die Qualifikation von Sozialpädagogen für die unmittelbare Betreuung auch von Trägern generell für notwendig gehalten wird (etwa Filthuth 1992).

Worin besteht nun die notwendige Qualifikation, was müssen die Sozialpädagogen wissen und können?

Qualifikation

Zum einen werden theoretische Kenntnisse benötigt, da Orientierungen und Strategien nicht mehr aufgrund der eigenen Lebenserfahrungen der Pädagogen alleine gewonnen werden können. Die Lebenserfahrungen der Pädagogen unterscheiden sich in der Regel erheblich, von den Lebenserfahrungen der Kinder. Auch werden sich die Lebensbedingungen der Kinder, wenn sie erwachsen sind, von denen ihrer Pädagogen unterscheiden. Die Pädagogen verfügen aufgrund ihrer Lebenserfahrung allein weder über umfassende Kenntnisse noch über anschauliche Vorstellungen von der vorherigen und späteren Lebenswelt der Kinder. Soll trotzdem Erziehung gelingen oder überhaupt möglich werden, muß dieser schwerwiegende Mangel ausgeglichen werden. Deutungsmuster und Strategien können nicht in standardisierter Form übernommen werden, sondern sie können nur in der Kommunikation mit den Kindern selbst entwickelt werden. "Es kommt darauf an, die Notempfindungen und Hilfestellungen der Adressaten im Rahmen von deren Plausibilität zu interpretieren und auf Grund solcher Interpretationen in Kommunikation mit eben diesen Betroffenen 'richtige' wie auch emotional ertragbare Begründungen für praktische Bewältigungsstrategien zu entwickeln." (Dewe/Otto 1987, S. 802). Auf die genaue Kenntnisse der Lebensumstände der Kinder und die Vertrautheit mit ihren Deutungsmustern und Handlungsstrategien kommt es an (vgl. Jungblut/Schreiber 1980, S. 153 f). Dies wird mit dem gesunden Menschenverstand und dem natürlichen Gefühl allein nicht gelingen. Hierzu sind neben einem hohen Maß an sozialer Phantasie, selbstkritische Reflexivität (Müller 1982) und theoretische Kenntnisse, etwa über Zusammenhänge von sozioökonomischem Status, Lebenserfahrungen und Identität nötig.

Ein Weiteres kommt hinzu. Damit die Kommunikation trotz der sehr unterschiedlichen Lebenserfahrungen und häufig auch trotz des Mangels an genauen Vorstellungen über das bisherige Leben der Kinder gelingen kann, sind identitätsfördernde Fähigkeiten (Krappmann 1975) entscheidend, insbesondere Rollendistanz, Empathie und Ambiguitätstoleranz. Das macht die Sache schwierig, weil diese Fähigkeiten nicht in einer Ausbildung vermittelt werden können.

Rollendistanz ist die "Fähigkeit, sich über die Anforderungen von Rollen zu erheben, um auswählen, negieren, modifizieren und interpretieren zu können" (Krappmann 1975, S. 133). Der Pädagoge, dessen Handlungsfreiheit nicht durch Handlungsvorschriften und geringe Entscheidungskompetenzen eng eingeschränkt ist, muß auch fähig sein, diese Handlungsfreiheit flexibel, situationsangemessen und in bezug auf das einzelne Kind individuell unterschiedlich zu nutzen. Hierzu muß er seine — sowieso vielschichtige — Rolle interpretieren können ohne völlig aus der Rolle zu fallen und ohne sich rigide an den Handlungsvorschriften für den diensthabenden Erzieher zu orientieren.

Wie schwierig dies sein kann – und wie notwendig daher diese Fähigkeit ist – wird etwa bei der Betreuung von Kindern in Lebensgemeinschaften mit professionellen Pädagogen deutlich. Die (jüngeren) Kinder definieren die Rolle ihrer Betreuer häufig als die ihrer neuen Eltern. Auch den Nachbarn, den Freunden der Kinder oder den Lehrern erscheint diese Lebensgemeinschaft als Familie. Die Pädagogen definieren ihre Rolle als die professioneller Erzieher, streben aber gleichzeitig weitgehende Normalität für die Lebensverhältnisse an und merken, daß dafür insbesondere das Interpretationsmodell "Familie" – und nicht etwa "Wohngemeinschaft" – bereit steht. Auf diese Weise entsteht ein starker Sog, die Rolle des professionellen Pädagogen allmählich aufzugeben und es bedarf u.a. der Fähigkeit, Rollenerwartungen flexibel zu interpretieren, um von diesem Sog nicht mitgerissen zu werden.

Empathie ist eine weitere Fähigkeit. Hierunter soll sowohl die kognitive Fähigkeit verstanden werden, die Erwartungen der anderen zu antizipieren, als auch das Einfühlungsvermögen in die emotionale Welt des anderen (vgl. Krappmann 1975). Je stärker sich die Lebenserfahrungen von Pädagogen und Kindern unterscheiden, desto höher sind die Ansprüche an die Empathie des Pädagogen, wenn die Verständigung und – letztlich – die Interaktion mit den Kindern gelingen soll.

So kann die Interaktion mit einem Kind, dessen Verhalten der Pädagoge ständig als "gestört" erlebt, kaum gelingen. Die Antizipation ist dann mißlungen. Dabei umfaßt Antizipation nicht nur die Vorhersage des Verhaltens – etwa in dem Sinn "gleich wird wieder dies oder jenes passieren" –, sondern auch die Erklärung und das Verständnis des Sinns aus der Perspektive des Kindes.

Durch Rollendistanz und Empathie werden nicht unterschiedliche Erwartungen und Perspektiven vermieden. Die Fähigkeit, unterschiedliche Erwartungen und widerstrebende Motivationstrukturen interpretierend nebeneinander zu ertragen, kann als *Ambiguitätstoleranz* bezeichnet werden (vgl. Krappmann 1975). In Erziehungssituationen, in denen der Erwachsene nicht seine Interpretation der Wirklichkeit repressiv durchsetzen will (oder kann), muß er in der Lage sein, Widersprüche, unterschiedliche Perspektiven und unterschiedliche Empfindungen auszuhalten. Gelingt ihm dies nicht, wird er entweder die Widersprüche unterdrücken oder den Erziehungsanspruch aufgeben müssen. Die Anstaltserziehung liefert ständig Belege für die Unterdrückung der Interpretationen der Kinder mit der Folge von Scheinanpassung und Unterleben (Goffman 1973).

Diese Ambiguität und Ambivalenz häufig auszuhalten ist vielleicht eine der größten Belastungen sozialpädagogischer Arbeit mit Menschen, die ungewöhnliche Lebenserfahrungen gemacht haben, auch deswegen weil die Selbstverständlichkeit und Normalität der eigenen Weltsicht dabei immer ein wenig in Frage gestellt wird. Wer, wie die Pädagogen im Heim, mit diesem Problem ständig beruflich zu tun hat, benötigt auch professionelle Strategien, um die Ambiguität aushaltenzukönnen und sie nicht zu beseitigen.

Beseitigt wird die Ambiguität zum Beispiel, indem die eigene Perspektive aufgegeben wird, dann erscheint die Welt in der gleichen Weise, wie das Kind sie sieht. Erziehung ist dann nicht möglich. Ein anderer Ausdruck der Beseitigung von Ambiguität ist die generelle Ablehnung oder Negation der Perspektive des Kindes. Dann kann die Interaktion nicht gelingen, und Erziehung[9] ist dann auch nicht möglich, sondern Scheinanpassung oder Auflehnung.

Sozialpädagogen müssen also nicht nur über in Ausbildungen vermittelbares Fachwissen verfügen, das durch ein Studium und durch Fachprüfungen, die den Berufszugang regeln, vermittelt und kontrolliert werden kann sondern auch über die oben genannten identitätsfördernden Fähigkeiten. Diese Fähigkeiten werden in der primären Sozialisation erworben, beeinflussen das Interaktionsverhalten generell und komplex, so daß sie die Konstanz und Universalität von Persönlichkeitsmerkmalen haben. Diese Fähigkeiten sind für jede Interaktion günstig und damit selbstverständlich für alle Felder der Sozialarbeit. Für die veränderte Heimerziehung hat Interaktionskompetenz darüber hinaus eine besondere Bedeutung. Da es die Heimerziehung nicht — jedenfalls nicht nur und nicht in erster Linie — mit der Behandlung der Kinder zu tun hat, auch nicht nur mit Erziehung und "Gefühlsarbeit" (Müller 1982), sondern darüber hinaus mit der Gestaltung von Lebens- und damit auch von Sozialisationsbedingungen kann sie nicht mit einem spezialisierten Apparat von Methoden auskommen[10]. Die Kinder wollen und sollen nicht behandelt und nicht nur erzogen werden, sondern möglichst normal leben, wohnen und aufwachsen. Ihre Erziehung — und ggf. auch ihre Behandlung, soweit Sozialpädagogen Behandlung durchführen wollen und können — soll nicht neben dem Leben stattfinden oder — wie in der Anstaltserziehung — statt des Lebens, sondern die Erziehung soll im und durch das Leben stattfinden. Die Sozialisationsbedingungen müssen sinnvolles Lernen zulassen. Die Kinder und Jugendlichen sollen sich als Handelnde erfahren, Subjekt ihrer selbst sein und sich ihre Wirklichkeit aneignen (vgl. Thiersch 1981). Die Sozialpädagogen sollen die hierfür notwendigen und günstigen Lebens- und Lernbedingungen arrangieren und zulassen und in dem alltäglichen Zusammenleben soll (zielgerichtete) Erziehung durch die Sozialpädagogen erfolgen. Das Gelingen des Alltags erweist sich daran, daß für die Kinder Teilhabe und Entwicklung selbstverständlich möglich sind. Teilhabe schließt auch ein, daß es ihr Alltag und ihr Leben ist, das gelebt wird, nicht das der Institution oder der Gruppe. Dies scheint mir der Kern der Alltagsorientierung für die Heimerziehung zu sein. In dem Sinne sollten die Sozialpädagogen in der Heimerziehung Spezialisten für alltagsorientierte Erziehung sein. In ihrem Arbeitsbereich kommt es gerade darauf an, spezifisches Fachwissen und Interaktionskompetenz in das Zusammenleben und die Bewältigung des Alltags zu integrieren. Dadurch wird die Fachkompetenz für den Außenstehenden — den Laien — unauffällig. Dies erleichtert im übrigen nicht gerade die Steigerung von Berufsprestige und -einkommen.

Die Kinder wundern sich dann etwa, wenn sie mitbekommen, daß der Pädagoge seine Tätigkeit als Berufstätigkeit ansieht und fragen sich und ihn: "Was arbeitest Du denn?" Abrechnungen erstellen und Berichte schreiben — also die organisationsbedingten Tätigkeiten — mögen ja noch als Arbeit gelten, aber alles andere?

Professionalität und Alltag

Im Vergleich zu professionellen Tätigkeiten, die vom Alltag räumlich und zeitlich getrennt sind — wie etwa in Beratungsstellen — ist diese Integration in den Alltag besonders schwierig und besonders bedroht. Auf die widersprüchlichen Elemente der Orientierung am Alltag wurde zurecht hingewiesen (Thiersch 1978, 1992). Dies kann (und soll) nicht einer Renaissance der Behandlungs-orientierung das Wort reden, verweist aber darauf, daß durch die Alltagsorien-tierung nicht alle Probleme gelöst sind.

Ein weiteres Problem besteht darin, daß die Verwendung des Fachwissens im Alltag verlorengehen kann, da es auch möglich ist, zurechtzukommen, wenn die professionellen Standards allmählich aufgegeben werden. Dies kann am Beispiel der Betreuung von Kindern in Lebensgemeinschaften mit professionel-len Pädagogen verdeutlicht werden.

Nachdem an anderen Orten bereits mehrjährige Erfahrungen mit der Betreu-ung von Kindern in Lebensgemeinschaften (der Begriff "Wohngruppe" kann zur Kennzeichnung kaum noch verwendet werden, nachdem inzwischen auch alle klassischen Heimgruppen in Wohngruppen umgetauft wurden) bestanden, ließ auch die Hamburger Jugendbehörde in der ersten Hälfte der 80er Jahre die Entwicklung von Betreuungsformen in einer Lebensgemeinschaft im Rahmen öffentlicher Erziehung — also außerhalb des Pflegekinderwesens — zu. Es entwickelten sich unterschiedliche Projekte. So blieben oder wurden etwa die Sozialpädagogen Mitarbeiter einer Einrichtung. Ihre Aufgabe bestand darin drei Kinder zu betreuen, indem sie in einer Lebensgemeinschaft mit diesen Kindern zusammenwohnten. Die Häuser und Wohnungen wurden durch die Einrichtung angemietet. Eine Trennung zwischen Arbeitszeit und Freizeit bestand nicht mehr. Die Bezahlung, Ansprüche auf Vertretungszeiten, eine Sabbatzeitregelung u.a. wurde durch eine Dienstvereinbarung des Trägers mit der Mitarbeiterver-tretung geregelt. Für die konkreten Kinder wurden Mitarbeiter gesucht, die geeignet schienen, diese Kinder zu betreuen. Die Mitarbeiter ließen sich ein auf die Betreuung dieser konkreten Kinder. Bei einer Beendigung der Betreuung — in der Regel wenn die Kinder erwachsen sind — ist die Lebensgemeinschaft beendet, freiwerdende Plätze werden nicht automatisch wieder belegt. Die Dienstverträge der Einrichtung mit den Mitarbeitern enden dann allerdings nicht.

Die Mitarbeiter verstanden ihre Tätigkeit selbstverständlich als Berufsarbeit. Sie waren Mitarbeiter einer Einrichtung und wurden für ihre Tätigkeit bezahlt. Durch die Jugendbehörde war geprüft worden, ob für diese Kinder eine Pflege-familie gefunden werden konnte. Eine Betreuung in einer Pflegefamilie war als nicht erfolgversprechend angesehen worden. Es bestand Konsens, daß für die Betreuung dieser Kinder eine qualifizierte Ausbildung nötig sei. Die Kinder hat-ten etwa massive sexuelle Gewalt und andere Mißhandlungen erlebt. Diese Erfahrungen haben Spuren hinterlassen. Das Verhalten der Kinder war offen-sichtlich ungewöhnlich. Es löste in der Öffentlichkeit gelegentlich heftige Reak-tionen aus und war im unmittelbaren Zusammenleben zeitweise schwer erträg-lich. Ohne differenzierte Kenntnisse über die Zusammenhänge von früherer Erfahrung und aktuellem Verhalten, ohne die Hoffnung auf die zumindest lang-fristige Wirksamkeit der neuen Erfahrungen und ohne die etablierte Zusammenarbeit mit anderen Fachleuten, wäre das Verhalten unerträglich gewesen. Dies sahen Außenstehende so und die Mitarbeiter selbst auch.

Im Zusammenleben mit den Kindern war trotzdem nicht leicht zu erkennen, worin die Fachkompetenz zum Ausdruck kam. Sicher, Freunde bewunderten ihre Geduld und das Durchhaltevermögen und fragten sich manchmal vorher sie ihren Optimismus nahmen. In ruhigeren Zeiten allerdings beneideten sie sie dann um den "guten Job". Manche Lehrer waren dankbar für die Unterstützung, etwa wenn die Sozialpädagogen im Unterricht hospitierten; oder der Amtsvormund erkannte seinen Mündel kaum wieder. Dies alles wurde anerkannt, aber waren Fachkompetenz, Wissen über das andere nicht verfügen, spezielle Fähigkeiten das Entscheidende? Auch die Mitarbeiter selbst waren sich da nicht immer sicher. Natürlich, wenn andere einen kurzen Prozeß mit den Kindern forderten oder meinten, "der müsse mal eins hinter die Löffel bekommen", oder das Kind kurzerhand in die Psychiatrie stecken wollten, dann waren sie sich schon sicher, daß sie nicht nur die geduldigeren waren, sondern daß sie sehr viel mehr wußten, erklären konnten und daß sie Vorstellungen hatten, wie es sinnvollerweise weitergehen könnte. Aber manchmal wußten sie auch nicht mehr richtig weiter oder hatten das Gefühl, alles richtige Erklären nütze wenig, da sich daraus noch lange keine Handlungsvorschläge ergäben.

Die Anerkennung als qualifizierte berufliche Arbeit und die Präsentation von Fachkompetenz ist in solchen Betreuungsverhältnissen schwierig. Es fehlen die Requisiten und Symbole: weder der mit Gesetzessammlungen bestückte Schreibtisch noch der weiße Kittel, weder ein den Spezialisten versprechendes Türschild noch ein ausgebuchter Terminkalender geschweige denn komplizierte technische Geräte stehen hier zur Verfügung. Um so wichtiger ist eine auch durch theoretische Orientierung fundierte Identität als professionelle Pädagogen[11]. Aufgabe der Einrichtung ist es, diese professionelle Identität zu unterstützen. Sie muß den Mitarbeitern außerhalb der Wohnung Präsentationsmöglichkeiten für die Professionalität — etwa in Form von Foren, Tagungen, Gesprächskreisen unter Fachleuten — schaffen. Darüber hinaus muß sie den Zugang zu Dienstleistungen sichern, die die Mitarbeiter zur Weiterentwicklung ihrer Fachkompetenz nutzen können. Neben der kollegialen Beratungen der Mitarbeiter untereinander ist dies insbesondere die Teilnahme an Fortbildungsveranstaltungen und die Supervision.

Fortbildung und Supervision

Die Teilnahme an Fortbildungsveranstaltungen hat hier nicht in erster Linie die Funktion Informations- oder Kenntnislücken zu schließen, schon gar nicht in einem Verständnis als pädagogischer Nachhilfeunterricht oder um Mitarbeitern auf die Sprünge zu helfen. Die wichtigste Funktion ist Präsentation ihrer Fachkompetenz selbst. Wenn dabei die Fachkompetenz auch zunimmt ist dies eine erwünschte Nebenwirkung. Solche Fortbildungsveranstaltungen müssen und können anspruchsvoll sein. Und auch hier kommt es auf Symbole an: die Qualität des äußeren Rahmens signalisiert die Bedeutung der Teilnehmer.

Wer etwa die Fortbildungsveranstaltungen unter Jugendherbergsbedingungen durchführt, kann sich feierliche Worte über die Bedeutung von Mitarbeitern ersparen.

Bemerkenswert ist, welche Schwierigkeiten Kostenträger und Einrichtung gelegentlich mit der Finanzierung angemessener Fortbildungsveranstaltungen haben. Für einen gewinnorientierten Wirtschaftsbetrieb wäre es absurd, in einem derartig personalintensiven Arbeitsfeld ausgerechnet hier zu sparen. Dort ist man sich der Bedeutung von Motivation und Identifikation mit der Arbeit (bzw. der Firma) oft viel stärker bewußt und hält das dafür ausgegebene Geld für sinnvoll angelegt. Eine Empfehlung, mindestens 2 % der Bruttopersonalkostensumme für Fortbildung auszugeben — wie sie etwa der Evang. Erziehungsverband gegeben hat —, liegt daher eher an der unteren Grenze, auch wenn die Größenordnung in der Regel bei weitem nicht erreicht wird.

Das hier vertretene Verständnis von Supervision unterscheidet sich grundsätzlich von der Anleitung durch den Heimpsychologen. Supervision wird ebenfalls als eine Dienstleistung verstanden, deren Finanzierung die Einrichtung sichern muß. Ihre Bedeutung ergibt sich aus speziellen Merkmalen der sozialpädagogischen Arbeit.

Wer es — wie die Mitarbeiter in der Heimerziehung — ständig zu tun hat mit Kindern, deren ungewöhnliche Lebenserfahrungen die Selbstverständlichkeit und Normalität der Perspektiven der Erwachsenen immer mit in Frage stellen, hat berufsbedingt immer auch mit den Grenzen dessen zu tun, was er selbst an Ungewöhnlichem aushalten kann. Das bizarre Verhalten der Kinder kann Erschrecken und Angst bei den Pädagogen auslösen. Der Umgang mit eigenen Grenzen und die Beeinflussung der Einstellung zu den Kindern ist daher ein wichtiges Element professioneller Betreuung. Gelingt dies nicht, scheitert die Arbeit. Dieses Scheitern wird deutlich, wenn Mitarbeiter die Betreuung abbrechen müssen, weil sie die emotionalen Belastungen nicht mehr aushalten können oder wenn sie etwa durch eine zynische Sichtweise und Sprache so große Distanz zu den Kindern herstellen, daß sie sich auf diese Weise die Kinder vom Leib halten.

Wie groß die Belastungen sein können, kann am Beispiel der Betreuung suizidgefährdeter Kinder deutlich werden.

In einem angemessenen Betreuungsarrangement für ein Kind, daß als psychotisch definiert wurde und zeitweise als suizidgefährdet gilt, sind sich Sozialpädagogen und Psychiater einig, daß es sinnvoll ist, wenn das Kind auch während der "suizidalen Krise" im Heim bleibt und nicht in die Psychiatrie verlegt wird. Die — zusätzlich nötige — psychiatrische Behandlung kann ambulant durchgeführt werden. Auf diese Weise soll vermieden werden, daß das Kind mit Zwang in die Psychiatrie eingewiesen wird. Dies hatte es vor der Heimeinweisung mehrmals mit der Folge erlebt, daß es Anzeichen für seine psychotische Wahrnehmung den Erwachsenen gegenüber verschwieg. Dann wurde es ständig mißtrauisch beobachtet und es kam immer wieder zu eskalierenden Entwicklungen.

Die Sozialpädagogen im Heim wollen erreichen, daß das Kind darüber sprechen kann, ambulante Behandlung in Anspruch nimmt und die befürchtete Psychiatrieeinweisung verhindert wird. Dies halten sie — ebenso wie die beteiligten Psychiater — auch deswegen für ein wichtiges Ziel, weil das Kind in seinem weiteren Leben eventuell immer wieder mit solchen Krisen umgehen muß. Es soll angemessene Strategien lernen, die die Beeinträchtigung normaler Lebensverhältnisse durch die Krankheit begrenzt.

Die Sozialpädagogen haben Erfahrungen mit solchen Betreuungsaufgaben und anerkannte Kompetenz erworben. So folgt der Psychiater den Medikationsvorschlägen einer Sozialpädagogin bis ins Detail. Diese hat durch genaue Beobachtung und besonderes Einfühlungsvermögen einen Sinn für Veränderungen des Kindes entwickelt. Durch Erfahrung hat sie die Wirkung unterschiedlicher Medikamente bei diesem Kind sehr präzise einschätzen gelernt.

Trotz der unstrittigen Kompetenz gibt es allerdings immer wieder kaum erträgliche Situationen, in denen die Verlegung des Kindes in die Psychiatrie verführerisch ist. So soll das Kind in ganz kritischen Zeiten das Haus nicht ohne Begleitung verlassen. Darüber gibt es immer wieder erhebliche Konflikte und die Mitarbeiter sind sich nicht sicher, ob sie diese Regel durchsetzen können. Eine lückenlose Kontrolle ist nicht möglich.

In der inhaltlichen Entscheidung, daß dies der richtige Weg ist, sind sich alle Beteiligten einig. Die Sozialpädagogen müssen aber mit ihrer Angst umgehen, daß etwas passieren könnte und sie sich selbst Verantwortung und Schuld zuschreiben. Der Umgang mit dieser Angst kann nun nicht – zumindest nicht allein – in den privaten Bereich der Mitarbeiter abgeschoben werden, sondern ist Teil der professionellen Arbeit. Gelingt sie nicht, wird das Kind schnell in der Psychiatrie sein. Oder die Mitarbeiter werden auch so reden, wie ihre Kollegen aus einer anderen Einrichtung, die sie mit Hinweisen auf eine bestimmte Suizidrate in der Gesellschaft darüber aufklären, daß Sozialarbeit an solchen Phänomenen nichts ändern könne.

Eine der sinnvollen Strategien mit diesen Belastungen umzugehen kann Supervision sein. Thema der Supervision ist dann nicht primär die Beratung darüber, wie man es pädagogisch richtig macht, sondern darüber, wie man selbst mit den Belastungen umgeht. Ziel ist es, individuelle Strategien zu entwickeln, wie man mit den berufsspezifischen Belastungen so umgehen kann, daß man seine Arbeitsfähigkeit langfristig erhält und Deformationen durch die Arbeit begrenzt oder vermeidet. Da dies individuell unterschiedliche Strategien sind, die mit den Lebenserfahrungen der Mitarbeiter sehr eng zusammenhängen, suchen sich die Mitarbeiter sehr unterschiedliche Supervisoren mit unterschiedlichen Qualifikationen. Worauf es ankommt ist, daß es nützt.

Dabei wird die Dienstleistung eines anderen Spezialisten in Anspruch genommen, so wie etwa die Dienstleistung eines Rechtsanwaltes bei dem Umgang mit schwierigen Rechtsfragen herangezogen wird. Zweifel an der eigenen Kompetenz in bezug auf die eigene Profession sind in beiden Fällen nicht angebracht.

Für die Finanzierung gilt ähnliches, wie für die der Fortbildung. Wenn man auf den gruppenergänzenden Dienst zugunsten der Finanzierung von Supervision verzichtet wird man sich allerdings wundern, in welchem Umfang solche Dienstleistungen nun bezahlt werden können. Auch wenn die Kosten für Supervision häufig bei über 100,- DM pro Stunde liegen sind die Ausgaben trotzdem oft niedriger, wenn man bedenkt, daß die Arbeitgeberpersonalkosten für eine Psychologenstelle ca. 80.000,- DM im Jahr betragen (Stand: 1992).

Die professionelle Bearbeitung der Einstellung zu den Klienten hat noch einen weiteren Aspekt. Wenn der Sozialpädagoge sich auf die Perspektive der Kinder einlassen will und ihre Lebenserfahrungen ernst nehmen will, kann ihm dies nur gelingen, wenn er nicht blockiert ist durch eine starke negative Einstellung und Bewertung der Kinder. Eine solche negative Einstellung ist oft nicht so festgelegt, daß sie nicht verändert werden kann. Sie ist aber meistens doch so eng verbunden mit den Lebenserfahrungen des Sozialpädagogen, daß sie auch nicht einfach dadurch beseitigt wird, daß der Sozialpädagoge diese negativen Gefühle nicht zulassen will. Meistens spielen dabei sowohl emotionale Aspekte als auch kognitive eine Rolle. Schwer zugänglich sind die Einstellungen dann, wenn massiv belastende Lebenserfahrungen der Sozialpädagogen durch das Kind zur Resonanz gebracht werden[12]. Leichter zugänglich können Probleme sein, die wesentlich mit Informations- oder Erfahrungsmangel zusammenhängen.

So stand den Sozialpädagogen — zumindest am Anfang — oft ihre Einstellung bei der Betreuung von Kindern und Jugendlichen, die sich einer rechtslastigen Szene zuordneten, im Weg. Auch die, die sich sonst auf sehr ungewöhnliche Lebenserfahrungen von Kindern einstellen konnten, hatten hier große Schwierigkeiten und interpretierten diese Schwierigkeiten als Ausdruck einer wünschenswerten Gesinnung. Dann wurde der antifaschistische Kampf in der Interaktion mit den Kindern geführt und dadurch der Zugang verbaut. Durch neue Informationen über die Entstehung rechtslastiger Einstellungen war es möglich, sich eine andere Einstellung zu diesen Jugendlichen erarbeiten.

Auf unangenehme Aufgaben haben die Heime oft — wie andere sozialpädagogische Einrichtungen auch — mit dem Hinweis auf fehlende Zuständigkeit reagiert. Entweder sollten andere Heime, die Psychiatrie oder spezielle Therapieeinrichtungen zuständig sein. Ähnlich reagierten die Mitarbeiter in den Einrichtungen. Für neue, schwierige oder beunruhigende Probleme sollten andere — nämlich die Spezialisten für diese Art der Störungen — zuständig sein. Waren die Probleme wirklich neu, schwierig oder beunruhigend fanden die anderen nicht selten auch gute Gründe, warum sie nicht zuständig sein wollten. Die Klienten wurden von einem Spezialisten zum anderen geschickt und ihnen wurde deutlich: so ein Problem wie sie war eigentlich nicht vorgesehen.

Auch in einem entspezialisierten Heimerziehungssystem ist es selbstverständlich möglich, daß Sozialpädagogen sich für ein Problem als nicht zuständig definieren, weil ihnen Informationen und Erfahrungen fehlen. Ein Informations- und Erfahrungsmangel ist bei der Individualisierung von Lebenslagen — wie sie als eine wichtige gesellschaftliche Entwicklung konstatiert wird (vgl. Beck 1986) — für eine lebensweltorientierte Heimerziehung eher die Regel als die Ausnahme: man hat es immer wieder mit neuen Entwicklungen, Deutungs- und Reaktionsmustern zu tun. Es ist nicht möglich — und nicht sinnvoll — die Kinder jeweils zu einem Spezialisten für diese Probleme zu schicken. Die Sozialpädagogen selbst müssen sich so informieren, daß sie mit den jeweils neuen Problemen umgehen können. Diese Informationen werden sie sich naheliegenderweise zunächst bei denjenigen suchen, die als Spezialisten für dieses Problem gelten. Die Ergebnisse dieser Informationssuche und Beratung fließen in die sozialpädagogische Arbeit ein. Dabei bleibt sie sozialpädagogische Arbeit und wird nicht etwa zur therapeutischen Behandlung.

Dadurch wird der Sozialpädagoge nicht zu einem omnipotenten Spezialisten für alle Lebenslagen. Er kann auf diese Weise auch nicht – ggf. notwendige – Behandlung ersetzen. Aber er bleibt in umfassender Weise zuständig und verantwortlich für die Lebensbedingungen und die Erziehung der Kinder. Er wendet professionelle Strategien der Informationsbeschaffung an und integriert das jeweils neu erworbene Wissen in seine pädagogischen Handlungen.

Dies kann am Beispiel drogenkonsumierender Jugendlicher erläutert werden.

Noch vor wenigen Jahren haben die Jugendhilfeeinrichtungen in Hamburg ihre Zuständigkeit für die Betreuung von drogenkonsumierenden Jugendlichen zurückgewiesen. In vielen Konzeptionen wurde Drogenkonsum als Ausschlußgrund für die Aufnahme angegeben.

Dann nahm der Drogenkonsum deutlich zu. Es war nicht mehr eine sehr seltenen Ausnahme, daß Jugendliche Erfahrungen mit Drogen hatten. Das Ausschlußkriterium konnte nicht mehr durchgehalten werden. Die Einrichtung von Spezialheimen war wegen der auf Entspezialisierung ausgerichteten jugendpolitischen Linie nicht möglich. Die Verlegung in spezielle Therapieeinrichtungen gelang meistens nicht, da die Jugendlichen die dort gestellten Bedingungen – wie eine starke Motivation zur Therapie – nicht erfüllten. Die Folge war, daß die Mitarbeiter in der Jugendhilfe sich mit dem Problem beschäftigen mußten. Eine Delegation der Zuständigkeit war nicht möglich.

Auch eine spezialisierte Behandlung der Jugendlichen scheiterte meistens. Diese nahmen die Angebote der Drogenberatungsstellen nicht an, ließen sich nicht auf eine ambulante Therapie ein und verweigerten den kurzfristigen stationären Entzug. Die Mitarbeiter aus den Heimen mußten in die Drogenberatungsstellen gehen, in der Drogenarbeit erfahrene Kollegen zu Gesprächen einladen und sich auf Tagungen und Fortbildungsveranstaltungen informieren.

Die drogenkonsumierenden Jugendlichen waren zudem oft nicht nur Drogenkonsumierende, sondern hielten sich in der Stricherszene auf und hatten sexuelle Gewalt erlebt. Auch hierüber mußten die Sozialpädagogen sich informieren. Diese Informationen flossen in die sozialpädagogische Betreuung dieser Jugendlichen ein. Auf welche Weise war nicht immer unstrittig, konnten doch Strategien der Behandlung nicht übernommen werden. So wichtig die Informationen waren, so deutlich war zugleich, daß die Konsequenzen aus dem neuen Wissen in individuellen Arrangements sozialpädagogischer Betreuung jeweils neu entwickelt werden mußten.

Professionalisierung besteht in diesem Arbeitsfeld nicht in der Spezialisierung auf einzelne Typen von Störungen, sondern in der Beschaffung und Anwendung des für den Einzelfall wichtigen Wissens, des Arrangierens geeigneter Lebens- und Sozialisationsbedingungen, der Fähigkeit zur Interaktion mit Menschen, die belastende Lebenserfahrungen gemacht haben und damit letztlich zur Erziehung der Kinder, für die sie zuständig sind.

Individualisierung

Individualisierungsschub

Wenn das Verhältnis von Individuum und Gesellschaft für die Gesellschaft der Bundesrepublik beschrieben wird, ist die Individualisierung eine zentrale Kategorie. So wenn für die Entwicklung in Deutschland ein Individualisierungsschub (hierzu und zum folgenden Beck 1986) konstatiert wird. Ulrich Beck benennt drei Dimensionen der Individualisierung: die Freisetzungsdimension – die Herauslösung aus historisch vorgegebenen Sozialformen und -bindungen -, die Entzauberungsdimension – der Verlust von traditionalen Sicherheiten im Hinblick auf Handlungswissen, Glauben und leitende Normen – und die Kontroll- bzw. Reintegrationsdimension – die neue Art sozialer Einbindung (a.a.O., S. 206). Jede, dieser drei Dimensionen differenziert er jeweils nach objektiver Lebenslage einerseits und subjektiven Bewußtsein und Identität andererseits. Es wird also für jede Dimension noch einmal unterschieden, in das, was objektiv geschieht und dem, wie die Menschen damit in ihrem Verhalten und Bewußtsein umgehen.

Kann die Entwicklung in der Gesamtgesellschaft als Individualisierungsschub beschrieben werden, gilt dies in besonderer Weise für die Lebenslage von Jugendlichen. Wie W. Fuchs (1983) ausführlich belegt hat, findet in der Bundesrepublik eine deutliche Entwicklung zu einer individualisierten Jugendbiographie statt: "Jugend als Vorbereitungszeit zum Erwachsenendasein wird überlagert und durchsetzt von Formen, mindestens: Möglichkeiten eines Lebens aus eigener Verantwortung und eigenem Recht. Der Lebensabschnitt, der der Herausbildung der Individualität dient, enthält zunehmend Handlungsräume und Handlungsaufforderungen, die Individualität voraussetzen. Das Lebensalter, das der Vorbereitung auf individuelle Lebensführung dient, wird selbst individualisiert" (a.a.O., S. 341).

In dieser Entwicklung liegen für den Einzelnen Chancen und Risiken. So kann die Freisetzung aus vorgegebenen Sozialformen und – bindungen und traditionellen Herrschaftszusammenhängen stärker als Befreiung aus einengenden und einschränkenden Strukturen empfunden werden, oder stärker als Verlust an sozialer Einbindung und Sicherheit. Der Herauslösung aus traditionalen Bindungen und Versorgungsbezügen wird getauscht gegen Zwänge des Arbeitsmarktes und der Konsumexistenz (a.a.O., S. 211). Diese Chancen und Gefahren sind nun nicht etwa unabhängig vom sozioökonomischen Status und dem damit verbundenen Zugang und der Beherrschung von Strategien, mit den Chancen und Risiken erfolgreich umzugehen. So sind etwa – die im Kapitel Professionalisierung dargestellten – Interaktionskompetenzen oder langfristig angelegte Planungsperspektiven und der Zugang zu Institutionen, die die gesellschaftlichen Teilhabechancen erhöhen, günstige Voraussetzungen, um die Chancen zu nutzen und die Gefahren zu begrenzen.

Die Kinder und Jugendlichen, mit denen es die Heimerziehung zu tun hat, kommen ganz überwiegend aus Familien, in denen der Zugang zu erfolgversprechenden Strategien aufgrund der sozioökonomischen Lage der Familien oder einer ungünstigen Plazierung der Kinder im Bildungssystem erschwert ist. Dadurch konzentrieren sich hier die Risiken. So ist die Abhängigkeit von Jugendlichen mit ungünstigen Schulabgängen von der Konjunktur auf dem Lehrstellenmarkt selbstverständlich größer als die von Jugendlichen mit guten Schulabschlüssen. Durch die Individualisierung sozialer Ungleichheit müssen diese Jugendlichen nicht nur mit den Nachteilen von Arbeitslosigkeit oder der Zuweisung von besonders ungünstigen Arbeiten leben, sondern sie müssen mit der individuellen Ursachenzuschreibung – etwa als individuelles Versagen – zurechtkommen. In den Worten von U. Beck: "... es nehmen die Zwänge zu, den eigenen Lebenslauf selbst zu gestalten, und zwar auch und gerade dort, wo er nichts als das Produkt der Verhältnisse ist" (a.a.O., S. 216).

Eine weitere Tendenz kommt hinzu. Die Individualisierung von Lebenslagen ist verbunden mit einer hochgradigen Standardisierung und Kontrolle. Ein für die Lebenslage von Kindern und Jugendlichen besonders wichtiger Bereich ist der Konsum. Hier entwickeln sich generell gültige Standards. Unabhängig von der finanziellen Lage gelten diese Standards für alle. Wer sie nicht realisieren kann, gilt nicht (nur) als arm, sondern als Versager und minderwertig. Gleiche (Konsum-)Ziele und sehr unterschiedliche Ausstattung mit Ressourcen verschärfen die Wert-Mittel-Diskrepanz. Für den Umgang mit der verschärften Wert-Mittel-Diskrepanz gibt es einige subkulturelle Orientierungsmuster etwa illegale Beschaffungsformen (in der Mertonschen Terminologie: Innovationen). Jugendhilfe und insbesondere Heimerziehung wird tätig wegen der subkulturellen Orientierungsmuster und ist auf ihre Zerstörung gerichtet. Dadurch bleibt das Dilemma für die Jugendlichen: wie soll unter solchen Lebensbedingungen erfolgreiche Existenzbewältigung und Identitätspolitik betrieben werden? Auf die Heimerziehung gewendet: was leistet die Heimerziehung, um den oben beschriebenen gesellschaftlichen Entwicklungen Rechnung zu tragen?

Individualisierung in der Heimerziehung?

Die von den Heimen organisierten Lebensbedingungen und die Erziehungskonzeptionen sind daran zu messen, inwiefern sie für den Umgang mit den oben kurz angedeuteten Entwicklungslinien in der Gesellschaft angemessene Strategien vermitteln. Das Leben im Heim muß die individuelle Konstruktion von Biographien zulassen und fördern, den Sinn von Handlungen und normativen Orientierungen individuell entwickeln und legitimieren und – auch materielle – Lebensbedingungen nachweisen, die die Wert-Mittel-Diskrepanz für die Kinder nicht zusätzlich verschärfen.

Die Individualisierung von Lebenslagen bei gleichzeitiger Erhöhung der Abhängigkeit von institutionalisierten Lebenslaufmustern unter Bedingungen sozialer Unterprivilegierung erhöht das individuelle Risiko zu scheitern erheblich. Angemessene Lebensbedingungen müssen daher für den Einzelnen zu gestalten und durch eigene Planungen zu beeinflussen sein. Das einzelne Kind und insbesondere der einzelne Jugendliche muß Herr der ihn betreffenden Planungen sein und nicht das Objekt der für ihn nicht berechenbaren und beeinflußbaren Entscheidungen anderer sein, soll er ein Maß an Sicherheit gewinnen können, das ihm die Beherrschung der Angst vor Neuem erlaubt. Nur unter solchen psychologischen Voraussetzungen ist die ständige Neuorientierung möglich, die mit der Verlagerung der Konstruktion der Biographie auf den Einzelnen verbunden ist.

Schwer belastet wird dies etwa, wenn das Kind ständig erwarten muß, daß sich sein Lebensort ohne sein Dazutun plötzlich ändern kann, indem es innerhalb des Heimes oder zwischen Heimen versetzt wird. Ebenfalls völlig unsicher sind die Lebensverhältnisse, wenn plötzlich durch die Aufnahme eines anderen Kindes schwerwiegende Bedrohungen in seinem bisherigen Lebensfeld auftreten, oder plötzlich ein sehr wichtiger Erwachsener seine Arbeit im Heim beendet oder ein sehr wichtiges Kind plötzlich nicht mehr da ist.

Schon auf den ersten Blick wird deutlich wie problematisch die Lebensbedingungen im Heim auch in bezug auf diese Kriterien sind. Eine besondere Rolle spielt dabei die in der Heimerziehung etablierte Erziehung in Gruppen. Deshalb wird es darum im folgenden gehen.

Handicap Gruppenerziehung

Die Erziehung in großen Gruppen ist zentrales Merkmal klassischer Heimerziehung. Das war schon im Waisenhaus so und gilt überwiegend noch heute.

Dies wird z.B. in den Abgrenzungskriterien von Kostenträgern deutlich. Die Gruppengröße wird gelegentlich zum entscheidenden Merkmal der Abgrenzung von Heimerziehung und Pflegekinderwesen benutzt. Dann gelten Einheiten, in denen weniger als fünf Kinder betreut werden, nicht mehr als Betreuungsformen innerhalb der Heimerziehung. Für diese gelten dann − die deutlich schlechteren − Ausstattungsstandards des Pflegekinderwesens.

Heimerziehung hatte (bereits) in ihren Anfängen nicht das Ziel, angemessene Lebensbedingungen für die Kinder herzustellen, sondern sie war in erster Linie Instanz der Bestrafung und Kontrolle (vgl. Autorenkollektiv 1971). Hier kam es darauf an, durch sparsamsten Einsatz von Mitteln einen möglichst großen Effekt zu erzielen. Die Zusammenfassung in großen Gruppen war dafür zweckmäßig.

Heute kann die Heimerziehung nicht mehr allein mit der Repressionsfunktion angemessen beschrieben werden. Die Notwendigkeit der Erziehung in Gruppen ergibt sich allerdings ebenfalls aus den Organisationsbedingungen der Heime. Die Begrenzung der Wochenarbeitszeit durch arbeitsrechtliche Regelungen, die daraus resultierende Organisation der Arbeitszeit in Dienstplänen, Absicherung von Urlaubs- und Krankheitsvertretungszeiten und die Höhe von Personalkosten veranlassen die Organisation Heim dazu, die Erziehung in Gruppen zu organisieren. Die Lebensverhältnisse der Kinder sind damit eine Nebenwirkung der Organisationsbedingungen.

Dies wird in der Heimerziehung zwar zurecht immer wieder zum Thema gemacht (unermüdlich zum Beispiel durch Podgornik etwa 1980, 1992), bleibt aber trotzdem für weite Teile der Heimerziehung kennzeichnend. Oft werden Gründe bemüht, um aus dem Organisationshandicap eine Tugend zu machen. Dann werden die Vorteile des Lebens in Gruppen, die Wirksamkeit gruppenpädagogischer Maßnahmen gelegentlich die Utopie einer solidarischen Gesellschaft, die in der Heimgruppe schon einmal eingeübt werden soll, beschworen. Das zentrale Legitimationsmodell ist allerdings die Familie. Die Gruppe im Heim ist das Pedant der Heimerziehung zur Familie. Deswegen heißen die Gruppen auch familienähnlich, Familiengruppen usw.

Als familienähnlich wird dann eine Gruppe bezeichnet, in der 10 Kinder leben und von fünf Erzieherinnen betreut werden. Das Familienähnliche besteht in der Altersstreuung. Das jüngste Kind ist 4, das älteste 14 Jahre alt – wie in einer Familie. Oder es leben Jungen und Mädchen zusammen in einer Gruppe – wie in einer Familie.

Mag die Analogie zwischen Heimgruppen und Familien bei Wichern noch einigermaßen plausibel sein (vgl. Kalcher/Rößler 1988), so ist sie es heute nicht mehr. In der Gesamtgesellschaft wird das Bild von der klassischen Familie immer brüchiger, denkt man etwa an den Anteil von Kindern, die bei Alleinerziehenden aufwachsen oder von Kindern die nach der Scheidung ihrer Eltern mit einem Elternteil und weiteren Erwachsenen zusammenleben. In der Heimerziehung beruft man sich auf ein Familienmodell, das in bezug auf die Größe den Familien zu Beginn der Industrialisierung entspricht und von der Rollenaufteilung mehr Ähnlichkeit mit einer Schulklasse aufweist. Die von der Heimerziehung in Anspruch genommene Familienähnlichkeit für klassische Heimgruppen ist absurd. Aus der Perspektive der Heimerziehung erscheint die Absurdität vermutlich nur deswegen nicht, weil "familienähnlich" die Chiffre ist für "etwas weniger anstaltsmäßig".

Auch andere Versuche besondere Stärken der Erziehung in Heimgruppen zu konstruieren, sind wenig überzeugend. Etwa die Bezeichnung als Wohngemeinschaft ist oft irreführend, da mit dieser Analogie ein freier Wille in der Auswahl der Mitbewohner unterstellt wird, der ja nun gerade in der Heimerziehung nicht besteht. Die Mitbewohner sind für die Kinder in Heimgruppen oft die Last, die das Leben schwer macht. Das einzelne Kind wird überwiegend als Gruppenmitglied wahrgenommen und die die Individualität nivellierenden Regeln bestimmen das Leben. Die Legitimationen für eine Erziehung in großen Gruppen hält einer Überprüfung nicht stand. Der Grund für die Zusammenfassung vieler Kinder in Gruppen liegt in den oben angeführten Organisationsbedingungen, nicht im Kindeswohl.

Um Mißverständnisse zu vermeiden, soll noch ein Hinweis erfolgen. Es wird nicht bestritten, daß wichtige Lernprozesse gerade auch wegen der Individualisierung von Lebenslagen[13] in großen Gruppen stattfinden und daß die Teilnahme an großen Gruppen unverzichtbar ist. Die Heimerziehung organisiert allerdings – etwa im Gegensatz zur offenen Jugendarbeit – den Privatbereich der Kinder und Lebensverhältnisse, in denen Primärsozialisation stattfindet. Hieran gemessen ergibt sich, wann das Leben in Heimgruppen ungünstig ist: wenn Privatheit und Intimität nicht möglich ist, die Stabilität der Lebensverhältnisse gering ist und wenn ein in hohem Maße individueller Umgang nicht möglich ist. Diese Bedingungen sind etwa in einer Gruppe in der zehn Kinder zusammenleben wegen der schieren Gruppengröße nicht erreichbar. Zumindest der häufige Wechsel der Personen läßt Stabilität über längere Zeiträume nicht zu und jeder Pädagoge ist überfordert, mit zehn Kindern gleichzeitig einen hochgradig individuellen Umgang zu pflegen. Unter diesen Bedingungen ist es offensichtlich nicht möglich, die vorher benannten Voraussetzungen für eine der Individualisierung Rechnung tragenden Erziehung zu erfüllen, nämlich, die individuelle Konstruktion von Biographien zuzulassen und zu fördern und den Sinn von Handlungen und normativen Orientierungen individuell zu entwickeln und zu legitimieren. Diese Einwände treffen umso stärker zu, je länger die Kinder in Heimgruppen leben. Ginge es nur um eine mehrwöchige Behandlungszeit, wären sie nicht sehr relevant. Verbringen die Kinder einen großen Teil ihres (Kinder-)Lebens im Heim sind die Lebensbedingungen dort entscheidend. Ist das Leben durch die Heimgruppe gekennzeichnet, dann sind nur standardisierte Orientierungsmuster möglich, die weder die individuellen Lebenserfahrungen noch die zukünftigen Anforderungen an individuelle Orientierung der Kinder berücksichtigen.

Individuelle Betreuungsarrangements

Die Alternative zur Erziehung in Heimgruppen ist die Herstellung individueller Betreuungsarrangements. Solche Arrangements sind für jedes Kind neu zu konzipieren. Sie beginnen mit der Aufnahme des Kindes und enden mit seiner Entlassung. Es werden nicht automatisch Plätze wiederbelegt, sondern für andere Kinder andere Arrangements hergestellt. Das arrangierte Zusammenleben muß für alle daran Beteiligten den Sinn erweisen. Die wichtigen Elemente des Arrangements ergeben sich aus der bisherigen Lebenserfahrung und der weiteren Lebensperspektive des einzelnen Kindes. Entscheidungen orientieren sich dann etwa an Fragen wie: "Was war bisher besonders belastend für das Kind und soll sich daher auf keinen Fall in den neuen Lebensverhältnissen wiederholen?" oder "Was ist für dieses Kind ganz besonders wichtig und muß daher auf alle Fälle in dem Arrangement vorkommen?" Dies setzt selbstverständlich eine ernsthaftere Auseinandersetzung mit den bisherigen Lebenserfahrungen voraus, als dies in den klassischen Heimaufnahmeberichten erfolgt, wenn diese dann regelmäßig in stereotypen Feststellungen über bestimmte Kategorien von Heimen einmünden wie "heilpädagogisch", "Kleinsteinrichtung", oder "mit Therapieangeboten". Dieses Vorgehen unterscheidet sich ebenfalls grundlegend von der diagnostischen Abklärung von Störungsbildern, da hier die Wahrnehmung gerade nicht auf Störungen und Abweichungen des Kindes konzentriert wird, sondern auf die Lebensverhältnisse und die durch die Erfahrungen beeinflußten Bedürfnisse. Notwendigerweise gerät bei der Herstellung individueller Arrangements auch die Frage in den Blick, ob stationäre Betreuung überhaupt notwendig und angemessen ist, oder ob andere Hilfen zur Erziehung, die die bisherigen Lebensverhältnisse in größerem Umfang erhalten, individuell angemessener sind. Dabei wird man ggf. die konkreten ambulanten mit den konkret zur Verfügung stehenden stationären Angeboten bilanzierend vergleichen, um dann die richtige Zuordnung zu einer Norm des KJHG zu treffen (vgl. Wolf 1991).

Eine dezentralisierte, entinstitutionalisierte und entspezialisierte Struktur der stationären Jugendhilfe und eine regionalisierte Unterbringungspraxis sind unverzichtbare Voraussetzungen, um überhaupt individuelle Arrangements herstellen zu können. Auf einem zentralen Heimgelände, unter organisationsorientierten und durch vielfältige Arbeitsteilung und Spezialisierung gekennzeichneten Bedingungen und weit entfernt vom bisherigen Lebensort können günstigenfalls Nischen für einen individuellen Umgang gefunden werden. Individuell angemessene Lebensverhältnisse können so nicht hergestellt werden. Dezentralisierung, Entspezialisierung und Regionalisierung sind notwendige Voraussetzungen, sie führen nicht zwangsläufig zu individuellen Arrangements. Hier müssen weitere Bedingungen hinzukommen.

Da es nicht um Behandlung gehen soll, sondern um die Gestaltung von Sozialisationsbedingungen und Erziehung, kommt es auf die arrangierten Lebensverhältnisse und auf das Zusammenleben der beteiligten Menschen an. Hierfür können keine Standards definiert werden. Merkmal der *individuellen* Arrangements ist ja gerade, daß die Kriterien anhand der Lebenserfahrungen und Perspektiven entwickelt werden. Dies kann daher nur an Beispielen illustriert werden, hier an Beispielen der Auswahl des richtigen Ortes und der richtigen Menschen.

Ein wichtiges Kriterium für die Auswahl des richtigen Ortes ist die regionale Nähe. Dies wurde schon begründet. Ein weiteres Kriterium kann die soziale Umgebung sein. Auch hier spricht generell vieles dafür, den Abstand vom bisherigen – und häufig auch zukünftigen Lebensfeld – zum dem Ort, an dem die Betreuung stattfindet, gering zu halten, damit die bisher erworbenen Strategien nicht plötzlich dysfunktional werden. Eine Ergänzung der bisherigen Lebenserfahrungen durch neue, menschenfreundlichere kann ja durchaus eine Neuorientierung hervorrufen. Diese erfolgt dann allerdings entlang der veränderten Lebenslage und nicht durch einen Bruch mit den bisherigen Erfahrungen, der dann eher Angst und Flucht auslöst und zum Festhalten an den alten Strategien führt.

Dies bedeutet etwa, daß Jugendliche, die sich der Punkerszene zuordnen, in der Regel in einer Gegend betreut werden sollten, in denen sie entsprechende subkulturelle Angebote vorfinden, auch wenn eine solche Wohnung sich nicht unbedingt für die Darstellung im Hochglanzprospekt des Heimes eignet oder vielleicht bei der Heimaufsicht nicht auf große Gegenliebe stößt.

Ein weiteres Beispiel ist die Auswahl der richtigen Menschen, d.h. der Menschen mit denen das Kind zusammenleben und von denen es ggf. erzogen werden soll. Diese Menschen müssen so ausgewählt werden, daß die vorher genannten Kriterien zutreffen: etwa die Frage was darf sich auf keinen Fall wiederholen, und was ist ganz besonders wichtig. Dies soll an zwei Beispielen dargestellt werden, einem, in dem es um die gleichaltrigen Mitbewohner geht und einem zweiten, in dem es um die Betreuungspersonen geht.

Die Entscheidung, ob ein Kind oder ein Jugendlicher mit anderen Kindern und Jugendlichen zusammen betreut werden kann oder alleine betreut werden soll, ist hier schon beantwortet. Sie muß selbstverständlich ebenfalls aufgrund der Lebenserfahrungen der Kinder entschieden werden und nicht schon aufgrund der Heimerziehungsstrukturen a priori zugunsten der gemeinsamen Erziehung vieler Kinder entschieden sein.

Erstes Beispiel

Das erste Beispiel bezieht sich auf das gemeinsame Wohnen von Jugendlichen in Jugendwohnungen. Der Begriff Jugendwohnung wird in Hamburg unterschiedlich verwendet. Hier sind damit Jugendwohngmeinschaften gemeint in denen meistens drei Jugendliche zusammenwohnen. Die Betreuung wird in der Regel von zwei Sozialpädagogen (auf 1,5 Stellen) überwiegend in den Nachmittagsstunden und am Abend durchgeführt. Die Sozialpädagogen übernachten nicht in der Wohnung, sind flexibel in der Festlegung ihrer Arbeitszeiten. Die unterschiedlichen Jugendwohnungen befinden sich in Wohngegenden, die sich in der Sozialstruktur deutlich unterscheiden, etwa in einer gemischten Mietwohnungsgegend, in einer Gegend, die durch eine Jugendszene geprägt ist oder – eher selten – in einem Haus mit Eigentumswohnungen, in dem die Topfpflanzen im pieksauberen Treppenhaus gedeihen.

Unter den Jugendlichen einer Wohnung entwickeln sich meistens keine exklusiven Freundschaften. Jeder Bewohner hat seine eigenen Freunde und Freundinnen. Man unterhält sich miteinander, kocht manchmal das Essen zusammen und ißt gelegentlich gemeinsam. Eigenarten und Unterschiede – etwa unterschiedliche Ansprüche an die Sauberkeit des Badezimmers – führen immer wieder zu Konflikten, die sich – manchmal unter Beteiligung der Betreuer – einigermaßen unauffällig regeln lassen.

In unserem Zusammenhang ist nun interessant, wie die Aufnahme neuer Jugendlicher in die Wohnungen erfolgt. In unserem Beispiel lernt zunächst die Leiterin der Einrichtung den Jugendlichen kennen und verschafft sich einen möglichst genauen Eindruck davon, was der Jugendliche erwartet, was er an Befürchtungen hat und wie er bisher gelebt hat und wie er sein bisheriges Leben sieht. Daraus könnten sich sehr unterschiedliche Vorschläge an den Jugendlichen ergeben – durchaus auch Vorschläge, die außerhalb stationärer Jugendhilfe angesiedelt sind. In diesem Fall hat die Leiterin der Einrichtung den Eindruck, daß dieser Jugendliche gut in einer ganz bestimmten Jugendwohnung aufgehoben wäre. Dies Ergebnis ist nicht zufällig, da andere, die den Jugendlichen kennen, in den Vorgesprächen und aufgrund ihrer Informationen über die Verhältnisse in dieser Jugendwohnung, den Kontakt zu dieser Einrichtung empfohlen hatten. Die Leiterin hat auch eine Vorstellung davon, welche der beiden Sozialpädagoginnen der Jugendwohnung für die Betreuung dieses Jugendlichen gut geeignet ist. Mit ihr und dem Jugendlichen trifft sie sich noch einmal und dann geht die Sozialpädagogin zusammen mit dem Jugendlichen in die Jugendwohnung. Dort findet ein Gespräch mit den beiden dort bereits wohnenden Jugendlichen statt. Äußern diese in oder nach dem Gespräch schwerwiegende Gründe gegen den Einzug dieses Jugendlichen erfolgt die Aufnahme in diese Jugendwohnung nicht. Als schwerwiegende Gründe gelten alle Gründe, die den Jugendlichen das Zusammenleben unerträglich machen würden, insbesondere große Angst vor dem potentiellen Mitbewohner. Selbstverständlich hat auch der neue Jugendliche die Möglichkeit, einen Einzug in diese Jugendwohnung abzulehnen. In jedem Fall ist die Leiterin weiterhin zuständig, mit dem Jugendlichen eine für ihn geeignete und von ihm akzeptierte andere Möglichkeit zu finden.

Einige Merkmale für individuelle Arrangements treffen auf dieses Beispiel nicht zu. Insbesondere wird hier kein Arrangement völlig neu konzipiert, sondern ein bestehendes Arrangement wird daraufhin überprüft, ob es so gestaltet werden kann, daß es geeignet ist. Gelingt dies nicht, hat die Einrichtung allerdings die Verpflichtung übernommen ein anderes, geeignetes Arrangement herzustellen. Auf die organisatorischen Probleme komme ich später noch zu sprechen.

Besonders wichtig ist hier das Verständnis der Beteiligung der beiden bereits in der Wohnung wohnenden Jugendlichen. Diese Beteiligung ist nicht so organisiert, daß sich dort mehrere Jugendlichen vorstellen, unter denen sie sich den liebsten aussuchen. Die Begründung für die Einschränkung einer so weitgehenden Mitsprache ist die Lebenssituation des neuen Jugendlichen. Dieser hat — so wird generell unterstellt — so viel Zurückweisung und Ablehnung erlebt, daß ihm eine Serie von mehreren Vorstellungsgesprächen nicht zugemutet werden kann. Auf der anderen Seite haben die Jugendlichen ein Vetorecht. Ihnen ist auch nicht das Zusammenleben mit jedem Jugendlichen möglich. Aufgrund ihrer Lebenserfahrung kann es potentielle Mitbewohner geben, die ihre schlimmsten Erfahrungen aktualisieren. Dann dürfen sie nicht gezwungen werden, dies hinzunehmen.

Zweites Beispiel

Ein 12jähriger Junge aus einer Sintifamilie ist von seiner Mutter über Jahre schwer mißhandelt worden. Die Mutter lebte getrennt von ihrer Familie, die wohl nicht in die Bundesrepublik nachreisen konnte und wurde von anderen Sintifamilien völlig abgelehnt. Ihr Leben hing von der Behandlung ihrer schweren Erkrankung in Hamburg ab. Der Junge gehorchte seiner Mutter in extremer Weise. ihm wurden z.T. erhebliche Straftaten vorgeworfen, die Zeitungen berichteten immer wieder über ihn.

Ab und zu war die Mutter verschwunden. Dann fiel der Junge, ein kleines agiles Kerlchen, der Polizei auf, wenn er etwa nachts barfuß die Reeperbahn entlangschlenderte. Er wurde dann in den Kinder- und Jugendnotdienst (KJND) gebracht oder ging, als er die Verhältnisse dort kannte, selbst dorthin. Von dort wurde er in verschiedene Heime eingewiesen.

Hier wurde es regelmäßig dramatisch. Der Junge fühlte sich nicht verstanden und leicht ungerecht behandelt und reagierte sehr wütend. Dann hatten nicht nur die Kinder Angst vor ihm. Möbel und gelegentlich auch die Fensterscheiben von in der Nähe liegenden Häusern gingen zu Bruch. Auch wenn er nicht wütend war, verhielt er sich so, daß es — z.B. im Schwimmbad — zum öffentlichen Eklat kam.

Nachdem er bereits mehrere Wochen im Heim gelebt hatte, tauchte die Mutter plötzlich wieder auf und bestellte den Jungen wieder zu sich. Er gehorchte, obwohl er offensichtlich nicht zurück wollte. Wurde er dazu befragt, gab er mit versteinertem Gesicht an, bei seiner Mutter bleiben zu wollen. Das Heim war erleichtert, daß die große Aufregung vorbei war. Kurze Zeit später war die Mutter wieder verschwunden. Der Junge kam in ein anderes Heim. Dort gab es die gleichen Probleme. Das Heim gab ihn schnell wieder im KJND ab. Als die Mutter wieder einmal verschwunden war, blieb er lange im KJND. Er war inzwischen so bekannt, daß ihn kein Heim haben wollte.

Tatsächlich war ja auch zu erwarten, daß zum wiederholten Mal die gleichen Probleme und Abläufe auftreten würden. Es hatte sich gezeigt, daß weder für die Mitarbeiter der Heime noch für die Kinder und schon gar nicht für den Jungen selbst die Diskrepanz zwischen seinen Lebenserfahrungen und seiner Identität als Sintijunge, die er gelegentlich stolz betonte, zu überbrücken war. Außerdem waren alle offensichtlich nicht in der Lage, ihn vor der ihn drangsalierenden

Mutter zu schützen. Die Fachleute waren ratlos. Der Amtsvormund, bei dem die Kathastrophenmeldungen zusammenliefen, schlug die Unterbringung in einem geschlossenen Heim weit weg vor und beklagte die ideologischen Scheuklappen, die solche Auswege in Hamburg verböten.

Schließlich gelang es, eine Sintifamilie zu finden, die den Jungen in ihr Herz schloß. Auf welche Weise dies gelang, würde die Darstellung hier sprengen. Es war jedenfalls sehr viel guter Wille auf Seiten vieler in Hamburg lebender Roma- und Sintifamilien nötig. Die neue Familie besuchte den Jungen einige wenige Male im KJND. Schnell war für den Jungen klar: bei ihnen wollte er leben. Die Etablierung dieser Betreuung als Pflegefamilie war aus vielfältigen – in erster Linie das Handling durch die Verwaltung betreffenden – Gründen nicht möglich. Die Jugendhilfeeinrichtung, die sich um die Suche nach einer Familie bemüht hatte, stellte die Frau, später auch den vor schwierigen aufenthaltsrechtlichen Fragen stehenden Mann als Mitarbeiter ein und mieteten ein geeignetes Haus an. Die weitere Entwicklung war so positiv, daß auch der geneigte Leser sie vielleicht kaum glauben kann. Deshalb soll sie hier auch nicht weiter geschildert werden.

Auf einige Elemente, die bei aller Unterschiedlichkeit typisch sind für individuelle Arrangements, soll allerdings noch ausdrücklich hingewiesen werden. Für diese Mitarbeiter war es möglich, angemessene Orientierungen und Strategien in erster Linie aufgrund ihrer Lebenserfahrungen zu gewinnen, weil sich ihre Lebenserfahrungen eben in wichtigen Punkten nicht von denen des Kindes unterschieden. Das Fehlen theoretischer Kenntnisse wirkte sich daher nicht problematisch aus. Ein Zugang zur Psychologie des Jungen gelang durch unmittelbare gegenseitige Identifikation: der Mann erkannte sich selbst in dem Jungen wieder und erinnerte sich daran, was er früher angestellt hatte und welche Geduld er anderen abgefordert hatte. Für den Jungen war natürlich der immer fehlende richtige Sintimann da, mit dem er sich identifizieren konnte. Die souveräne Frau managte die ganze Sache und achtete darauf, daß sich auch ihre Lebensverhältnisse günstig entwickelten, was wiederum mit den Ressourcen, die in der Heimerziehung zur Verfügung stehen nicht schwer fällt und dem Kindeswohl keinen Abbruch tut.

Die Einrichtung hatte es nicht ganz leicht. Sie mußte einige ihrer bewährten Regularien zur Disposition stellen. Das polizeiliche Führungszeugnis des Mannes war nicht ganz so, wie man es in einer evangelischen Einrichtung gewohnt war. Auch war eine wichtige Lebenserfahrung der Familie, daß man um finanzielle Mittel immer kämpfen muß und sich nicht durch Auskünfte dies oder jenes ginge auch beim besten Willen nicht abschrecken lassen dürfe, schon gar nicht, wenn die Absagen so windelweich waren, wie die Einrichtung sie vermitteln wollte. Da mußte die Einrichtung lernen, daß man hier nicht durch einmalige vertragliche Absprachen irgendetwas abschließend geklärt hatte. Belohnt wurde sie aber durch die prächtige Entwicklung des in ihrem Namen betreuten Kindes.

Beispiele sind selbstverständlich keine Beweise für die Richtigkeit einer Position. Diese Beispiele können nur der Illustration dienen.

An den Beispielen wird allerdings deutlich, daß die Entwicklung individueller Betreuungsarrangements häufig quer zu den Organisationsregeln liegen. Da sie definitionsgemäß Abweichungen von einem Standard zur Folge haben, ist der Aufwand für ihre Entwicklung hoch. Angemessene Verwaltungsregularien zu entwickeln, Ressourcenflexibilität herzustellen und aufrechtzuerhalten aber auch Kreativität und Sorgfalt bei der Beschäftigung mit den bisherigen Lebenserfahrungen der Kinder sind beachtliche Leistungen, die die Heime dann erbringen müssen. Darüber hinaus orientieren sich Pflegesatzvereinbarungen und Finanzierungsregelungen an Standards. Abweichungen vom Standard erscheinen als Störungen, die mit besonders hohem Aufwand legitimiert werden müssen. Weder die Vereinbarung einer konstanten Platzzahl für eine Einrichtung, noch eine Kostensteuerung durch differenzierte Festlegung der Ausgaben in einer Vielzahl von nicht gegenseitig deckungsfähigen Kostenstellen und Haushaltstiteln ist für die Entwicklung individueller Arrangements geeignet. Diese in der Praxis eingespielten Strukturen sind allerdings auch nicht notwendig, um die Kontrolle der Mittelverwendung zu garantieren.

Einrichtungen praktizieren die Entwicklung individueller Arrangements gelegentlich, wenn es um den Umgang mit ganz besonders augenfälligen und dramatischen Problemen geht. Wenn die Standardlösungen Eskalationen hervorrufen und eine Abschiebung nicht möglich ist, dann geht man auch ungewöhnliche Wege. Für den Normalfall — so der Einwand — sei dies viel zu aufwendig. Dies ist eine erstaunliche Sichtweise, wenn man die Kosten öffentlicher Erziehung betrachtet. Bei einem Tagespflegesatz von 200,- DM, der für die alten Bundesländer im Jahre 1992 einen Durchschnittswert darstellen dürfte, erhält das Heim für die Betreuung eines Kindes im Jahr mehr als 70.000,- DM. Die Betreuung dauert oft mehrere Jahre. Daß die für diese Mittel arrangierte Betreuung, der Individualität des einzelnen Kindes Rechnung trägt, erscheint nicht zuviel verlangt. Hieran kann und sollte die Leistungsfähigkeit der Einrichtungen gemessen werden.

Schluß

Die Heimerziehung hat größte Schwierigkeiten, angemessene Lebensbedingungen für die Kinder herzustellen. Aufgrund ihrer Herkunft und Geschichte, ihrer Organisationsstrukturen und ihrer gesellschaftlichen Funktion ist sie — man könnte fast sagen: denkbar ungeeignet — Erziehung günstig zu betreiben. Immer wieder stößt man auf Strukturen elender Anstaltserziehung, auf Lebensverhältnisse, die sich grundsätzlich von Lebensverhältnissen außerhalb der Heime unterscheiden und auf Organisationsmerkmale, die den Bedürfnissen der Kinder direkt entgegenstehen. Diese Feststellung ist selbstverständlich nicht neu und die Forderung nach ihrer Abschaffung nicht orginell. Trotzdem gibt es die Heimerziehung noch und es wird sie auch weiterhin geben. Obwohl sie im Kinder- und Jugendhilfegesetz die zentrale Stellung verloren hat, die sie im Jugendwohlfahrtsgesetz hatte, scheint sie derzeit eher eine Renaissance zu erleben. Wo immer man sich umhört, die Heime sind gut belegt. Fachlich begründeten Fragen nach der Legitimation der Heimpraxis, die sich nicht auf die wirtschaftliche Lage der Einrichtungen auswirken, fehlt der Stachel. Die (inhaltlich) fehlende Legitimation wird durch die Legitimation durch die Nachfrage allemal kompensiert. Beunruhigt kann man daher davon ausgehen, daß die Heimerziehung weiterhin eine wichtige Rolle in der Jugendhilfe spielen wird. Damit bleibt auch die Frage der Veränderung auf der Tagesordnung.

Veränderungen kann man durchaus feststellen, wenn man die Entwicklungen in der Heimerziehung betrachtet. Diese Veränderungen hatten und haben es immer auch zu tun mit der oben benannten ungünstigen Ausgangsposition der Heimerziehung. Reformen bleiben daher auch immer wieder im Geflecht der problematischen Wurzeln der Heimerziehung stecken, bleiben halbherzig, kommen zum Stehen, sobald sie nicht mehr aktiv vorangetrieben werden oder landen in einer Sackgasse.

Allerdings für die in den Heimen lebenden Kinder sind diese Veränderungen trotzdem nicht unwichtig. Jede Verbesserung ihrer Lebensbedingungen ist ein Fortschritt, der die Bemühungen um eine Verbesserung der Heimerziehung rechtfertigt. Da viele Impulse zur Veränderung auch von Mitarbeitern in den Heimen ausgehen, konnten einige Entwicklungslinie in der stationären Jugendhilfe dargestellt werden, die zu einer deutlichen Verbesserung der Lebensbedingungen der Kinder und der Erziehungsbedingungen der Einrichtungen führen. Umfassende Zuständigkeit der Mitarbeiter in der unmittelbaren Betreuung, Flexibilität im Umgang mit Regeln und Ressourcen, Orientierung an den Lebenserfahrungen und individuellen Lebenslagen der Kinder, Alltagsorientierung und die Herstellung individueller Betreuungsarrangements waren einige Stichpunkte für eine solche Entwicklung. Die veränderten Organisationsprinzipien waren dabei notwendige, allerdings nicht hinreichende Bedingungen: ohne Dezentralisierung, Entinstitutionalisierung, Entspezialisierung, Regionalisierung, Professionalisierung und Individualisierung ist eine grundlegende Veränderung nicht vorstellbar, durch die veränderte Organisation allein, ändern sich die Lebensbedingungen allerdings nicht zwangsläufig, wie am Beispiel der Dezentralisierung dargestellt wurde. Der entscheidende Maßstab für die Bewertung der Veränderungen können — so die hier vertretene Auffassung — nur die Lebensbedingungen der Kinder sein. Verbessern sich objektiv und subjektiv die Lebensbedingungen der Kinder, werden Lebenserfahrungen aufgegriffen und Identitätsfindung erleichtert und erfolgt eine angemessene Vorbereitung auf das Leben als Erwachsene — solche Fragen verweisen auf die Beurteilungskriterien. Man kann diese Fragen anwenden auf den Vergleich mit den früheren Formen der Heimerziehung. Dann wird man zu dem Ergebnis kommen, daß die veränderten Formen diese Ansprüche eher erfüllen, als die Anstaltserziehung. Letztlich müssen die Kriterien allerdings angewendet werden auf den Vergleich mit dem Leben vor der Heimerziehung und mit den anderen Erziehungshilfen. Dann ergibt sich ein sehr vielschichtiges Bild der unterschiedlichen Formen der Heimerziehung und es gibt wenig Grund zur Zufriedenheit.

Anmerkungen

1 Michael Winkler (1988, S. 6 f) formuliert kurz und provozierend: "In der Heimerziehung kommt Vergangenheit regelmäßig nur als Material für den Therapeuten, Zukunft aber überhaupt nicht vor."

2 Daß dies nicht zwangsläufig ist, konnte man an in Hamburg an einer großen Behinderteneinrichtung beobachten. Hier wurden für die dezentralisierten Einheiten eine computergesteuerte Zentralküche eingerichtet. In den dezentralisierten Wohnungen konnten sich die behinderten Menschen ein spezielles Menü zusammenstellen (lassen), das dann in der Zentralküche hergestellt und von dort ausgeliefert wurde.

3 Der Begriff der "herkömmlichen Heimerziehung" wird oft verwendet. Was genau die neue von der herkömmlichen unterscheidet ist dabei oft unklar oder widersprüchlich. Die beste Übersetzung für "herkömmlichen Heimerziehung" ist wohl die Heimerziehung, die andere betreiben.

4 Aspekte der Heimeinweisung gegen den Willen der Jugendlichen werden hier nicht behandelt. Sie spielen in der Hamburger Heimerziehung nach meinem Eindruck auch eine relativ geringe Rolle. Einige Aspekte werden in dem Beitrag zur geschlossenen Unterbringung behandelt.

5 Exemplarisch hierfür ist vielleicht die Entwicklung am Institut für Erziehungswissenschaften der Universität Tübingen.

6 Wie schwierig es ist, unter den Bedingungen der Heimerziehung adäquate Lebensbedingungen für junge Kinder zu schaffen, illustriert etwa der Bericht über die Arbeitstagung 1988 für Heimleiter/innen im Rheinland (K.F. Lehmann 1989). Die dort diskutierten Vorschläge machen die geradezu hoffnungslose Situation der Heimerziehung deutlich.

7 Dies wird von Heimpsychologen durchaus so festgestellt (siehe etwa die Beiträge in Unsere Jugend 1981, Heft 4). Gelegentlich, um im gleichen Zusammenhang über die eigenen therapeutischen Bemühungen zu berichten (etwa G. Wetzelsberger 1981).

8 Hier wird Sozialisation in erster Linie als Erwerb von Strategien zu Bewältigung bestimmter Situationen betrachtet (vgl. H. Steinert 1972)

9 Erziehung etwa im Verständnis von H. Nohl (1973, S. 39): "Die Grundlage der Erziehung ist also das leidenschaftliche Verhältnis eines reifen Menschen zu einem werdenden Menschen, und zwar um seiner selbst willen, daß er zu seinem Leben und seiner Form komme". Wem diese Sprache den Zugang erschwert, hat es mit H. Thiersch (1978, S. 10) vielleicht leichter: "die Pädagogen (der Lehrer, Erzieher, Freund, die Eltern) müssen als schon Erwachsene, Erfahrene oder Zuständige Hilfsbedürftigen, Ratsuchenden helfen, die bei ihnen angelegten und aufgegebenen Möglichkeiten freizusetzen, sie sollen sie im Lernen stützen oder auch provozieren".

10 Wenn bereits für die professionelle Beratung gilt, "daß zu ihrem Handwerkszeug, neben allerlei Wissen und Technik, auch sie selbst als Person und a fond unanalysierbare Fähigkeiten, wie mitmenschliche Zuwendung, Achtung vor fremdem Leben, Solidarität, Mitleiden und Liebe gehöre" (B. Müller 1984, S. 115), so gilt dies allemal für eine alltagsorientierte Erziehung.

11 B. Müller (1982, S. 314) spricht sogar - meiner Meinung nach: zurecht - von einem Überlebensinteresse von Sozialpädagogen an theoretischer Orientierung.

12 Sehr interessant sind in diesem Zusammenhang die Überlegungen von B. Müller (1985, S. 79 ff) zur Gegenübertragungskontrolle.

13 Diesen Zusammenhang hat H.J. Puch (1991) ausführlich begründet.

Literatur

Allemeyer, J.: Pädagogik versus Wirtschaftlichkeit − Können Erziehungsheime wirtschaftlich handeln? In: Neue Praxis 1983, Heft 1, S. 53 ff

Autorenkollektiv: Gefesselte Jugend. Fürsorgeerziehung im Kapitalismus Frankfurt/Main 1971

Bahrdt, H.P.: Die moderne Großstadt. Soziologische Überlegungen zum Städtebau, Reinbek 1969

Beck, U.: Risikogesellschaft. Auf dem Weg in eine andere Moderne, Frankfurt/ Main 1986

Blandow, J.: Alltag der Erziehung — Therapie im Alltag. Zur Rolle und Funktion von Spezialisten und Spezialisierung in der Heimerziehung. In: Neue Praxis 1979, S. 455 ff

Crozier, M.: Der bürokratische Circulus vitiosus und das Problem des Wandels. In: R. Mayntz (Hrsg.): Bürokratische Organisation Köln, Berlin 1971, S. 277 ff

Fatke, R., Hornstein, W.: Sozialpädagogik — Entwicklungen, Tendenzen und Probleme. In: Zeitschrift für Pädagogik 1987, S. 589 ff

Freigang, W.: Verlegen und Abschieben. Zur Erziehungspraxis im Heim, Weinheim, München 1986

Frühauf, T.: Lernwohngruppen. In: Unsere Jugend 1983, Heft 5, S. 186 ff

Fuchs, W., Klima, R., Lautmann, R., Rammstedt, O., Wienold, H. (Hrsg.): Lexikon zur Soziologie. Reinbek 1975

Fuchs, W.: Jugendliche Statuspassagen oder individualisierte Jugendbiographie. In: Soziale Welt 1983, S. 341 ff

Garfinkel, H.: Bedingungen für den Erfolg von Degradierungszeremonien. In: Gruppendynamik 1974, S.77 ff

Goffman, E.: Asyle. Über die soziale Situation psychiatrischer Patienten und anderer Insassen, Frankfurt/Main 1973

Goffman, E.: Stigma. Über Techniken der Bewältigung beschädigter Identität, Frankfurt/Main 1975

Hartfiel, G.: Wörterbuch der Soziologie, Stuttgart 1972

Hartmann, H.: Funktionale Autorität, Stuttgart 1964

Heinsohn, G., Knieper, R.: Theorie des Familienrechts. Geschlechtsrollenaufhebung, Kindesvernachlässigung, Geburtenrückgang, Frankfurt/Main 1974

Jugendheim Marbach GmbH: Nachbetreuung — Bestandteil jeder guten Heimerziehung. In: Unsere Jugend 1980, S. 340 ff

Jungblut, H.-J., Schreiber, W.: Zur Notwendigkeit alltagsweltlich orientierter Methoden in der Sozialarbeit/Sozialpädagogik. In: Neue Praxis 1980, S. 150 ff

Klatezki, T.: Wegweiser in die gerechte Praxis. Robert Selmans Entwicklungsmodell der interpersonellen Verhandlungsstrategien als Brücke zwischen Erklären und Handeln. In: Neue Praxis 1990, S. 478 ff

Krappmann, L.: Soziologische Dimensionen der Identität, Stuttgart 4. Aufl. 1975

Lehmann, K.F.: Junge Kinder im Heim. In: Unsere Jugend 1989, Heft 11, S. 453 ff

Mayntz, R.: Soziologie der öffentlichen Verwaltung, Heidelberg 1982

Merton, R.K.: Bürokratische Struktur und Persönlichkeit. In: R. Mayntz (Hrsg.): Bürokratische Organisation Köln, Berlin 1971, S. 265 ff

Müller, B.: Probleme bei der Entwicklung einer Handlungslehre sozialer Arbeit am Beispiel der Heimerziehung. In: S. Müller, H.-U. Otto, H. Peter, H. Sünker (Hrsg.): Handlungskompetenz in der Sozialarbeit/Sozialpädagogik I 1982, S. 135 ff

Müller, B.: Kraft zum Handeln. Was bedeutet der Anspruch, daß zum sozialpädagogischen Handeln auch Liebe gehöre? In: Neue Praxis 1984, Heft 2,
S. 114 ff

Müller, S., Otto, H.-U., Peter, H., Sünker (Hrsg.), H.: Handlungskompetenz in
der Sozialarbeit/Sozialpädagogik I. Interventionsmuster und Praxisanalysen,
Bielefeld 1982

Podgornik, R.: Liebe und Geborgenheit im Schichtdienst? In: Unsere Jugend
1980, Heft 3, S. 105 ff

Podgornik, R.: Zurück zur Pädagogik im Heim. Oder: Der Ausstieg aus dem
Tarifvertrag als sinnvolle Alternative für die Pädagogik im Heim. In: Unsere
Jugend 1992, Heft 1, S. 19ff

Puch, H.-J.: Inszenierte Gemeinschaft — Gruppenangebote in der Moderne. In:
Neue Praxis 1991, Heft 1, S. 12 ff

Schnürer, H.: Über die Zusammenarbeit der Erzieher mit dem Heimpsychologen.
In: Unsere Jugend 1981, Heft 4, S. 157 ff

Steinert, H.: Die Strategien sozialen Handelns. Zur Soziologie der Persönlichkeit
und der Sozialisation, München 1972

Thiersch, H.: Alltagshandeln und Sozialpädagogik, In: Neue Praxis 1978, Son-
derheft 4, S. 6 ff

Thiersch, H.: Lebensweltorientierte Soziale Arbeit. Aufgaben der Praxis im
sozialen Wandel, Weinheim, München 1992

Trabandt, H., Wolf, K.: Veränderung der Heimerziehung. Großheime und ihre
Zersiedelung, Stuttgart 1981

Trabandt, H.: Über pädagogische und andere Liebe. In: Neue Praxis 1991, Heft
2, S. 150 ff

Wetzelsberger, G.: Der Psychologe kann nur unterstützen. In: Unsere Jugend
1981, Heft 4, S. 147 ff

Winkler, M.: Alternativen sind nötig und möglich! In: Neue Praxis 1988, Heft 1,
S. 1 ff

Wolf, K.: Abgrenzung oder Vernetzung. Das Profil der erzieherischen Hilfen und
ihre Ausgestaltung. In: Jugendhilfe im Vereinten Deutschland — Auftrag und
Chancen freier Träger EREV Schriftenreihe 1991, S. 48 ff

Wurr, R., Trabandt, H., Lauchstaedt, W.-G.: Kriterienwandel bei der Heimeinweisung. Eine Analyse von Jugendamtsakten. In: Neue Praxis 1984, Heft 3,
S. 250 ff

KLAUS WOLF

Keine geschlossene Unterbringung in der Hamburger Heimerziehung: Praxis und Konsequenzen[1]

Die Debatte um die geschlossene Unterbringung in der Heimerziehung ist alt. Sie symbolisiert ein Kernproblem der Heimerziehung: ihre Funktion als Sanktionsinstanz. So entzündete sich die Heimkritik exemplarisch an den großen Fürsorgeheimen mit geschlossenen Abteilungen. Diese zeigten — so der Vorwurf — typische Strukturen und Probleme der Heime besonders deutlich, z.B. elende und menschenverachtende Lebensbedingungen der untergebrachten Kinder. Dies waren aber nicht nur die Probleme der geschlossenen Heime, auch wenn sich in der Folge der Heimkritik viele Heime von den geschlossenen Heimen distanzierten: Damit wollte man lieber nichts zu tun haben, obwohl — oder weil — die eigenen Strukturen und Probleme so anders nicht waren. Die offene oder verdeckte Distanzierung hielt die anderen Heime auch nicht davon ab, Kinder und Jugendliche auszusondern und abzulehnen, so daß diese woanders und das hieß oft in geschlossenen Heimen untergebracht wurden. So war die Heimerziehung immer in die fachlichen und menschlichen Probleme der geschlossenen Unterbringung verstrickt.

Vor diesem Hintergrund hat sich die Hamburger Jugendbehörde Anfang der 80er Jahre entschlossen, konsequent auf die geschlossene Unterbringung zu verzichten. Heute kann man auf 10 Jahre Erfahrung mit einer Heimerziehung ohne geschlossene Unterbringung zurückblicken.

Hier erfolgt dieser Rückblick aus der Sicht eines Sozialpädagogen, der seit Anfang 1984 eine Hamburger Jugendhilfeeinrichtung leitet.

Geschlossene Unterbringung als politische Frage

Die Frage, ob die Heimerziehung grundsätzlich Kinder auch geschlossen unterbringen darf, d.h. Kinder durch technische Maßnahmen zum Bleiben zwingen können soll, ist weniger eine fachliche Frage als eine politische. Diese politische Frage heißt letztlich: Kann es der Gesellschaft zugemutet werden, daß Kinder und insbesondere Jugendliche öffentlich ohne Strafe gesellschaftliche Regeln in erheblichem Maße verletzen dürfen, oder sollen sie dann — neben den mögli-

chen strafrechtlichen Sanktionen — mit der Unterbringung in einem geschlosse-
nen Heim bestraft werden können, um die massive Verletzung gesellschaftlicher
Regeln in der Öffentlichkeit nicht ohne abschreckende Sanktionen zu dulden.
Dies ist der Kern der politischen Frage.

Allerdings werden in der politischen Debatte häufig andere Argumente ver-
wendet. Man fragt, ob man den Jugendlichen in geschlossenen Heimen nicht
"besser helfen könne als im Strafvollzug", vermutet, daß es "schließlich um das
Nachholen von Erziehung statt um Strafe" ginge, wenn man geschlossene
Heime "für den Notfall" vorhielte, oder man möchte sich in den geschlossenen
Heimen "lieber um die Kinder kümmern", als sie in besonders gefährdenden
Lebensbereichen — etwa in der Prostitutions- und Stricherszene — zu belassen.
In solchen Argumenten deutet sich häufig ein schlechtes Gewissen der ge-
schlossenen Unterbringung gegenüber an: Man ahnt, wie problematisch die
zwangsweise Konzentration von Kindern und Jugendlichen, mit denen sonst
keiner etwas zu tun haben will, in einer Einrichtung ist. Daher möchte man
neben generalpräventiven Sanktionsgründen das Wohl der betroffenen Jugend-
lichen selbst bemühen, um die Spannung zwischen dem gesellschaftspolitischen
Interesse nach Vermeidung von Störungen der öffentlichen Sicherheit und
Ordnung auf der einen Seite und den Hemmungen, Kinder und Jugendliche
einzusperren, auf der anderen Seite aufzuheben[2]. Die sozialwissenschaftlichen
Erkenntnisse lassen allerdings diesen Ausweg nicht zu: Alles, was wir über das
Leben und die Erziehung in totalen Institutionen, über das Selbstverständnis von
Jugendlichen, die in geschlossenen Heimen leben, über die Lebensbedingungen
in geschlossenen Heimen und die Verschlechterung der Lebensbewältigungs-
chancen der Jugendlichen wissen, verbietet die Interpretation, daß die geschlossene Unterbringung auch im Interesse der Jugendlichen läge (vgl. IGfH
1987). Eine Reihe von Forschungsergebnissen zu diesem Thema belegt die
außerordentlich große Problematik geschlossener Unterbringung (vgl. Institut für
Sozialarbeit und Sozialpädagogik 1986) und insbesondere eine radikale Verschlechterung der Lebensbedingungen der betroffenen Kinder und Jugendlichen. So bleibt letztlich eben die politische Frage, ob die Heimerziehung im
wesentlichen die Bestrafung von Schwierigkeiten verursachenden Kindern
durchführen soll oder nicht. Diese Frage kann aber auch nur politisch entschieden werden (vgl. Bundesministerium 1990, S. 152 f).

Einwände gegen die Abschaffung der geschlossenen Unterbringung durch Praktiker der Heimerziehung

Ferner werden in der Debatte um die Notwendigkeit geschlossener Unterbringung auch immer wieder von Praktikern der Heimerziehung Gründe für die
geschlossene Unterbringung genannt. Eines dieser praktischen Argumente
lautet "wen ich nicht habe, den kann ich auch nicht erziehen". Wenn man seine
Hoffnungen in die Erziehung setzt — und welcher Pädagoge tut das nicht —,
was soll man dann gegen ein solches Argument einwenden? Auf den ersten
Blick definiert es scheinbar unideologisch einen plausiblen Zusammenhang. Bei

genauerem Hinsehen wird allerdings deutlich, daß dieses Argument eine Reihe unbenannter Voraussetzungen hat. So geht es in geradezu klassischer Sichtweise der Heimerziehung davon aus, daß das Heim mit seinen festgelegten Strukturen, Gebäuden und Menschen schon da ist und die Kinder sich auf das Heim — so wie sie es vorfinden — einlassen müssen. Lassen sich sich nicht darauf ein, stimmt nicht etwa etwas mit dem Angebot der Heimerziehung an die Kinder nicht, sondern die Kinder erkennen ihre Interessen nicht und müssen im Notfall gezwungen werden, ins Heim zu gehen und dort zu bleiben, damit sie in den Genuß der Erziehung und anderer Wohltaten der Heime kommen können. Außerdem wird die Weigerung von Kindern, dieses Angebot der Heimerziehung anzunehmen, zum Auslöser für eine Fülle stigmatisierender Zuschreibungen, die die Stellung des Kindes als ernstzunehmender Gesprächspartner völlig untergräbt.

Ein Interesse von Praktikern der Heimerziehung an der geschlossenen Unterbringung liegt in der Funktion, die die geschlossene Unterbringung für die gesamte Heimerziehung hat. Wenn am Ende die Möglichkeit geschlossener Unterbringung steht, beeinflußt dies die gesamte Struktur der Heimerziehung.

Die Stellung eines Heimes im System der Heimerziehung läßt sich durch die Entfernung oder Nähe von der geschlossenen Unterbringung bestimmen. Da gibt es etwa kleine heilpädagogisch orientierte Betreuungsformen vielleicht mit großem therapeutischen Apparat, kommunale Kinderheime mit eher armseliger Ausstattung für die harmlosen Fälle, Jugenderziehungsheime für die schwierigen Jugendlichen und schließlich geschlossene Heime oder Abteilungen — um nur einige Einrichtungstypen zu nennen. Unter diesen Einrichtungen gibt es eine eindeutige Abschieberichtung. Unbeliebte und große Schwierigkeiten verursachende Kinder und Jugendliche werden etwa von dem kommunalen Kinderheim in das Jugenderziehungsheim und von dort in ein geschlossenes Heim verlegt. Die Drohung mit der Verlegung in eine geschlossene Einrichtung oder in eine Einrichtung, die der geschlossenen Unterbringung näher steht, überschattet so das Leben sehr vieler Kinder in öffentlicher Erziehung. Insbesondere bei Jugendlichen spielt die Drohung eine wesentliche Rolle: Sie kennen solche Drohungen, haben von geschlossenen Heimen Schlimmes gehört und haben ggf. selbst erlebt, wie sie nach einer Zeit der Drohungen tatsächlich auch in eine andere Einrichtung verlegt worden sind. Aus solchen Prozessen, die hier nur angedeutet werden können, ergibt sich die besondere Bedeutung der geschlossenen Unterbringung für die gesamte Heimerziehung: Auch wenn tatsächlich nur wenige Jugendliche geschlossen untergebracht werden (im Jahr 1986 immerhin 355, Wolffersdorff-Ehlert u.a. 1989, S. 16), gehen die Konsequenzen weit über den Bereich der geschlossen untergebrachten Jugendlichen hinaus und verschaffen Abschiebungsprozessen in der gesamten Heimerziehung die Bedeutung, ohne die viele Heime sich ihre Arbeit anscheinend kaum vorstellen können. Die Begründung für Abschiebungswünsche werden oft ebenfalls zum Kindeswohl verbogen: "Wir können ihnen nicht mehr helfen, woanders sind Spezialisten mit mehr Erfahrung, vielleicht ist eine Gruppe mit nur älteren Jugendlichen besser, das Kind findet bei uns keinen rechten Kontakt" usw. Der Rationalisierung sind keine Grenzen gesetzt. Aus diesen Gründen war die Frage nach den geschlossenen Heimen nie eine Frage nur für die geschlossenen Heime, sondern für die Heimerziehung insgesamt.

Abschaffung in Hamburg

Anfang der achtziger Jahre griff die Hamburger Jugendbehörde die massive Kritik an der Hamburger Heimerziehung auf. Die neue Leitung des Amtes für Jugend hatte verstanden, daß die Kritik nicht nur administrative Reaktionen, sondern grundsätzlich neue politische Antworten und damit eine grundlegende Reform erforderte. Ein wesentliches und bis heute politisch besonders umstrittenes Element ist die Abschaffung der geschlossenen Unterbringung.

Die geschlossenen Heime in Hamburg wurden aufgelöst, ein gerade fertiggestellter, aufwendiger Neubau zur geschlossenen Unterbringung wurde nun für Berufsausbildungszwecke verwendet. Eine Unterbringung von Hamburger Jugendlichen in geschlossen Heimen außerhalb Hamburgs wurde konsequent vermieden (von Wolffersdorff-Ehlert u.a. 1989, S. 14 f).

Kurzfristig stieg die Zahl der Jugendlichen, die in U-Haft genommen wurde, an, dann sank sie unter das Niveau vor der Abschaffung der geschlossenen Unterbringung. Vermutungen, daß die Zahl der Jugendlichen im Strafvollzug oder in der geschlossenen Psychiatrie durch die Reform gestiegen sei, hielten der Überprüfung nicht stand (von Wolffersdorff-Ehlert u.a. 1989, S. 15; Peters 1988).

Ähnlich war die Entwicklung im Bereich der geschlossenen Unterbringung in der Psychiatrie. Ende der achtziger Jahre entwickelte eine Arbeitsgruppe unter Beteiligung des Amtes für Jugend und der Jugendhilfeeinrichtungen freier Träger konzeptionelle Überlegungen zur Betreuung von Kindern und Jugendlichen, die zeitweise in der Psychiatrie leben. Hier wurde die grundsätzliche Zuständigkeit der Heimerziehung auch für die Betreuung dieser Jugendlicher festgelegt und Vorschläge für eine sinnvolle Zusammenarbeit zwischen Psychiatrie und Heimerziehung gemacht, die den Aufenthalt von Kindern und Jugendlichen in der Psychiatrie zeitlich eng begrenzen sollte (Köttgen/Kretzer in: Köttgen u.a. 1990).

Zusammenfassend kann man feststellen, daß die Abschaffung der geschlossenen Unterbringung in Hamburg konsequent durchgesetzt wurde und daß im Jugendhilfebereich keine Ausweichstrategien zugelassen wurden. Dies hatte weitreichende Folgen, die nun im einzelnen beschrieben werden sollen.

Folgen für die Abschiebepraxis

Die Abschaffung der geschlossenen Unterbringung wurde zunächst von weiten Teilen der Heimerziehung in Hamburg überhaupt nicht zur Kenntnis genommen. Die Heime, die bisher eine Zuständigkeit für gravierende Schwierigkeiten verursachende und unbeliebte Jugendliche abgelehnt hatten, taten dies auch weiterhin. Mit den bekannten Rationalisierungen wurden diese Jugendlichen mit dem Hinweis auf eine Fehlplazierung weiterhin an andere Einrichtungen verwiesen. In einigen Einrichtungen häuften sich die Probleme: In den Heimen, die im System der Abschiebung die letzte Stufe vor der geschlossenen Unterbringung gebildet hatten und die nun ihrerseits der weiteren Abschiebemöglichkeit beraubt waren, verdichteten sich die Probleme. Auch der Kinder- und Jugendnotdienst drohte durch Mißbrauch lahmgelegt zu werden, indem er als Krisenaufnahmeheim benutzt wurde, das seinerseits die besonders unbeliebten Jugendlichen nicht weitervermitteln konnte. So sammelten sich dort immer wieder diese Jugendlichen, und sie blieben dort unverhältnismäßig lange, so daß die eigentlichen Funktionen des Kinder- und Jugendnotdienstes nur noch mit großen Schwierigkeiten erfüllt werden konnten.

Innerhalb der Jugendbehörde hatten die verantwortlichen Mitarbeiter – insbesondere auf der mittleren Ebene der Hierarchie – ein erhebliches Konfliktpotential zu bearbeiten. Befürworter der Abschaffung der geschlossenen Unterbringung mußten nun die Folgen der Abschaffung in erheblichen Konflikten austragen, da die meisten Heime sich weigerten, sich neuen und schwierigen Betreuungsaufgaben zu stellen. Wenige Einrichtungen staatlicher und freier Träger stellten sich den schwierigen Aufgaben. Sie wurden durch eine konzentrierte Anfrage zur Betreuung besonders unbeliebter Jugendlicher in ihrer Arbeit bedroht. Besonders engagierte Mitarbeiter[3] wurden bis über die Grenzen hinaus belastet, die zu verantworten sind. Die verständlichen konzeptionellen Schwächen einiger mutiger Projekte wurden teils mit Häme ausgeschlachtet, teils aus gelangweilter Distanz mit klugen Kommentaren bedacht, selten mit anteilnehmendem Interesse betrachtet. Weil die Heimerziehung mit der geschlossenen Unterbringung einen anderen Umgang mit den Problemen systematisch verhindert hatte, mußten diese Einrichtungen und diese Pädagogen unter z.T. großer öffentlicher – oft feindseliger – Beobachtung völliges Neuland betreten. Dies konnte nur zum Teil gelingen und auch geringe Erfolge waren oft nur mit großer menschlicher, intellektueller und auch physischer Leistung zu erreichen. Der überwiegende Teil der Heimerziehung, der sich an Lösungsversuchen nicht beteiligte, nahm diese Schwierigkeiten mit Genugtuung zur Kenntnis. Aus diesen Prozessen sind bei den engagierten und mutigen Mitarbeitern oft bis heute spürbare Verletzungen geblieben.

Eine neue Entwicklung trat ein, als spätestens in der Mitte der achtziger Jahre der Rückgang an Heimaufnahmen zu Auslastungsproblemen der Heime führte. Heime mußten ihre Platzzahl reduzieren, einige Heime waren von Schließung bedroht, einzelne Heime mußten schließen. In dieser Situation, in der die Nachfrage nach Heimplätzen geringer war als das Angebot, hatte die für ganz Hamburg – unabhängig von der Rechtsform – zuständige Heimplatzvermittlung des Amtes für Jugend grundsätzlich die Möglichkeit, Heime durch die Steuerung der Belegung zu bestrafen oder zu belohnen. So bestand die Möglichkeit, Heime, die die Bereitschaft, besonders unbeliebte Jugendliche zu betreuen, bewiesen hatten, insgesamt bevorzugt zu belegen und Heime, die an der alten Arbeitsteilung festhielten, insgesamt weniger zu belegen. Der Erfolg von Einrichtungen konnte so an der Bereitschaft festgemacht werden, unbeliebte Jugendliche oder etwa Kinder in besonders schwierigen Situationen überhaupt zu betreuen und nicht abzuweisen. Dies war ein wesentlicher Unterschied zu einer Praxis von Jugendämtern, die den Erfolg von Heimen in erster Linie an Kategorien sozialer Unauffälligkeit festmachen – wie Verbesserung der Schulkarriere oder weniger Ärger mit der Polizei. Daß man bei den besonders unbeliebten Kindern nicht mit einer gradlinigen Schulkarriere oder dem Fehlen von Straftaten rechnen durfte, war akzeptiert und die engagierten Einrichtungen sollten nicht noch zusätzlich bestraft werden, indem man ihnen die Probleme der Kinder als Versagen der pädagogischen Arbeit anrechnete. Die Steuerungsmöglichkeit, die Heime durch eine entsprechende Belegungspraxis von Problemen einer zu geringen Auslastung zu befreien oder zu belasten, bestand – wie oben beschrieben – grundsätzlich und sie wurde zum Teil genutzt. Diese Einschränkung einer nur teilweisen Nutzung ergab sich daraus, daß auf den unterschiedlichen Hierarchie-Ebenen des Amtes die insbesondere auf der mittleren Hierarchie-Ebene gewollte Steuerung durch die untergeordneten Mitarbeiter z.T. nur widerstrebend umgesetzt wurde. Tendenziell betrieben diese Mitarbeiter ihre eigene Politik und bevorzugten oder benachteiligten Einrichtungen nach anderen Kriterien. Aber obwohl die volle Schubkraft einer an der Bereitschaft, unbeliebte Jugendliche zu betreuen, ausgerichteten Belegungspraxis nicht erreicht wurde, führte auch diese eingeschränkte Steuerung zu einem spürbaren Druck auf die Heime, sich auch an schwierigen Aufgaben zu beteiligen.

Die unbeliebten Kinder und Jugendlichen konnten dabei kaum in klassischen Schichtdienstgruppen auf zentralem Heimgelände von Mitarbeitern betreut werden, die zum einen aufgrund ihrer Ausbildung kaum über die notwendige fachliche Qualifikation verfügten, zum anderen innerhalb der Hierarchie unter Leitung und therapeutischen und gruppenergänzenden Diensten die unterste, am wenigsten mit Kompetenzen ausgestattete Ebene bildeten. Einrichtungen standen daher zumindest tendenziell unter dem Druck, ihre Strukturen so zu verändern, daß sie auch schwierige und für viele Heime völlig neue Probleme bearbeiten konnten oder daß sie die Belegung und damit ihre ökonomische Stabilität gefährdeten. Strukturveränderungen, die mit Kategorien wie Dezentralisierung, Entformalisierung, Individualisierung und Professionalisierung beschrieben werden können (Rößler 1988, S. 73 ff), wurden dadurch gefördert und – wenn auch oft halbherzig und mit eingeschränktem Verständnis für die zentralen Ideen – in weiten Bereichen der Hamburger Heimerziehung umgesetzt.

Natürlich gab es solche Entwicklungen auch außerhalb Hamburgs, und im Vergleich zu Tendenzen in anderen Bundesländern begannen die Heime in Hamburg durchaus verspätet mit dieser Entwicklung. Dann aber, Mitte der achtziger Jahre, wurde eine bemerkenswerte Dynamik erreicht. Es gelang nun innerhalb relativ kurzer Zeit, den Rückstand zu fortgeschrittenen Einrichtungen der Bundesrepublik aufzuholen und in einigen Bereichen auch neue zukunftsweisende Ideen, etwa in der "Flexiblen Betreuung" (Klatetzki/Winter 1990), zu entwickeln und in die Praxis umzusetzen. Die Abschaffung der geschlossenen Unterbringung hat für diese Entwicklung eine wichtige Rolle gespielt, weil die wenig effektive und fachlich äußerst fragwürdige geschlossene Unterbringung die Probleme zwar nicht lösen, aber organisatorisch bewältigen konnte. Diese Form der Bewältigung mußte zunächst verschlossen werden, damit sich nun Ideen und der Mut zur Realisierung entwickeln konnten.

Folgen für das Selbstverständnis der Heimerziehung

Diese Entwicklungen bestanden selbstverständlich nicht nur in Veränderungen in der Organisationsstruktur von Heimen, sondern in einem veränderten Selbstverständnis der Heime und der Mitarbeiter in den Heimen. Bisher hatten die Heime Plätze vorgehalten und die Kinder und Jugendlichen konnten auf freie Plätze eingewiesen werden. Dann mußten sie in die Heime kommen, mit den dort bereits wohnenden Kindern zusammenleben und sich von den für diese Gruppe angestellten Mitarbeitern betreuen lassen. Diejenigen, die nicht kamen und sich der Einrichtung entzogen, konnten notfalls gezwungen werden, nicht zuletzt mit dem Hinweis auf die geschlossene Unterbringung. Es bedarf dabei der Anwendung der Sanktionen – hier der geschlossenen Unterbringung – in einem stabilen System nicht, die Möglichkeit der Sanktionierung reicht in der Regel aus, um die weniger Mächtigen zu beeinflussen. Nun, nachdem diese Möglichkeit der Sanktionierung weggefallen war und diese Veränderung von den betroffenen Jugendlichen allmählich bemerkt wurde, konnten die Heime nicht mehr nur abwarten, bis diese Jugendlichen kamen. Man mußte mit dem Problem anders umgehen, da einige Jugendliche sich auf das Leben im Heim nicht einließen, indem sie in ihren bisherigen Lebenszusammenhängen blieben, auch wenn die Erwachsenen dieses Leben – z.B. in der Stricher- oder Prostitutionsszene – nicht hinnehmen wollten. Oder einige Jugendliche kamen in die Heime, allerdings nicht, um sich dort erziehen zu lassen. Sie verletzten die Regeln massiv und führten sich und anderen die Ohnmacht der Erwachsenen vor Augen. Solche Jugendliche bereiten den Heimen oft erhebliche Probleme, und der Wunsch, sie in andere Heime abzuschieben, war daher besonders groß. Eine wesentliche Legitimation für die Abschiebung – in anderen, ggf. geschlossenen Heimen, könne ihnen besser geholfen werden – bestand nun in Hamburg nicht mehr, der Druck in den Heimen wurde größer.

So war deutlich geworden, daß nicht nur die Organisationsstrukturen der Heime wenig leistungsfähig waren, sondern daß auch eine andere Sicht der Probleme und der Rolle der Sozialpädagogen, kurz ein anderes Selbstverständnis der Sozialpädagogen, und der sozialpädagogischen Arbeit in Jugendhilfeeinrichtungen notwendig geworden war. Diese Veränderungen führten nicht unmittelbar zu einer neuen, in sich geschlossenen Konzeption oder gar zu einer Theorie der sozialpädagogischen Arbeit, sondern günstigenfalls – zu einem durchaus auch widersprüchlichen Diskurs, indem zunächst einzelne Elemente herausgearbeitet werden konnten. Einzelne Elemente sollen hier benannt werden.

Zum einen nahmen Mitarbeiter in der Heimerziehung zur Kenntnis, daß es immer weniger gelingt, allgemeine und verbindliche Lebensperspektiven und Regeln zu definieren (Beck 1986), an denen sich Erziehung orientieren kann. Lebensentwürfe – gerade auch von Jugendlichen, die wohl besonders empfindlich gesellschaftliche Veränderungen spüren – sind weniger einheitlich, sondern vielschichtiger und nur individuell gültig. Was etwa ein sinnvolles Leben ist, darüber muß im einzelnen der Konsens erst hergestellt werden und vieles ist nicht mehr selbstverständlich. Sozialpädagogen müssen die Ziele und Wege ihrer pädagogischen Arbeit – ob man den Begriff "Erziehung" hierfür noch unkommentiert benutzen kann, ist eben auch nicht mehr selbstverständlich – mit den Jugendlichen aushandeln. Das, was die Sozialpädagogen anbieten, muß auf die Relevanz für die Jugendlichen hin begründet sein, und zwar nicht für alle Jugendlichen gleich, sondern – da die Erfahrungen und Perspektiven der Jugendlichen nicht einheitlich sind – auf den einzelnen bezogen. An den Lebenserfahrungen des einzelnen Jugendlichen – oder am Jugendlichen (Arend u.a. 1987) oder an der Biographie (Klatetzki/Winter 1990) – müssen sich die Betreuungsangebote der Erwachsenen orientieren. Tun sie dies nicht, haben sie – in den Augen des Jugendlichen – keine Relevanz, er nimmt das Angebot nicht an. Die Verständigung über Inhalte und Ziele der Betreuung, das Aushandeln, ob die Beziehung zwischen Jugendlichem und Erwachsenen zustande kommt und wie sie sich entwickelt, ist nicht (nur) Ausdruck einer emanzipatorischen Erziehung, sondern Voraussetzung für das Zustandekommen einer Beziehung, in der Erziehung stattfinden kann, überhaupt.

Damit der Jugendliche die Orientierung der Betreuung an seinen Lebenserfahrungen durchsetzen kann, muß er die Verhandlungen scheitern lassen können[4]. Ist das Scheitern der Verhandlungen mit massiven Sanktionen – etwa der Drohung mit der geschlossenen Unterbringung – bedroht, ist die Verhandlungsposition des Jugendlichen sehr schlecht. Dann ist der erwachsene Verhandlungspartner nicht mehr darauf angewiesen, seine Angebote in erster Linie auf die Relevanz für den Jugendlichen hin zu überprüfen. Daher entwickelte sich in Hamburg durch die Abschaffung der geschlossenen Unterbringung die zwingende Notwendigkeit für eine an den Lebenserfahrungen orientierte sozialpädagogische Betreuung, wollte man nicht auf die Betreuung überhaupt verzichten.

Ein wenig genauer soll nun beschrieben werden, was unter der Ausrichtung der Betreuungsangebote an den individuellen Lebenserfahrungen gemeint ist.

Die Betreuung findet dort statt, wo der Jugendliche lebt, also etwa in der Drogen-, Stricher- oder Prostitutionsszene. Am Anfang steht damit nicht die unverzichtbare Bedingung "du muß erst einmal hier raus, damit es dir besser gehen kann", sondern die ggf. mühsame Orientierung des Betreuers[5] in Lebensbereichen, in denen er selbst sich erst Kompetenzen erarbeiten muß. Gelingt ihm dies, erscheint das Verhalten des Jugendlichen, das außerhalb dieser aktuellen Lebenserfahrung – etwa im Heim – als absurd und gestört empfunden wird, zumindest *auch* als zielgerichtete Strategie des Lebens und Überlebens in dieser Umgebung. Diese Strategien können und sollen nicht verworfen, sondern weiterentwickelt und ergänzt werden. Dies geschieht, indem die das Leben unterstützenden Ressourcen in diesen Lebenszusammenhängen selbst erschlossen werden, z.T. auch indem Ressourcen – z.B. Geld – zur Verfügung gestellt werden, um Abhängigkeiten zu reduzieren, wenn den Jugendlichen etwa finanzielle Mittel für den Lebensunterhalt zur Verfügung gestellt werden, die sie von dem Zwang zur Beschaffung von Geld durch Prostitution entlasten. Die Ziele der Betreuung erfordern die Legitimation aus ihrer Funktion in den konkreten Lebenszusammenhängen der Jugendlichen, wenn etwa die Höherentwicklung von Interaktionskompetenz zur Vermeidung von Eskalationen und Interaktionsabbrüchen angestrebt wird (Klatetzki/Winter 1990, S. 4 ff). In der Regel sind dabei die Ziele viel bescheidener als sonst in der pädagogischen Arbeit, dafür aber erreichbar. Die Tauglichkeit der angestrebten Veränderung wird außerdem in dem Lebenszusammenhang selbst auf die Probe gestellt − sozusagen ständig empirisch überprüft −, und diese Überprüfung findet nicht erst zu einem Zeitpunkt statt, an dem die Pädagogen den jungen Erwachsenen schon längst aus den Augen verloren haben.

An dieser Stelle kann es nicht darum gehen, einen auch nur einigermaßen umfassenden Überblick über die unter der Bezeichnung "Flexible Betreuung" von einigen Jugendhilfeeinrichtungen freier Träger in Hamburg entwickelten Konzeptionen zu geben. Es ging hier darum, ein anderes Selbstverständnis sozialpädagogischer Arbeit kurz zu illustrieren. Dieses hat sich zunächst insbesondere in der Betreuung von Jugendlichen entwickelt, die sich auf klassische Formen der Heimerziehung nicht einlassen und daher besonders häufig geschlossen untergebracht worden waren. Aber selbstverständlich ist es auch in der Betreuung von Kindern sinnvoll, individuelle Arrangements zu schaffen, die etwa in Form von Lebensgemeinschaften, auf die Lebenserfahrungen der Kinder Rücksicht nehmen und diese nicht diskreditieren, verleugnen oder den hoffnungslosen Versuch unternehmen, Lebenserfahrungen ungeschehen zu machen.

Die Abschaffung der geschlossenen Unterbringung hat in Hamburg die Notwendigkeit eines anderen Umgangs mit Kindern und Jugendlichen, die extrem belastende Lebenserfahrungen machen mußten, geradezu erzwungen. Sie ist zur Initialzündung für eine Entwicklung geworden, die selbstverständlich nicht nur in Hamburg stattgefunden hat, die aber hier vielleicht schneller und konsequenter betrieben werden konnte, da es für diese Entwicklung ausreichende politische Rückendeckung gab.

Politische Auseinandersetzung um die Heimerziehung

In einer Großstadt wie Hamburg werden soziale Probleme an einzelnen Brennpunkten besonders deutlich sichtbar. Eine Stadt, die etwa in der Touristenwerbung auch auf die Vergnügungen der Reeperbahn abhebt, zieht damit nicht nur zahlungskräftige Kongreßkundschaft, sondern auch Minderjährige an. Dies war schon immer so und Jugendliche aus allen Bundesländern sind hier vertreten. Auch Drogenprobleme werden in Großstädten besonders deutlich sichtbar. Auch dies ist nichts Neues. In Hamburg sind die Probleme von Jugendlichen in der Stricher-, Prostitutions- und Drogenszene allerdings sehr häufig Thema der Presse oder des Fernsehens. Fast immer wird in der Berichterstattung ganz unmittelbar ein Zusammenhang zwischen diesen Problemen und der fehlenden Möglichkeit geschlossener Unterbringung hergestellt. Die Schwerpunkte der Darstellung sind unterschiedlich. Einigen paßt die ganze Linie nicht; dann wird von der Hafenstraße über die Abschaffung der geschlossenen Unterbringung bis zur aktuellen Straftat eines Freigängers der Bogen geschlagen und eine konsequente Law and Order-Politik gefordert. Eine andere Argumentation stellt fest, daß den Bürgern etwa die Beschaffungskriminalität drogenabhängiger Jugendlicher nicht mehr zuzumuten sei und daß solche Jugendlichen daher im Notfall eingesperrt werden müßten. Diese beiden Darstellungen sind eher selten. Weit verbreitet ist indes die Darstellung des Schicksals einzelner Kinder und Jugendlicher. Diese Schicksale sind oft sehr bedrückend, und oft wäre die Frage nach dem Versagen sozialer Einrichtungen durchaus der Untersuchung wert. Aber darum geht es meistens nicht. Der erfahrene Leser weiß bereits bei der Überschrift, worauf es auch diesmal hinauslaufen wird: es fehle die geschlossene Unterbringung, denn nur diese könne solche Probleme vermeiden. Dabei verwundert weniger, daß die ganze Fachdiskussion nicht zur Kenntnis genommen wird oder daß immer verschwiegen wird, wie häufig Kinder auch aus geschlossenen Heimen anderer Bundesländer hierher kommen, es ist erstaunlich, wie − z.T. durchaus berechtigte − Kritik sofort und stereotyp mit der Standardlösung der geschlossenen Unterbringung verbunden wird[6]. Dann werden Krokodilstränen über die Jugendlichen vergossen, die nicht mehr in den Genuß geschlossener Unterbringung kommen. Dies illustriert anschaulich, daß die geschlossene Unterbringung geradezu zum politischen Symbol weit über die Jugendpolitik hinaus geworden ist. Hier geht es eben nicht um die 10 oder 20 Jugendlichen, für die geschlossene Plätze gefordert werden (so wichtig diese Frage für die betroffenen Jugendlichen auch ist), sondern es geht um die Grundsätze, wie die Gesellschaft mit schwierigen Problemen umgehen soll. Man hat den Eindruck, daß gelegentlich etwas von dem Elend des Lebens einiger Kinder und von der Ohnmacht, diese Lebenserfahrungen ungeschehen zu machen, in das Blickfeld der Recherchen gerät. Man ahnt dann vielleicht Zusammenhänge zwischen gesellschaftlichen Entwicklungen und diesen Problemen, will die sich daran anknüpfenden politischen Fragen aber nicht thematisieren und weicht stereotyp in die Forderung nach Wiedereinführung der geschlossenen Unterbringung aus. So ist die Heimerziehung − insbesondere am Beispiel der geschlossenen Unterbringung − immer wieder Thema aktueller politischer Auseinandersetzungen in Hamburg.

Die Folgen sind vielfältig. Auf der einen Seite stehen die Heimerziehung und die Jugendlichen, mit denen sie es zu tun hat, nicht im Abseits gesellschaftspolitischen Desinteresses, und Einrichtungen und Mitarbeiter erhalten leicht ein Gespür für die gesellschaftspolitische Brisanz ihrer Arbeit. Auch kommen Jugendbehörde und Senat nicht umhin, immer wieder Stellung zu beziehen. Auf der anderen Seite stehen neue Projekte oft unter erheblichem Druck durch feindselige öffentliche Beobachtung. Dieser Druck fördert die Realisierungschancen nicht gerade.

Gefahren

Das neue Selbstverständnis sozialpädagogischer Arbeit, das sich auch aufgrund der Abschaffung geschlossener Unterbringung entwickelt hat und das zur Entwicklung von Betreuungsformen wie der Flexiblen Betreuung geführt hat, macht auch die Grenzen sozialpädagogischer Arbeit zum Thema. Die in der Regel gut qualifizierten und hochmotivierten Mitarbeiter benötigen häufig ihre ganze Kreativität und psychische Kraft, um sich selbst in der Lage zu halten, diese Art der Betreuung durchzuführen. Die Bearbeitung der eigenen Grenzen des Erträglichen, die Notwendigkeit, die Sorge um die Jugendlichen nicht in unangemessene Ultimaten ("Wenn Du jetzt nicht ..., dann ist die Betreuung zu Ende") zu begrenzen und sich die elenden Lebensbedingungen, auf die man in der Arbeit stößt, nicht durch zynische Erklärungen vom Leibe zu halten – dies sind so große Belastungen, daß sie auch bei großer Professionalität auf Dauer schwierig zu ertragen sind.

Die Notwendigkeit der intensiven Bearbeitung von individuellen Grenzen und Grenzen der Institution erwies sich als etwas Neues. Heimerziehung war vorher auch ohne diese nun unverzichtbare Arbeit ausgekommen. Betrachtet man aus dieser Perspektive die Arbeit vieler Heime und die Kommunikation zwischen Jugendämtern und Heimen, wird deutlich, daß man Abläufe in Heimen unter folgendem Gesichtpunkt beschreiben kann: wie wird organisiert, daß nicht der Einrichtung als Versagen angelastet wird, was Schuld der Jugendlichen sein soll. Man weist dann nach, daß man alles versucht habe – therapeutische Behandlung fachmännisch akzeptiert habe, den Jugendlichen immer wieder auf Konsequenzen seiner Handlungen hingewiesen habe und vieles mehr. Wenn trotzdem alles schiefgelaufen ist, wer trägt dann die Schuld, wenn nicht der Jugendliche selbst? Er hat seinen "schlechten Charakter" bewiesen. Die Folge elender Lebensbedingungen in den Heimen, die man für sich selbst oder für seine eigenen Kinder niemals akzeptieren würde, werden dabei völlig vernachlässigt. Das Ausmaß, in dem Heimerziehung und insbesondere Therapie im Heim den Eindruck erweckt, als ob sie Lebenserfahrung ungeschehen machen könne, erscheint in seiner vollen Absurdität, aus der Perspektive einer sozialpädagogischen Arbeit, die sich eben an dieser Lebenserfahrung orientiert und versucht, sie nicht zu negieren, sondern durch menschenfreundliche Erfahrungen zu ergänzen. Dabei wird deutlich, daß die Grenzen sozialpädagogischer Arbeit nicht durch die an den Lebenserfahrungen orientierte Betreuung entstehen, sondern daß sie dadurch *sichtbar* werden. Idyllische Vorstellungen von der Akzeptanz und Solidarität in der Skinhead-Peergroup, von der einfühlsamen Werbung des Freiers um die Zuneigung des kindlichen Strichers oder von der Lebenslust der Drogenszene sind überwiegend falsch. Wenn Kinder dies trotzdem allem vorziehen, was sie kennen oder sich vorstellen können, illustriert dies das Ausmaß verletzender Lebenserfahrungen und die Hoffnungslosigkeit in bezug auf ein besseres Leben.

Hier liegen auch die Risiken dieser richtigen Perspektive: Wenn es nicht mehr um die großen Ziele geht – wie die "Rettung des Kindes aus dem Milieu" –, die überwiegend nicht erreicht wurden, dann stellt sich die Frage, ob die kleinen – aber realisierbaren – Ziele den finanziellen und anderen Aufwand noch lohnen. Da kann man in Hamburg den Eindruck haben, daß die Gewöhnung an diese richtige Perspektive, wenn das tatsächliche Elend und Leiden nicht gleichzeitig auch erlebt wird, dazu führen kann, daß politisch Verantwortliche und Funktionäre der Jugendhilfe beginnen, die Frage für sich negativ zu beantworten, ob der ganze Aufwand sich für solche Ziele überhaupt lohne. Der Zynismus, der in der unmittelbaren Betreuung oft noch bearbeitet wird, droht hier zu einer fatalen Gleichgültigkeit zu führen. Dabei kann diese zynische Gleichgültigkeit durchaus im Gewande progressiver Liberalität daherkommen ("lassen wir doch die Kids in Ruhe"). Probleme, die als Vernachlässigung oder Gleichgültigkeit bezeichnet werden können, gewinnen dann an Bedeutung. Dies sind bekanntlich keine neuen Themen für die Heimerziehung. Aber sie erhalten eine neue Aktualität – nicht weil die Abschaffung der geschlossenen Unterbringung zur Vernachlässigung führe – sondern weil die Betreuung jetzt nicht mehr in erster Linie die Sanktionsfunktion erfüllt und einer neuen Legitimation bedarf. Die Legitimation besteht darin, auch unter äußerst schwierigen Lebensbedingungen das Leben und Überleben von Kindern und Jugendlichen zu erleichtern. Ob sich das lohnt, wird gelegentlich von unterschiedlichen politischen Lagern in Frage gestellt.

Zusammenfassung

Die Abschaffung der geschlossenen Unterbringung hat hohe symbolische Bedeutung für die Heimerziehung in Hamburg. Verständlicherweise scheiden sich an ihr die Geister. Inzwischen akzeptiert die überwiegende Mehrheit der Verantwortlichen in der Hamburger Jugendhilfe diese Entwicklung[7]. Mit dem Verzicht auf diesen höchst problematischen Umgang mit schwierigen Problemen ist noch nicht zwangsläufig ein unumstrittener neuer Umgang und erst recht nicht eine Lösung aller Probleme verbunden. Aus der Beobachtung und Beteiligung an dieser Entwicklung in Hamburg ist allerdings die Überzeugung gewachsen, daß die konsequente Abschaffung der geschlossenen Unterbringung *eine* Voraussetzung für einen angemessenen Umgang mit den Problemen extrem belastender Lebenserfahrungen von Kindern und Jugendlichen war. Durch die Abschaffung entwickelte sich eine Veränderung der Heimerziehung, die auch an ihre problematischen Wurzeln ging.

Anmerkungen

1   Dieser Aufsatz ist erstmalig erschienen in: Unsere Jugend 7/1991, Ernst Reinhardt Verlag
2   Dieses Unbehagen wird auch in der Stellungnahme der Bundesregierung zum 8. Jugendbericht deutlich (vgl. Bundesministerium 1990, S. XII ff.).
3   Mit "Mitarbeiter" sind auch Mitarbeiterinnen, mit "Sozialpädagogen" auch Sozialpädagoginnen usw. gemeint. Der Verfasser konnte sich (noch) nicht mit einer Schreibweise wie "MitarbeiterInnen" anfreunden und wählte die kürzere Form.
4   Die Beziehung der Interaktion zwischen Jugendlichen und sozialpädagogischer Institution als "Verhandlungen" soll hier einen Aspekt der Interaktion besonders hervorheben. Die Interaktion ist damit selbstverständlich nicht vollständig erfaßt. Für diesen Zusammenhang ist der Verhandlungsaspekt besonders wichtig, da die Interaktion nur gelingen kann, wenn beide Seiten ihre Interessen einbringen können, und da das Ergebnis nur Bestand hat, wenn es auf einem Konsens – im Sinne eines Verhandlungsergebnisses – beruht.
5   Qualifikation durch gute Feldkenntnisse kann bei dieser Art der Arbeit wichtiger sein als Qualifikation durch Ausbildungsabschlüsse. Daher haben die Betreuer nicht immer eine Ausbildung z.B. als Sozialpädagogen.
6   Dadurch wird die Kommunikation etwa zwischen der veröffentlichten Meinung, der Polizei u.a. mit der Jugendhilfe immer wieder blockiert. Die stereotyp vorgebrachte Forderung nach Wiedereinführung der geschlossenen Unterbringung reduziert bei Mitarbeitern aus der Jugendhilfe ganz erheblich das Interesse an der Auseinandersetzung mit dieser – aus ihrer Sicht – indiskutablen Forderung.

7 Wenn gelegentlich – wie etwa im "Spiegel" vom 4.9.1989 – der Eindruck entsteht, auch unter den Verantwortlichen in der Hamburger Heimerziehung gäbe es erhebliche Kritik an der Abschaffung der geschlossenen Unterbringung, sind die Informationen meistens nicht vollständig. Der im "Spiegel" ausführlich zitierte Heimleiter hat die Zitate z.B. dementiert: so habe er es nicht gesagt oder gemeint.

Literatur

Arend, D., Heckele, K., Rudolph, M.: Sich am Jugendlichen orientieren, Frankfurt/Main (IGfH) 1987

Beck, U.: Risikogesellschaft. Auf dem Weg in eine andere Moderne, Frankfurt/Main 1986

Institut für Sozialarbeit und Sozialpädagogik (Hrsg.): Geschlossene und offene Heimerziehung – Reader zu einer Expertentagung, Frankfurt/Main 1986

Internationale Gesellschaft für Heimerziehung: Memorandum zur Problematik geschlossener Unterbringung. Unsere Jugend 1987, S. 468 ff

Klatetzki, T., Winter, H.: Zwischen Streetwork und Heimerziehung, Flexible Betreuung durch das Rauhe Haus in Hamburg. Neue Praxis 1/90, S. 1 ff

Köttgen, Ch., Kretzer, D.: "Grenzfälle" zwischen Heimen und Psychiatrie am Beispiel Hamburgs. In: Köttgen, Ch., Kretzer, D., Richter, St. (Hrsg.): Aus dem Rahmen fallen, Kinder und Jugendliche zwischen Erziehung und Psychiatrie, Bonn 1990, S. 85 ff

RÜDIGER KÜHN

Innovation traditioneller Heimerziehung:
Das milieunahe Heim

Läßt sich Heimerziehung überhaupt noch begründen?

Die Diskussion in der Heimerziehung wird gegenwärtig unter den sozialwissenschaftlichen Prämissen der "Pluralisierung von Lebenslagen und der Individualisierung von Lebensstilen" geführt[1]. Danach hat sich die Kindheits- und
Lebensphase in der modernen Gesellschaft entscheidend gegenüber traditionellen Entwürfen gewandelt. Es gibt keine gesicherten, in der Tradition begründbaren Lebensentwürfe mehr, Lebensentwürfe erscheinen als prinzipiell
offen. Die damit verbundenen Wahlmöglichkeiten zur Gestaltung des eigenen
Lebens stellen unter den Bedingungen unserer offenen Gesellschaft jedoch nicht
in jedem Fall einen Gewinn an Autonomie und persönlicher Freiheit dar. Sondern
die Entstrukturierung der Kindheits- und Jugendphase bewirkt eine prinzipielle
Gefährdung des Aufwachsens von Kindern und Jugendlichen, die Chancen zur
Realisierung einer subjektiv befriedigenden Lebensperspektive sind riskant.
Problematisch geworden ist die Bewältigung gesellschaftlicher Anforderungen,
die jeweils als individuelle Leistung zu erbringen ist und immer wieder aufs
Neue geleistet werden muß. Der Zugang zu Ressourcen ist damit einerseits
abhängig von den gesellschaftlichen Problemlagen junger Menschen und
andererseits von den individuell zur Verfügung stehenden Strategien der
Lebensbewältigung.
   In diesen Zusammenhang hineingestellt gewinnen sozialpädagogische Kon-
zepte der Heimerziehung als Hilfe zur Lebensbewältigung und Eröffnung von
Chancen an Bedeutung. Die Frage nach Legitimation und Sinn sozialpädagogischer Interventionen wird zur Voraussetzung des Handelns in jedem Einzelfall.
Die Ausrichtung pädagogischer Hilfen auf eine Normalbiographie hat ihre
Legitimation verloren, es ist vielmehr nötig, sich darauf zu verständigen, welche
Normalitäten akzeptiert werden können. Denn mit den Risiken des Aufwachsens
und dem einhergehenden Individualisierungsschub in der modernen Gesellschaft, den gestellten gesellschaftlichen Anforderungen zu begegnen, kann ein
allgemein akzeptierter und gelebter Konsens über ein "normales" Leben nicht
mehr unterstellt werden. In unserer Gesellschaft werden eine Fülle von Normali-

täten akzeptiert und es bestehen unterschiedliche Realitäten. In den Mittelpunkt des Handelns von Jugendhilfe rückt folgerichtig die Verständigung über den Geltungsanspruch von Normen. Der Legitimationsverlust von Traditionen erfaßt damit auch die sozialpädagogische Aufgabenstellung der Heimerziehung und es ist notwendig geworden, das Handeln individuell in jedem Einzelfall, in jeder Situation zu begründen. Zu fragen wäre folgerichtig, ob der Erosion der Normal- biographie, die Erosion der Heimerziehung folgt?[2]

Diese Frage zielt auf zeitgemäße und fachliche Begründung von Heimerzie- hung angesichts der veränderten Bedingungen des Aufwachsens von Kindern und Jugendlichen in unserer Gesellschaft. Wir sehen in der milieunahen Heim- erziehung und Weiterentwicklung milieunaher Erziehungshilfen einen innovati- ven Weg zur Ausgestaltung pädagogischer Hilfen. Dies soll durch die vor- liegende Projektbeschreibung aufgezeigt werden. Dabei lassen wir uns von drei wesentlichen Eckpunkten leiten:

1. Es kann nicht mehr von der Heimerziehung als einer einheitlichen pädagogi- schen Konzeption ausgegangen werden. Dies widerspricht zum einen der gewünschten und gesellschaftlich notwendigen Pluralität, zum anderen läßt sich Heimerziehung nicht länger als allgemein gültige institutionelle Vorgabe begründen.
2. Vielmehr müssen sich sozialpädagogische Entscheidungen am Einzelfall orientieren und eine Begründung für pädagogisches Handeln suchen. Dies setzt den Blick frei für individuelle Arrangements. Tendenziell geht es darum, für jeden einzelnen jungen Menschen neue Settings zu arrangieren. Der Gefahr durch Sozialpädagogik zur Ausgrenzung sozialer Problemlagen beizu- tragen, kann nur durch eine Lebensweltorientierung begegnet werden, mit dem Ziel, Hilfen zur Lebensbewältigung und Chancen auf eine bessere Zu- kunft zu entwickeln.
3. Entscheidend und kritisch zu sehen ist damit die Kommunikation, also der Verständigungsprozeß innerhalb einer Institution zwischen den Mitarbeitern und den Betroffenen über einen Konsens der pädagogischen Arbeit. Dem pädagogischen Mitarbeiter, dem Team ist abzuverlangen, die Bedingungen des Lebensfeldes und die Gefährdungen des Alltags zu reflektieren und sich ein reflektiertes pädagogisches Selbstverständnis zu erarbeiten und auch als Person dafür einzustehen. Wichtig ist es, über Beteiligungsformen der Be- troffenen nachzudenken. Folgt man aber der These von der Erosion der Heimerziehung in dem Sinne, daß es keine allgemein begründbaren und verfügbaren pädagogischen Auffassungen mehr gibt, so wäre es gefährlich, an diese Stelle private Beliebigkeit eines pädagogischen Alltags treten zu lassen, eine ineffektive Pädagogik also, die für nichts mehr einsteht und die jungen Menschen in ihrer Suche nach Orientierung und Unterstützung allein läßt.

Wir wollen mit unserem Projekt milieunaher Heimerziehung ein zeitlich be- grenztes Angebot eines entlastenden und attraktiven Schutz- und Schonraumes zur Verfügung stellen, die soziale Einbindung in das neu zu strukturierende oder vorhandene Lebensfeld fördern und wollen uns als offenes Angebot auch für die relevanten Bezugspersonen aus dem direkten sozialen Umfeld der Kinder anbieten. Die spezifischen Herausforderungen und Chancen eines milieunahen Ansatzes von Heimerziehung liegen darin, das Herkunftsmilieu nicht zu negieren, gleichzeitig aber Kinder und Eltern zu neuen Erfahrungen zu befähigen. Wichtig ist uns daher eine pädagogische Haltung, in der die Erwachsenen des Kinderwohnhauses als solidarische Partner ebenso erlebbar sind, wie als Erwachsene, an denen sich Kinder und Eltern reiben und abarbeiten können. Dazu brauchen Kinder aber Erwachsene, "die sich einlassen, die riskieren, sich herumschlagen, verwundbar sind, Fehler haben, ratlos werden, neu beginnen- oder aufgeben."[3]

Wie wir versuchen in unserem Projekt milieunaher Heimerziehung diesem Anspruch gerecht zu werden und als verantwortliche Erwachsene dafür einzustehen, soll durch die vorliegende Projektbeschreibung von SME e.V., Verein für Stadtteilbezogene, Milieunahe Erziehungshilfen gezeigt werden.

Das Kinderwohnhaus Sternschanze in Hamburg St. Pauli: Aufwachsen an zwei Orten

Dieses Kinderwohnhaus versteht sich als Alternative zu herkömmlichen Formen traditioneller Heimerziehung. Wenn für ein Kind Heimerziehung intendiert wird, geht man häufig, auch heute noch, unreflektiert davon aus, daß eine Entscheidung für Heimerziehung gleichzeitig eine Entscheidung gegen das Herkunftsmilieu ist. Für die Kinder und Jugendlichen heißt das, das aufzugeben, was ihnen vorher bedeutsam war: Eltern, Freunde, Nachbarn, Schule und Stadtteil zu verlassen. "Auf nichts, was sie sich bisher erworben hatten, haben sie mehr ein Recht."[4] Das Kind wird als Problem in eine andere Welt exportiert, die Störung damit sein wichtiges Merkmal. Heimerziehung bedeutet damit Herausnahme und eine Wertentscheidung gegen das Herkunftsmilieu, traditionelle Heimerziehung versteht sich als Ersatzerziehung. Der konzeptionelle Grundgedanke milieunaher Heimerziehung greift wesentliche Kritikpunkte an der traditionellen Heimerziehung auf und will die Lebenswelt von Kindern und Jugendlichen miteinbeziehen.

Vor gut zwölf Jahren (1979) wurde in Hamburg St. Pauli das Kinderwohnhaus Sternschanze gegründet. Der Stadtteil ist mit seiner Vergnügungsmeile international bekannt. Die Reeperbahn ist Anziehungspunkt für Touristen, aber auch der sozialen Probleme, die in unserer Gesellschaft die Grenzlinien der sogenannten 1/3 bzw. 2/3 Gesellschaft markieren. Drogenkonsum, Prostitution, Kriminalität, alltägliche Gewalt, Obdachlosigkeit bestimmen das Leben im Viertel genauso wie traditionelle urbane Strukturen, die jedoch zunehmend ins Wanken geraten sind. In den letzten Jahren ist die Region zum Spekulationsgebiet geworden, woran sich ebenfalls heftigste Interessenkonflikte ablesen lassen. Ob die Politik mit dem Konzept der behutsamen Stadterneuerung diesen Interessen wirksam entgegensteuern kann, muß skeptisch beurteilt werden.

In diesem sozialen Brennpunkt steht das Kinderwohnhaus Sternschanze. Das Kinderwohnhaus versteht sich als "Heim um die Ecke". Dort leben zehn Kinder und vier Jugendliche aus Hamburg St. Pauli, das Einzugsgebiet wird durch etwa zwanzig Minuten Fußweg begrenzt. Im Haus leben weiterhin vier Mitarbeiter mit ihren Familien oder Freunden, weitere Mitarbeiter leben im Stadtteil, einige, aber nur wenige, müssen erhebliche Entfernungen in Kauf nehmen.

Wir vertreten die Auffassung, daß Heimerziehung nicht synonym stehen muß für Ortswechsel und Trennung vom Herkunftsmilieu. Im Gegenteil: Die spezifischen Chancen eines stadtteilorientierten Ansatzes liegen in Wechsel und Entlastung von Beziehungstrukturen auf Zeit bei gleichzeitigem Erhalt der sozialen Bindungen zum Herkunftsmilieu. Milieunahe Erziehungshilfen betonen das Aufwachsen und die Entwicklung von Kindern und Jugendlichen im sozialen und biographischen Kontext. Unter den Bedingungen eines strukturierten Alltags sollen Kinder und Eltern in schwierigen und belastenden Alltagssituationen neue Erfahrungen machen und die Chance haben, ihre Lebenssituation zu verbessern.

Entwicklungslinien, die solche einschneidenden Veränderungen zur Organisation und Ausgestaltung von Heimerziehung befördert haben, sind in der Heimkampagne der 60er Jahre angelegt, sind abgeleitet aus der Kritik totaler Institutionen wie der Psychatrie und der Entdeckung und Wertschätzung kleinräumiger Lebenszusammenhänge; Stadtteilorientierung, Vermeidung von Ausgrenzung werden zu bestimmenden Schlagworten. Der Slogan "Menschen statt Mauern" war in Hamburg der Beginn einer bis heute andauernden Diskussion zur Heimreform.. Das Projekt milieunaher Heimerziehung im Schanzenviertel hatte sich der Entwicklung und Umsetzung von Reformkonzepten verschrieben.

Fachpolitisch lassen sich unsere Forderungen an die Heimerziehung in vier Punkten zusammenfassen[5]:

1. Heimerziehung muß ihre an Symptomen orientierte Problemsicht vom Menschen und die sich daraus ergebene Differenzierung aufgeben und sich den Problemlagen im gesamten Umfang widmen.

Auch wenn es seltener geworden ist, daß Kinder verlegt werden und anderenorts in kleinen Einrichtungen in deutlich persönlicheren Bezügen versucht wird, emotionale Nähe herzustellen und Defizite aufzuarbeiten, so bleibt doch für viele Kinder ein bitterer Beigeschmack. Die ersetzenden Familiengruppe hat als Voraussetzung immer die Auflösung vorher bestehender Zusammenhänge.

Daß solche Art von Heimerziehung den betroffenen Kindern, aber vor allem den betroffenen Familien nicht befriedigend weiterhelfen kann und gemeinsame Entwicklung sogar verhindert, liegt auf der Hand. Diese immer wieder gemachte Erfahrung führt zu der Überzeugung, "daß die Herausnahme gestörter Kinder aus dem Milieu selbst dann, wenn sie zunächst wirksam ist, auf Dauer ineffektiv bleibt. Bei der Rückkehr der Kinder in das alte, nicht bereinigte Milieu tritt die Störung wieder auf"[6]. Doch zurückkehren sollen die Kinder und Jugendlichen, das ist erklärtes Ziel der Heimerziehung. "Gleichwohl ermöglicht der Standort der Heime in der Mehrzahl der Fälle nicht einmal die kontinuierliche Arbeit der Mitarbeiter des Heimes mit den Angehörigen der Kinder, geschweige denn mit ihrem Freundeskreis, der für ältere Kinder und Jugendlichen oft noch wichtiger ist als ihre Angehörigen. Elternarbeit kann wirksam nicht in wenigen Besuchsstunden im Heim und mit einigen Hausbesuchen wahrgenommen werden, sie kann auch nicht allein vom Jugendamt aus erledigt werden. Denn rein verbale Hilfen, herausgelöst aus dem täglichen Umgang und bar jeder Spontanität, erreichen die Familien und die Umwelt keineswegs."[7] Solange Kinder in Heimen leben, leben sie "in zwei Welten. Doch hilfloserweise muß das Heim die andere ständig ausklammern. Dabei sind die Angehörigen und die Clique für die Kinder existentiell weitaus wichtiger. Sie machen ihre eigene Welt aus, sie sind ihre Perspektive. Das Heim dagegen bleibt Episode."[8]

Obwohl seit mehr als einem Jahrzehnt in der Fachliteratur und von Heimpraktikern beklagt wird, daß Heimerziehung in der Regel abgetrennt von der geographisch emotionalen Herkunft der Kinder gesehen wird, daß infolgedessen lebenswichtige Kontakte der Kinder und Jugendlichen kaum noch aufrechterhalten, geschweige denn gepflegt werden können, daß schließlich auf diese Weise – auch wo ein Heim im Ganzen sich in einem pädagogisch zufriedenstellenden Zustand befindet – wesentliche Komponenten einer Entwicklung fördernden und das Selbstbild der Kinder und Jugendlichen unterstützenden Erziehung mangeln, ist es bisher kaum gelungen, diesen Forderungen Rechnung zu tragen.

2. Voraussetzung für die Realisierung solcher Arbeitshypothesen ist die: Räumliche Nähe zwischen Herkunftsmilieu und Institution.

Denn: Heute dürfte unbestritten sein, daß es einen Verursachungszusammenhang zwischen Lebenswelt und Lebensschwierigkeiten gibt. Auffälligkeiten, seien sie als Originalität oder Insuffizienz gekennzeichnet, entstehen nicht individuell, sondern mit und durch andere und werden zumindest von anderen verstärkt.

"Die Einsicht in diesen Zusamenhang spielt eine zunehmende Rolle in allen modernen Behandlungstheorien. Angelpunkt der Kritik an der Jugendhilfe ist deshalb das Verfahren, verhaltensgestörte Kinder aus ihrem sozialen Umfeld herauszulösen und diese Störung als ansich bestehend zu betrachten und isoliert in Heimerziehung zu behandeln. Die Kritik, die von hier aus formuliert wird, zielt nicht nur ab auf die unerwünschten Folgen von Heimerziehung wie Entfremdung des Kindes von der Herkunftsfamilie, von seiner Schicht und die später auftretenden Reintegrationsschwierigkeiten, sondern die Kritik zielt vor allem darauf ab, daß ein als gestört definiertes Verhalten nicht als Produkt von Interaktionsprozessen gesehen wird."[9]

Verhalten, sei es akzeptiert oder unerwünscht, zielt aber immer auf die Befriedigung von Bedürfnissen. Menschen suchen Mängeln entgegenzuwirken, suchen unter anderem Spannung und Anerkennung, suchen Unabhängigkeit und selbständig zu handeln. Handeln ist darum nur zu verstehen, in der je eigenen Biographie und am Ort des Geschehens, also im gesamten Kontext. Eine befriedigende Veränderung von Verhalten kann deshalb nur innerhalb des verursachenden Raumes unter Einbeziehung der Verhältnisse gelingen. Dies erfordert:

3. Die sozialpädagogische Hilfe und Lösung von Konflikten rechtzeitig und an dem Ort, an dem sie entstanden sind.

"In Heimen, die direkt neben den Familien stehen und sich auf die Biographie der Kinder wirklich einlassen, bleibt diesen ihr sozialer Ort erhalten."[10] Es wäre hilfreich und neu, "wenn Heime mit hierfür geeignetem Standort Familien nur begleiten und wenn sie einzubeziehen versuchten, was die Kinder und

Jugendlichen zu Hause und in ihrem Milieu erleben, wenn Heime – obwohl sie stationäre Hilfe bieten – sich nur ergänzend zur Familie und nicht mehr als ihr Ersatz verstünden."[11] Es soll möglich sein, Kinder und Jugendliche für eine Zeit aus ihren direkten, belasteten Bezügen herauszunehmen, ohne daß positive Beziehungen abgebrochen werden müssen. Wenn sich – eine Zeitlang – Profis um Ausgehzeiten und Schularbeiten streiten, können Kinder/Jugendliche und Eltern wieder konfliktfreier miteinander umgehen und somit in einer entspannteren Atmosphäre eine positive Beziehung neu aufbauen. Sie finden wieder leichter zueinander und entfremden sich nicht durch zu große Entfernung. Das Problem der Reintegration bezieht sich dann nur auf die tatsächlich schwierigen Verhältnisse, nicht auf das gesamte Lebensfeld, da Vater, Mutter, Freunde und Gegner den Kindern erhalten bleiben.

Zudem können gravierende Mängel auch guter Heimerziehung vermieden werden: Milieunahe Heimerziehung ist nicht darauf angewiesen, Kindern und Jugendlichen ein neues Ersatzzuhause vorzugaukeln. Heimerziehung kann bleiben, was sie ist: Ein immer unnormaler, "künstlich arrangierter Lebensraum", in dem es keinen "Generationsvertrag, keine gemeinsam erlebte Vergangenheit" und keinen "moralisch begründeten Lebensrückhalt", sowie kündbare Beziehungen gibt.[12] Heimerziehung muß dann aber auch diejenigen miteinbeziehen, gegen die sie sich allzu häufig abgrenzt.

Eltern, Freunde, Lehrer werden zu Partnern. Veränderungswünsche werden deutlicher von den Betroffenen bestimmt. Sie alle sind Teil eines Prozesses, in dem sie zusammenwachsen und gemeinsam eigene Perspektiven aushandeln. Professionelle Helfer sind dabei nicht Schicksal, sondern behilflich. Erzieher können ihrer Aufgabe gerechter werden. Sie müssen nicht die Bedürfnisse des Klientels nach einer Primärgruppe mit einer andererseits genauso gerechtfertigten 38,5-Stunden-Woche verknüpfen. "Das Heim gibt emotionale Überbrückungs- und Interpretationshilfen, im übrigen bietet es vor allem ein sozialtechnisches Training."[13] Nicht nur die Heimerziehung wäre bei einer solchen Organisation sozialpädagogischer Hilfen tiefgreifenden Veränderungen unterzogen:

4. Die Zweiteilung der Erziehunghilfen in (gute) ambulante und (schlechte) stationäre Angebote entfällt.

Das heißt, das institutionelle Nebeneinander in der Jugendhilfe von ambulanten (Beratung, Jugendhäuser, Erziehungsbeistandsschaften, Amt für Soziale Dienste) einerseits und stationäre Hilfen (Heimerziehung, Einzelbetreuung, Pflegefamilien) andererseits aufzugeben. In diesem Sinne hat sich unsere Arbeit in den letzten Jahren weiter entwickelt. Seit 1988 haben wir Erfahrungen in der flexiblen Betreuung von Jugendlichen im Stadtteil gesammelt. Heute betreuen wir in der Flexiblen Betreuung etwa 15-20 Jugendliche im Stadtteil. Seit 1991 versuchen wir unseren Ansatz milieunaher Erziehungshilfen durch ambulante Erziehungshilfen weiterzuentwickeln. Gegenwärtig befindet sich eine sozialpädagogische Tagesgruppe in Planung. Ziel ist es, die ambulanten Hilfen und die sozialpädagogische Tagesgruppe zu einem ambulanten Zentrum in der Region auszubauen. Mit einer Umsetzung rechnen wir aber nicht vor 1994.

Der pädagogische Alltag

Immer wieder dasselbe

Die Woche im Kinderwohnhaus ist stark durchstrukturiert. Das bedeutet für die Kinder, die in unser Haus einziehen, daß sie sich auf die vorgefundenen Regelmäßigkeiten einlassen. Sie lernen, etwas zu müssen:

Wochenende zu Hause

Die Kinder kommen am Sonntagabend (so sie am Wochenende nach Hause konnten) um 18.00 Uhr vom Wochenende bei den Eltern. Es wird meist noch etwas unternommen, zum Beispiel Versteckspielen, Toben oder ein Spielabend. Ab 19.30 Uhr finden sich alle zum gemeinsamen Abendbrot ein. Die neue Woche kann beginnen. Die Gespräche über die Wochenenderlebnisse sind dabei besonders wichtig.

In die Schule gehen

Jeden Morgen wird bis maximal 8.30 Uhr gefrühstückt, die ersten Kinder werden um 6.30 Uhr geweckt, damit sie genug Zeit zum Waschen, Ankleiden und Frühstücken haben und pünktlich in der Schule ankommen.

Regelmäßige Mahlzeiten: das gemeinsame Mittagessen

Die Kinder sind für das Tischdecken verantwortlich, und beim Mittagessen sind sie von 13.30 Uhr bis 14.00 Uhr anwesend. Wir beginnen erst dann mit dem Essen, wenn jedes Kind etwas auf dem Teller hat. Keiner schreit oder läuft herum. Die Tischsituation wird von den drei Mitarbeitern gestaltet, die anschließend mit den Kindern auch Hausaufgaben machen.

Schularbeitenzeit

Ab 14.00 Uhr bis 15.30 Uhr werden die Hausaufgaben erledigt und zwar mit der Hilfe von drei Mitarbeitern, von denen jeder immer die gleichen Kinder bei den Hausaufgaben betreut, den Kontakt zur Schule hält und, wenn möglich, auch mit den Eltern dieser Kinder arbeitet. Die Kinder, die früher fertig sind, bleiben auf ihren Zimmern, können auf den Spielplatz oder in den Tischtennisraum gehen. Es gibt also ein Silentium. Der Dienstplan ist so organisiert, daß die Schularbeitszeit täglich von den gleichen Erwachsenen abgedeckt wird.

Tee

Um 15.30 Uhr versammeln wir uns zum Tee. Hier wird abgesprochen, wie der Tag weiter verlaufen wird, was jedes Kind in seiner Freizeit machen wird. Konflikte werden angesprochen und gemeinsam geklärt.

Pflichtveranstaltung

Allerdings ist unsere Freizeit so frei nun auch wieder nicht. So gibt es in der Woche zwei Pflichtveranstaltungen, und zwar gegenwärtig dienstags und donnerstags, an denen alle Kinder, soweit sie nicht eine andere Verpflichtung (z.B. im Sportverein) haben, teilnehmen müssen. Dientags hat sich das gemeinsame Schwimmen eingebürgert, wobei es den Kindern immer noch große Mühe macht, sich auf ein bestimmtes Schwimmbad zu einigen. Am Donnerstag müssen die Kinder sich auf irgendeine andere gemeinsame Aktivität einigen, wobei der Kino- oder Theaterbesuch nur einmal im Monat möglich ist, ebenso aus Kostengründen die Rollschuhbahn. Sich diskutierend zu einigen, ist für viele Kinder eine Riesenarbeit. Im Grunde haben die Kinder nur den Nachmittag am Montag und Mittwoch zur freien Verfügung, denn am Freitagnachmittag heißt es für alle: Zimmer aufräumen, fegen und putzen, letzteres allerdings gemeinsam mit den Erziehern.

Geregelte Freizeit

Der Fernseher läuft nur zweimal in der Woche für je einen Film. Die Kinder lernen, sich auch ohne dieses Medium nicht zu langweilen ,– dies braucht viel Unterstützung. Wir bemühen uns die Kinder in Sportvereine oder Gruppen, in ihrem Stadtteil zu integrieren.

Kinderbesprechung

Jeden Montag nach dem Abendbrot ist Kinderbesprechung. Hier lernen sie, sich mündlich über Konflikte im Haus oder mit einzelnen Kinder auseinanderzusetzen. Sie und ebenso der Erzieher können berichten, wie sie die Woche im Kinderwohnhaus erlebt haben, was ihnen gut gefallen oder was sie gestört hat und welche Veränderungen und eventuell Neuordnungen sich daraus ergeben. Auch das erlebte Wochenende bei den Eltern stellt einen wichtigen Punkt dieser Besprechung dar. Die Kinder lernen unter Beteiligung der übrigen Kinder ihre eigene Geschichte besser zu verstehen und werden mit ihren Konflikten konfrontiert. Es kommt sozusagen alles auf den Tisch.

Abendessen

Täglich um die gleiche Zeit wird das Abendessen angerichtet, und die Kinder gehen, zwar nach Alter gestaffelt unterschiedlich, aber für jedes Kind an jedem Tag zu gleichen Zeit ins Bett. Die Kleinen werden um 20.00 Uhr zu Bett gebracht. Wenn sie gewaschen und im Pyjama im Bett liegen, werden je nach Zeit und Interesse noch Geschichten vorgelesen oder Gespräche geführt. Die 13- und 14jährigen gehen gegen 21.00 Uhr auf ihre Zimmer, und die 15- und 16jährigen müssen um 22.00 Uhr im Haus und ab 22.30 Uhr auf ihren Zimmern sein.

Die Kinder lernen durch die Gewöhnlichkeiten des immer gleichen Wochenablaufs nicht nur, sich einzulassen, sondern sie finden jeden Morgen ein Frühstück vor, es findet sich immer ein Kollege, der gegebenenfalls mit ihnen den

Schulweg zurücklegt, wenn sie diesen "vergessen" haben, beim Mittagessen ist immer einer da, der sie daran hindert, sich als Appetitzügler zu verhalten. Nach dem Mittagessen ist täglich derselbe Kollege da, um mit ihnen die Hausaufgaben zu erledigen, und die festen Freizeitveranstaltungen werden auch immer von demselben Erzieher durchgeführt.

Ein zugegeben recht reglementierter Wochenablauf, der auch einen Teil der sonst freien Zeit vorstrukturiert. Diese Struktur gibt Sicherheit, die unsere Kinder vielfach nicht hatten. Ob es ein regelmäßiges Essen, der Schulbesuch oder die Freizeitveranstaltung und das Zubettgehen sind Erfahrungen, die noch bei Einzug in unser Haus den Kindern verschiedenartig fremd sind. Der Erfolg, daß heißt für uns, das schnelle Einverständnis der einzelnen Kinder und der gesamten Gruppe, scheint uns Recht zu geben.

Die Alltäglichkeit darf aber nicht zur Routine werden, die einfach und leer auf Erledigung drängt und Einhaltungen der Normen zum Ziel hat. Regeln und Regelmäßigkeiten sind für uns lediglich die Voraussetzungen für einen gelingenden Alltag, der in seinen tagtäglichen Interaktionen das eigentliche Leben ausmacht. Diese Voraussetzungen nennen wir Stil, denn es ist keine inhaltliche Frage, ob man beim Essen stört, und ebensowenig ein Diskussionspunkt. Hingegen ist die Ruhe beim Mittagessen notwendig, damit die Kinder ihre Erlebnisse aus der Schule erzählen können und berichten, wieviel oder wenig Hausaufgaben sie machen müssen. Es ist die Aufgabe des Mitarbeiters, der auch am Tisch sitzt, eine Essenssituation zu gestalten, jeden zu seinem Recht kommen zu lassen, Späße zu initiieren, aber auch wieder zu unterbrechen, wenn es störend laut wird, und Kinder, die nichts erzählen, aufzumuntern, sich an Erzählungen zu beteiligen. In solcher Weise gestaltet, kann der Tag zu einem lohnenden Erlebnis werden. Fast jede der einzelnen Stilfragen, die sich im Laufe der Zeit bei uns herausgebildet haben, hat — wie eben beschrieben — ihren Hintergrund und beinhaltet vor allem eine inhaltliche Anforderung an die Mitarbeiter. Wenn wir nur zweimal in der Woche den Fernseher für je einen Film einschalten, so müssen wir ständig alternative Aktivitäten durchführen. Wenn wir Schuleschwänzen ablehnen, muß man auch außerhalb des Dienstplanes Kinder begleiten und sich mit ihnen und dem Lehrer auseinandersetzen. Und wenn wir wollen, daß Kinder nicht nur die Woche hinter sich bringen, sondern wissen, warum sie tun müssen, was zu tun ist, so ist die engagierte Auseinandersetzung mit ihnen auch immer wieder erforderlich.

Tun mit Eltern

Für Eltern, die sich darauf einlassen, die Phase der Trennung von ihren Kindern mit uns zusammen zu gestalten, verändert sich mit Einzug des Kindes auch deren Alltag. Einerseits nehmen wir ihnen einiges ab. Wenn sich Profis um Alltagskonflikte kümmern, können Eltern vielfach ersteinmal wieder zu sich kommen. Dort lassen wir unsere Eltern aber nicht stehen:

Die meisten erleben sehr schnell, daß sie nicht die einzigen sind, die nicht mit ihren Kindern zusammenleben können.

Alle zwei Wochen müssen sie zu Elternabenden oder Elternsonntagen in unser Haus kommen. Regelmäßig wird auf den Elternabenden über das Geschehen im Haus berichtet. Es werden entweder das Haus betreffende pädagogische Themen verhandelt, die in ihren Ergebnissen auch bindenen Ziele für die Arbeit und den Umgang im Haus beschreiben, oder es werden einzelne Kinder- und Elternproblematiken erörtert, die oft zu praktikablen Problemlösungen für Eltern führen. Der Elternabend wird somit zu einer Reflektionsebene für Eltern und Mitarbeiter, der die wichtigste Säule der durchaus kritischen Elternsolidarität darstellt.

Darüber hinaus hat jeder der Mitarbeiter "seine" Eltern. Vorwiegend in regelmäßigen Elterngesprächen, in die gegebenenfalls auch das Kind miteinbezogen wird, müssen hier die persönlichen Entwicklungslinien beschrieben und fortgeschrieben werden. Vergangenheit, Gegenwart und Zukunft sind gleichzeitige Themen, die immer auf das Ziel ausgerichtet sind, daß Kinder und Eltern wieder zusammenleben.

Mag bei einem Elternteil die Beziehung zum Kind wesentlich durch themenzentrierte Interaktion formuliert, bewußt und so reflektiert werden, so muß in anderen Gesprächen die Organisation des Entzugs nach Drogengebrauch erörtert und anschließend organisiert werden. Immer wieder sind auch zum Beispiel wirtschaftliche Sanierungsmaßnahmen durch Umschuldungen, Bemühungen um andere Wohnung und Renovierungsmaßnahmen nicht nur Themen von Gesprächen, sondern auch Ebenen der praktischen und notwenigen Hilfe. Wir möchten hier nicht den Eindruck erwecken, daß wir unseren Ansprüchen schon jetzt genügen. In der Elternarbeit stoßen wir oft an Grenzen, die entweder unsere Fähigkeiten übersteigen oder wo die notwendig einzubringende Energie nicht vorhanden ist.

Als dritter Bestandteil von Elternarbeit ist das gemeinsame Erleben für uns unverzichtbar. Wenn Eltern, Kinder und Mitarbeiter einmal im Monat einen Tag (Elternsonntag) zusammen verbringen, so ergeben sich hier weitreichende Möglichkeiten zu Kontakten zwischen Eltern, zwischen Eltern und Mitarbeitern und zwischen Eltern und anderen Kindern. Dasselbe geschieht, wenn wir mit Eltern und Kindern gemeinsam in Urlaub fahren. Ein gemeinsames Elternwochenende im Jahr an vier Tagen ist inzwischen zur festen Tradition geworden.

Innovation durch milieunahe Heimerziehung

Erziehungshilfen, Konzepte der Heimerziehung wandeln sich vom traditionellen Verständnis familienersetzender Settings hin zu einem Verständnis familienergänzender bzw. begleitender Erziehungshilfen. Das Ensemble der Hilfen zur Erziehung im neuen KJHG findet ein gemeinsames Grundverständnis in der Orientierung an der Lebenswelt der Adressaten. Das Milieu gilt nicht länger als Kontext, der durch eine sozialpädagogische Intervention ausgeklammert, ausgeblendet werden muß, sondern milieunahe Hilfe entscheidet sich bewußt für den gesamten Lebenszusammenhang von Kindern und Jugendlichen ohne ihn zu negieren und zu moralisieren.

Unser Handlungskonzept für den Umgang mit auffälligen Kindern und Jugendlichen läßt sich an vier Prinzipien einer alltagsorientierten Sozialpädagogik entfalten:

Allzuständigkeit im pädagogischen Alltag

Sich-Einlassen auf die Lebenswirklichkeit der Adressaten bedeutet, Kinder, Jugendliche und ihre Familien im Gesamtzusammenhang ihrer sozialen Umgebung zu sehen. Es sollen Lernprozesse im Alltag der Adressaten begleitet werden, Schwierigkeiten dort aufgegriffen werden, wo sie entstehen. Verkürzt gesagt, es soll in pädagogischen Arrangements nicht für schwierige Situationen des Alltags gelernt werden, sondern in konkreten Situationen sollen Schwierigkeiten gemeinsam bewältigt werden.

Von hier aus sind neue relevante Erfahrungen und der Aufbau eines positiven Selbstbildes möglich. Pädagogisch begleitende Hilfen im Milieu beziehen sich deshalb auf die praktische erfolgreiche Lebensbewältigung in relevanten Lebensbereichen wie Schule, Familie, Arbeit, Ausbildung, Nachbarschaft und Freizeit.

Entlastung und Attraktivität des Lebensfeldes

Pädagogische Hilfen stellen ein Angebot auf Zeit dar. Die sozialpädagogische Hilfen müssen sich tendenziell wieder überflüssig machen. Die Betreuungsangebote finden ihre zeitliche Begrenzung in der Entwicklung von belastbaren Lebenskontexten und Selbständigkeit.

Kinder und Jugendliche brauchen, um aus dem Kreislauf von Auffälligkeiten, Stigmatisierungen und delinquenten Karrieren aussteigen zu können, ein zeitlich begrenztes Angebot eines entlastenden und attraktiven Schutz- und Schonraumes. Der Einzelne ist hier nicht nur von seinen bisherigen Erfahrungen bestimmt zu betrachten, sondern gemäß seien noch nicht realisierten Möglichkeiten. In konkret erlebten pädagogischen Begegnungen werden Hilfen zum Aufbau und Erwerb einer selbständigen Lebensperspektive erfahren.

Netzwerkorientierung

Pädagogisches Handeln im Milieu zielt auf die Einbeziehung des Lebensfeldes und Knüpfung eines sozialen Netzwerkes. Die Knüpfung tragender Rollenerziehungen zu relevanten Personen in zentralen Sozialisationsfeldern wie Familie, Schule, Arbeit, Ausbildung, Nachbarschaft und Freizeit ermöglichet den Erwerb von Alltagswissen und die Übernahme von erfolgreichen Rollen. Relevante, belastbare Rollenbeziehungen haben einen entscheidenden Anteil an der Entdramatisierung auffälligen Handelns und Normalisierung von Lebensverhältnisse. Die Entwicklung personaler und sozialer Identität sozialisationstheoretisch gesprochen die Hauptleistung der Kindheits- und Jugendphase, wird durch die Einbeziehung der Lebenswelt begünstigt.

Offenheit der Angebote

Pädagogische Interventionen sollen als Aushandlungsprozesse über den nächsten gemeinsamen Schritt ausgestaltet werden. Dies setzt eine Offenheit der Kommunikation im pädagogischen Feld voraus. Offene Formen der Jugendhilfe sollten, wenn erforderlich, auch über einen längeren Zeitraum zur Verfügung stehen, auch gerade nach offizieller Beendigung der bewilligten Hilfe. Offenheit der Angebote unterscheidet sich von einem reaktiven Verständnis der Jugendhilfe, die immer erst anlaßbezogen auf erneute Auffälligkeiten reagiert. Solche reaktiven Interventionen unterstreichen eher ihren disziplinierenden Charakter. Offene Formen der Jugendhilfen öffnen sich gegenüber dem sozialen Umfeld, indem die Kinder und Jugendlichen leben und beziehen relevante Beziehungen wie Freunde, aber auch wichtige erwachsenen Bezugspersonen mit ein. So ist es für uns selbstverständlich, daß auf der jährlichen 3-wöchigen Sommerreise Geschwisterkinder oder Freunde teilnehmen können.

Kernstück milieunaher Erziehungshilfen ist, daß die Notwendigkeit von Hilfen zur Erziehung nicht zur Trennung und zum Verlust des gewachsenen, wenn auch schwierig gewordenen Herkunftsmilieus führt. Dies setzt voraus, die gemachten Lebenserfahrungen nicht zu negieren, sondern in einen reflektierten sozialpädagogisch verantwortlichen Umgang miteinzubeziehen.

Der innovative Charakter milieunaher Heimerziehung hat, dies sollte gezeigt werden, eine strukturelle und eine alltagspädagogische Seite. Die Schrittmacherfunktion, die das Projekt in der Hamburger Jugendhilfelandschaft hat, läßt sich an den aktuellen jugendpolitischen Entscheidungen nachvollziehen.

War Anfang der 80er Jahre das Ziel die Verbesserung von Ausstattung, die Auflösung großer Heime (Stichworte sind Dezentralisierung und Entspezialisierung) und schließlich als Symbol der neuen Politik die Abschaffung geschlossener Heime, so hatte sich in diesem Kontext auch das milieunahe Heim entfalten können. Zunächst gegen massive Widerstände, später beispielgebend und anregend für die Hamburger Diskussion.

Gegenwärtig gewinnt der Gedanke der Milieunähe in der Hamburger Diskussion zur künftigen Entwicklung von Heimerziehung an Aktualität. Unter Rückgriff auf unsere Projekterfahrung, befördert durch die Fachdiskussion, die Lebensweltorientierung der Hilfen zur Erziehung einfordert und schließlich durch die Neugestaltung des KJHG's ausgelöst, kristallisiert sich gegenwärtig eine Grundlinie zur Künftigen Neugestaltung Hamburger Heimerziehung heraus.

Hamburgs Jugendhilfe wird sich künftig an den Prinzipien der Regionalisierung und Lebensweltorientierung der Hilfen zur Erziehung weiterentwickeln. Die Ausgestaltung eines milieunahen Konzeptes von Heimerziehung und ambulanter Erziehungshilfen kann in diesem Sinne zu einer Innovation beigetragen. Die Ausgestaltung eines milieunahen Heimes kann bei der Weiterentwicklung der Hilfen zur Erziehung durchaus Schrittmacherfunktion übernehmen.

Anmerkungen

1 Siehe 8. Jugendbericht der Bundesregierung, aber auch Dokumentation der IGFH-Tagung 1991 in Hamburg (bisher unveröffentlicht).
2 Auf der IGFH-Tagung 1991 in Hamburg haben zu dieser Frage Jürgen Blandow und Michael Winkler konträre Thesen vorgelegt. Beide Referate sollen in der Dokumentation der Tagung veröffentlicht werden.
3 Bonhoeffer, M. In: Offensive Sozialpädagogik, Hermann Giesecke (Hrsg.), Göttingen 1981, S. 74
4 ebenda, S. 72
5 Crone, G.M.: Unveröffentlichter Projektbericht, Bericht über unsere Institution, 1987
6 IGFH, Zwischenbericht Kommission Heimerziehung der Obersten Landesjugendbehörden und der Bundesarbeitsgemeinschaft der Freien Wohlfahrtspflege: Heimerziehung und Alternativen – Analysen und Ziele für Strategien, Frankfurt/Main 1977, S. 169
7 Zwischenbericht, S. 169
8 Zwischenbericht, S. 170
9 Zwischenbericht, S. 168
10 Zwischenbericht, S. 170
11 Zwischenbericht, S. 170
12 Bonhoeffer, M.: Totale Erziehung. In: Müller, S. u.a., Handlungskonzepte in der Sozialarbeit/Sozialpädagogik, Band 1, Bielefeld 1982, S. 135- 150, hier S. 143
13 Zwischenbericht, S. 170

Die Hamburger Heimreform

KLAUS WOLF

Wohin hat uns die
Heimreform gebracht?

Vorbemerkung

Auf einer Tagung des Amtes für Jugend im Jahr 1989 ging es um eine Bilanz
der Heimreform in Hamburg. Dies ist der überarbeitete Text meines Referates
auf dieser Tagung. Die Bewertung erfolgte aus der Perspektive eines freien
Trägers, der in vielen Sachfragen mit der Jugendhilfepolitik der Jugendbehörde
übereinstimmte und die Realisierung der Programme an vielen Stellen für
außerordentlich problematisch hielt.

Konsens

Mein Interesse ist es, eine Debatte über die aus meiner Sicht ungeklärten
Probleme der Heimreform anzuregen, damit diese Debatte ein Festfahren der
Reform vermeiden hilft.
   Trotzdem werde ich zunächst auf den Konsens zu sprechen kommen, der
nach meiner Ansicht inzwischen über die zentralen Prinzipien der Reform
besteht. Diese Prinzipien sind die Abschaffung der geschlossenen Unterbringung, die Entspezialisierung und die Dezentralisierung.

Abschaffung geschlossener Unterbringung

Die Abschaffung der geschlossenen Unterbringung ohne Wenn und Aber war
richtig und zwingend notwendig. In ihr dokumentiert sich die ernsthafte
Absicht, die Heimerziehung von ihrer zurecht als Zumutung empfundenen
Funktion als Instanz der Sanktion zu befreien. Daher hat die Abschaffung der
geschlossene Unterbringung symbolische Bedeutung für den ganzen Jugendhilfebereich. Geschlossene Unterbringung war und ist − in anderen Bundesländern − nicht nur ein Problem der eingesperrten Jugendlichen, sondern sie
hat gravierende Folgen für alle Heime. Wenn am Ende die Möglichkeit geschlossener Unterbringung steht, überschattet dies das Leben der Kinder und
Jugendlichen auch in den nichtgeschlossenen Heimen und es löst immer einen
Sog zur Abschiebung aus von den netten Kinderheimen über die Erziehungs-

heime für Jugendliche bis eben zu den geschlossenen Heimen. Wer die Aussonderung wenigstens innerhalb der Heimerziehung eingrenzen will, kann dies nur, wenn die geschlossene Unterbringung nicht mehr möglich ist.

Es war daher folgerichtig zu kontrollieren, ob die Zahl der Jugendlichen im Strafvollzug und in der Psychiatrie ansteigt. Einen solchen Anstieg hat es kurzfristig im Strafvollzug gegeben, dann sank die Zahl der im Strafvollzug untergebrachten Jugendlichen unter das Niveau vor der Abschaffung geschlossener Unterbringung. Zudem war es folgerichtig, daß die Heimerziehung in Hamburg sich grundsätzlich als zuständig definiert hat auch für die Kinder und Jugendlichen, die eine Zeit in der Psychiatrie leben mußten.

Hier ist noch viel zu tun, aber die grundsätzliche Weichenstellung ist erfolgt und die Umsetzung dieser Absichten hat begonnen.

Mein Eindruck ist: es gibt einen breiten Konsens in der Hamburger Heimerziehung, daß die Abschaffung der geschlossene Unterbringung unverzichtbare Voraussetzung für eine konstruktive Bewältigung der Krise der Heimerziehung ist, die bundesweit spätestens seit Beginn der 70er Jahre — in Hamburg seit Anfang der 80er Jahre — nicht mehr zu übersehen war. Und wenn heute etwa in den Hamburger Massenmedien immer wieder Versuche gestartet werden, eine Kampagne für die Wiedereinführung der geschlossene Unterbringung in Gang zu setzen, kann man sich auf eine breite Ablehnung bei den Mitarbeitern in der Heimerziehung verlassen.

Entspezialisierung

Es ist nicht sicher, ob unter Entspezialisierung überall das gleiche verstanden wird. Ich gehe davon aus, daß unter Entspezialisierung auf der Ebene zwischen den Einrichtungen verstanden wird, daß die Zuständigkeit der Einrichtungen nur für Kinder und Jugendlichen mit bestimmten Merkmalen — nach Alter, Geschlecht und insbesondere nach Art der Auffälligkeit — daß also diese spezielle Zuständigkeit verbunden mit sehr unterschiedlichen Ausstattungen der Einrichtungen beendet werden sollte. Auf der Ebene einer einzelnen Einrichtung bedeutet Entspezialisierung die Abschaffung gruppenergänzender Dienste.

Betrachtet man die Abschaffung spezialisierter Zuweisungskriterien und die Nivellierung unterschiedlicher Ausstattungstandards, fallen zunächst die deutlichen Widerstände auf. Diese waren auch zu erwarten, da einige Einrichtungen Privilegien aufgeben mußten und — häufig die gleichen Einrichtungen — zusätzliche, unangenehme Aufgaben übernehmen mußten, die ihnen vorher erspart geblieben waren. Inhaltlich bedeutungsvoller als dieser Widerstand war ein anderer Gesichtspunkt. Die Heimerziehung hatte eine Zeitlang ihre Professionalität in der genauen psychologischen Diagnose der Defizite und Störungen der Minderjährigen und in einer entsprechenden Behandlung gesucht. Hatte man sich endgültig vom Mief der Waisenhäuser befreit und sein Heil in der spezialisierten therapeutischen Behandlung gesucht, da wurde dieser Ausweg nun diskreditiert.

Auch hier hat sich inzwischen ein breiter Konsens über ein Selbstverständnis der Heime als sozialpädagogische Einrichtungen, die sozialpädagogischen Sichtweisen und Standards verpflichtet sind, durchgesetzt. Insbesondere ist kaum mehr bestreitbar, daß die aufwendige psychologische Diagnostik häufig nur die tatsächliche Absicht verschleiern sollte: es ging um Abschiebung nicht um bessere Betreuungsmöglichkeiten. Ob die Entspezialisierung praktisch tatsächlich vollständig umgesetzt ist, d.h. ob die Belastung der einzelnen Einrichtungen mit schwierigen Betreuungsaufgaben tatsächlich ausgewogen ist, oder ob es nicht noch erhebliche Schonräume gibt, dies erscheint mir allerdings eine berechtigte Frage.

Wenn ich feststelle, daß die Entspezialisierung im wesentlichen nicht mehr strittig ist, unterstelle ich, daß folgendes damit nicht gemeint war und ist: nämlich so zu tun, als ob für Kinder und Jugendliche − unabhängig von ihrer konkreten Lebenserfahrung − als ob also für alle das gleiche in der Betreuung notwendig sei. Nicht um eine Nivellierung der Pädagogik zu einer Einheitslösung ging es, sondern durch die Beseitigung der spezialisierten Einrichtungen, d.h. durch die Abschaffung einer Organisationsstruktur, die Lebenszusammenhänge immer wieder zerstört, sollen erst die Voraussetzungen für eine die Individualisierung zulassende Struktur geschaffen werden. Wer einen Gegensatz zwischen Entspezialisierung und Individualisierung theoretisch konstruiert oder praktisch schafft, wird auf deutlichen Widerspruch stoßen.

Der zweite Aspekt der Entspezialisierung ist die Abschaffung der gruppenergänzenden Dienste. Drei Gesichtspunkte sprechen deutlich gegen einen gut ausgestatteten gruppenergänzenden Bereich.

1. Der gruppenergänzende Dienst verbraucht Ressourcen, die dann in der unmittelbaren Betreuung fehlen.
2. Die Existenz umfangreicher gruppenergänzende Dienste begünstigt eine Entmündigung der pädagogischen Mitarbeiter.
3. Der gruppenergänzende Dienst führt zu einem Ausbau und einer Differenzierung der Hierarchie.

Mein Eindruck ist, daß sich auch in diesem Bereich die Kritik durchgesetzt hat. Es besteht weitgehender Konsens darin, daß ein noch so umfangreicher gruppenergänzende Dienst die Mängel der Erziehung in großen Gruppen nicht kompensieren kann und daß eine Arbeitsteilung, in der die pädagogischen Mitarbeiter für die Grundversorgung und die therapeutischen Mitarbeiter für das "Eigentliche" zuständig sind, nicht sinnvoll ist.

Auch die Widerstände gegen eine Abschaffung der gruppenergänzenden Dienste waren zu erwarten: zum einen ging es auch hier um die Verteidigung von Privilegien − etwa erheblich attraktiverer Arbeitszeiten, besserer Bezahlung u.a. − zum anderen schien auch hier die gesamte Professionalität der Heimerziehung in Frage gestellt. Tatsächlich ist die Abschaffung oder Reduzierung in vielen Fällen erstaunlich undramatisch verlaufen, wenn man sie an den vorher beschworenen Gefahren mißt.

Wenn ich davon spreche, daß es hier − und in anderen Punkten − einen breiten Konsens gäbe, möchte ich nicht unterschlagen, daß es Kollegen und Einrichtungen gibt, die dies anders sehen. Mein Eindruck ist allerdings, daß die deutliche Mehrzahl der Einrichtungen diesen Tendenzen gefolgt ist, und zwar nicht nur, weil sie dazu von außen gezwungen worden wären.

Die Abschaffung gruppenergänzenden Dienste hat selbstverständlich erhebliche Konsequenzen für die Kompetenzen der pädagogischen Mitarbeiter und ihre Qualifikation. Bei diesen Fragen endet häufig der Konsens. Ich werde darauf später zurückkommen.

Dezentralisierung

Die Erkenntnis, daß ein großes, schon durch den ersten Anschein nach außen abgegrenztes Heimgelände eine Reihe von zusätzlichen Problemen verursacht, hat sich durchgesetzt. Solche Strukturen verhindern Selbständigkeit, begünstigen die Entwicklung heimspezifischer Subkulturen und erleichtern die Stigmatisierung. Neben diesen — durch die sozialwissenschaftliche Diskussion in den 70er Jahren geförderten Erkenntnisse — gibt es einige praktische Erfahrungen, die ebenfalls Tendenzen zur Dezentralisierung fördern: So kann die Konzentration vieler Jugendlicher mit gleichen Problemen in einem Haus oder auf einem Gelände zu so einem Anwachsen der Probleme führen, daß allein aus praktischen Überlegungen — damit einem nicht die Fetzen um die Ohren fliegen — eine Dezentralisierung naheliegend erscheint. Oder die Jugendlichen selbst lehnen es ab, in Einrichtungen zu wohnen, deren äußerer Anschein schon ihren Charakter als Anstalt offenbart und Heime geraten auf diese Weise unter Druck. Auch hier habe ich den Eindruck: der Konsens ist groß, der Prozeß der Dezentralisierung ist nicht abgeschlossen, aber er ist auch nicht mehr aufzuhalten.

Ob das gesellschaftliche Umfeld dieser Entwicklung Grenzen setzt, wird sich erweisen. Mein Eindruck ist, daß die erheblichen Probleme bei der Wohnungssuche ihre Ursache nicht nur in dem generellen Mangel an Wohnungen haben, sondern auch darin, daß die Heimerziehung aus ihrer zugewiesenen gesellschaftlichen Nische herauskommt. Der Verdacht liegt nahe, daß einflußreiche Teile der Gesellschaft allmählich begreifen, was wir wollen und sich dem z.T. entschieden widersetzen.

Ich komme nun wieder auf die Diskussion innerhalb der Heimerziehung zurück. So unübersehbar die Tendenz allenthalben ist, Gebäude außerhalb der Zentralgelände anzumieten, Außenwohngruppen einzurichten, Plätze in der Flexiblen Betreuung zu schaffen, ob die Grundidee der Dezentralisierung verstanden und aufgenommen ist, nämlich Gestaltungsmöglichkeiten für Kinder und Pädagogen zu schaffen, oder ob die Dezentralisierung zu einem "Projekt Schöner Wohnen" verkommt, in dem die alten Heimstrukturen unangetastet bleiben, darauf werde ich im zweiten Teil eingehen.

Zusammenfassung

Ich fasse zusammen. Wenn das die Prinzipien der Hamburger Heimreform sind — Abschaffung geschlossene Unterbringung, Entspezialisierung und Dezentralisierung — dann besteht nach meinem Eindruck weitgehender Konsens, daß die Veränderungen unbedingt notwendig waren.

Verbleibt ein Dissens hierüber, liegt er eher zwischen unterschiedlichen Einrichtungen freier Träger, als zwischen dem Landesbetrieb der staatlichen Heime und den freien Trägern. Aber diese Übereinstimmung bezieht sich zunächst nur auf die Abschaffung gemeinsam als überholt oder schädlich definierter Strukturen: eben die Abschaffung geschlossene Unterbringung, Abschaffung der Spezialisierung und die Abschaffung großer, zentraler Heimkomplexe. Daß dieser Konsens in der Ablehnung schädlicher Strukturen nicht selbstverständlich ist, erlebt man besonders deutlich, wenn man an fachlichen Diskussionen außerhalb Hamburgs beteiligt ist. In diesen Diskussionen erscheint die Hamburger Linie als sehr einheitlich. Dieser Konsens ist also nicht selbstverständlich.

Aber es muß auch in aller Klarheit die Diskussion über die Unterschiede ausgetragen werden. Dabei wird sofort deutlich, daß der Konsens über die Ablehnung schädlicher Strukturen keineswegs zwangsläufig zur Übereinstimmung in der Frage führt, wie denn neue und bessere Strukturen aussehen sollen. Im Gegenteil, hier gibt es erhebliche Unterschiede und zum Teil grundsätzlich unterschiedliche Vorstellungen. Um diese Auseinandersetzungen geht es mir nun.

Dissens

Der Dissens soll in vier Thesen dargestellt werden.

1. These

Strukturveränderungen werden nicht als Prozeß verstanden, der neue Chancen eröffnet, sondern der Reformprozeß erschöpft sich in den Strukturveränderungen. Damit werden die Chancen, die durch die Strukturveränderungen eröffnet werden, weitgehend vertan.

Das wird am Beispiel der Dezentralisierung besonders deutlich. Dezentralisierung ist zunächst die Umsetzung eines Organisationsprinzips, das für unterschiedliche Ziele zweckmäßig oder unzweckmäßig sein kann. Ob eine zentrale oder dezentrale Organisation nützlicher ist, ergibt sich daher erst aus den jeweiligen Folgen für die als wichtig angesehenen Ziele.

Welche negativen Prozesse in zentral organisierten Heimen auftreten wissen wir. Ob die Prozesse allein dadurch vermieden werden, daß nun Heimgruppen über ein großes Gebiet verteilt werden, ist zweifelhaft. Es war nach meinem Eindruck auch nie die Absicht der Befürworter der Dezentralisierung, nun einfach Heimgruppen über ein größeres Gebiet zu verteilen. Vielmehr ging es darum, kleinere überschaubare Lebenszusammenhänge für Kinder und Mitarbeiter zu ermöglichen, in denen sich richtiges Leben und nicht ein anstaltsgeprägtes Imitieren des richtigen Lebens entwickeln kann. Um Unmittelbarkeit, Gestaltungsmöglichkeiten, individuelle Lebenswelten ging es und darum, Situationen zu schaffen, in denen sich Erfahrungen entwickeln können, die der Komplexität des Alltags angemessen sind. Diese Arrangements sind nicht dadurch zu erreichen, daß Gruppen ausziehen und sonst alles beim alten bleibt. Nein, der Zusammenhang ist ein anderer: auf dem zentralen Heimgelände waren die Bedingungen schlecht, solche Lebensverhältnisse herzustellen. Aber neben dem anderen Ort gibt es eine Fülle weiterer Voraussetzungen. Zu diesen weiteren Voraussetzungen gehört insbesondere − und ich zitiere hier Jochen Rößler (1989, S. 81) − "ob Vorgesetzte ihren Mitarbeitern und Mitarbeiter den

Kindern und Jugendlichen ihr eigenes Leben überhaupt zutrauen oder ob sie sich genötigt sehen, das Leben des anderen für ihn zu leben".

Das Selbstverständnis von Leitung und Mitarbeitern muß ein grundlegend anderes sein. Mitarbeiter müssen — zusammen mit den Kindern — individuelle Lebensräume entwickeln, in denen die bisherigen Lebenserfahrungen von Erwachsenen und Kindern zum Tragen kommen können und in denen sich Kinder und Erwachsene als wichtige handelnde Personen und nicht als kleine Rädchen im großen Getriebe erleben, und die Bedingungen der Einrichtungen müssen dies ermöglichen. Dies berührt nahezu alle Bereiche, wie z.B. Kompetenzen, Verantwortungsgefühl und Selbstverständnis von Mitarbeitern und Leitung. Dies läßt sich nicht mit hochgradiger Arbeitsteilung — etwa zwischen hauswirtschaftlichen, pädagogischen und therapeutischen Mitarbeitern — vereinbaren. Es hat Konsequenzen für die Abrechnung der finanziellen Mittel und für die Frage, was das Gemeinsame einer Einrichtung sein soll. Dezentralisierung — ohne diese zusätzlichen Veränderungen — wird keines ihrer Ziele erreichen.

Wenn man sich unter diesen Gesichtspunkten ansieht, was die Heimreform erreicht hat, wird das Bild sehr vielschichtig: da gibt es — nach meinem Eindruck — Einrichtungen, die diesem Ziel sehr nahe gekommen sind, aber da gibt es eben auch einen weiten Bereich von Einrichtungen, die sehr weit von solchen Strukturveränderungen entfernt sind. So ist zum Beispiel die Einweisung von Jugendlichen in Jugendwohnungen durch Entscheidung von oben ohne Beteiligung der dort bereits wohnenden Jugendlichen und der für die unmittelbare Betreuung zuständigen Mitarbeiter in geradezu klassischer Weise die Übernahme eines Elementes reaktionärer Heimerziehung in die scheinbar neue Konzeption. Man nimmt sich selbstverständlich das Recht, ohne genaue Kenntnisse der Verhältnisse zu verfügen, wer zusammenleben soll, als ob man dies auch im eigenen privaten Bereich zulassen würde. Dies ist eben die gleiche Struktur anstaltsmäßiger Unterbringungspraxis wie gehabt und hat mit einem neuen Verständnis, das den privaten Charakter des Lebens und nicht den der öffentlichen Erziehung im Auge hat, überhaupt nichts zu tun. Diese Fortsetzung elender Heimerziehungspraxis ist auch nicht durch ein Ziel wie "die schwierigen Jugendlichen müssen schließlich auch irgendwo untergebracht werden" zu legitimieren. Denn zum einen erreicht man das Ziel auf diese Weise kaum dauerhaft und zum anderen gibt es andere Wege, die allerdings sehr viel mehr Überzeugungsarbeit und Arbeit am Detail erfordern, will man dieses Ziel tatsächlich mit einer Perspektive erreichen, die über den Tag hinausgeht.

Ein weiterer Aspekt der Dezentralisierung liegt in der Chance zu sehr unterschiedlichen Betreuungsformen. Es ist überhaupt nicht sinnvoll, immer wieder das Gleiche einzurichten. Vielmehr liegen in unterschiedlichen Lösungen, in Strukturen, die der pädagogischen Phantasie Gestaltungsmöglichkeiten verschaffen, neue Chancen, die auf einem zentralen Heimgelände nicht vorhanden waren. Wenn man dagegen in ideologischer Weise einseitig die Einrichtung von Jugendwohnungen betreibt, werden diese Chancen vergeben.

Man kann teilweise den Eindruck haben, daß man sich der Vielfalt schämt und eher unterschiedliche Betreuungsformen unter dem gleichen Etikett zusammenfaßt, als Spielräume für unterschiedliche Lösungen zuzulassen. Dies ist umso unverständlicher, da auf der anderen Seite sozialwissenschaftliche

Thesen aufgegriffen werden, die darauf verweisen, daß in gesellschaftlichen Umbruchsituationen – wie der derzeitigen – allgemein verbindliche und standardisierte Zukunftsentwürfe gar nicht möglich sind, da das Überleben nur mit sehr individuell entwickelten Perspektiven gelingen kann.

Zusammengefaßt bedeutet dies: Wenn eine Reihe von Elementen der Anstaltsunterbringung übernommen werden, wenn Hierarchie eher ausdifferenziert wird, anstatt Kompetenzen an die vor Ort Handelnden abzugeben, wenn die Richtung und die Geschwindigkeit der Veränderungen nur durch Entscheidungen von oben angeordnet werden, kann sich das vorher beschriebenen Selbstverständnis nicht entwickeln.

2. These

Eine Reform, an deren Entwicklung die pädagogischen Mitarbeiter, die sie konkret umsetzen sollen, nicht beteiligt sind und von deren Sinn sie nicht überzeugt sind, spielt sich nur in Organisationsveränderungen und in den Köpfen der wenigen Macher ab.

Jede Reform – so heißt es in einem Bericht aus dem Amt für Jugend – müsse durch das Nadelöhr individuellen Bewußtseins, wenn sie Praxis werden soll. Dies ist genau richtig. Und wenn sie nicht durch das Nadelöhr individuellen Bewußtseins gelangt, wird sie eben keine Praxis, sondern bleibt Absicht der Macher.

Wenn man sich rückblickend die Heimerziehung ansieht, kann man einen großen Teil ihrer Aktivitäten als heillose Versuche interpretieren, der Gleichgültigkeit der pädagogischen Mitarbeiter zu begegnen. Gruppenergänzende Dienste, die das leisten sollen, was sich zwischen Erziehern und den Kindern nicht entwickelt, Vorschriften bis ins Detail und umfangreiche Kontrollen des letztlich nicht Kontrollierbaren sind solche Merkmale. Diese schließlich gescheiterten Versuche haben deutlich gemacht, daß das, was in der unmittelbaren, alltäglichen Interaktion zwischen pädagogischen Mitarbeitern und Kindern nicht stattfindet, nicht durch irgendwelche Konstruktionen ersetzt oder erzwungen werden kann.

Wenn man sich unter diesem Gesichtspunkt die Ergebnisse der Heimreform ansieht, wird man deutliche Unterschiede feststellen. Da gibt es Einrichtungen, die
- erfolgreich und konsequent Kompetenzen auf die Ebene der pädagogischen Mitarbeiter verlagert haben,
- Einrichtungen, in denen die pädagogischen Mitarbeiter alle Aspekte, die sich auf die von ihnen betreuten Kinder beziehen, als ihre Angelegenheit definieren, sie umsetzen und nach außen vertreten,
- Einrichtungen, in denen Mitarbeiter durchaus die Chance sehen, ihre Vorstellungen und damit auch sich selbst in der Arbeit zu verwirklichen und
- Einrichtungen, in denen engagierte und persönlichkeitsnahe Gespräche über die pädagogische Arbeit selbstverständlich sind.

Auf der anderen Seite habe ich Einrichtungen kennengelernt, in denen die pädagogischen Mitarbeiter voller Verachtung über den von oben verordneten

Unsinn sprechen. Es wird dann oft ein grundsätzlicher Gegensatz zwischen Theorie und Praxis konstruiert, und theoretische Überlegungen werden grundsätzlich abgelehnt. Das Gefühl ist dann weit verbreitet, die primär an theoretischen Konstruktionen interessierte Leitung beweise ihre Inkompetenz und Realitätsferne jedesmal im Scheitern der eigenen pädagogischen Arbeit. Wer auf diese Weise geradezu resistent gegen theoretische oder auch nur über den Tag hinausgehende Überlegungen geworden ist und wer für die eigene Arbeit keine Verantwortung übernimmt (etwa nach dem Motto "Was kann ich dafür, wenn die da oben so einen Stuß machen, ich hab ja gleich gesagt, das geht so nicht"), der sieht damit seine eigene Bestätigung im Scheitern der durch abgelehnte Strukturen bestimmten Arbeit. Man kann sich dann leicht vorstellen, wie die Reform unten ankommt und auf welche Weise sie umgesetzt wird. Über die Macht der Mitarbeiter, die Umsetzung der Reform letztlich zum Scheitern zu bringen, besteht hoffentlich keine Illusion: wer seine Arbeit so sieht, der wird für die Erfüllung seiner Vorhersagen schon selbst sorgen.

Nein, an einer Beteiligung der Mitarbeiter von Anfang an, an einem Prozeß des Werbens für die Reform, der Ermutigung zur Veränderung, der Überzeugung und letztlich dann auch des Vertrauens in die Motive und Kompetenzen der pädagogischen Mitarbeiter führt kein Weg vorbei. Ich habe daher immer dafür plädiert, sich im Zweifel mehr Zeit zu lassen, damit sich das Bewußtsein der Notwendigkeit von Veränderungen entwickeln kann. So entsteht Motivation – nicht die klugen Ratschläge der Heimleitung umzusetzen – sondern eigene Vorstellungen im Dialog mit Kollegen und Leitern zu entwickeln und sie umzusetzen.

Solche Prozesse sind selbstverständlich keine abgeschlossenen Vorgänge und es gibt wahrscheinlich Bereiche, wo dies besser, und andere wo dies schlechter gelungen ist. Insgesamt ist allerdings auf diese Weise ein sehr konstruktiver Prozeß in Gang gekommen, der die Gefahr begrenzt, daß alles wieder endgültig in festgelegten Strukturen endet. Hierfür lohnt sich jeder Aufwand. Nur so kann das Leben der Kinder und Jugendlichen konkret und spürbar verbessert werden.

Wenn das Fehlen der Motivation und der Beteiligung dagegen als Schönheitsfehler behandelt wird, der später korrigiert werden soll, ist ein Scheitern und eine Diskreditierung der Reformziele und -inhalte zu befürchten.

Einen wenig populären Gesichtspunkt will ich allerdings auch noch erwähnen. Mit einer hundertprozentigen Arbeitsplatzgarantie für die pädagogischen Mitarbeiter und erst recht für die Leitungen ist so ein Prozeß allerdings schwer vereinbar. Soziale Absicherung ist hier – wie in anderen Bereichen – wichtig, aber sie braucht hier eben auch nicht größer sein, als in anderen Feldern dieser Gesellschaft. Es ist überhaupt nicht einzusehen, daß hier die Sicherheit der Mitarbeiter – unabhängig davon, ob sie diese Arbeit machen können und wollen – besonders groß sein soll. Letztlich geht es um die Verantwortung für die Kinder und Jugendlichen,

3. These

Es gibt einen verbreiteten Hang, Probleme zu bagatellisieren.

Die Lebensverhältnisse und Lebenserfahrungen der Kinder, der Jugendlichen und ihrer Eltern werden durch die veränderten Formen der Heimerziehung sehr viel konkreter deutlich als früher. Eine anschauliche und differenzierte Vorstellung davon zu haben, wie die Kinder gelebt haben, was in ihrer Welt wichtig war, ist eine unverzichtbare Voraussetzung für ein Verständnis von Erziehung, das sich bemüht, Lebenserfahrungen aufzugreifen und individuelle Lösungen zu finden. Bei der Diskussion über die Flexible Betreuung ist deutlich geworden, daß die Lebenserfahrungen von Jugendlichen das entscheidende Kriterium für das Arrangement der Betreuung ist. Dabei ergibt sich häufig, daß nicht der perspektivlose Versuch, Jugendliche aus ihren Lebensbezügen herauszureißen, sondern die sozialpädagogische Betreuung in ihrem Lebensumfeld den Rahmen der Betreuung definiert. Dabei sind wir in Bereiche vorgestoßen, in denen sich früher anständige Pädagogen nicht aufzuhalten pflegten. Dieser Aspekt — nämlich daß wir dazu lernen mußten — ist nicht das Problem. Wir haben dabei aber auch elendeste und unmenschliche Lebensbedingungen kennengelernt. Mein Eindruck ist, daß diese Probleme elender Lebensbedingunmgen in der jugendpolitischen Diskussion bagatellisiert und verdrängt werden. Damit kein Mißverständnis entsteht: ich meine nicht die Situation, daß Jugendliche zu ihrer eigenen Zufriedenheit ihr Leben gestalten können und Erwachsenen — etwa aus Gründen der Moral — sie so nicht leben lassen wollen. Ich meine von den Jugendlichen selbst als elend und menschenverachtend empfundene Lebensbedingungen. Was wir hier kennengelernt haben — etwa in der Stricherszene oder bei Skinheads — hat mit idyllischen Vorstellungen etwa von Aufgehobenheit oder Solidarität in peer-groups überhaupt nichts zu tun. Sicher, die Jugendlichen werden in der Regel nicht unmittelbar gezwungen, sich dort aufzuhalten, sondern dies erscheint ihnen besser als woanders zu leben. Aber nicht deswegen, weil das Leben ihnen dort so viel bietet oder weil sie dort ihre wichtigen Bedürfnisse befriedigen können, sondern oft, weil andere Möglichkeiten noch schlimmer sind oder erscheinen. Nicht die gute Qualität der Lebensbedingungen dort, sondern die noch elenderen, die sie woanders erlebt haben oder die sie sich aufgrund ihrer Lebenserfahrung vorstellen, bringt viele dazu, dort zu leben.

Diese elenden Lebensbedingungen werden vom Jugendhilfebereich überwiegend verschwiegen. Wenn einzelne Einrichtungen dieses zum Thema gemacht haben, wurden sie z.B. darüber aufgeklärt, daß es solche Probleme schon immer gegeben habe oder daß die Statistik keine Zunahme an Jugendlichen vermelde, die sich selbst getötet haben.

Selbstverständlich haben wir diese Lebensverhältnisse nicht verursacht — soweit Heime in der Biographie einzelner Kinder nicht eine schlimme Rolle gespielt haben. Aber wir erleben solche Lebensverhältnisse und sind zuständig, wenn wir Jugendliche dort betreuen. Deswegen müssen wir diese Probleme öffentlich benennen und es nicht der Presse überlassen, Krokodilstränen über die armen Jugendlichen zu vergießen, die nicht mehr in den Genuß der geschlossene Unterbringung kommen. Diese Lebensverhältnisse stellen doch nicht die Reform in Frage, also gibt es auch keinen Grund, sich Sprachregelungen zu unterwerfen, die das Problem bagatellisieren. Es ist eher notwendig, diese Probleme öffentlich zu behandeln und zynische Erklärungen zurückzuweisen.

4. These

Die neuen Fehlentwicklungen sind durch die einseitige Ausrichtung der Veränderungsprozesse auf die Vermeidung der alten Strukturen bestimmt, anders gesagt, wer ausschließlich das Thema "Abschaffung der Unterdrückung" im Auge hat, schafft das Problem der Vernachlässigung.

Die Reform der Heimerziehung in Hamburg und — allgemein — die Kritik der Heimerziehung seit Beginn der 70er Jahre bezog sich stark auf ihre Funktion als Instanz der Sanktion. Insbesondere Erziehungsheime für Jugendliche hatten die Aufgabe, Jugendliche zu disziplinieren. Die Drohung mit der Heimeinweisung ging nicht ins Leere und die Lebensbedingungen in den Heimen entsprachen nicht selten den Befürchtungen der Jugendlichen. So die Kritik und dies sollte sich ändern. Nun sollte die Heimerziehung ihre Betreuung am Jugendlichen orientieren, das Autonomiestreben der Jugendlichen zulassen und fördern, nicht die Anpassung an gesellschaftliche Erwartungen, sondern die Verwirklichung der Lebensentwürfe der Jugendlichen sollten im Vordergrund stehen. Die Betonung dieser Aspekte war — wenn man sich die Tradition und die gesellschaftliche Rolle der Heimerziehung vergegenwärtigt — sicher notwendig, zumindest unvermeidbar. Jedenfalls ohne eine solche Abgrenzung war die Reform unvorstellbar.

Spätestens dort allerdings, wo die Erwachsenen sich fast ganz aus der Welt der Jugendlichen zurückziehen, müssen Zweifel aufkommen, ob die Vermeidung der Unterdrückung denn das einzige Kriterium für die Heimerziehung sein soll, die die Existenzbewältigungschancen der von ihr betreuten Minderjährigen verbessern will. Die Vermeidung von Unterdrückung allein kann doch wohl nicht den Inhalt unserer Arbeit hinreichend bestimmen.

Nein, ich bin der Auffassung, die notwendige Sensibilisierung für die Funktion der Heimerziehung als Sanktionsinstanz hat dort, wo sie sehr einseitig erfolgt ist, bereits das neue Thema definiert: die Vernachlässigung.

Um Mißverständnisse zu vermeiden, kann nicht übersehen werden, daß die Unterdrückung auch früher nicht selten im Gewande der Hilfe und Fürsorge daherkam. Ich möchte daher meine Position nach beiden Seiten abgrenzen. Der Renaissance der Sanktionsfunktion soll nicht das Wort geredet werden. Es ist auch nicht die Frage, ob man zu weit gegangen sei in der Abschaffung sanktionierender Elemente, sondern eine Frage danach, welche Elemente in diesem Konzept fehlen. Wenn man etwa sieht, wie Betreuungsformen, die für selbständige Jugendliche entwickelt worden sind, einfach im Alter nach unten verlängert werden (mit Begründungen wie "mit der Selbständigkeitserziehung kann man gar nicht früh genug anfangen"), wenn einem für die Betreuung von Kindern nichts anderes einfällt, als das Gleiche wie für Jugendliche, dann kommen Zweifel auf, ob die Lebenserfahrungen von Kindern und Jugendlichen und ihre Bedürfnisse tatsächlich berücksichtigt werden sollen.

Die gute Konzeption am Jugendlichen orientierter Betreuung — wie sie von D. Arend, K. Hekele und M. Rudolph überzeugend vorgestellt wurde — wird übrigens in Hamburg in einer Art und Weise verwurstet, daß man sich wundern muß. Als ob ambivalente Einstellungen von Jugendlichen zur Erwachsenenwelt nicht sowohl Abgrenzung, als auch gleichzeitig Orientierung und Nähe und in jedem Fall eine Auseinandersetzung mit den Erwachsenen über den eigenen Weg erfordert. Wenn die Erwachsenen sich dann schon aus dem Staub gemacht haben, wird darin ein sehr verkürztes Verständnis von den Bedürfnissen der Jugendlichen deutlich. Aus meiner Sicht haben beim derzeitigen Stand der Heimreform Fragen erheblich an Bedeutung gewonnen wie:

Stehen wir noch ausreichend zur Verfügung?

Ist unser Rückzug die neue Form, sich die Jugendlichen vom Leib zu halten?

Zusammenfassung

Wenn ich diese vier Bereiche meiner Kritik zusammenfasse, stelle ich fest:

Trotz des weitgehenden Konsenses in der Abschaffung überholter Formen der Heimerziehung ist die Reform der Heimerziehung dort gefährdet, wo die pädagogischen Mitarbeiter nicht an den Veränderungen beteiligt sind und von dem Sinn der Reform nicht überzeugt sind, wo elende Lebensbedingungen von Kindern und Jugendlichen verschwiegen werden und so sich der Gestaltungsprozeß in der Vermeidung von Sanktionen erschöpft.

Wer den Erfolg der Reform will, muß die Debatte über die Entwicklungen, die sie gefährden, offensiv führen.

FRIEDHELM PETERS / FRED WOHLERT

Im Jahre 4 nach der Hamburger Heimreform von 1982: Erfahrungen, ungelöste Probleme, Perspektiven

Ausgangslage und politische Entscheidungen

Ende der 70er Jahre wurden zunehmend die quantitativen und qualitativen Dimensionen einer neuen Krise öffentlicher Erziehung in Hamburg bewußt. Anhaltspunkte dafür waren u.a.

- unbewältigte Aspekte der Krise in Begründung und Legitimation von Heimunterbringung in der Zeit zwischen 1968 bis 1972 (Heimrevolte),
- mangelnde Sensibilität des bürokratischen Apparates für die Auswirkungen demographischer Entwicklungen auch auf die Heimerziehung,
- eine Verschärfung der Verteilungskämpfe um knapper werdende Ressourcen, die es ratsam erscheinen ließen, hinter den Gegebenheiten Deckung zu suchen,
- Kontaktverluste zu den Argumenten der "neuen" Heimkritik und zu neueren Entwicklungen der Institution Heimerziehung im übrigen Bundesgebiet,
- Hilflosigkeit gegenüber der "kinetischen Energie" einmal eingeleiteter Verbesserungsstrategien und Vorhaben, auch wenn sie als überholt und fehlerhaft erkannt waren,
- vereinzelte Versuche Freier Träger, Jugendwohnungen, Außenwohngruppen oder Einzelbetreuungen zu installieren, wurden von den zuständigen Verwaltungsdienststellen unter Berufung auf Heimaufsichtsrichtlinien behindert bzw. mit pflegesatztechnischen Mitteln zum Entgleisen gebracht.

Welche Strukturdefekte innerhalb der Verwaltung für diese krisenhaften Entwicklungen primär verantwortlich waren, ist nicht auszumachen. Man kann auch den Befund "Krise" für falsch halten, müßte dann aber erklären, warum die für die öffentliche Erziehung verantwortliche Verwaltung Ende der 70er Jahre in verschiedenen Sachfragen und gegenüber verschiedenem Publikum sich vorwiegend in der Defensive befand.

Zu Beginn der 9. Legislaturperiode wurde der Versuch unternommen, die quantitativen und qualitativen Defekte im System der öffentlichen Erziehung durch Veränderung organisatorischer und programmatischer Entscheidungsprämissen zu bearbeiten. Dabei wurde grundsätzlich der Weg über Regierungsvorlagen gewählt (Senats- und Bürgerschaftsdrucksachen), um aus den unentscheidbaren und deswegen zermürbenden Auseinandersetzungen mit Verwaltungsdienststellen zu verschiedenen Sachfragen herauszukommen.

Mit diesen Senatsvorlagen gelang es, die Zustimmung von Senat und Bürgerschaft zu folgenden Kurskorrekturen zu erhalten:

- Abbau der Überkapazitäten klassischer Heimerziehung zugunsten einer Anhebung der Ausstattungsstandards,
- Korrektur überholter und verfehlter Investitionsprogramme (Neu- und Umbauten klassischer Heime),
- Freistellung von der Zumutung, Custodialfunkionen für bestimmte Jugendliche in der Stadt zu übernehmen,
- Abschaffung der Aufnahme- und Beobachtungsheime, die in den 60er Jahren mit großen diagnostischer Erwartungen begründet wurden, zugunsten eines leistungsfähigen Kinder- und Jugendnotdienstes in Hamburg.
- Einebnung der Heimdifferenzierung, die ihre Ressourcen bis dahin durch immer neue Spezialisierungen eingeworben hatte.
- Verstärkung der Verselbständigung (Autonomie) für:
  a) die einzelnen Jugendlichen in der Heimerziehung (frühe Verselbständigungsangebote, betreutes Einzelwohnen, Jugendwohnungen)
  b) die Erziehungseinheiten (Gruppe, Heim)
  c) die Verwaltungseinheit, die die die staatlichen Heime zu betreiben hatte.
- Schaffung möglichst lebensnaher, menschliche Nahbeziehungen fördernder Arrangements (z.B. Außenwohngruppen).
- Offensiver Umgang mit der Einsicht, daß organisierte Erziehung ihre Grenzen hat, daß Probleme zwar bearbeitet, aber nicht immer in jedem Fall endgültig gelöst werden können.

Umsetzung der Senats- und Bürgerschaftsbeschlüsse

Vorbemerkungen

Alle Umsetzungsschritte standen unter dem Druck krisenhafter Zuspitzung. Weder die Kapazitätsüberhänge noch der "Modernitätsrückstand" Hamburger Heimerziehung ließen eine ruhige, planvolle Umgestaltung zu. Alle Maßnahmen sollten darüber hinaus kostenneutral erfolgen. Erstmalig nach dem Krieg stand damit die Jugendhilfebürokratie vor der Notwendigkeit, umzubauen statt anzubauen.

Abbau der Überkapazität und Strukturverbesserungen

Situation im Bereich staatlicher Heimerziehung

Wie die nachfolgende Grafik zeigt, beginnt Ende der 60er Jahre die Heimplatznachfrage kontinuierlich zu sinken. 1967 steht schließlich einem Platzangebot von 3.000 Plätzen in staatlichen Heimen ein Belegungs-Ist von 2.500 Plätzen in diesen Einrichtungen gegenüber.

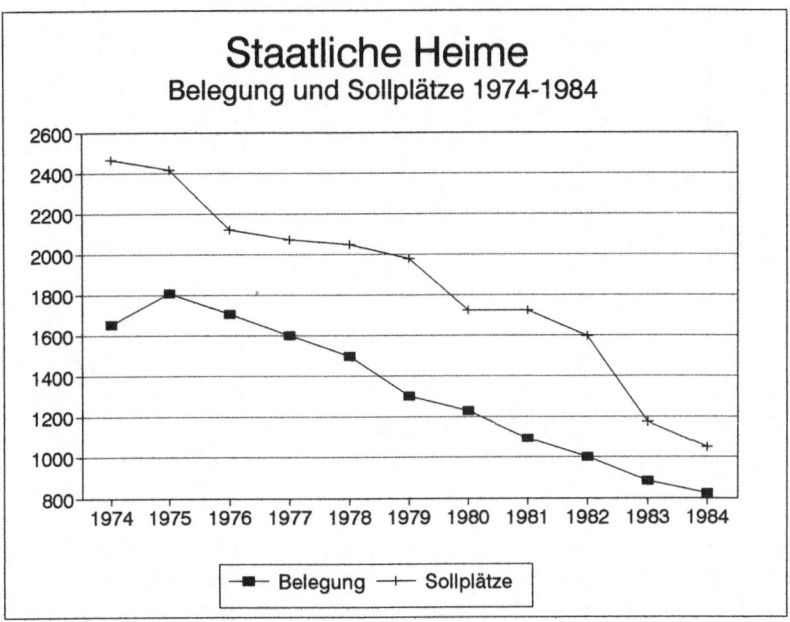

Diese Entwicklung war neu, denn bis in die Mitte der 60er Jahre war die Nachfrage ständig gestiegen. Sie konnte seinerzeit nur ausgeglichen werden durch die Inanspruchnahme Freier Träger im gesamten Bundesgebiet. Der Rückgang der Nachfrage war zum Teil in sozialpädagogisch inspiriert, z.T. hatte er demographische Gründe. Die zurückhaltende Inanspruchnahme der Heimerziehung durch die sozialen Dienste (sie definieren und entscheiden etwa 70 % der Nachfrage) wird z.B. daran deutlich, daß 1969 etwa 1,2 % aller Minderjährigen in Hamburg einen Heimplatz benötigten, heute nur noch ca. 0,66 %. Beide Entwicklungen zusammen führten zu dramatischen Einbrüchen der Nachfrage.

Die zuständige Ministerialbürokratie reagierte in seinem Verantwortungsbereich auf den Nachfragerückgang durch die Schließung von Heimen und durch die Verbesserungen der Ausstattungsstandards. In der Zeit von 1967 bis 1978 wurden 9 Einrichtungen geschlossen, das Platzangebot um ca. 1.000 Plätze reduziert. Im Bereich Freier Träger zog Hamburg sich zunehmend aus

Einrichtungen im übrigen Bundesgebiet zurück, wie die nachfolgende Darstellung zeigt:

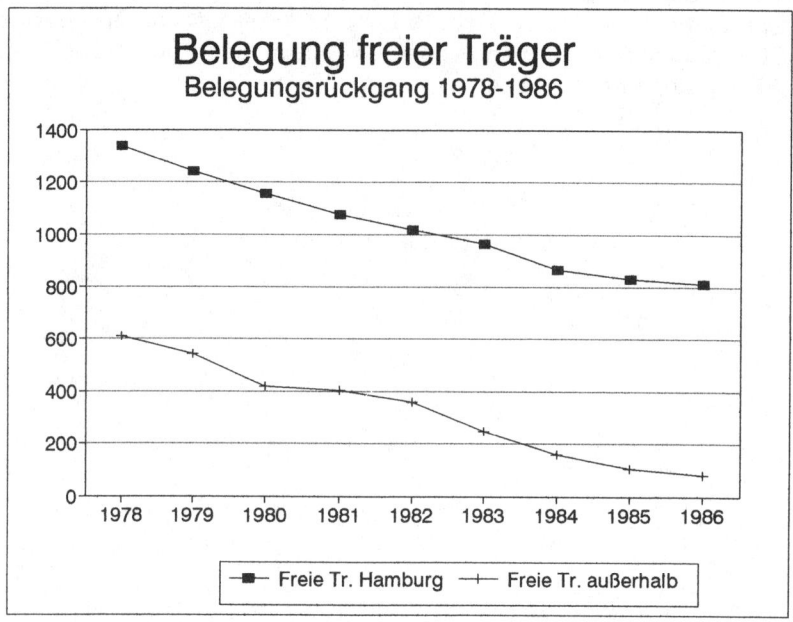

Belegung freier Träger
Belegungsrückgang 1978-1986

Mit Beginn der 9. Legislaturperiode bestand aber trotzdem ein Überhang von ca. 500 – 600 Plätzen. Während die zuständige Fachverwaltung diesen Überhang durch Strukturverbesserungen abbauen wollte, drängte die Finanzverwaltung auf eine "Ablieferung" der Überhänge zugunsten anderer Bedarfe. In dieser Lage legte die zuständige Fachverwaltung ein Entscheidungspaket vor, mit dem:
- die Kapazität der staatlichen Kinder- und Jugendheime dem tatsächlichen Bedarf angepaßt,
- die Gruppenfrequenzen auf die Zielwerte des Jugendberichtes '73 gesenkt,
- die Stellenausstattung der Gruppen so verbessert wurde, daß wichtige arbeits- und tarifrechtliche Vorschriften eingehalten werden konnten und
- ein Sozialplan für ausscheidende Mitarbeiter finanziert werden konnte.[1]

Kapazitätsanpassung bei Freien Trägern

Wie oben dargestellt, glich Hamburg Nachfragespitzen aus, indem bundesweit Einrichtungen Freier Träger in Anspruch genommen wurden. In Zeiten des Nachfragerückgangs trennte man sich zugunsten der (eigenen) Heime wieder von diesen Einrichtungen und überließ sie ihrem minderausgelasteten Schicksal.

Als die mangelnde Nachfrage in den Einrichtungen Freier Träger mit Sitz in Hamburg spürbar wurde, schloß die zuständige Fachverwaltung auf Betreiben der Spitzenverbände in Hamburg 1978 eine Vereinbarung, die eine 50 %ige Bedarfsdeckung durch die Heimträger mit Sitz in Hamburg vorsah.

Während die zuständige Behörde Kapazitätsprobleme in den staatlichen Heimen steuern mußte, spielt sie gegenüber den Heimen Freier Träger eine andere Rolle. Sie muß die Gestaltungsfreiheit der Träger auch bei Kapazitätsfragen respektieren. Sie stellt deswegen Planungsdaten zur Verfügung (Heimplatzbedarfsprognose) und achtet allein bei den Pflegesatzverhandlungen darauf, daß Minderauslastungen nicht auf Dauer über eine Erhöhung des Pflegesatzes abgewälzt werden können. Die von der BAJS entwickelten Steuerungsinstrumente im Vollheimbereich haben in Hamburg zu vertretbaren Kostenentwicklungen geführt. Dies wird dann deutlich, wenn man die Aufwendungen für die Vollheimunterbringung inflationsbereinigt darstellt.

Pflegesätze Freier Träger
Träger Sitz Hamburg

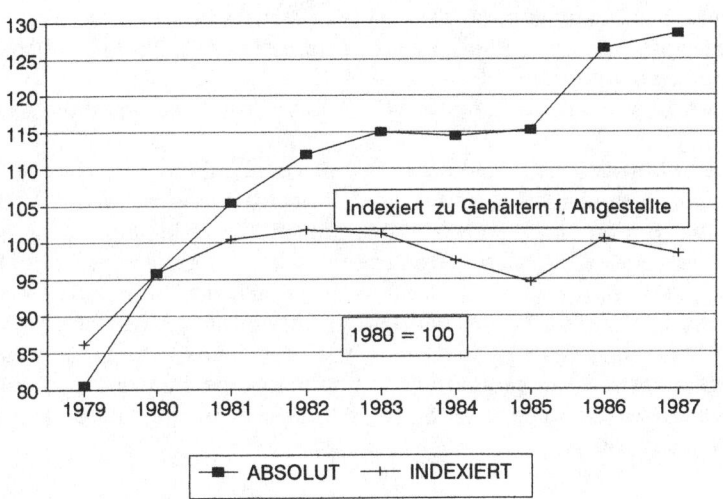

Indexiert zu Gehältern f. Angestellte

1980 = 100

ABSOLUT   INDEXIERT

In diesem Zusammenhang soll daran erinnert werden, daß ein direkter Zusammenhang zwischen der pädagogischen Leistungsfähigkeit einer Einrichtung und den finanziellen Aufwendungen nicht hergestellt werden kann. Interessanterweise besteht aber auch nur ein schwacher Zusammenhang zwischen der Höhe der Pflegesätze und der Betreuungsdichte, die ein Träger im Rahmen seiner Ressourcen "produziert"; dies zeigt jedenfalls ein Vergleich verschiedener Heime Freier Träger, die im Unterschied zu staatlichen Einrichtungen hier Verschiedenheiten aufweisen.

Vom Aufnahme- und Beobachtungsheim zum Kinder- und Jugendnotdienst

Mitte der 60er Jahre hatte die "Therapeutisierung" der Heimerziehung ihre volle Schubkraft entfaltet. Das Heim als "Therapeutische Klinik" konnte seinerzeit von W. Bäuerle als Konzept formuliert werden. Dazu gehörte auch der Ausbau leistungsfähiger Aufnahme- und Beobachtungsheime, in denen "mehrdimensionale Diagnosen" während einer dreimonatigen "Beobachtungsphase" erstellt wurden. Promovierte Psychologen als Heimleiter, Psychologen als Therapeuten und Diagnostiker, Therapieräume mit one-way-windows wurden von den mittelbewirtschaftenden Stellen bewilligt. Es dauerte eine Weile bis man merkte, daß der Kaiser keine neuen Kleider trug, daß die Verteilungs- und Sortierkriterien nach der Beobachtungsphase stets die gleichen blieben:
- Der aggressive männliche Jugendliche kam nach W.,
- das sexuell verwahrloste, aufsässige Mädchen in die F.,
- das neurotisch gestörte Kind in die "kleine, heilpädagogische Einrichtung" mit "stetiger Zuwendung und Geborgenheit",
- die "harmlosen" Jugendlichen mit IQ-Problemen in die Jugendwohnheime.

Für Hamburg ließ sich beobachten, daß zuerst die systematische Beobachtung auf der Strecke blieb, weil die Beobachtungsheime als "Abstellgleise" mißbraucht wurden, und andere Dienststellen die Belegung nach ihren Vorstellungen steuerten – nach Aktenlage. Schließlich geriet das Aufnahmeheim selbst in die Kritik, weil es als bequeme Möglichkeit fungierte, Kinder und Jugendliche zu "parken", "um die weitere Entwicklung abzuwarten", wie es in zahllosen "Einweisungsberichten" der sozialen Dienste hieß. Die zuständige Behörde gab deshalb konsequent die Aufnahmeheime ersatzlos auf, um aus den freiwerdenden Ressourcen den längst erforderlichen "Kinder- und Jugendnotdienst" zu konzipieren.

Entspezialisierung und Aufhebung der Heimdifferenzierung

Differenzierung in der Heimerziehung

Viel Aufmerksamkeit wurde in der Theorie der Heimerziehung und in den durch die Theorie angeleiteten "Indikationskatalogen" und "Heimaufsichtsrichtlinien" auf die Frage verwendet, wie eine optimale Heimdifferenzierung auszusehen habe. Bis zum Beginn der 9. Legislaturperiode folgten die staatlichen Heime und die Einrichtungen der Freier Träger den bundesweit üblichen Spezialisierungsmustern. Heim und Gruppentypen mit sehr unterschiedlichen Gruppenfrequenzen und Ausstattungsstandards bildeten sich heraus. Die nachfolgende Übersicht mag davon einen Eindruck geben: sie spiegelt den Stand von 1981.

Säuglingsgruppen	8 Plätze	3,15 Stellen
Kleinstkindergruppen	10 Plätze	3,67 Stellen
Kleinkindergruppen	12 Plätze	3,15 Stellen
Schulkindergruppen	15 Plätze	3,40 Stellen
Jugendliche im Erziehungsheim	15 Plätze	3,25 Stellen
Jugendliche im Wohnheim	18 Plätze	2,85 Stellen
Jugendliche in gesicherten Gruppen	12 Plätze	5,25 Stellen
heilpädagogische Gruppen	10 Plätze	4,00 Stellen

Ein Blick in den Jugendbericht '73 der Freien und Hansestadt Hamburg zeigt, mit welcher Begrifflichkeit seinerzeit versucht wurde, die Einrichtungen zu differenzieren und zu klassifizieren:

Mit einer speziellen Senats- und Bürgerschaftsdrucksache[2] korrigierte die zuständige Behörde das bisherige Differenzierungskonzept wegen der schädlichen Folgeprobleme. Sie folgte damit der neueren Diskussion um die Probleme der Heimerziehung, wie sie z.B. im "Zwischenbericht der Kommission Heimerziehung" praxisnah zuvor formuliert worden war.[3] Weder theoretisch noch praktisch waren die Absichten der Reform neu. Gleichwohl gab es eine erhebliche öffentliche Aufregung um die Absichten der Reform. Ungewöhnlich war allenfalls die Kompromißlosigkeit, mit der das Konzept formuliert wurde und das Tempo der geplanten Umsetzung.

Angestrebt wurde eine einheitliche Gruppenfrequenz von 10 Kindern bei 4,5 Stellen pro Gruppe (Säuglings- und Kleinkindergruppen behielten ihre Sonderausstattung). Etwa 42 Erziehungsgruppen hatten einen höheren Ausstattungsstandard, 66 Erziehungsgruppen einen schlechteren Standard. Kostenneutral war deswegen diese Umschichtung nur durchführbar, indem ein Ausgleich zur Mitte hin durchgesetzt wurde. Insgesamt gesehen haben sich die Ausstattungsstandards der Heimerziehung in der 9. Legislaturperiode erheblich verbessert. Allein die Gruppenfrequenzsenkung im Umfang von gut 210 Plätzen führte der Heimerziehung Haushaltsmittel im Werte von 10 Mio. DM zu bzw. ersparte es der Heimerziehung, diese Haushaltsmittel "abzuliefern".

Sofern Einrichtungen Freier Träger einen Nachholbedarf im Vergleich zu staatlichen Einrichtungen hatten, wurden ihnen in den laufenden Strukturverhandlungen über Stellenpläne Verbesserungen zugestanden. Als Maßstab diente dabei die neu eingeführte "Personal-Kind-Relation", also das Verhältnis aller beschäftigten Pädagogen zur Anzahl der betreuten Kinder. Während es vorher üblich war, mit jedem Träger darum zu ringen, welche interne Differenzierung er vornahm, konnten die Träger nun die Ressourcen so einsetzen, wie es ihnen jeweils vernünftig erschien.

Daß diese Umschichtungs- und Reduzierungsprogramme in der (staatlichen) Heimerziehung problemlos ablaufen würden, war nicht zu erwarten. Davon soll im folgenden die Rede sein.

Probleme mit und nach der Entspezialisierung und Aufhebung der Heimdifferenzierung

Organisatorisch wurden die Strukturen relativ schnell umgesetzt. Damit war aber noch nicht garantiert, daß ausreichend Motivation, Können und Wissen bei den MitarbeiterInnen vorhanden war, um die Absichten der Reform umzusetzen. Vielmehr zeigten sich zwischenzeitlich die ersten erwarteten und unerwarteten Folgeprobleme in den entspezialisierten Einrichtungen und hier insbesondere beim Personal.

Da der Begriff der "Entspezialisierung" nach wie vor ein Reizwort ist, soll kurz in Erinnerung gerufen werden, was damit gemeint war und ist. Entspezialisierung steht in enger Verbindung mit dem Anspruch auf Erhöhung der Individualisierung öffentlicher Erziehung und der Normalität des Lebens von betreuten Minderjährigen. Sie speist sich im wesentlichen aus dem erzieherischen Auftrag der öffentlichen Jugendhilfe, in der Lernen das Primäre ist, wobei es darauf ankommt, wie die pädagogische Forschung seit langem weiß, Arrangements zu treffen und Situationen zu schaffen, die Lernen provozieren und in denen sich Erfahrungen strukturieren können, die der Komplexität des Alltags angemessen sind.

Früher wurden Minderjährige nach Alters-, Geschlechts- oder Auffälligkeitsmerkmalen getrennt in unterschiedlichen Einrichtungstypen untergebracht. Dort konnten sich dadurch — unterstützt durch unterschiedliche organisatorische und finanzielle Arrangements unterschiedliche Arbeitsweisen und -inhalte (Spezialisierungen) ausbilden und verfestigen. Das Resultat war eine Förderung der Betreuten in einer Vielzahl von Spezialsituationen, die mit dem Leben außerhalb der Institution Heim nicht viel gemein hatten und zudem eine Reihe von Folgeproblemen evozierten, von denen hier nur das der vorprogrammierten biographischen Brüche in den Lebenssituationen von Kindern/Jugendlichen (Versetzung z.B. bei Vorliegen eines bestimmten Alters) genannt werden soll und das der impliziten Sanktionsstrategie bei Versetzungen in "schlimmere Heime" bis zur geschlossenen Unterbringung.

Gegen die Alltags- und Lebensferne der spezialisierten Einrichtungen richtete sich die Veränderung der Betreuungsbedingungen. Die Reform wollte eine veränderte pädagogische Arbeit mit dem Ziel einer möglichst lebensnahen Erziehung, dem Abbau von Spezialsituationen und eine qua Verbesserung/ Angleichung der pädagogischen Ausstattung aller Einrichtungen möglichst gleicher Verteilung der Problemfälle öffentlicher Erziehung.

Zu diesem Absichten muß jedoch angemerkt werden, daß sie noch nicht vollständig erreicht sind. Insbesondere die ehemals heilpädagogischen Einrichtungen haben sich noch zu wenig verändert. Im Ergebnis müssen die sog. Problemfälle von den Einrichtungen getragen werden, die sich den Veränderungen positiv gegenübergestellt haben. Durch die Konfrontation mit bisher ungewohnten Problemen (und Klienten) entstehen u.U. prekäre Situationen in einzelnen Erziehungsgruppen oder gar Einrichtungen.

Zu dem gesamten Prozeß ist selbstkritisch anzumerken, daß organisatorische und/oder programmatische Prämissen relativ leicht änderbar sind, daß die eigentlichen Engpässe aber in den Personalstrukturen liegen. Mit anderen Worten: Jede Reform muß durch das Nadelöhr individuellen Bewußtseins, wenn sie Praxis werden soll. Mit einer organisatorischen Umstellung bzw. mit neuen Zielen und Zwecken ist noch nicht gesichert, daß auf den jeweiligen Stellen hinreichend Motivation, Wissen, Können und die notwendigen Einstellungen vorhanden sind. Besonders leicht faßbar wird dieses Problem bei der sog. "Entspezialisierung".

Zum Teil handelt es sich um Motivationsprobleme. Das gilt insbesondere für Stellen, die bisher ihre Aufgabe unter relativ privilegierten Bedingungen wahrzunehmen hatten. Die Renitenz gegen Privilegienverlust kommt natürlich in formal untadeliger Form daher: als sozialpädagogisch drapierte Sorge. Diese Begriffswahl soll allerdings nicht verdecken, daß die geäußerten Sorgen und Befürchtungen zuweilen ihre Berechtigung haben. In der Tat handelt es sich zuweilen um klassische Zielkonflikte, bei denen man sich nur zwischen jeweils unterschiedlichen Folgeproblemen entscheiden kann.

Weniger konfliktreich aber gleichwohl gefährlich kann Entspezialisierung sein, wenn sie unbemerkt zur Vernachlässigung introvertierter, kleiner Kinder führt. Das kann dann eintreten, wenn die Aufmerksamkeit der Erzieher durch laute, polternde, aggressive Auseinandersetzungen mit Jugendlichen absorbiert wird. Bei diesen Zielkonflikten wird es darauf ankommen, Entspezialisierung zu wollen, ohne Mitarbeiter in die innere Emigration zu treiben oder Kinder zu vernachlässigen. Umgekehrt wird es auch darauf ankommen, Einrichtungen und Mitarbeiter einem Anpassungsdruck auch wirklich auszusetzen. Die sozialpädagogisch inspirierte Sorge insbesondere um jüngere Kinder führt nämlich häufig zu Sortierungsprozessen, die einigen Einrichtungen die Konfrontation mit ungewohnten Problemen erspart.

Ein ernstes Problem bereiten der Entspezialisierung die Personalstrukturen in den Einrichtungen, die durch jahrelange Spezialisierung auf die Erziehung kleiner Kinder, großer Mädchen oder von Jugendlichen, die Angst machen, objektive Schwierigkeiten haben, die Bandbreite ihrer sozialpädagogischen Handlungsmöglichkeiten zu erhöhen. Eine Einrichtung z.B., die zu 95 % weibliche Mitarbeiter mit einem durchschnittlichen Lebensalter von 22 bis 26 Jahren beschäftigt, hat erhebliche Probleme, männliche Jugendliche mit ausgeprägtem "Macker-Verhalten" zwischen 16 bis 17½ Jahren neu aufzunehmen. Wenn es schlecht geht, flüchten die MitarbeiterInnen aus der Praxis und sei es auch nur über eine entsprechende Gesaltung ihrer Dienstpläne. Häufig führen solche Überforderungssituationen dazu, daß die jungen weiblichen MitarbeiterInnen ihren Auftrag darin sehen, den Jugendlichen angenehme Gesellschaft leisten.

Unter pädagogischen Gesichtspunkten ergibt sich ein weiteres personelles Problem aus den Heimschließungen zur Kapazitätsanpassung. Der vereinbarte Sozialplan führt zu wenig Neueinstellungen qualifizierter Erzieher/Sozialpädagogen, die dem Konzept einer entspezialisierten Arbeit unbelastet gegenübertreten und sich gerade durch die neuen Konzepte angezogen fühlen.

Erfahrungen mit einzelnen Betreuungsformen im staatlichen Heimbereich

Jugendwohnungen

Jugendwohnungen gibt es in Hamburg in einer ambulanten und in einer stationären Variante. Die ambulante Variante ist älter und die Betreuungsdichte ist geringer, so daß damit auch konzeptionelle Grenzen für die Belastbarkeit mit Jugendlichen gegeben sind, die Probleme machen.

Die stationäre Jugendwohnungsvariante ist jünger. Sie entwickelte sich aus der Gruppenerziehung der Heime heraus. Das Konzept wird seit 1981 erprobt und hat sich insgesamt bewährt. Es ist Ausdruck des Versuches, die Verselbständigung und die Autonomie des einzelnen Jugendlichen in öffentlicher Erziehung zu fördern und zugleich realitätsgerechtere Arrangements, die möglichst lebensnahe Rahmenbedingungen setzen, zu installieren. Ein wesentlicher Schritt auf dem Weg zur Konsolidierung dieser Betreuungsform war die 1983 dann auch haushaltsmäßig abgesicherte Möglichkeit, Gelder direkt an Jugendliche auszahlen zu können, die damit im Prinzip ihren Lebensunterhalt selbständig bestreiten.

Die Zielvorstellung von 1983: 205 Plätze in Jugendwohnungen und -wohngruppen für Ende 1984 und damit eine ca. 40 %ige Versorgung der 15-18jährigen mit Jugendwohnungen bzw. -wohngruppenplätzen ist nahezu erreicht, wenngleich die Lage der meisten Wohneinheiten – überwiegend auf Heimgelände – als nicht glücklich zu bezeichnen ist, da die Trennung von der Institution Heim nicht deutlich genug ausfällt und oftmals von den Betroffenen und Fachkräften als nur kosmetische Veränderung begriffen wird sowie den "Störungen" seitens der Großinstitution Heim nach wie vor ausgesetzt ist.

Die Etablierung von Jugendwohnungen wurde von den Fachkräften und Jugendlichen allgemein begrüßt und angenommen. Auch die leitenden Prinzipien scheinen vernünftig: Freiwilligkeit, Mitsprache der Bewohner bei der Belegung, Dienst der Mitarbeiter je nach Betreuungserfordernissen. Diese Betreuungsform ist jedoch in der Gefahr, gerade durch ihre Gründungsprinzipien einige ungewollte Nebenfolgen zu zeigen: Die Mitsprache der Bewohner führte dazu, daß die Aufnahmeprozeduren langwierig wurden und problematische Jugendliche keinen Zugang fanden. Die Gestaltung der Dienstpläne folgte manchmal mehr dem Bedürfnis der Betreuer, als denen der Jugendlichen. Sehr bald wurde auch klar, daß die Jugendwohnung in dieser Form keine Möglichkeit bietet, den besonders schwierigen Jugendlichen zu verkraften. Weiter war zu beobachten, daß die Mitarbeiter der Erziehungsgruppen ihre relativ selbständigen und fähigen Mitglieder aus verständlichen Gründen nur ungern in die Jugendwohnung ziehen ließen.

Sollten jedoch die unstreitig positiven Ansätze des verselbständigten Jugendwohnens erhalten oder gar – bei Berücksichtigung der Nachfragesituation – weiter ausgebaut werden, muß überlegt werden, ob Änderungen in der Betreuungsdichte vorgenommen werden sollen/können, um auch die "schwierigen Jugendlichen" aufzunehmen, wie auch die Frage der stärkeren Einbeziehung der hauswirtschaftlichen MitarbeiterInnen beantwortet werden muß.

Außenwohngruppen

Die Reformidee der Außenwohngruppen war unter den Bedingungen der öffentlichen Verwaltung nicht ganz einfach zu realisieren.[4] Die geltende Arbeitszeitordnung erwies sich als Hürde, die im Rahmen abhängiger Beschäftigung der Mitarbeiter nicht zu nehmen war. Um die Idee gleichwohl zu realisieren, entschloß sich die zuständige Behörde, die Außenwohngruppen-Mitarbeiter über freiberufliche Werkverträge zu gewinnen. Die notwendige soziale Absicherung erfolgte über Nebenabreden zum Arbeitsvertrag. Bei der Vertragsgestaltung, der sozialen Absicherung und den Finanzierungsmodalitäten entwickelte Hamburg Lösungen, die das Interesse anderer Kommunen und Heimträger weckten – auch solcher, die bereits Außenwohngruppen installiert hatten. Wider Erwarten entwickelte sich die Außenwohngruppe nach Hamburger Muster zum "Exportartikel".

Mit Hilfe der gefundenen Vertragskonstruktionen konnten im Jahre 1984 bereits 25 Plätze in Außenwohngruppen geschaffen werden, inzwischen bestehen 11 Außenwohngruppen mit insgesamt 40 Plätzen.

Die Erfahrungen mit Außenwohngruppen in Hamburg sind noch zu kurz, um eine Bilanz zu ziehen. Es gibt offenbar eine Reihe typischer Gefährdungen, die meistens nach der Phase der Gründungseuphorie deutlich werden:

1. Die Beziehungen der Mitarbeiter untereinander werden außerordentlich strapaziert. Die Beziehungskonflikte der Erwachsenen gefährdet dann – anders als beim Schichtdienst in Erziehungsgruppen – unmittelbar den Bestand und die Arbeit der Außenwohngruppen.
2. Trotz hoher Selbständigkeit und entsprechend aufgestockter Gratifikation, zeigen die Mitarbeiter manchmal die Neigung, für die daraus resultierenden Verpflichtungen Entlastung zu suchen.
3. Die Außenwohngruppen suchen bei der Neubelegung manchmal Kinder, für die auch normale Pflegestellen gefunden werden könnten.

Einzelbetreuungen

Es gibt besonders problematische Jugendliche, deren Betreuung schwer zu organisieren ist. Die Träger der Heimerziehung sind bei der Ausklammerung bestimmter Fälle mehr oder weniger geschickt. Die eigentlichen Gründe für die Verweigerung der Aufnahme werden selten genannt. Die Träger der Heimerziehung verweigern sich u.a. deswegen, weil sie befürchten, den Erwartungen der Auftraggeber nicht gerecht zu werden. Sie haben jahrelang die Erfahrung gemacht, daß der Erfolg einer Einrichtung daran gemessen wird, ob Ruhe herrscht. Keine Ruhe herrscht z.B., wenn die Polizei ein häufiger Gast auf dem Gelände ist, örtliche Gremien die "Zustände" thematisieren oder die Presse sich phantasievoll des Themas annimmt.

Für Jugendliche, die keiner "will", deren Integration in die klassische Heimerziehung nicht gelingt bzw. nicht versucht wird sowie für Jugendliche, die bei der Erstaufnahme in öffentliche Erziehung eigentlich – z.B. ob ihres Alters – schon wieder in sog. Verselbständigungsmaßnahmen müßten, sucht man heute häufig die Lösung in Form von "Einzelbetreuung". Ein Mitarbeiter der Einrichtung (häufig auch Honorarkräfte) betreut den Jugendlichen in dessen

Wohnung bzw. betreut ihn dort, wo er ihn antrifft – in einem Umfang von 5 bis 20 Std./Woche. Diese Form der Betreuung enthält zwei Gefährdungen:

Die eine besteht darin, daß der Jugendliche seinen Wohnraum schnell wieder verliert, weil die Nachbarschaft die Form seines Lebensstils bzw. seinen Umgang nicht aushält. Eine andere latente Gefahr besteht in der Vernachlässigung des Jugendlichen. Führt man sich einmal vor Augen, welche Schwierigkeiten selbst Erwachsene zuweilen in ihrer Einsamkeit haben, muß man erst recht befürchten, daß ein Jugendlicher von 16½ bis 18 Jahren durch seine Einsamkeit gefährdet sein kann.

Eine etwas andere Variante der Einzelbetreuung – allerdings mit den gleichen Gefährdungen – wird z.Zt. im staatlichen Bereich ausprobiert; hier werden 20 traditionelle Heimplätze umgewandelt in 20 Plätze "betreuten Einzelwohnens", die über die jeweils geltenden Pflegesätze des finanziert werden. In dieser Betreuungsform wird eine "Erzieher – Betreuten – Relation" von 1:3 hergestellt, was einer durchschnittlichen Betreuungszeit von 13,3 Std. und damit dem Rahmen entspricht, der auch für die sonstigen Einzelbetreuungen gilt und – bei erhöhter Flexibilität weniger personalintensiv ist als traditionelle Erziehungsgruppen.

Reisepädagogik

Eine weitere Ergänzung im Maßnahmekatalog öffentlicher Erziehung mit besonders problembelasteten oder schulmüden Jugendlichen ist hervorgegangen aus der Initiative freier Träger und den Erfahrungen der Arbeit des Johannes-Petersen-Heim.

Freie Träger und staatliche Einrichtungen konnten damit in der Zwischenzeit Erfahrungen sammeln. Bei Freien Trägern liegen umfangreiche Erfahrungen mit seegehenden Segelschiffen vor, bei staatlichen Einrichtungen mit längeren Exkursionen in das europäische Ausland. Eine eingehende Würdigung dieser belastenden und mutigen Vorhaben kann an dieser Stelle nicht erfolgen.

Hintergrund dieser Interventionsform sind einmal die praktischen Erfahrungen, daß bestimmte Jugendliche in einem durchnormierten Heimalltag pädagogisch nicht erreichbar sind, weil hier – allen Bemühungen zum Trotz – die Systembedingungen des arbeitsteilig organisierten "Heims" und die tendenziell taylorisierten Beziehungen zwischen Kindern/Jugendlichen und Erziehern die notwendig intensiven pädagogischen Interaktionen überlagern bzw. in ihrer Form bestimmen (z.B. Arbeitszeitordnung, Versorgungssituation etc.).

Zum anderen wird versucht, der u.a. von Kriminologen erhobenen Forderung, daß als Alternative zu einem Handlungssystem, in dem durch offene oder verdeckte Maßnahmen der Gewaltanwendung und Entmündigung versucht wird, Kinder und Jugendliche daran zu hindern, Schwierigkeiten zu machen, und an dessen Ende der Vollzug von Jugendstrafe an 14-15jährigen steht, eine andere Politik der Instanzen, Institutionen und Professionen notwendig wäre, dadurch Rechnung zu tragen, daß Räume und Gelegenheiten angeboten werden, in denen orginäre Lernprozesse überhaupt ermöglicht werden können. Ein Beispiel für eine solche Orientierung ist Reisepädagogik.

Reisepädagogik ist ein gegenüber dem Heimalltag andersartig strukturiertes Lernfeld, wenngleich auch eine geplante pädagogische Intervention. Der Begriff

"Reisepädagogik" umschreibt ein gemeinsames "Projekt", in das Kinder/Jugendliche und Erzieher/Lehrer tendenziell gleich gehen, weil sie auf sich gestellt organisiert eine Zeitlang (z.B. 6 Monate) in fremder Umgebung, konfrontiert mit fremden Sitten und Gebräuchen, fremder Sprache und losgelöst von ihren bisherigen Bezugsgruppen und Versorgungsträgern (über-)leben und dabei die Bedingungen ihres Lebens — bis in alle Details — selbst erarbeiten müssen. Es ist eine "gemeinsame dritte Sache", bei der Wohl und Wehe der Gesamtgruppe direkt und unmittelbar vom Beitrag des einzelnen abhängt vom Beginn der Vorbereitung der Reise über die Organisation des Alltags bis zur Rückkehr.

Dies schafft gleichsam naturwüchsig Nähe und Verantwortung für andere (beides Aspekte, die bei unserer Klientel nicht immer vorausgesetzt werden können) und eröffnet ein konkretes wie praktisches Lernfeld, welches in schulischen und sonstigen pädagogischen Situationen nur schwer herzustellen wäre und zudem noch lebenspraktische Elemente umfaßt. Des weiteren enthält der Studienbetrieb innerhalb der Reisepädagogik eine unendliche Fülle von Handlungs- und Anknüpfungsmöglichkeiten aus der Situation der Reise selbst, die insgesamt auf den Hauptschulabschluß nach der Rückkehr ausgerichtet ist. Die bisherigen Erfahrungen des Johannes-Petersen-Heimes zeigen, daß dieser Weg tatsächlich geeignet ist, die Minderjährigen in ihrer schulischen und sozialen Entwicklung voranzubringen. Die Möglichkeit eines solchen Reisens soll daher auch Kindern aus anderen Einrichtungen zugänglich gemacht und das Konzept in Richtung auf die weitere Förderung fortentwickelt und im Rahmen eines Modellversuches weiter erprobt werden.

Wichtig wird hier sein, solche Ansätze zu fördern, die technisch/organisatorisch überschaubar und hinsichtlich ihrer Kosten auch für die unmittelbar Beteiligten kontrollierbar bleiben sowie die Probleme, die mit der Weiterführung der Maßnahme nach der Rückkehr entstehen, bevorzugt zu bearbeiten, um zu angemessenen Lösungen zu gelangen.

Verselbständigung der staatlichen Heime im "LHO-Betrieb" "Erziehungs- und Berufsbildungseinrichtungen"

Die staatlichen Heime wurden in der Vergangenheit als Verwaltungsdienststellen geführt. Gerade für Betriebseinheiten des "people-processing" hat dies eine Reihe gravierender Nachteile, die an dieser Stelle nicht ausreichend dargestellt werden können. Aus diesem Grunge lag es nahe, die Möglichkeit des § 28 der Landeshaushaltsordnung (LHO) zu nutzen.

Mit der Landesbetriebsgründung wurde mit Wirkung ab 1.1.1985 den Heimen größere Freiheit und Verantwortlichkeit als bis dahin sowohl in der Organisation des pädagogischen Handelns als auch im Ressourceneinsatz zugewiesen. Im Bereich des pädagogischen Handelns ist durch die Übertragung der Aufgaben des Erziehungssachgebietes (Erziehungsplanung für die einzelnen Minderjährigen, fachliche Begleitung, teilweise Steuerung der Erziehung im Heim, Vermittlung der Kontakte zu bezirklichen sozialen Diensten und Sorgeberechtigten, Verantwortlichkeit für grundlegende Entscheidungen wie Schullaufbahn, Berufsausbildung, Versetzung in selbständige Wohnformen, Beurlaubungen, Entlassungen usw.) auf die Heime und die Verlagerung der hierfür bisher im Landesjugendamt vorhandenen personellen Ressourcen in die Heimbüros eine gravierende Veränderung eingetreten. Diese – das kann schon jetzt festgestellt werden – hat sich im Sinne einer Erhöhung von Verantwortungsbewußtsein und Engagement der Erzieher für das einzelne Kind positiv ausgewirkt.

Zu befürchtende Störungen und Pannen im Verwaltungsablauf sind fast völlig ausgeblieben. Die Kommunikation mit den bezirklichen Diensten hat sich unterschiedlich entwickelt. Teilweise wird mehr und unmittelbarer telefonisch und bei gegenseitigen Besuchen beraten als bisher und gemeinsames Handeln abgesprochen. Teilweise fühlen sich Kollegen aus den Bezirken nicht mehr hinreichend informiert, weil mit dem Wegfall routinemäßiger schriftlicher Berichte an das frühere Erziehungssachgebiet naturgemäß auch keine Durchschriften mehr an die Bezirksämter versandt werden, über regelmäßige Informationen mithin nur der bezirkliche Sozialarbeiter verfügt, dessen sonstige Arbeitsbelastung es zuläßt, mit den Kollegen im Heim kontinuierlich Kontakt zu halten. Vereinzelt ist es in der ersten Selbständigkeitseuphorie zu Kompetenzüberschreitungen der Heime, wie z.B. Entlassung ohne vorherige Anhörung der sozialen Dienste oder Außerachtlassen der Entscheidungen von Amtsvormündern gekommen.

Im Laufe des Jahres 1985 haben die Heime und auch der Betrieb als ganzer begonnen, die größere wirtschaftliche Flexibilität, die sich aus der Rechtsform des Landesbetriebes ergibt, im Sinne einer möglichst eng an den pädagogischen Zielen orientierten und zugleich sparsamen Mittelverwendung zu nutzen. Die Einführung der wichtigsten Instrumente betriebswirtschaftlicher Steuerung wurde in die Wege geleitet. In der nächsten Zeit wird es darauf ankommen, dieses Instrumentarium laufend fortzuentwickeln, die wirtschaftliche Eigenverantwortung des Betriebs zu stärken und die gewonnenen Spielräume dazu zu nutzen, einen möglichst lebensnahen Umgang mit Geld auch in den einzelnen Heimen und Gruppen zu ermöglichen.

Im Bereich der Personalwirtschaft kann die Übertragung der organisatorischen Kompetenzen aus dem Verwaltungsamt der Behörde auf den Landesbetrieb insofern vorsichtig als ein erster positiver Schritt beurteilt werden, als es möglich wurde, eine Bewirtschaftung der Stellen nicht mehr ganz schematisch vorzunehmen, sondern individuelle durch die verschiedensten Faktoren geprägte Arbeitssituation in den betroffenen Einrichtungen zu berücksichtigen.

Für die Zukunft wird es darauf ankommen, den mit der Zustimmung zur Rechtsform "Landesbetrieb" ermöglichten Handlungsrahmen nach und nach voll auszuschöpfen und ein betriebliches Steuerungssystem zu installieren, das Erfolgs- und Ressourcenverantwortlichkeit sowohl für sächliche als auch für personelle Mittel soweit als sinnvoll in den Einrichtungen, auf jeden Fall aber im Betrieb vereint.

Merkmale und Systembedingungen organisierter Erziehung

Erziehung wird heute nicht mehr allein in archaischen Familien- und Sippenverbänden geleistet, sondern zunehmend in eigens dafür ausdifferenzierten, organisierten Handlungszusammenhängen: Kindergärten, Schulen, Freizeithäusern, Sportvereinen etc. Da, wie jeder weiß, Erziehung auch mißlingen kann, gibt es spätestens seit dem ausgehenden Mittelalter organisierte Handlungszusammenhänge, die immer deutlicher sich darauf spezialisieren, fehlgelaufene Erziehung zu korrigieren bzw. die Familienerziehung zu ersetzen.

Um die Grenzen organisierter Erziehung auszuloten, muß man sich zunächst das Grundprinzip jeder Organisationsbildung verdeutlichen:

Organisationsbildung besagt, daß die Anerkennung von (änderbaren) Regeln zur Verpflichtung für die (prinzipiell austauschbaren) Organisationsmitglieder gemacht wird. Die Bindung der Organisationsmitglieder erfolgt über bestimmte Vorteile: Geld, Prestige, einen Platz im Himmel oder was immer. Organisationen mit unfreiwilliger Mitgliedschaft (Gefängnisse, Militär etc.) erreichen die Bindung über Deprivation, so daß der Vorteil in der Lockerung der deprivierenden Bedingungen besteht. In den klassischen Erziehungsheimen war dieser Mechanismus als "Zigarettenwährung" umgangssprachlich bekannt.

Organisierte Handlungszusammenhänge lassen sich durch drei Strukturmerkmale kennzeichnen und variieren:

1. Die Personalstrukturen, also das nur über Personen verfügbare Können, Wissen und Motivation,
2. Die Programmstrukturen, also die jeweiligen gültigen Ziele, Konzepte, Handlungsanweisungen,
3. Die Organisationsstrukturen im engeren Sinn, also das jeweilige Geflecht von Zuständigkeiten, Kommunikationswegen etc.

Hinsichtlich des Merkmals "Programm" läßt sich für Erziehungsorganisationen sagen, daß es den Schulen und Erziehungsheimen meistens nicht an ausformulierten Zwecken und Zielen mangelt. Eher ist unklar, wie die postulierten Zwecke und Ziele im Educandus erreicht werden sollen. Zwar vermag die Methodik und Didaktik im Bereich der Schule ein Gerüst zu geben, es ist aber nicht wirklich zu verhindern, daß auf der Ebene der Interaktion eher Konspiration den Alltag strukturiert. Noch größer ist das Technologiedefizit im Bereich der Heimerziehung. Diagnostik und "Behandlungspläne"sowie andere Anleihen beim Handlungszusammenhang "Heilung" vermögen nur höchst unzulänglich zu verdecken, daß zuweilen ein erzieherischer Alltag schon dann gelungen ist, wenn Schonung und Gemütlichkeit sich auszubreiten vermochten.

Inwieweit die Organisationstrukturen im engeren Sinne als "tragendes" Strukturmerkmal für Heimerziehung gelten, ist noch nicht auszumachen. Es liegen aber Erfahrungen darüber vor, daß Organisationsbildung ungewollte Folgeprobleme produzieren kann (vgl. den Abschnitt über Differenzierung). Z.Zt. läßt sich jedenfalls sagen, daß die klassischen Prinzipien der Arbeitsteilung und Rationalisierung im Handlungszusammenhang Erziehung ihre schädlichen Folgeprobleme inzwischen offenbart haben. Diese Grenzerfahrungen haben deswegen auch zur Formulierung von Organisationsprinzipien wie Lebensnähe, Ortsnähe, Entdifferenzierung etc. geführt.

Aus dem Vorhergesagten dürfte hinreichend plausibel sein, welche hohe Bedeutung gerade die Personalstrukturen im Bereich der Heimerziehung haben. Nur über das Wissen, Können und die Motivation der Mitarbeiter vermögen entscheidende Prozesse der pädagogischen Einflußnahme zu laufen. Die Grenzen organisierter Heimerziehung sind in erster Linie die Grenzen, die durch das Können und die Motivation der Mitarbeiter gesetzt sind. Programme, Konzepte sind nur schmückendes Beiwerk, wenn die Mitarbeiter nicht können oder wollen. Mit Recht steht deswegen im Zentrum der pädagogischen Theorie-diskussion die Frage des "pädagogischen Bezuges" oder etwas modischer – die Frage der Lohnerziehung.

Die Erosion klassischer Heimerziehung

Die Erosion der klassischen Heimerziehung, in der bislang und historisch das repressive und stigmatisierende Element durch die institutionellen und methodi-schen Arrangements ebenso wie durch die funktionalen Ziele vorherrschte, erfolgte in den Teilen, die nicht schlicht demographischen Entwicklungen folgte, seit Ende der 60er Jahre durch eine veränderte gesellschaftliche und fachpoliti-sche Einstellung ihr gegenüber und ein generalisiertes Mißtrauen hinsichtlich ihrer Leistungsfähigkeit und ihrer Erfolge, die jedoch – dies einschränkend – wie jegliche pädagogische Prozesse jenseits der problematischen Legalbewäh-rung nur schwer meßbar sind.

Die doch recht tiefgreifend veränderte Einstellung gegenüber der klassischen Heimerziehung spiegelt sich – wenngleich weit weniger ideologisiert als die frühere Diskussion – auch in der aktuellen Diskussion über Heimerziehung im Spannungsfeld ambulanter und stationärer Organisationsformen wider, auf die hier deshalb eingegangen werden soll, weil in diesem Spannungsfeld u.E. auch die weiteren Entwicklungsmöglichkeiten im Sinne einer größeren Flexibilisierung und Individualisierung sowie Normalisierung und Angleichung öffentlicher Erziehung an privater Erziehung liegen.

Heimerziehung im Spannungsfeld "ambulanter" und "stationärer" Organisationsformen

Um die Bewegungstendenzen in diesem Zusammenhang zu fassen, müssen zuvor einige Merkmale dieser klassischen Zweiteilung der Jugend- und Sozialhil-fe in das Bewußtsein gehoben werden. Um organisierte Hilfe handelt es sich in beiden Fällen (nebenbei bemerkt organisiert das Schema "ambulant/stationär" auch andere Handlungszusammenhänge der Gesellschaft, namentlich die der Heilung und Strafe, aber auch die der äußeren und inneren Sicherheit).

Was strukturiert ambulante Handlungszusammenhänge?
- Die Unterstellung der Freiwilligkeit der Kontakte kann relativ erfolgreich gepflegt werden,
- Die Unmöglichkeit, die Privatsphäre der Klienten wirklich zu kontrollieren; nur gewählte Ausschnitte des "ganzen Lebens" sind das Thema, darüber muß Konsens erzielt werden;
- die Unmöglichkeit, den "Stab" über seine Erfolge zu kontrollieren.
- Eine geringe Steuerbarkeit der Mitarbeiter; sie resultiert aus einer vagen Zweckprogrammierung und einer fast völlig fehlenden "Wenn-dann-Programmierung" (Konditionalprogramm),
- Einer nur lockeren Einbindung der Mitarbeiter in die Hierarchie.
- Ein relativ ausgeprägtes professionelles Selbstverständnis der Mitarbeiter.

Aus diesen Strukturmerkmalen resultiert das gleichsam natürliche Mißtrauen gegenüber ambulanten Maßnahmen, deren Mitarbeiter häufig vom übrigen Stab mit einer Mischung aus Neid und Spott als "freischaffende Künstler" bezeichnet werde.

Was strukturiert stationäre Handlungszusammenhänge?
- Stationäre Arbeitszusammenhänge weisen eine recht gut erkennbare spezifische Architektur auf (Anstaltsarchitektur). Es handelt sich in der Regel um Gebäudekomplexe, die zwar erkennbar dem Wohnen dienen, sich aber trotzdem von anderen Wohnquartieren unterscheiden (Zäune, Wirtschaftsgebäude, Verwaltungtrakte etc.). zumeist verrät die Architektur mehr über die Funktion eines stationären Handlungszusammenhanges, als die Dogmatik desselben.
- Stationäre Arbeitszusammenhänge kennzeichnet ausgeprägte Arbeitsteilung mit Arbeitsrollen für Wirtschaften, Leiten, Verwalten, Erziehen, Therapie, Lehren etc. Dazu gehören komplementär "Insassenrollen": Zögling, Patient, Häftling.
- Eine ausgeprägte Hierarchie innerhalb des Arbeitszusammenhanges,
- eine ausgeprägte Programmierung des Arbeitsfeldes; das meint einen Satz von historisch gewachsenen Regularien, deren Herkunft und Problembezug für Stab und Insassen zumeist unbekannt sind; Regularien über Essenausgaben, Geschirrabgaben, Wäscheannahme und Ausgabe, Duschzeiten, Schulzeiten, Freizeiten etc.
- Die Freiwilligkeit der Anwesenheit kann nicht erfolgreich unterstellt werden. Zumindest wird die Betonung der Freiwilligkeit leicht als Zynismus empfunden (das gilt im übrigen z.B. auch für das Krankenhaus).

Aus dem Vorhergesagten ergibt sich weiter:
- Wegen der Totalität der Einbindung der Insassen ein Verlust der Privatheit und damit eine verminderte Chance der Selbstdarstellung,
- Eine relativ hohe Kontrollierbarkeit des Erfolgs (was in einer Einrichtung als Erfolg wirklich zählt, muß nicht mit der Außendarstellung übereinstimmen; z.B. besteht Erfolg eines Gruppenerziehers zuweilen darin, seine Gruppe ruhig zu halten).

Fragt man vor diesen strukturellen Unterschieden nach der Leistung ambulanter bzw. stationärer Handlungszusammenhänge, wird folgendes klar: Die Strukturen sind so unterschiedlich, daß die Leistungen des einen Zusammenhangs durch den anderen nicht ersetzt werden können. Und gerade dies führt dazu, daß die konkreten Aktionssysteme, deren Primärzweck ambulante bzw. stationäre Hilfe ist, angesichts ihrer eigenen Leistungsbegrenzungen und Folgen tendenziell versuchen, sich die Leistungen des anderen strukturellen Arrangements anzueignen. Hier lohnt es sich, genauer hinzusehen.

Am deutlichsten wird diese Tendenz zum Beispiel am Konzept der Jugendwohnungen. Sie haben sich sowohl aus der ambulanten Hilfe heraus entwickelt, als auch aus dem stationären Hilfebereich. Vom ambulanten Bereich her gesehen handelt es sich bei Jugendwohnungen um die Installierung "stationärer" Strukturelemente, vom stationären Bereich her gesehen, bedeuten Jugendwohnungen den Abbau stationärer Elemente zugunsten ambulanter.

Besonders ausgeprägt ist zur Zeit jener Prozeß, den man etwas unschön als "Ambulantisierung" stationärer Hilfe bezeichnen könnte. Die Dynamik in diesem Zusammenhang hat mehrere Kräfte:

- Die unerwünschten Nebenfolgen stationärer Hilfe sind sehr bewußt geworden,
- insbesondere die "Zwangsgemeinschaften" in Erziehungsgruppen wirken konfliktverschärfend, und zwar im Hinblick auf die Betreuten und auf die Mitarbeiter,
- die ökonomische Notwendigkeit, die Betreuten in "Erziehungsgruppen" zusammenzufassen, ist bei einer Personal-Kind-Relation von nahezu 1:1 (bezogen auf das Gesamtpersonal) heutzutage entfallen. Es ist ökonomisch kein Problem mehr, ein Kind oder Jugendlichen durch eine Person betreuen zu lassen.
- Die Unruhe in den Gruppen (hohe Fluktuation) legt es nahe, nach ruhigeren Arrangements Ausschau zu halten.
- Manche Jugendliche sind über klassische Heimerziehung und Gruppenerziehung nicht mehr zu erreichen. Sie kommen in den Einrichtungen gar nicht mehr an bzw. lassen sich dort nicht halten. Dies gilt übrigens auch für Kinder – auch sie lassen sich nicht mehr ohne weiteres der Heimerziehung "zuführen", weil die Jugendhilfeverwaltung aus guten Gründen nicht mehr bereit ist, Zwangsmittel anzuwenden.

Tendenzen der "Ambulantisierung" stecken in den Ansätzen, die wir in Hamburg wie folgt bezeichnen:

- Nachbetreuung
- betreutes Jugendwohnen
- Betreuung im eigenen Wohnraum
- ambulante Betreuung in der Familie
- Krisenintervention.

Die Erosion klassischer Heimerziehung wird aber durch eine weitere Strömung bestimmt, die nicht als Ambulantisierung begriffen werden kann. Die Herkunft dieser Strömung ist in einem anderen Dualismus zu sehen, der für die

Institution Heimerziehung schon immer konstitutiv war: Es handelt sich um Austauschprozesse zwischen Heimerziehung und Pflegekinderwesen oder – um eine historische Formulierung zu benutzen – zwischen Erziehungsanstalten und Kostkinderwesen.

Seit mindestens 10 Jahren wird in Fachdiskussionen die Frage erörtert, ob organisierte Erziehung in ihrer klassischen Form überhaupt in der Lage ist, Kindern das Elternhaus zu ersetzen. Ob insbesondere der Schichtdienst, die Arbeitsteilung im Heim und andere Merkmale organisierter Erziehung, die Chance menschlicher Nahbeziehungen überhaupt zulassen.

Eigentlich war die Frage schnell dahingehend beantwortet, daß es unverantwortlich ist, Kinder jahrelang den Bedingungen organisierter Heimerziehung auszusetzen. Daraus resultierten Bemühungen, das Pflegekinderwesen auszubauen. Werbemittel waren einerseits Öffentlichkeitsarbeit und andererseits eine Verbesserung der materiellen Zuwendung (vgl. etwa die Werbeaktionen in Hamburg Ende der 70er Jahre). Der Ausbau des Pflegekinderwesens zeigte aber bundesweit sehr schnell Grenzen. Die Ursachen dafür lassen sich etwa wie folgt umreißen:

- Bei der materiellen Ausstattung der Pflegestellen traute man sich nicht über den Gedanken, daß Gratifikationserwartungen und Motivation zur Kinderbetreuung sich nicht behindern müssen. Man hielt an dem altbewährten Dogma fest, daß der Lohn für karitatives Tun nicht von dieser Welt sein dürfe. Aus diesem Grunde konnte es nicht gelingen, eine Alternative zur "Lohnerziehung" unter organisierten Bedingungen zu installieren.
- Sehr schnell wurde außerdem deutlich, daß Pflegestellen ohne professionelles Selbstverständnis und einschlägige Erfahrungen an den Verhaltensweisen der Kinder sich aufreiben oder scheitern (etwa 1/3 aller Pflegeverhältnisse müssen aus pädagogischen Gründen abgebrochen werden).
- Die Rechts- und Motivationslage der leiblichen Eltern erlaubt es häufig nicht, Pflegeverhältnisse zu begründen.

Die Einsichten in die Unzulänglichkeiten organisierter klassischer Heimerziehung führen daneben zu einer Entwicklung, bei der die Aktionsysteme der Heimerziehung Elemente des Kostkinderwesens übernahmen. Die Formenvielfalt in diesem Zusammenhang ist beträchtlich: Außenwohngruppen (siehe dort), Pflegenester, Kleinstheime, Einzelbetreuungen im Wohnraum des Betreuers etc. Gemeinsam ist diesen Tendenzen, daß die Mitarbeiter der Heimerziehung weiterhin ihr Gehalt beziehen, inhaltlich aber Berufsphäre und Privatsphäre vollkommen oder teilweise vermischen.

In diesen Entwicklungen stecken eine Reihe von Risiken, auf die unten noch eingegangen wird. Die Risiken lassen sich aber nicht allein mit Begriffen wie "Privatisierung der Heimerziehung" oder "wilder Arbeitsmarkt" fassen, wie sie gern von den Vertretern organisierter Arbeitnehmerinteressen formuliert werden. Dagegen spricht u.a., daß die Träger der Heimerziehung diese Formen initiieren, und zwar häufig unter dem Druck der "Basis". Außerdem haben die Träger der Heimerziehung überhaupt kein Interesse daran, die soziale Sicherheit der Mitarbeiter zu tangieren oder gar am Finanzierungsmodus (Pflegesätze) etwas zu verändern. Träger und Mitarbeiter der Heimerziehung haben nur etwas dagegen, sich die Form der Betreuung vorschreiben zu lassen. Hier liegen die Konfliktlinien und Probleme, weil nämlich die historisch eingelebte Arbeitsteilung und Rechtsdogmatik des BSHG und JWG den Erosionsprozeß klassischer Heimerziehung zugunsten ambulanter Betreuungsformen und zugunsten der Elemente des Kostkinderwesens behindern. Diese Probleme und die Risiken sind das Thema des folgenden Abschnitts.

Die unfruchtbare Dichotomie "ambulant/stationär"

Der Erosionsprozeß klassischer Heimerziehung erfolgt durch zwei Hauptströmungen, wurde oben behauptet: Anreicherung mit Elementen der ambulanten Hilfe und Verlagerung in die Privatsphäre der Mitarbeiter. Dieser Prozeß wäre sicher schon ausgeprägter bzw. schon erkennbar an seine Grenzen gestoßen, wenn nicht andere Tendenzen dem entgegenstünden.

Wie in anderen Kommunalverwaltungen auch, sind in Hamburg ambulante Hilfen einerseits und stationäre Hilfen andererseits organisatorisch strikt getrennt. Gleiches gilt zumeist auch für die Zuständigkeiten bei der "Unterbringung im Heim" bzw "Unterbringung in Familien". Die Trennung von ambulant und stationär folgt darüber hinaus je ihrer eigenen Dogmatik und wird aus verschiedenen Haushaltstiteln gespeist.

Diese Grenzziehungen bringen es mit sich, daß jede Problemwahrnehmung, Problemdefinition und Problemlösung gezwungen ist, der strukturell angelegten Dichotomie "ambulant/stationär" zu folgen. Die Fälle werden unter "Entweder-oder-Gesichtspunkten" traktiert. Abgesichert wird dies durch die Rechtssystematik von JWG und BSHG. Jugendhilfe erfolgt in Familien oder in Heimen. Die Kontrolle der Fremdunterbringung erfolgt entweder durch die Pflegekinderaufsicht oder die Heimaufsicht.

Erschwerend kommt weiter hinzu, daß ambulante Hilfen häufig Sache der "Bezirksverwaltung" sind, stationäre Hilfe Angelegenheiten der zentralen "Fachbehörde". Negative und positive Kompetenzkonflikte sind damit unentscheidbar vorprogrammiert. Die an sich begrüßenswerte Vermischung ambulanter und stationärer Elemente wird durch Organisationsinteressen blockiert. Jeder Versuch, stationäre Formen der Hilfe zu ambulantisieren, gerät zum Kompetenzkonflikt. Der Umschaltprozeß von ambulanten auf stationäre Maßnahmen erfolgt ruckhaft und ist außerordentlich kostspielig.

Erosion der Heimerziehung
– Konsequenzen für das Berufsbild des Erziehers, Besoldung und soziale Sicherheit –

Bereich Freier Träger

Besondere sozialpädagogische Arrangements wie z.B. Betreuung des Jugendlichen in dessen Wohnraum, Betreuung in der Familie des Kindes, werden hier nur in Verbindung mit einem Träger der Heimerziehung etabliert. Abgerechnet werden mit den Trägern zuvor vereinbarte Betreuungshonorare sowie Pauschalbeträge für Intendanzkosten. Der Unterhalt des Jugendlichen wird nach den Modalitäten des BSHG dem Jugendlichen zur Verfügung gestellt. Die Betreuungshonorare enthalten die Arbeitgeberanteile für Sozialversicherungen. Diese Konstruktion wurde zusammen mit Heimen Freier Träger aus den Befürfnissen der Praxis heraus entwickelt, weil sich die Abrechnung im Rahmen der Selbstkostenrechnung als kompliziert und konfliktträchtig herausgestellt hatte. Im Gegensatz etwa zum Personal im Gruppendienst verfügen die Heime nicht über dauernde Planstellen für "Einzelbetreuung". Die Träger scheinen darauf auch keinen Wert zu legen, weil die Auslastung solcher Stellen nicht auf Dauer gewährleistet ist. Umgekehrt können die Träger kein Personal aus den Wohn- und Erziehungsgruppen ad hoc mit einer Einzelbetreuung beauftragt.

Die gegenwärtige Lösung entspricht somit den Interessen der Entsendestellen und der Träger. Unter Gesichtspunkten der sozialen Sicherheit sind mit diesen Konstruktionen allerdings ungelöste Fragen aufgeworfen.

Gegenwärtig wird aber auch an einem Modell gearbeitet, einzelnen Trägern die längerfristige Beschäftigung von Mitarbeitern für Krisenintervention und unkonventionelle Problemlösungen zu ermöglichen.

Staatlicher Bereich

Die vorstehend genannten Probleme treten auch im staatlichen Bereich auf. Unterschiedliche Einschätzungen gibt es nicht hinsichtlich der Notwendigkeit der aus der praktischen Arbeit heraus gewachsenen besonderen Arrangements für bestimmte, einzelne Betreuungsfälle, sondern allenfalls hinsichtlich der organisatorisch und personalrechtlichen Umsetzung.

Eine Reaktion innerhalb des staatlichen Bereiches auf solche Erfordernisse war die Etablierung der Außenwohngruppen, die allerdings mit der "Problematik" belastet ist, daß den Mitarbeitern, die sich auf Werkvertragsbasis verpflichten, mindestens 5 Jahre lang zu zweit 5 Kinder bzw. alleine 3 Kinder zu betreuen, eine Wiedereinstellung im öffentlichen Dienst garantiert wird, was für Erzieher (und um solche handelt es sich in der Regel) und den Landesbetrieb insofern problematisch ist, als der Heimbereich ein Schrumpfungsbereich bis in die 90er Jahre sein wird. Möglicherweise erwächst hier ein neues Unterbringungsproblem in dem Fall, wenn "zahlreich" die Mitarbeiter aus den Außenwohngruppen diese Tätigkeit aufgeben und nicht in gleichem Umfang neue KollegInnen für diese Tätigkeit gefunden werden können. Auch dürfte eine Reintegration aus der Alleinverantwortung in normale Gruppenstrukturen nicht in jedem Fall leicht zu bewältigen sein.

Eine zweite Reaktion ist die versuchsweise Erprobung des Ambulant Betreutes Einzelwohnens (ABE). Im Vergleich zu den Aktivitäten Freier Träger sind in diesen Maßnahmen wie im Bereich des verselbständigten Jugendwohnens zwar Gesichtspunkte der sozialen Sicherheit der Mitarbeiter berücksichtigt (sie bleiben Mitarbeiter des LHO-Betriebes oder haben eine Wiedereinstellungsgarantie), doch ergeben sich im Vergleich zu Freier Träger − Verluste in den Dimensionen

- schnelle unbürokratische Verfügbarkeit (Honorarkräfteproblematik),
- Heranführung neuer Personen (Rekrutierung aus dem Personal vs. der Möglichkeit, auch Studenten z.B. zu beschäftigen),

- einzelfallbezogener und individuell zugerechneter Betreuungszeitfestse⸱ zungen (stundenweise Honorartätigkeit vs. personenbezogene Betreuungs⸱ relationen im öffentlichen Bereich).

Auch der Bereich des verselbständigten Jugendwohnens (Jugendwohnung trägt zur Erosion klassischer Heimerziehung bei; nicht nur sind die klassischer Merkmale des "Heimes" und der "Gruppenerziehung" hier nicht mehr vorhander (auch nicht im tarifvertraglichen Sinne!), was dazu beiträgt, daß die Arbeitneh mervertretung einem weiteren Ausbau solcher Formen und damit tendenziel des Wegfalls von Tarifmerkmalen eher skeptisch gegenübersteht, sondern e⸱ zerfließen auch die Grenzen zwischen erzieherischer und sozialpädagogischer sozialarbeiterischer Tätigkeit.

Aufgaben wie sie in Hamburg derzeit sowohl von Erziehern im Gruppen dienst wie in den Wohn- und Betreuungsformen erfüllt werden müssen, werder bundesweit – sehr unterschiedlich – sowohl Erziehern wie Sozialpädagogen -arbeitern zugeschrieben und entsprechend unterschiedlich vergütet. Ungeach tet solcher Regelungen zeigt die Erfahrung auch in Hamburg daß die üblicher weise und durchschnittlich erworbenen/vermittelten Qualifikation als Erzieher ar den Fachschulen insbesondere für die selbständige und eigenverantwortliche Tätigkeit in selbständigen Wohnformen (Jugendwohnungen und anderer Formen verselbständigten Jugendwohnens) nicht ausreicht – dies sowoh hinsichtlich der allgemeinen pädagogischen Handlungskompetenz wie de anteilig notwendigen Verwaltungskompetenz.

Zwar gilt allgemein gesprochen nach wie vor, daß vor allem drei Formen des Könnens von allen verlangt werden, die erziehen, nämlich: die Kinder/Jugend⸱ lichen als Personen anzunehmen, sie zu informieren und ein Stück Leben mit ihnen zu teilen, doch geht dies nicht ohne entsprechende Kompetenzen der be⸱ ruflich tätigen MitarbeiterInnen.

Zur Alltagsbewältigung – auch in verselbständigten Wohn- und Betreu ungsformen – gehören zwar als Basisqualifikation des Zusammenlebens mit geschädigten Jugendlichen zunächst quasi "Alltagstugenden", doch müsser sich diese ergänzen durch spezifisch pädagogische und systematisch ausge⸱ bildete Kompetenzen, insbesondere Wahrnehmungskompetenz, Interaktions⸱ und Kommunikationskompetenz und Reflexionskompetenz, um die erzieheri⸱ schen Aufgaben und angestrebten sozialisatorischen Effekte beim Klientel auch erzielen zu können.Dies hat bereits die "Kommission Heimerziehung" 1979 mit ihrer Forderung nach hochqualifizierten Mitarbeitern zum Ausdruck gebracht.

Die Erzieherausbildung an der Fachschule für Sozialpädagogik führt im Re⸱ gelfall zu pädagogischer Handlungsfähigkeit im Umgang mit Kindern und jüngeren Jugendlichen. Diese Handlungsfähigkeit ist vor allem gekennzeichnet durch instrumentell – methodische Fähigkeiten und Kenntnisse und orientiert auf Arbeit in Gruppen unter Anleitung /fachlicher Aufsicht. Sie erfüllt man nicht die Anforderungen an die Ausbildung sozialpädagogischer Kompetenz, wie sie für die Arbeit mit älteren Jugendlichen in verselbständigten Wohnformen benötigt wird; ein Tatbestand, der auch dadurch untermauert wird, daß in anderen Bundesländern und bei Freien Trägern generell hier im Regelfall höher qualifizierte MitarbeiterInnen – bis hin zu Akademikern – beschäftigt werden.

ErzieherkollegInnen, die bislang diese Aufgaben erfüllen, (vor allem im bisherigen, allerdings umfangmäßig recht schmalen, Jugendwohnungsbereich), haben sich erfreulicherweise durch weitgehend eigeninitiierte Fortbildung und intensive Kommunikation untereinander für die beschriebenen Tätigkeiten qualifiziert und dies mit Unterstützung interessierter, engagierte Heimleitungen und Referenten parallel zum behutsamen Aufbau der bislang institutionalisierten Jugendwohnungen aus den Heimen heraus beworben.

Um in den verselbständigten Wohnformen, in denen die Arbeitsanforderungen durch Übertragung der Erziehungsachgebietsaufgaben jüngst erhöht wurden und die sich durch die Übernahme der Verantwortlichkeit für eine immer breitere und auch problematischere Klientel weiter erhöht werden, auf Dauer eine hinreichende Qualifikation sicherzustellen, muß in Zukunft besondere Sorgfalt auf die Eignung des Personals und seine Qualifikation für diese Aufgabe gelegt werden. Das kann u.a. heißen, für verselbständigte Wohnformen auch im staatlichen Bereich nicht nur qualifizierte Erzieher, sondern auch Sozialpädagogen und -arbeiter mit entsprechender Stellenwertigkeit einzusetzen.

Erhöhung der Flexibilität öffentlicher Erziehung

Ein Grundproblem öffentlicher Erziehung – vor allem im staatlichen Bereich – ist nach wie vor die Frage, wie eine Erhöhung der Flexibilität des Angebots und der Maßnahmen sowie der pädagogischen Arrangements und Lernsituationen erreicht werden kann. Zwar sind unstrittig in den letzten Jahren materielle und inhaltliche Verbesserungen – wie auch hier geschildert – vorgenommen worden, doch müssen wir immer wieder feststellen, daß in der Regel eine tiefe Kluft zwischen unseren Vorstellungen als Eltern, Erwachsene, Pädagogen, Jugendarbeiter, als Vertreter instanzlicher pädagogischer Maßnahmen etc. vom "guten" sinnvollen und wünschenswerten Leben und den eigenen, von Jugendlichen ein Stück weit selbst gewählten Vorstellungen darüber, wie sie ihr Leben außerhalb ständiger Obhut und Intervention pädagogischer Instanzen und Institutionen gestalten und leben möchten, besteht. So ist die Krise der gegenwärtigen Jugendarbeit zugleich auch eine Krise des Umgangs mit der "Jugend". Die Jugendarbeiter und Jugendlichen (ver-)zweifeln nicht nur aneinander, "weil die Konzeptionen (der) Jugendarbeit der gegenwärtigen Lebenslage Jugendlicher nicht mehr gerecht werden", sondern weil oftmals zu vorschnell von einer Interessenidentität zwischen den in der alltäglichen Lebenspraxis von Jugendlichen artikulierten Bedürfnissen und dem Selbstverständnis bezüglich der Perspektiven und Zielen einer von Professionellen durchgeführten Jugendarbeit ausgegangen wird. Eine solche Position verkennt in aller Regel, daß das eigene, bürokratisch gefilterte Selbstverständnis nur in wenigen Fällen als identisch mit der Lebenspraxis von Jugendlichen gedacht werden kann.

Gewendet auf den Heimbereich und – dies vorgreifend – unser Klientel bedeutet dies z.B., daß die Möglichkeiten und Abenteuer eines Lebens "auf der Straße", die soziale Verbundenheit mit Bezugsfeldern wie Kiez, Drogenscene, kriminellem Kleinhandel, Bahnhofsmilieu etc. gegenüber einem vergleichsweise stark normierten Heimbetrieb von den Betreuern/Erziehern sowie der Öffentlichkeit häufig falsch ein- und vor allem unterschätzt werden hinsichtlich ihrer identitätssichernden Bedeutung für unser Klientel, das durchaus einzuschätzen weiß, daß in der Regel nicht die Probleme, dies es hat, Gegenstand pädagogischer Intervention werden, sondern daß vielmehr durch institutionelle Arrangements versucht wird, es daran zu hindern, Probleme zu machen.

Gilt jedoch andererseits die Vorstellung mit sich selbst identischer und kompetenter Subjekte nach wie vor als übergreifendes Ziel jeglicher pädagogischer Bemühungen wie als Interpretationsrahmen einer Sozialisationsforschung, die als Kriterium "gelungener" Sozialisation die Entwicklung eines Subjektes betrachtet, das trotz widersprüchlicher Verhaltensanforderungen, Normen und Werten und nur teilweiser Befriedigung der Bedürfnisse zu kommunizieren und zu handeln vermag. Bleibt die Frage, wie wir auf diese Situation – erschwert durch die Krise der Arbeitsgesellschaft und des ihr korrespondierenden Wertesystems – (dennoch) pädagogisch und nicht primär institutionell sinnvoll reagieren?

Hierzu möchten wir das Prinzip "Leben lernen" vorschlagen. Leben lernen kann man überall, wo nicht intsitutionelle Zwecke oder Systemerfordernisse das (identitätsbildende) Lernen überformen.

Unter dieser Zielsetzung scheint auch die Festschreibung z.B. in Senats- und Bürgerschaftsdrucksachen von bestimmten Standards, Betreuungszeiten und -formen obgleich unumgänglich, weil nur dadurch politischer Wille sich ausdrücken und Ressourcen zur Verfügung gestellt werden können, pädagogisch problematisch, insofern damit organisatorisch-rechtliche Problematiken und Verfahren auf Jahre hinaus festgelegt und zum Bezugspunkt der verschiedensten Interessengruppen innerhalb und außerhalb der Verwaltung werden. Besonders problematisch an diesem Verfahren ist die Tatsache, daß solche Druckwerke häufig reaktiv und mit zeitlicher Verzögerung auf problematisch gewordenen Zustände sich richten, während natürlich die Erziehungspraxis und die gesellschaftliche Situation der Kinder und Jugendlichen Veränderungsprozessen unterliegen, auf die im Sinne einer offensiven Jugendhilfe aktuell hin zu handeln wäre.

Trifft diese Situationsbeschreibung zu, so ergibt sich daraus
a) das Dauerproblem der "permanenten Reform der Heimerziehung", die sich jeweils an den aktuellen gesellschaftlichen und individuelle Problemen von Minderjährigen auszurichten hätte (und nicht an eigenen Systeminteressen oder den Interessen der Mitglieder des Systems) sowie
b) die Notwendigkeit, eine solche Dauerreform in Form der organisierten Erziehung zu bewerkstelligen (s.o.) und
c) schließlich immer zu reflektieren, daß es ihr um die Vermittlung biographisch-sinnstiftenden Lernens, um die Entwicklung von Subjektivität, die sich in Kategorien von Lebenszeit und gerade nicht Arbeitszeit organisiert, geht.

Notwendige Maßnahmen zur Lösung noch vorhandener Strukturprobleme

Schaffung kleinerer, überschaubarer Wohn- und Lebensgemeinschaften für Kinder und Jugendliche

Schon in die bislang erfolgten Entscheidungen von Senat und Bürgerschaft gingen Erkenntnisse hinsichtlich der nachteiligen Wirkung der überkommenen institutionellen Struktur des Großheimes und seiner organisatorischen und pädagogischen Arrangements (Kritik der "totalen Institutionen" und ihrer klientifizierenden Folgen) ein, wenngleich auch die Verbesserungen in sachlichen und personellen Bereichen der staatlichen Heimerziehung in Hamburg angesichts des objektiven Nachholbedarf im Vordergrund des Handlungsbedarfs standen. Die Kritik an der tendenziell totalen Institution "Heim" mit ihren lebensfernen und überversorgenden, damit Erfahrungen versagenden Bedingungen gilt nach wie vor. Sie wird noch dadurch verschärft, daß die Bedingungen des Aufwachsens von Kindern und Jugendlichen sich weitgehend in Richtung auf frühere und mehr Selbständigkeit und höhere Ansprüche auf eigenständige Verfügungsbereiche geändert haben.

Wenn öffentliche Erziehung nicht wieder den Anschluß an die subjektive und objektive gesellschaftliche Realität jugendlicher Lebenswelten verlieren will, bedarf es der Herstellung überschaubarer, verläßlicher Lebensverhältnisse und einer Umwelt, die derjenigen außerhalb von Institutionen so ähnlich ist wie möglich, ganz schlicht, auf der Realisierung von mehr Normalität auch in ihrem Bereich. Dies gilt auch für Kinder.

Von daher bietet es sich an, die Heime nach und nach durch "lebensnahe" Betreuungs- und Erziehungsarrangements zu ersetzen. Mit einer solchen Veränderung verschiebt sich jedoch auch die Aufgabenzuweisung an das Personal, die bisher noch durch Begriffe wie "Verantwortung für einen geordneten Gruppenbetrieb, einen funktionierenden Wirtschaftsbereich etc." umschrieben werden konnte, endgültig in Richtung "Verantwortung für die Minderjährigen".

Sie bringt darüber hinaus eine Fülle arbeitsorganisatorischer, tariflicher und sonstiger Probleme. Um so bemerkenswerter ist es, daß der Veränderungsdruck in dieser Richtung auch von der Basis ausgeht, d.h. von Erziehern und Mitarbeitern im Wirtschaftsbereich, die die Folgen institutioneller Erziehungsbemühungen ständig vor Augen haben.

Eine Veränderung in dieser Richtung kann dann auch nicht als sogenannte "Reform von oben" durch abstrakte Planung und Vorgabe neuer Strukturen und Arbeitsinhalte durchgesetzt werden. Es gilt vielmehr, diese Lebensformen von der Basis aus den Heimen heraus entwicklen zu lassen, sie aber gleichzeitig fachlich, wirtschaftlich und personalfürsorgerisch zu steuern und die erforderlichen, finanziellen, personellen und organisatorischen Rahmenbedingungen zu schaffen.

Die Erfahrungen, die hierzu vereinzelt bei Freier Träger vorliegen, sind insgesamt ermutigend. Anmietung von Wohnraum, Anhebung der Betreuerqualifikation (50 % Sozialpädagogen), Neuordnung des Wirtschaftsbereiches konnten im Rahmen der für Vollheime üblichen Pflegesätze realisiert werden.

Differenzierung des pädagogischen Angebots und
Einrichtung zusätzlicher Formen betreuten Jugendwohnens

Mit den eingangs genannten Reformdrucksachen wurden die Voraussetzungen für eine Erweiterung des bis dahin vorhandenen Betreuungsangebotes um selbständigere Lebensmöglichkeiten für Jugendliche in Form von Jugendwohngruppen und Jugendwohnungen innerhalb und außerhalb von Heimen sowie für die Schaffung von Außnwohngruppen, in denen ErzieherInnen mit Minderjährigen zusammen leben, geschaffen. Dieses Programm ist überwiegend umgesetzt.

Präzisierend zur Überlegung, das Organisationsmodel "Großheim" weitgehend aufzulösen, bedarf es nunmehr — gemessen an der Nachfragesituation zur Unterbringung mit Schwerpunkt im Jugendlichenalter 15-16jährige und älter) — des weiteren Ausbaus von Formen betreuten Jugendwohnens.

Zur Zeit entfallen etwas mehr als zwei Drittel der Plätze in staatlichen Heimen auf reguläre Erziehungsgruppen (10 Minderjährige / 4,5 Erzieher) und nur ein knappes Drittel auf teilverselbständigte Jugendwohnungen.

Zielrichtung muß es sein, die Lebensform "Jugendwohnung", die zweifellos die größten und sinnvollsten Lernanreize zur späteren selbständigen Alltagsbewältigung bieten, zu Lasten traditioneller Erziehungsgruppen weiter auszubauen und die Aufnahme nicht mehr an Auslesekriterien irgendwelcher Art zu knüpfen. Diese Lebensform muß als das geeignete Arrangement für Jugendliche in öffentlicher Erziehung begriffen werden und darf nicht als "Belohnung" für in (bzw. trotz) Erziehungsgruppenbetreuung erreichte Fortschritte auf dem Weg zur Selbständigkeit oder angepaßtes Verhalten im Heim angesehen werden.

Eine solche Konzeption bedingt flexible Gruppengrößen zwischen 10 und 1 und flexible Betreuungsrelationen zwischen dem bisherigen Standard von Erziehungsgruppen einschließlich anteiligen Wirtschaftspersonals und dem bisherigen Umfang loser Nachbetreuung. Wichtig ist dabei, daß nicht mehr die Jugendlichen organisierten Arrangements mit einer bestimmten Ausstattung zugeordnet werden, sondern daß die Betreuungsintensität am konkreten Bedarf der jeweiligen Jugendgemeinschaft orientiert ist.

Derartig veränderte Aufgaben sind nur erfüllbar, wenn auch die Qualifikation des hiermit betreuten Personals — sei es durch Fortbildung, sei es durch Einwerben "höherwertiger Qualifikation" — erhöht wird.

Das Programm ist langfristig durchführbar und aus der Aufgabe traditioneller Erziehungsgruppen über dem demographisch bedingten Abbau hinaus auch im Personalbereich kostenneutral zu realisieren. Tempo, Art und Ausmaß der Umsetzung im Einzelfall sind allerdings nicht durch Struktur-, Gliederungs- und Zeitpläne strikt vorzugeben, sondern müssen den Fähigkeiten und der Motivation des für diese Aufgabe vorhandenen Personals und dem auf dem Wohnungsmarkt Machbaren angeglichen langfristig realisiert werden.

Des weiteren soll das Instrument der ambulanten Einzelbetreuung (ABE), das zur Zeit erprobt wird, Regelmaßnahme werden. In dieser Betreuungsform wird eine Pädagogen-Betreuungsrelation von 1:3 hergestellt, was einer durchschnittlichen Betreuungszeit von 13,3 Stunden und damit dem Rahmen entspricht, der auch für sonstige Einzelbetreuungen bei Freier Träger gilt.

Stärkere Einbindung des Wirtschaftspersonals
in die ganzheitlichen Erziehungsprozesse

In den letzten Jahren hat sich die Erkenntnis durchgesetzt, daß — will man mit dem Grundsatz, daß in der Heimerziehung Arrangements geschaffen werden müssen, die es den Minderjährigen ermöglichen, das zu lernen, was sie benötigen, um später den Alltag außerhalb von Institutionen zu bewältigen, ernst machen — "Pädagogik", "Verwaltung", "Versorgung" und "Reinigung" nicht als isolierte, jeweils für sich optimierbare Teilbereiche verstanden werden dürfen. Vielmehr schließen alle Tätigkeiten den regelmäßigen Umgang mit Betreuten ein, gestalten deren Lebensverhältnisse und müssen sich daher in ihrer Organisation an der pädagogischen Zielsetzung der Einrichtungen und generell der öffentlichen Erziehung orientieren.

Dies legt eine weitgehende Einbindung des Wirtschaftspersonals in der Gruppen- und Jugendwohnungsbetrieb anstelle der bisherigen Orientierung an rationeller Erbringung der einzelnen Versorgungsleistungen nahe. Die Verteilung der Aufgaben und die Formen der Zusammenarbeit zwischen erzieherisch und hauswirtschaftlich ausgebildeten Personal müssen von Einrichtung zu Einrichtung und Gruppe zu Gruppe ebenso verschieden möglich sein, wie auch ein teilweiser Erhalt der bisherigen Strukturen aufgrund personalfürsorgerischer Überlegungen zulässig bleiben muß.

Eine solche Umorganisation verändert nicht nur Arbeitsinhalte für Erziehungs- und Wirtschaftspersonal, sie berührt auch Arbeitszeit, Arbeitsorganisation und Vergütungsfragen. Realisierungschancen gibt es daher nur, wenn durch eine Übertragung der entsprechenden Personalorganisationskompetenzen in den betrieblichen Bereich die Möglichkeit geschaffen wird, neben den fachlichen Kriterien auch den individuellen Leistungs- und Entwicklungsmöglichkeiten des vorhandenen Personals Rechnung zu tragen.

Herstellen und Sicherung größerer Flexibilität
in den Bereichen Personalwirtschaft

Alle Maßnahmen zur Erhöhung der Flexibilität, Situationsangemessenheit und Individualisierung öffentlicher Erziehung hängen letztendlich ab von den Faktoren Organisation und Personal. Hinsichtlich der Organisation und Veränderung organisatorischer Prämissen ist das Entscheidende bereits gesagt, ebenso im Prinzip zum Personal (s. ebd.). Ergänzend muß jedoch hier noch auf die Bedeutung des Personaleinsatzes in verschiedensten Betreuungsformen aufmerksam gemacht werden:

Mit der Flexibilisierung der Betreuungsformen wird immer häufiger von den bisher gültigen Personalbemessungsrichtwerten abgewichen werden. Hauswirtschaftliches Personal kann ebenfalls in einer Vielzahl von Relationen und damit sinnvoller als derzeit eingesetzt werden. Die Gruppengrößen und Stellenzahlen sind jeweils im Einzelfall vom Landesbetrieb festzusetzen, um ein dem Bedarf angemessenes, nach verschiedenen Graden der Verselbständigung bzw. nach verschiedenen Betreuungsintensitäten abgestuftes Angebot zu gewährleisten. Diese Entscheidungen müssen die beteiligten Mitarbeiter bestmöglich einbeziehen. Ihr Interesse an stabilen Arbeitsbedingungen ist zu respektieren.

Nach den bisher geübten Verfahren wäre jedes Abweichen von standardisierten Personalrelationen im Detail mit dem Senatsamt für den Verwaltungsdienst abzustimmen, das auch für die Verlagerung, Schaffung und Streichung von Stellen (außer Planstellen) zuständig ist.

Die angestrebte Flexibilisierung des pädagogischen Angebots würde das Volumen der Abstimmungs- und Verhandlungsbedarfe zwischen Landesbetrieb und Senatsamt erheblich anschwellen lassen. Ein Festhalten an der gegenwärtigen Aufgabenverteilung würde beide Seiten überlasten und die Umsetzung notwendiger Maßnahmen verzögern. Aus diesem Grund soll die Zuständigkeit für das Ausbringen, Streichen, Verlagern und Umwandeln von Stellen (außer Planstellen) auf den Landesbetrieb übertragen werden.

Mit dem angestrebten Verfahren wird der Erkenntnis Rechnung getragen, daß wirtschaftliche Verhalten letztlich nicht durch externen administrativen Eingriff in eine Vielzahl von Detailentscheidungen erzwingbar ist. Ein rationeller Umgang mit Arbeitskraft und Ressourcen läßt sich vielmehr nur dadurch stimulieren, daß Rahmenbedingungen geschaffen werden, in denen die Träger von Detailentscheidungen selbst die Motivation zu wirtschaftlichem Verhalten entwickeln und auch über die zur Umsetzung nötigen Befugnisse verfügen. Eine Steuerung, auf der gezielten Festsetzung einzelner entscheidender Eckdaten beruht, kommt nicht nur mit geringerem administrativen Aufwand aus, sondern hat auch das wirtschaftliche Gesamtergebnis sicher im Griff.

In diesem Sinne ist der Austausch der stellenplanmäßigen Detailsteuerung durch betriebsexterne Dienststellen gegen die Globalsteuerung nicht nur eine Konsequenz der Flexibilisierung des pädagogischen Angebots sondern auch ein Schritt von grundsätzlicher Bedeutung mit dem Ziel, weiteren Raum für jenes wirtschaftliche Verhalten zu schaffen, dessen Förderung bei der Gründung des Landesbetriebes intendiert war.

Anmerkungen

1   vgl. Mitteilung des Senats an die Bürgerschaft Nr. 9/3477
2   Mitteilung des Senats an die Bürgerschaft 9/4454 (S. 10 ff)
3   Zwischenbericht der Kommission Heimerziehung der Obersten Landesjugendbehörden
4   Ausführlich hierzu F. Wohlert, Außenwohngruppen und öffentliche Verwaltung, in diesem Buch

GÜNTER FINKE / GITTA TRAUERNICHT

Weiterentwicklung der Hilfen
zur Erziehung in Hamburg

Zur allgemeinen Entwicklung ambulanter Hilfen

Jugendhilfe bezieht eine ihrer fachlichen Legitimationen aus der Funktion, Ausfallbürgschaften dort zu übernehmen, wo Sozialisationsprozesse von Kindern und Jugendlichen zu ihrem Nachteil sich gestalten, Kinder und Jugendliche gefährdet und bedroht sind, sie ihre Entwicklungschancen nicht wahrnehmen können, sie Gefahr laufen, ins gesellschaftliche Abseits zu geraten. Vor allem mit Blick auf Elternhaus und Schule kommt Jugendhilfe hier eine unterstützende, kompensierende und nicht zuletzt auch eine ersetzende Funktion zu.

Ein strukturelles Manko der Angebote und Leistungen der Jugendhilfe in diesem Sektor ist hierbei allerdings die Dominanz stationärer Hilfen. Das Kinder- und Jugendhilfegesetz (KJHG) als neuer rechtlicher Rahmen greift einige der bisherigen Kritikpunkte an dieser Dominanz auf und verspricht eine Verbesserung der präventiven, ambulanten und teilstationären Hilfen zur Erziehung (u.a. durch Zusammenfassung aller Erziehungshilfen auf der Ebene des örtlichen Jugendamtes, gesetzliche Verankerung ambulanter und teilstationärer Hilfen neben den klassischen Formen der Pflegefamilie und der Heimerziehung, Neuordnung des Pflegekinderwesens, Verbesserung der Hilfe für junge Volljährige, Qualifizierung des Entscheidungs- und Hilfeprozesses).

Die im 4. Abschnitt KJHG nunmehr beispielhaft genannten erzieherischen Hilfen
- Erziehungsberatung (§ 28),
- Soziale Gruppenarbeit (§ 29),
- Erziehungsbeistand, Betreuungshelfer (§ 30),
- Sozialpädagogische Familienhilfe (§ 31),
- Erziehung in einer Tagesgruppe (§ 32),
- Vollzeitpflege (§ 33),
- Heimerziehung, sonstige betreute Wohnform (§ 34),
- Intensive sozialpädagogische Einzelbetreuung (§ 35),
sind dabei keine völlig neuen Hilfeformen, sondern bereits in der Jugendhilfepraxis vielerorts eingeführt und erprobt.

Der § 27 KJHG (Rechtsanspruch) macht deutlich, daß Hilfe zur Erziehung "insbesondere" als Leistung nach den §§ 28 bis 35 zu erbringen ist. Durch diese "Öffnungsklausel" bleibt der Weg frei für neue Entwicklungen, Praxiskonzepte und Lösungsversuche, bleibt die Möglichkeit, im Einzelfall unkonventionelle und im Gesetz nicht beschriebene Leistungen zu erbringen. Zudem handelt es sich bei den genannten Angeboten nicht um konkurrierende Hilfen, sondern um solche, die ggf. miteinander verknüpft und nebeneinander geleistet werden können.

Die mit dem KJHG beabsichtigte Aufwertung ambulanter und teilstationärer Hilfen zur Erziehung muß allerdings vor dem Hintergrund gesehen werden, daß eine wirksame und nachhaltige Bewältigung von problematischen Entwicklungs-bedingungen von Kindern und Jugendlichen umfassenderer Lösungen – vor allem mit Blick auf das Ziel der Prävention – bedarf. Hierzu gehören neben dem – auch in den Verantwortungsbereich der Jugendhilfe fallenden (vgl. § 1 KJHG) – Abbau materieller und sozialer Benachteiligungen, weiterhin ein Ausbau und eine Qualifizierung der Beratungs- und Unterstützungsangebote (v.a. nach §§ 16 ff KJHG) sowie der Angebote zur Tagesbetreuung von Kindern (v.a. nach §§ 22 ff KJHG).

Auswertungen von Akten über Minderjährige, die im Rahmen der Jugendhilfe außerhalb der eigenen Familie untergebracht sind (Fremdunterbringung), zeigen immer wieder, wenn nach den Gründen der Fremdunterbringung gefragt wird, daß in vielen Fällen nicht Verhaltensauffälligkeiten der Minderjährigen selbst bzw. "erzieherische Mängel" des familiären Milieus die ausschlaggebenden Ursachen sind, sondern daß oft beengte Wohnverhältnisse, Armut und Überschuldung, Schul- und Ausbildungsprobleme der Kinder und Jugendlichen im Vordergrund stehen. Werden kommunikative Störungen in den Familien, Vernachlässigungen der Kinder und andere Beeinträchtigungen ihrer Lebensbedingungen benannt, so stehen diese in vielen Fällen in einem direkten Zusammenhang mit den eben genannten Problemlagen.

Vor allem bei Kindern von Alleinerziehenden, die im Rahmen der Fremdunterbringungen der Jugendhilfe mehr als drei Viertel aller Kinder und Jugendlichen ausmachen (obschon Ein-Eltern-Familien bei den Familien insgesamt bundesweit nur einen Anteil von etwa 10 % haben), spielen materielle Probleme eine herausragende Rolle (vgl. dazu Jordan/Trauernicht 1989).

Aus dieser Problemlagenanalyse hätte nun zu folgen, daß durch gezielte sozialpolitische Initiativen auf bundes-, landes- und kommunalpolitischer Ebene eine wesentliche Verbesserung in der materiellen Versorgung sozial benachteiligter Familien erreicht werden müßte. Hierzu würden u.a. gehören:

- Sicherung eines ausreichenden Existenzminimums von Familien und Schaffung zusätzlicher Arbeits- und Verdienstmöglichkeiten,
- Schaffung von geeignetem und preiswertem Wohnraum für kinderreiche Familien,
- Verbesserung der sozialen Infrastruktur, der Lebens- und Wohnformen vor allem in Neubaugebieten,
- Verbesserung der schulischen Betreuungs- und Förderungsmöglichkeiten für Kinder und Jugendliche.

Eine "offensive Jugendhilfe" ohne eine gleichfalls "offensive Sozialpolitik" bleibt somit ein Torso.

Zweifelsfrei erhärten die empirischen Studien zu den Gründen von Fremd-unterbringungen jedoch die Notwendigkeit der Jugendhilfe, das Angebot der Hilfen zur Erziehung auszudifferenzieren und die Entscheidungsprozesse zur Bewilligung der Hilfe zu qualifizieren (vgl. dazu auch den Beitrag von Gitta Trauernicht in diesem Buch).

Die Entwicklung in Hamburg

Die fachliche Diskussion um Aufgaben, Ziele und Konzepte ambulanter Hilfen zur Erziehung wurden in den 80er Jahren von freien Trägern und bezirklichen Jugend- und Sozialdezernaten geführt, vom Amt für Jugend fachlich jedoch erst ab 1989 offensiv aufgenommen.[1] Auslöser war der nach Jahren erheblichen Abbaus an Heimerziehung seit 1987/88 wieder deutliche Ausstieg von Bewil-ligungen zur Unterbringung von Kindern und Jugendlichen in stationären Einrichtungen.

Die Analyse einer Stichprobe von Bewilligungen aus dem Jahre 1989 zeigte:

- Die Präsentation der fachlichen Entscheidung war in der überwiegenden An-zahl der Einzelfälle unbefriedigend. Mängel lagen insbesondere in der Analyse der Belastung von Familien und der Plausibilität des angestrebten Nutzens von Heimerziehung. Die Entscheidungen verwiesen darüber hinaus auf fehlende Alternativen bei zugespitzten Konfliktlagen. Sozio-ökonomische Hintergründe für Problemlagen wurden zwar formuliert, blieben aber ohne Bezug zur Entscheidung für eine Heimerziehung. Fachlich problematisch waren dabei insbesondere institutionelle Unterbringungen auch für kleinere Kinder ohne "kontinuitätssichernde" Perspektiven.

Eine Bestandsaufnahme der in Hamburg entwickelten ambulanten Hilfen zur Erziehung kam zu folgendem Ergebnis:

- Klassische ambulante Angebote wie die Sozialpädagogische Familienhilfe, JugendhelferIn, Erziehungsbeistandschaft, teilstationäre Tagesgruppen gab es in Hamburg nicht. Jedoch hatten einige vorhandene Angebote ihren Zielgruppen, Zielen und Konzeptionen nach Aspekte von Struktur und Auftrag ambulanter Hilfen: Sozialtherapeutische Gruppenarbeit, Diversions-projekte der Jugendgerichtshilfe, bezirkliche Jugendwohnungen und Flexible Betreuung sowie ein Teil der Erziehungsberatungsarbeit (vgl. Altendorf 1989). Der Anteil von Unterbringungen in Pflegefamilien liegt deutlich unter dem Bundesdurchschnitt.

Auch die organisatorische Analyse offenbart Weiterentwicklungsbedarf:

- Die Heimerziehung in Hamburg ist gekennzeichnet durch sehr unübersicht-liche Entscheidungsprozeduren und verteilte Zuständigkeiten bei den Hilfen zur Erziehung. So entscheiden die Bezirke, ob ein Kind in eine Pflegefamilie soll und führen diese Entscheidung innerhalb ihres Bezirkes auch selbst aus. Soll das Kind jedoch in eine Pflegestelle außerhalb Hamburgs, in einen anderen Bezirk, in eine Erziehungsstelle oder in eine Einrichtung der Heim-erziehung, entscheidet das Amt für Jugend sowohl über Zeitpunkt und Art der Umsetzung als auch über die Beendigung. Kommt das Kind in eine Einrichtung Freier Träger, wird die Umsetzung der Hilfe begleitet von dem Referat für die Unterbringungsberatung der Bezirke im Amt für Jugend. Kommt es in eine Einrichtung des Landesbetriebs Erziehungs- und Berufsbildungseinrichtungen (einem öffentlichen Träger für Hilfen zur Erziehung), übernehmen die dortigen Verbundleitungen die Erziehungssachgebietsbearbeitung. Wird für ein Kind eine ambulante Hilfe bewilligt oder sollen bezirkliche Jugendwohnungen genutzt werden, entscheiden wiederum die Bezirke über Beginn, Verlauf und Beendigung der Hilfe.[2]

Die Zersplitterung von Zuständigkeiten führte dazu, daß sich eine regionsbezogene, milieunahe Heimerziehung nur in Ansätzen entwickeln konnte (vgl. hierzu beispielhaft den Beitrag von Rüdiger Kühn in diesem Buch).

Fazit ist also, daß der Ausbau ambulanter Hilfen seit 1991 in Hamburg kein isolierter Akt sein konnte und sollte, sondern in ein Bündel fachpolitischer Maßnahmen zur Weiterentwicklung der Hilfen zur Erziehung war. Zentrale Aspekte dieser Weiterentwicklung sind:

- Qualifizierung von Entscheidungsprozessen und Sicherstellung der Mitwirkungsrechte der Adressaten der Hilfe durch die flächendeckende Einführung von Erziehungskonferenzen und Hilfeplänen,
- Neuorganisation der Hilfen zur Erziehung durch Bündelung der Zuständigkeiten auf der örtlichen (bezirklichen) Ebene,
- Ausbau ambulanter Hilfen und Vernetzung mit stationären Angeboten zu "Jugendhilfezentren",
- Ausbau und Qualifizierung familienähnlicher Angebote zur Sicherstellung exklusiver Beziehungen und Kontinuität bei längerfristigen Unterbringungen außerhalb der eigenen Familie,
- Regionalisierung von Angebot und Nachfrage, Herausbildung von Leistungsprofilen und Kooperation mit offenen Angeboten im Stadtteil.

Zum Stand der Weiterentwicklung

Erziehungskonferenzen und Hilfeplanung

Wichtiger Bestandteil im Rahmen des Entscheidungsprozesses bei der Bewilligung einer Hilfe zur Erziehung ist das in § 36 KJHG verankerte "Zusammenwirken mehrerer Fachkräfte". Dieses wird in Hamburg seit dem 01.07.1991 in Form der Erziehungskonferenz praktiziert.[3]

Die Erziehungskonferenz ist ein fachliches Beratungsgremium. Mit dieser Idee wird angeknüpft an die pädagogischen Fallkonferenzen, mit denen Teams bzw. Arbeitsgruppen einer Reihe von örtlichen Abteilungen des Allgemeinen Sozialdienstes teilweise schon langjährige Erfahrungen haben. Insofern ist für viele sozialpädagogische Fachkräfte die Erziehungskonferenz nicht grundsätzlich etwas Neues. Die Unterschiede liegen neben der regelhaften und systematischen Vorgehensweise vor allem darin, daß das Ergebnis der Beratung eine konkrete Entscheidung darüber ist, welche Hilfeart im Einzelfall angezeigt ist. In diesem Zusammenhang ist hervorzuheben, daß diese Entscheidung der Erziehungskonferenz eines von drei Elementen ist. Die weiteren sind die Willenserklärung der Personensorgeberechtigten und der Hilfeplan, auf dessen Basis die zuständige Dienststelle im Bezirksamt die Bewilligungsentscheidung trifft.

Die Erziehungskonferenz setzt sich in der Regel zusammen aus der sozialpädagogischen Fachkraft, die für den Einzelfall zuständig ist, möglicherweise weiteren Kolleginnen und Kollegen des Teams, Fachkräften gleicher oder anderer Profession (beispielsweise Lehrern oder Psychologen), die zu dem Kind oder dem Jugendlichen im Rahmen ihrer beruflichen Tätigkeit in einem Betreuungsverhältnis stehen oder einen regelmäßigen Kontakt haben. Auf jeden Fall ist der Träger (ggf. mehrere), der mit der Durchführung der Hilfe zur Erziehung beauftragt werden soll, an der Erziehungskonferenz zu beteiligen (mit ihm ist übrigens auch der Hilfeplan abzustimmen).

Die Hinzuziehung der zuständigen Abteilungsleitung soll obligatorisch sein, damit in der Tat gewährleistet ist, daß ein in der Erziehungskonferenz getroffenes Votum nicht noch eine weitere Begründungs- und Kommunikationsschleife, diesmal auf der Hierachieebene durchlaufen muß. Es soll das Prinzip vorherrschen, bei einem zur Beratung anstehenden Einzelfall alle relevanten Personen bzw. Institutionen an einem Ort und zu einem Zeitpunkt zu versammeln. Insofern ist fachlich anzustreben, die Betroffenen (d.h. die Personensorgeberechtigten und/oder das Kind bzw. den Jugendlichen) zu der Beratung hinzuzuziehen.[4] Ebenfalls obligatorisch ist, die Beteiligung eines Mitarbeiters/ einer Mitarbeiterin des Referates für die Unterbringungsberatung der Bezirke im Amtes für Jugend, wenn eine Hilfe zur Erziehung nach § 33 (Unterbringung in einer Pflegefamilie außerhalb Hamburgs) oder §§ 34/35 KJHG beabsichtigt ist.

Für die an der Erziehungskonferenz beteiligten Personen soll der zur Beratung anstehende Einzelfall sowie die Vorstellungen der zuständigen sozialpädagogischen Fachkraft in den Grundzügen deutlich und nachvollziehbar sein. Deshalb empfiehlt es sich, insbesondere bei komplexen Problemlagen, daß die zuständige Fachkraft den Teilnehmerinnen und Teilnehmern die Problemanalyse, die Darstellung vorangegangener Hilfen und die Überlegungen und Vorschläge für eine geeignete Hilfe schriftlich vorlegt. Dabei ist sicherzustellen, daß alle an der Beratung Beteiligten die entsprechenden Vorschriften über den Schutz personenbezogener Daten beachten.

Der Erziehungskonferenz obliegt es, gegebenenfalls Übereinstimmung herzustellen zwischen den Vorstellungen und Wünschen der Personensorgeberechtigten und des Kindes bzw. Jugendlichen, den Überlegungen und Vorschlägen der zuständigen sozialpädagogischen Fachkraft sowie der von den Vertretern des anvisierten Maßnahmebereichs aufgezeigten Handlungsmöglichkeiten. Das Ergebnis dieses Abklärungs- und Entscheidungsprozesses ist dann das fachliche Votum über die im Einzelfall angezeigte Hilfeart.

Über die Beratung der Erziehungskonferenz ist ein Ergebnisprotokoll bzw. Vermerk anzufertigen. Da es in der Regel eine Vielzahl von Informationen gibt, die über den Einzelfall hinaus grundsätzliche Bedeutung für die weitere Fach- und Angebotsplanung haben (beispielsweise Hinweise auf fehlende oder unzureichend ausgebaute Angebote, Möglichkeiten der Substitution von stationärer durch ambulante Hilfe), sind auch diese in dem Protokoll schriftlich darzulegen und in dem genannten Sinn durch die Bezirksämter auszuwerten.

Grundsätzlich sind Situationen nicht auszuschließen, in denen die Herbeiführung einer schnellen Lösung notwendig und von daher die Einberufung einer Erziehungskonferenz nicht möglich ist. In diesen Fällen entscheidet die zuständige Leitungsebene in Abstimmung mit der Fachkraft. Der bei dieser Eilentscheidung getroffene Entschluß ist jedoch im nachhinein in die Erziehungskonferenz einzubringen und dort zu beraten, ggf. zu korrigieren.

Der § 36 KJHG sieht vor, daß ein schriftlicher Hilfeplan zu erstellen ist, wenn Hilfe zur Erziehung voraussichtlich für längere Zeit geleistet werden muß. Entsprechend der Fachlichen Weisung "Hilfe zur Erziehung" ist dieses dann als gegeben anzusehen, wenn die Hilfe länger als 3 Monate dauert oder wenn der Zeitraum der Hilfe nicht näher bestimmt werden kann.

Der Hilfeplan sollte folgende Bestandteile enthalten:

- Die Problemanalyse, d.h. die Darlegung der individuellen, familiären, sozialen und materiellen Bedingungen und Konstellationen der Einzelfalls, die eine Hilfe zur Erziehung notwendig erscheinen lassen, also die Beschreibung der Lebenssituation des Kindes oder des Jugendlichen (unter Einbeziehung zentraler biographischer Daten und Ereignisse) und der Eltern sowie die Darstellung des sozialen Umfelds.
- Die Darstellung der bisher geleisteten Hilfen und Unterstützung.
- Die Überlegungen und Vorschläge, die zu einer Veränderung der Situation führen können, dazu gehört auch die Darlegung der Art der Hilfe und inwiefern sie notwendig und geeignet ist.
- Den Hinweis darauf, warum andere Angebote (welche) nicht in Frage kommen bzw. welche Angebote anvisiert würden, wenn es sie gäbe (Stichwort: Substitution von stationären durch ambulante Hilfen).
- Die Formulierung der Ziele, die mit der anvisierten Maßnahme erreicht werden sollen.
- Die Darstellung der Wünsche und Vorstellungen der Personensorgeberechtigten sowie des Kindes oder Jugendlichen bezüglich der Ausgestaltung der Hilfe und ggf. die Begründung, warum diesen Wünschen nicht entsprochen werden kann.
- Die Darstellung darüber, in welchem Umfang die Personensorgeberechtigten und das Kind oder der/die Jugendliche in den Beratungsprozeß zur Bewilligung einer Hilfe zur Erziehung einbezogen worden sind und welche Vorstellungen von ihnen vertreten werden. In diesem Zusammenhang kommt der Beachtung der Vorschriften der §§ 5,8 und 9 KJHG (Wunsch- und Wahlrecht, Beteiligung von Kindern und Jugendlichen, Grundrichtung der Erziehung, Gleichberechtigung von Mädchen und Jungen) eine besondere Bedeutung zu.
- Die Darlegung der Aufgaben bzw. Arbeitsschritte, die die jeweilig Betroffenen (Personensorgeberechtigten und/oder junger Mensch) und beteiligten Fachkräften bzw. Einrichtungen oder Dienste der Jugendhilfe zu leisten beabsichtigen.
- Bei Hilfe zur Erziehung außerhalb der eigenen Familie ist darzulegen, wie durch Beratung und Unterstützung "die Erziehungsbedingungen in der Her-

kunftsfamilie innerhalb eines im Hinblick auf die Entwicklung des Kindes oder Jugendlichen vertretbaren Zeitraumes soweit verbessert werden (können), daß sie das Kind oder den Jugendlichen wieder selbst erziehen können" (§ 37 Abs. 1 Satz 2, KJHG).

■ Die Darlegung der Zeitperspektive der Hilfe (die Gesamtdauer der Hilfe und ggf. der wöchentliche oder monatliche stundenmäßige Umfang) sowie in diesem Zusammenhang die regelmäßige Überprüfung, "ob die gewählte Hilfeart weiterhin geeignet und notwendig ist" (§ 36 Abs. 2 Satz 2 KJHG), d.h. die Benennung von Anlässen oder Zeitpunkten für die Überprüfung.

Hinsichtlich der Erarbeitung der geeigneten Hilfe sind folgende Grundsätze zu beachten:

■ Im Mittelpunkt soll die Absicherung des zukünftigen Lebensortes des Kindes oder des Jugendlichen stehen. Dabei ist der Grundsatz der Verhältnismäßigkeit der Mittel und des geringstmöglichen Eingriffs zu beachten.

■ Die Hilfe zur Erziehung ist so zu gestalten, daß das bisherige Sozialisationsfeld nach Möglichkeit aufrechterhalten werden kann. Entsprechend dem Alter des Kindes oder des Jugendlichen sind gewachsene Bindungen zu den bisherigen Betreuungspersonen einzuschätzen und bei den fachlichen Erwägungen hinsichtlich der geeigneten Hilfe zu berücksichtigen.

■ Wo es nicht möglich ist, die Hilfe zur Erziehung so zu gestalten, daß das bisherige Sozialisationsfeld des Kindes oder des Jugendlichen erhalten werden kann, muß ein anderer Lebensort für das Kind oder den Jugendlichen auf Zeit oder auf Dauer gefunden haben.

■ In diesem Fall ist zu prüfen, wie der Kontakt zwischen dem Kind oder dem Jugendlichen und seinen Eltern zu gestalten ist. Ist kein Einvernehmen mit den Personensorgeberechtigten herzustellen, ist das Vormundschaftsgericht einzuschalten.

■ Ist absehbar, daß Hilfe zur Erziehung außerhalb der eigenen Familie langfristig notwendig wird, ist im Interesse des Kindes und seiner Bedürfnisse nach intimen und verläßlichen Lebensbezügen die Möglichkeit der Annahme als Kind zu prüfen (§ 36 Abs. 1 Satz 2 KJHG).

Neuorganisation der Hilfen zur Erziehung

Anders als das bisherige Jugendwohlfahrtsgesetz verlagert das KJHG die Zuständigkeit für alle Hilfen zur Erziehung auf die örtliche Ebene. Dies geschieht, weil die Nachteile einer Differenzierung der Ausführungsebenen bundesweit unübersehbar waren. Nicht zuletzt deshalb bedarf es einer grundlegenden und grundsätzlichen Überprüfung der bisherigen Aufgabenfelder. In Hamburg ist die derzeitige Organisation der Hilfen zur Erziehung gekennzeichnet durch:

■ eine fachliche, ressortmäßige und haushaltsmäßige Trennung von ambulanten Angeboten und stationären Angeboten der Jugendhilfe,

■ eine auseinanderfallende Zuständigkeit für ambulante und stationäre Hilfen zur Erziehung zwischen Fachbehörde und Bezirken und zwischen Ämtern für Soziale Dienste und Jugendämtern auf der bezirklichen Ebene,

- eine verwaltungsmäßige Trennung von Entscheidungsfindung, Hilfedurchführung, Beendigungsentscheidung zwischen Fachbehörde und Bezirken.

Diese Organisation ist u.a. mit folgenden Nachteilen verbunden:
- Die Entwicklung von bedarfsgerechten Hilfeangeboten folgt der starren Trennung und Unterscheidung von ambulanten Angeboten einerseits und stationären Angeboten andererseits; die Entwicklung flexibler Angebote auf örtliche Ebene ist stark erschwert.
- Die Arbeitsteilung innerhalb eines Hilfeprozesses für ein Kind und seine Familie kann zu Doppelarbeit, Informationsverlust, Unstimmigkeiten oder "Problemweitergabe" führen.
- Die Bewilligung von Hilfe zur Erziehung ist entkoppelt von der Resultats- und Haushaltsverantwortung.

Um die Vor- und Nachteile der gegenwärtigen Organisationsweise miteinander zu vergleichen und um Anregungen für die organisatorische Eingliederung in die Bezirke zu gewinnen, hat die Behörde für Schule, Jugend und Berufsbildung im Sommer 1992 ein Kolloquium mit Fachkräften aus dem gesamten Bundesgebiet ausrichten lassen. Für eine dezentrale Aufgabenwahrnehmung sprechen danach folgende Argumente:
- Eine ganzheitliche Problemsicht und Problembearbeitung wird möglich. Die sachlich und zeitlich umfassende Zuständigkeit bei einer Person ermöglicht ein "Denken vom Kind aus", für dessen Problem eine angemessene Hilfeform gesucht wird. Im Mittelpunkt der Wahrnehmung und Interpretation eines "Falles" stehen nicht die durch spezifische ressortgeprägte Denkweisen und durch mögliche Ressortegoismen geprägten Orientierungen an einer bestimmten "Maßnahme", sondern zunächst erscheint das Problembündel einer Familie und eines Kindes bzw. Jugendlichen als ein einheitliches, für das es eine problemangemessene Hilfe zu finden gilt, ohne daß man in Gefahr gerät, das Problem sofort in Richtung auf eine bestimmte Hilfeart als "passend" zu definieren. Eine generalisierte Organisationsweise schützt davon, ein Problem in ein anderes Ressort abzuschieben und den betroffenen Kindern bzw. Jugendlichen und Eltern einen Wechsel zu weiteren für sie "zuständigen" Betreuungspersonen zuzumuten. Ferner ist diese Organisationsform eher dazu geeignet, die klassische Trennung in ambulante und stationäre Hilfen zu überwinden.
- Eine aktive Einbeziehung der betroffenen Kinder bzw. Jugendlichen und Eltern ist eher möglich. Dezentrale Organisationsstrukturen, die eine(n) BezirkssozialarbeiterIn als dauerhafte Ansprechperson für die Betroffenen einsetzen, schaffen die Voraussetzungen dafür, daß die Hilfe "so nah wie möglich am Kind" erfolgt und somit der Eingriffscharakter der Hilfe reduziert wird. Dadurch, daß die Betroffenen verbindliche Ansprechpartner erleben, werden die Chancen für eine reale Mitwirkung der Betroffenen, wie sie im KJHG gefordert wird, erhöht; denn Kontinuität, Erreichbarkeit und Nähe sind wesentliche Elemente zur Herbeiführung von Betroffenenmitwirkung.

- Dezentrale, generalisierte Arbeitsformen ermöglichen eine wirkungsvolle professionelle Kontrolle. Die Verkoppelung mit Teamstrukturen und Teamentscheidungen sorgt für positive kollegiale Kontrollen sowohl im fachlichen wie im finanziellen Bereich. Die MitarbeiterInnen sind zum einen der Notwendigkeit ausgesetzt, ihre Problemwahrnehmungen und ihre Entscheidungsvorschläge gegenüber anderen fachlich zu begründen und zu erörtern; zum anderen entsteht ein Bewußtsein über finanzielle Auswirkungen und ein Einblick in die Kostenrelevanz bereits auf den unteren Ebenen der Verwaltung.
- Unter dem Planungsaspekt bewirkt die dezentrale Organisationsstruktur eine Tendenz zur Regionalisierung stationärer und ambulanter Hilfsangebote. Die auf Bezirke ausgerichtete Zuständigkeit der SozialarbeiterInnen ermöglicht zum einen verbesserten Kontakt mit den unterschiedlichen Einrichtungen und Angeboten der Jugendhilfe in einer Region. Zum anderen verstärkt sie die Tendenz, in relativ kleinräumigen Zusammenhängen nach Möglichkeiten einer differenzierten, flexiblen Hilfe zu suchen. Daneben enthält auch der bereits erwähnte Einblick in die Kostenrelevanz auf der unteren Ebene eine Wirkung für Planung: Der Umgang mit Kosten schafft ein Bewußtsein für das Verhältnis von finanziellem Aufwand und voraussichtlich erwartbaren Wirkungen von Maßnahmen.

Eine Überprüfung der derzeitigen Aufgabenverteilung sollte sich deshalb von folgenden Zielen leiten lassen:
- Bündelung aller Hilfen zur Erziehung auf der bezirklichen Ebene,
- Zusammenführung von Entscheidungsfindung und Durchführung der Hilfen zur Erziehung und damit Entflechtung der bezirklichen und fachbehördlichen Aufgaben,
- Spezifizierung der landesjugendamtlichen Aufgaben innerhalb eines Stadtstaates bei den Hilfen zur Erziehung,
- Flexibilisierung des Mitteleinsatzes für ambulante und stationäre Angebote,
- Stärkere regionale Orientierung, Förderung der Verbundarbeit zwischen Erziehungshilfen, Angeboten der Kinder- und Jugendarbeit, der Kindertageseinrichtungen und Schulen sowie Förderung der Elternarbeit bei Unterbringung außerhalb des eigenen Elternhauses.

Eine Neuorganisation der Erziehungshilfen muß aber auch der Prämisse operieren, bisherige fachliche Maximen der zentralen Ausführung von stationären Hilfen auch dann zur Geltung zu bringen, wenn diese zukünftig dezentral erfolgt. Es sind dies insbesondere:
- Alternativen zur geschlossenen Unterbringung zu praktizieren,
- gewachsene und zu erhaltende Bezüge von Kindern und Jugendlichen durch "milieunahe" Unterbringung beizubehalten und nur unter fachlich plausiblen Gesichtspunkten auf Einrichtungen außerhalb Hamburgs zurückzugreifen,
- Normalisierung und Integration zu fördern und auf Spezialheime weitgehend zu verzichten,
- kein Weiterreichen von Kindern, die besondere Schwierigkeiten bereiten, durch Verschieben in weitere Einrichtungen,

- für Kinder, die auf Dauer oder längere Zeit nicht in ihrer Herkunftsfamilie leben können, vorrangig die Unterbringung in Familien anzustreben.

Das KJHG verfolgt das Prinzip, alle Kompetenzen auf örtlicher Ebene anzusiedeln. Schon deshalb muß die Aufteilung der Zuständigkeiten in Hamburg überdacht werden. Hinzu kommt, daß das KJHG die bisherige Trennung ambulanter und stationärer Erziehungshilfen aufhebt. Es trennt sich damit von dem Ansatz, der Hilfen von den Institutionen her konstituierte. Damit wird es künftig schon aus rechtssystematischen Gründen leichter, ambulante, familienstützende Maßnahmen rechtzeitig und ausreichend zu gewähren. Die bisherige strikte Trennung von ambulanten und stationären Hilfen wird damit eingeebnet.

Ausbau ambulanter Hilfen

Die Entwicklung der ambulanten Erziehungshilfen hat sich in Hamburg bisher wesentlich auf die Sozialpädagogische Familienhilfe konzentriert. Dieses hat seine Ursachen vor allem darin, daß in der Vergangenheit Angebotsdefizite an intensiven ambulanten Erziehungshilfen für eher jüngere Kinder und ihre Familien bestand. Dagegen sind für Jugendliche Angebote an Erziehungshilfen zur Verselbständigung und offene Hilfen sowie Hilfen für Zielgruppen mit speziellen Problemlagen relativ gut ausgebaut.

Sozialpädagogische Familienhilfe

Als Alternative zur Unterbringung von Kindern in Heimen und zum Ausbau verbesserter Unterstützung von Familien in Not hat die Bürgerschaft der Freien und Hansestadt Hamburg erstmalig für das Jahr 1991 Mittel für die Einrichtung der "Sozialpädagogischen Familienhilfe" bewilligt. Mit der sozialpädagogischen Familienhilfe soll unmittelbar der gesamten Familie geholfen werden: Bei der Wahrnehmung ihrer Erziehungsaufgaben und bei der Bewältigung ihrer krisenhaften Lebenssituation, bei alltagspraktischen Tätigkeiten wie bei der Kinderbetreuung, der Haushaltsorganisation, der Schularbeitshilfe u.a. Auch Wohnungs- und Arbeitsstellensuche, Unterstützung bei Behördengängen und innerfamiliären Kommunikations- und Verhaltensänderungen gehören zu den Aufgabenfeldern Sozialpädagogischer Familienhilfe. In diesem Zusammenhang ist ein weiterer Schwerpunkt das "Organisieren von Hilfen". Das heißt, Hilfe soll die Sozialpädagogische Familienhilfe nicht nur in eigener Regie leisten, sondern dabei vor allem auch das vorhandene institutionalisierte Netz an insbesondere sozialen Dienstleistungen in dem Sinne nutzen, daß die jeweils betreute Familie von dort die notwendige Unterstützung und Hilfe bekommt. Sozialpädagogische Familienhilfe ist also das Bemühen um unterstützende Hilfe in krisenhaften Lebenssituationen durch praktische Hilfestellungen unterschiedlichster Art sowie durch intensive Gespräche, verbunden mit der Zielperspektive der Hilfe zur Selbsthilfe.
   Zur erstmaligen Einrichtung von ambulanten Erziehungshilfen, insbesondere der Sozialpädagogischen Familienhilfe, wurden in 1991 in Hamburg 28 Stellen für sozialpädagogische Fachkräfte sowie die notwendigen Sach- und Fachkosten einschließlich Honorarmittel und "Beschäftigungsgeld" (das sind Mittel zur Finanzierung von Aktivitäten mit den betreuten Familien) bereitgestellt.[5] Mit

diesem Finanzvolumen wurden Freie Träger der Jugendhilfe und die Ämter für Soziale Dienste in den Bezirksämtern in die Lage versetzt, zu etwa gleichen Teilen ambulante Hilfen zur Erziehung in der Familie bzw. für die Familie durchzuführen. Da mit diesem Stellenvolumen ein flächendeckendes Angebot jedoch noch nicht möglich ist, wurden zunächst arbeitsfähige Teams von 2 bis 4 Fachkräften in den Stadtteilen und Wohngebieten eingesetzt, die eine außergewöhnlich hohe Zahl von Heimaufnahmen zu verzeichnen haben. Diese Schwerpunktbildung ist im Kontext des Artikels 10 Abs. 2 KJHG zu sehen, der unter anderem vorsieht, daß dort, wo eine Hilfe nach § 31 KJHG (Sozialpädagogische Familienhilfe) noch nicht bedarfsgerecht zur Verfügung steht, diese Hilfe vorrangig für Kinder und Jugendliche zu bewilligen ist, für die sonst eine Hilfe zur Erziehung nach § 33 oder § 34 KJHG (Hilfen zur Erziehung außerhalb der eigenen Familie, d.h. Pflegefamilie oder Heimunterbringung) bewilligt werden müßte.

1992 wurden im Haushalt der Freien und Hansestadt Hamburg Mittel für weitere 8 Stellen ausgebracht. Für 1993 sind Mittel für ca. 20 zusätzliche Stellen für sozialpädagogische Fachkräfte bewilligt, die zu einer weiteren Entwicklung von regional verankerten Stützpunkten für ambulante Erziehungshilfen führen werden. Dann wird erstmalig auch der Landesbetrieb Erziehungs- und Berufsbildungshilfen ambulante Hilfen anbieten können.

Mit der Ansiedelung der Sozialpädagogischen Familienhilfe sowohl bei den Ämtern für Soziale Dienste als auch bei Trägern der Heimerziehung werden zugleich zwei fachpolitische Varianten verfolgt:

- Die Problemlagen von Kindern, Familien und jungen Menschen machen es notwendig, Angebotsformen zu entwickeln, die als lebensweltbezogene, alltagsorientierte, entlastende, unterstützende, belgeitende, beratende und organisierende Hilfen im Alltagskontext der Adressaten angesiedelt sind.
- Entsprechende Entwicklungsmöglichkeiten ergeben sich im Rahmen der Gestaltung von ambulanten Erziehungshilfen. Eines der Wesensmomente ambulanter Erziehungshilfen besteht gerade darin, auf "künstliche" Settings zu verzichten und sich auf den Lebensalltag der Adressaten einzulassen. D.h. auch, diesen Alltag zum Ausgangs- und Bezugspunkt sozialpädagogischer Aktivitäten zu machen. Die in Hamburg in den letzten 5 bis 6 Jahren forcierte Stadtteilorientierung der Ämter für Soziale Dienste enthält damit personelle und konzeptionelle Weiterungen (vgl. Behörde für Schule, Jugend und Berufsbildung — Amt für Jugend: Richtlinie für die Arbeit der Ämter für Soziale Dienste, Hamburg, Mai 1989).
- Bei der Weiterentwicklung der Hilfen zur Erziehung sollen Träger "Hilfen "aus einer" Hand" und "unter einem Dach" (sogenannte Jugendhilfezentren) entwickeln können, damit die Ganzheitlichkeit komplexer sozialer Systeme im sozialpädagogischen Arbeitsansatz adäquat Berücksichtigung finden kann und bspw. Kinder nicht wegen unterschiedlicher Zuständigkeiten für einzelne Hilfearten von einem Träger zum anderen weiterverwiesen werden müssen.

Ambulante Jugendbetreuung

Seit Anfang 1991 können suchtgefährdete und suchtabhängige Jugendliche in Hamburg eine sozialpädagogische Einzelbetreuung erhalten, ohne zugleich stationär untergebracht zu sein: Die "Ambulante Jugendbetreuung" (AJB) des Rauhen Hauses (ein freier Träger der Jugendhilfe) richtet sich an Jugendliche, deren Lebensalltag bspw. durch den Konsum von Drogen oder eine starke Gefährdung gekennzeichnet ist. Dieses Angebot ist eine Maßnahme im Katalog der Hilfen zur Erziehung (gem. § 30 KJHG) und soll im unmittelbaren Lebensumfeld des Jugendlichen mit Orientierung an seinen Wünschen und Bedürfnissen ansetzen. Die AJB zielt darauf ab, die mit dem Drogenkonsum einhergehenden gesundheitlichen und sozialen Risiken zu vermindern. Die Betreuung bemüht sich darum, drogenfreie Kontakte und Hilfen zum Ausstieg aus dem Drogenkonsum und der Szene zu ermöglichen. Dabei wird das soziale Netzwerk des Jugendlichen mit einbezogen und auf dessen Erhalt bzw. dessen Wiederherstellung hingearbeitet.

Erste Erfahrungen des Projektes mit dieser neuen Betreuungsform im Angebot der Jugendhilfe zeigen, daß die Familie der drogenabhängigen Jugendlichen die Aufmerksamkeit der BetreuerInnen in weitaus stärkerem Maße in Anspruch nimmt, als dies beispielsweise in der "Flexiblen Betreuung" drogenkonsumierender Jugendlicher im Rahmen der staionären Unterbringung der Fall ist. Dies hat zur Folge, daß die BetreuerInnen sich intensiv mit der bestehenden Familiendynamik auseinandersetzen müssen.

Prämissen der Weiterentwicklung ambulanter Erziehungshilfen

In Beantwortung eines bürgerschaftlichen Ersuchens, daß im Kern darauf abzielt, die Voraussetzungen für den schrittweisen Ausbau eines bedarfsgerechten Angebots im Bereich ambulanter Hilfen zur Erziehung zu schaffen, hat das Amt für Jugend darüber hinaus den Entwurf einer Mitteilung des Senats zur Diskussion in die Fachöffentlichkeit gegeben. Dort wird ein Vorschlag für den bedarfsgerechten Ausbau der ambulanten Hilfen zur Erziehung vorgestellt sowie die weitere fachliche Gestaltungs- und Entwicklungsperspektive — mit den Bezügen zum Gesamtsystem der Hilfen zur Erziehung — skizziert. Das Amt für Jugend läßt sich dabei von folgenden Vorstellungen leiten:
- Die Hilfen sollen regional verankert ausgebaut werden und sind einzubetten in den Kontext örtlicher Jugendhilfeleistungen.
- Die Hilfen sollen möglichst "aus einer Hand" geleistet werden, d.h., ein Träger soll in der Lage sein, das gesamte Spektrum an Erziehungshilfen durchzuführen.
- Dort, wo mehrere Träger bezogen auf die gleiche Region Hilfen anbieten, sind Verbundsysteme zu entwickeln.
- Im Kontext der regionalen Entwicklung und Verankerung ist (unter Berücksichtigung bestehender Raum- und Angebotskapazitäten) an die Errichtung von sogenannten Jugendhilfezentren gedacht, die sowohl als Anlaufstelle für die Adressaten als auch als Arbeitsplätze der sozialpädagogischen Fachkräfte dienen sollen.

- Zukünftig soll die Finanzierung der Hilfeleistung nicht mehr den Umweg der Institutionsfinanzierung gehen müssen. Vielmehr sind die finanziellen Ressourcen so zur Verfügung zu stellen, daß eine direkte Finanzierung der Leistung, bezogen auf den Einzelfall möglich ist. Damit werden die Voraussetzungen geschaffen, mit einem bedarfsgerechten Mitteleinsatz im Interesse von Kindern, Familien und jungen Menschen ein Optimum an Handlungsmöglichkeiten zu erreichen.

Kontinuitätssichernde Unterbringung außerhalb der eigenen Familie

Um Kindern und Jugendlichen außerhalb ihrer eigenen Familie familiäre sowie familienähnliche Lebensorte und damit exklusive Bezugspersonen zu bieten, investierte Hamburg Anfang der 90er Jahre Mittel in den Ausbau des Pflegekinderwesens und baute die sogenannten Außenwohngruppen aus (vgl. dazu den Beitrag von Fred Wohlert in diesem Buch).

Pflegekinderwesen/Vollzeitpflege[6]

Vollzeitpflege ist die begriffliche Zusammenfassung für verschiedenste Angebote zur Unterbringung und Erziehung eines Kindes oder Jugendlichen über Tag und Nacht in einer Pflegefamilie. Die Vollzeitpflege ist eine Hilfeart im Kanon der Hilfen zur Erziehung (§ 33 KJHG) und — neben der Heimerziehung — die zweite "Säule" im Bereich der Hilfen zur Erziehung außerhalb der eigenen Familie. Vor allem für Kinder bis zum Alter von ca. 12 Jahren, aber auch für ältere Kinder und Jugendliche, bietet die Unterbringung in einer Pflegefamilie einen erzieherischen Rahmen, der gekennzeichnet ist durch soziale Nähe und emotionale Sicherheit.[7]

Das Pflegekinderwesen erschien lange Zeit als ein Bereich, in dem es im Gegensatz bspw. zur Heimerziehung kaum Veränderungen und Weiterentwicklungen gab — die Institution "Pflegefamilie" tat eher unauffällig ihren Dienst. Zwar waren im Pflegekinderbereich schon in den 70er Jahren Reformbestrebungen zu verzeichnen, diese wurden jedoch erst in den letzten Jahren verstärkt wieder aufgenommen und fanden rechtlich ihren Niederschlag im KJHG und fachlich vor allem in dem Hamburger Pflegekinderkongreß "Mut zur Vielfalt" (1990).

Formen der Vollzeitpflege

Die Vollzeitpflege ist gekennzeichnet durch eine Reihe von unterschiedlichen Pflegeformen, das KJHG benennt in bezug auf die zeitliche Dauer und Funktion zwei Varianten[8]:
- Die *zeitlich befristete Erziehungshilfe,* bei der die Rückkehr des Kindes in seine Herkunftsfamilie geplant ist und die Pflegefamilie eine familienergänzende Aufgabe wahrnimmt. In diesem Rahmen bestehen fortlaufend Kontakte zwischen Herkunfts- und Pflegefamilie; es gilt, die Beziehungen des Kindes zu seiner Familie zu fördern.
- Die *auf Dauer angelegte Erziehungshilfe,* bei der die Pflegefamilie zum neuen, festen Lebensort für das Kind wird: Die Pflegefamilie tritt an die Stelle der Herkunftsfamilie und wird somit zur neuen Familie, Kontakte zu den Eltern

und Geschwistern des Kindes können weiterhin bestehen, eine Rückkehr des Kindes zu seinen leiblichen Eltern ist jedoch nicht vorgesehen.

Die Entscheidung für die eine oder andere Variante der Vollzeitpflege ist vor allem abhängig vom Alter und Entwicklungsstand des Kindes, seinen persönlichen Bindungen sowie von der Situation in der Herkunftsfamilie, das heißt vor allem von der Möglichkeit, deren Erziehungsbedingungen in einem angemessen Zeitraum zu verbessern.

Mit den Bestimmungen zur Vollzeitpflege bietet das KJHG einen Rahmen, innerhalb dessen sich eine Vielzahl von Pflegeformen entwickeln lassen, die die Voraussetzungen dafür schaffen, eine dem jeweiligen Einzelfall angemessene Form des Pflegeverhältnisses zu finden. Damit können die unterschiedlichen Problemlagen und Bedürfnisse des Pflegekindes sowie der Herkunfts- und Pflegefamilie Berücksichtigung finden.

Verändertes Leitbild der Pflegefamilie

Ausgelöst durch das KJHG ist eine Veränderung der Stellung des Pflegekinderwesens und damit der Pflegefamilie — als Teil des Leistungsangebotes einer modernen Jugendhilfe — zu verzeichnen. Der Status der Pflegeeltern bzw. Pflegepersonen ist nicht (mehr) geprägt als der von Klienten oder gar Bittstellern, sie sind vielmehr Partner der Jugendhilfe, die einen Hilfeprozeß verantwortlich (mit-)gestalten. Dieses findet seinen Ausdruck auch darin, daß die Gestaltung und Begleitung eines Pflegeverhältnisses als Kooperationsbeziehung zwischen Pflegeeltern bzw. Pflegepersonen, Herkunftsfamilie und behördlichen Dienststellen sowie anderen Hilfs- und Beratungseinrichtungen zu entwickeln ist (vgl. §§ 36, 37 und 38 KJHG).

Dieser veränderte Status der Pflegefamilie innerhalb der Jugendhilfe ist Ausdruck von gesellschaftlichen Wandlungsprozessen, die sich auch auf das familiale Zusammenleben beziehen und die damit auf die Institution "Pflegefamilie" zurückwirken. Die Entwicklung ist vor allem durch zwei Charakteristika gekennzeichnet:

- Von der äußeren Form her werden heute mit dem Begriff "Pflegefamilie" alle vorfindbaren Lebens- und Familienformen (und nicht mehr nur Ehepaare mit ehelichem Status) bezeichnet, in denen Kinder einen vorübergehenden oder dauerhaften Lebensort außerhalb ihrer eigenen Familie gefunden haben.
- Bezogen auf den inneren Zusammenhalt bzw. das Selbstverständnis solcher Pflegefamilien lassen sich folgende Varianten unterscheiden: Neben der "normalen" Familie, die Kindern "das Leben in der Familie" als Erziehungskonzept anbietet, treten halbprofessionelle bzw. professionelle Ansprüche, also fachlich begründete Lebens- und Erziehungskonzepte, die sich vorrangig auf die Motive von "Freundschaft" und "sozialer Unterstützung" beziehen.

Zur Struktur des Pflegekinderwesens in Hamburg

Das Hamburger Pflegekinderwesen ist seit jeher dadurch gekennzeichnet, daß in der Stadt nicht genügend Pflegefamilien gefunden werden können, so daß viele Kinder in den angrenzenden Regionen in Pflege gegeben werden müssen. Das Verhältnis der innerhalb und außerhalb Hamburgs untergebrachten Kinder und Jugendlichen ist heute etwa zwei Drittel zu einem Drittel bei einer Gesamtzahl von etwa 1.300 Hamburger Pflegekindern (Stand: 1.1.1992).

Vor diesem Hintergrund haben sich in Hamburg folgende Zuständigkeiten und Aufgabenstrukturen in der Vollzeitpflege herausgebildet:

- Die bezirklichen Ämter für Soziale Dienste und Jugendämter sind zuständig für die Werbung, Vorbereitung und Auswahl von Pflegeeltern sowie für die Beratung und Betreuung der Pflegefamilien innerhalb Hamburgs. Zu ihrem Aufgabenbereich gehört auch die Beratung und Unterstützung der Herkunftsfamilien.
- Das Amt für Jugend sorgt zum einen für einen überbezirklichen Ausgleich innerhalb Hamburgs und zum anderen für die Werbung, Auswahl und Beratung auswärtiger Pflegestellen.
- Im Amt für Jugend existiert mit dem sogenannten "Reisedienst" ein Spezialdienst im Pflegekinderbereich, während die Pflegekinderarbeit in den Hamburger Bezirken in nichtspezialisierter Form von den Fachkräften des Allgemeinen Sozialdienstes ausgeführt wird.
- Außerdem gibt es zwei freie Träger, die weitere Aufgaben wahrnehmen: Der Verein "Freunde der Kinder e.V." betreibt eine Beratungsstelle für Pflege- und Adoptivfamilien; der "Pflegekinder und ihre Familien Förderverein" (PFIFF e.V.) betreut die Bereitschaftspflegestellen, betreibt eine Pflegeelternschule und kümmert sich um eine verstärkte Öffentlichkeitsarbeit und Werbung.

Pflegeformen

Für die Unterbringung und Betreuung von Pflegekindern stehen in Hamburg folgende Pflegeformen zur Verfügung:

- *Kurzpflege:* hier werden Kinder vorübergehend und für einen absehbaren Zeitraum betreut, wobei die Rückkehr des Kindes in seine Herkunftsfamilie vorgesehen ist. Die Kurzpflege kann wenige Tage umfassen, sie sollte einen Zeitraum von 3 Monaten nicht überschreiten; in Ausnahmefällen kann sie 6 Monate dauern.
- *Wochenpflege:* in Wochenpflegestellen leben Kinder an den Wochentagen bzw. an einzelnen vollen Tagen (Tag und Nacht). An den Wochenenden, aber auch an bestimmten anderen Wochentagen und in den Ferien werden die Kinder von ihren leiblichen Eltern betreut. Wochenpflegestellen werden vor allem eingerichtet, wenn die — in der Regel alleinerziehenden — Eltern aufgrund ungünstiger Arbeitszeiten nicht in der Lage sind, ihre Kinder regelhaft bei sich zu haben.
- *Bereitschaftspflege:* die Bereitschaftspflege stellt eine — in dieser Form — für Hamburg neue Form der Kurz- bzw. Übergangspflege dar. Sie ist zunächst geplant für die kurzfristige und kurzzeitige Aufnahme und Betreuung von Säuglingen und Kleinkindern. Bereitschaftspflegestellen werden heute als

eine tragfähige Möglichkeit angesehen, Kindern auch in solchen Situationen einen familialen Lebens- und Erziehungsrahmen zu erhalten, in denen bisher üblicherweise eine Heimunterbringung erfolgte – immer dann, wenn eine Fremdplazierung unvorhergesehen und umgehend erfolgen muß und wenn sowohl die Dauer der Unterbringung als auch der nachfolgende Lebensort unsicher ist. Erfahrungen in anderen Städten zeigen, daß es sich bei der Bereitschaftspflege zwar um ein schwieriges Arbeitsfeld handelt, das alle Beteiligten vor besondere Anforderungen stellt, dieses Angebot jedoch bei einer gründlichen Vorbereitung der Pflegeeltern und einer intensiven fachlichen Begleitung solcher Pflegeverhältnisse eine hervorragende Alternative zur Heimunterbringung ist.[9]

- *Dauerpflege* (familienergänzende oder familienersetzende Funktion): Als Dauerpflege werden alle Pflegeverhältnisse bezeichnet, die dem Pflegekind eine längerdauernde, stabile Lebensperspektive sichern, wobei die zeitliche Dauer häufig zunächst unbefristet bzw. unbestimmt ist. Von ihrer Funktion her sind die familienergänzende und die familienersetzende Dauerpflege zu unterscheiden.

- *Erziehungsstellen:* Erziehungsstellen sollen durch eine Verknüpfung von pädagogischer bzw. psychologischer Fachlichkeit und einer familialen Zuwendung und Lebensweise auch für jene Kinder ein Aufwachsen in einer Familie ermöglichen, mit deren Erziehung andere Pflegestellen – aufgrund der besonderen Auffälligkeiten, Behinderungen und Problemkonstellationen bei diesen Kindern – in der Regel überfordert wären. Für die Betreuung dieser Pflegekinder werden von den Pflegepersonen besondere Erziehungsleistungen sowie eine höhere Belastbarkeit erwartet. Deshalb ist als Voraussetzung für die Anerkennung einer Erziehungsstelle eine pädagogische oder psychologische Ausbildung sowie eine entsprechende Berufserfahrung erforderlich. Erziehungsstellen erhalten – neben dem altersüblichen Pflegegeld für den Unterhalt des Kindes – für ihre besonderen Erziehungsleistungen ein Erziehungsgeld, das die Einkünfte eines Erziehers nicht überschreiten soll.

Fachliche Entwicklungsperspektiven

Um eine weitere Forcierung des Pflegekinderwesens in Hamburg zu erreichen, wurde der "Pflegekinder und ihre Familien Förderverein" damit betraut, folgende Aufgaben zu übernehmen:

- Aufbau eines Netzes von Bereitschaftspflegestellen in den Hamburger Bezirken.
- Aufbau einer Pflegeelternschule mit Angeboten zur Vorbereitung, Schulung und Fortbildung für Pflegeeltern bzw. Pflegepersonen, aber auch für Fachkräfte und andere interessierte Personen.
- Öffentlichkeitsarbeit und Werbung mit dem Ziel, das Thema "Pflegekinder" und "Pflegefamilie" regelmäßig und dauerhaft in das öffentliche Bewußtsein zu heben und so die Bereitschaft zur Aufnahme von Pflegekindern und zur Unterstützung von Pflegefamilien in der Bevölkerung zu erhöhen.

Außerdem ist seit längerem in der Diskussion, daß eine fachliche Weiterentwicklung in der praktischen Arbeit des bezirklichen Pflegekinderwesens notwendig ist. Die Erfahrungen zeigen, daß aufgrund der komplexen Aufgabenfülle, veränderter und gestiegender Arbeitserfordernisse, die Beschäftigung mit den Aufgabenstellung im Bereich der Vollzeitpflege für die einzelne Fachkraft im Allgemeinen Sozialdienst eher am Rande von Bedeutung ist und deshalb fachliche Kompetenzen, aber auch neue fachliche Standards und Entwicklungen nur noch begrenzt erworben werden bzw. in die Arbeit einfließen können.[10]

Vor dem Hintergrund dieser fachlichen Erfordernisse ist eine Weiterqualifizierung der bezirklichen Pflegekinderarbeit anzustreben. In diesem Zusammenhang könnte bspw. durch die Bildung eines Arbeitsschwerpunktes "Pflegekinderwesen" Verbesserungen geschaffen werden.

Außenwohngruppen

In den Außenwohngruppen leben 3 bzw. 5 Kinder oder Jugendliche in Haushalts- und Lebensgemeinschaften mit einem bzw. zwei Außenwohngruppen-Pädagogen bzw.-Pädagoginnen. Die Betreuung findet in einem Haus oder einer großen Wohnung, integriert in ein Wohngebiet, statt. Die Regelung des Alltags erfolgt wie in Familien auch.

Es handelt sich um Kinder und Jugendliche, die aufgrund ihres Alters oder wegen besonderer Problemlagen nicht in eine Pflegestelle vermittelt werden können und inderRegel auch keine Rückkehrperspektive in die Herkunftsfamilie haben. In den Außenwohngruppen sollen die Kinder die Chance haben, im Rahmen verläßlicher und familienähnlicher Beziehungen ohne Schichtdienst und Betreuungswechsel leben und aufwachsen zu können.

Dieses Angebot wird überwiegend vom Landesbetrieb Erziehungs- und Berufsbildungseinrichtungen vorgehalten (z.Z. – Stand: Juni 1992 – leben dort in dieser Betreuungsform ca. 160 Kinder), es ist in den letzten Jahren erheblich ausgebaut worden und soll auch zukünftig noch expandieren.

Regionalisierung der Heimerziehung als Baustein zur Verknüpfung
von ambulanten und stationären Erziehungshilfen

Die Regionalisierung der Heimerziehung ist – im Gesamtzusammenhang der Weiterentwicklung der Hilfen zur Erziehung – eine weitere wichtige Aufgabenstellung. Regionalisierung der Heimerziehung bedeutet, daß das jeweilige Angebot an Plätzen für die verschiedenen Altersgruppen sowie auch mögliche trägerspezifische Besonderheiten eines Angebots in etwa der Bedarfssituation in einer bestimmten Region entsprechen sollen. D.h., die in den Stadtteilen vorgehaltenen Heimplätze sollen überwiegend für die Kinder und Jugendlichen zur Verfügung stehen, die in dieser Region leben. Als Zielgruppe stehen dabei im Vordergrund Angebote für unter 14jährige, weil davon auszugehen ist, daß insbesondere für Kinder der Aspekt der Aufrechterhaltung des gewohnten sozialen Nahraums von großer Bedeutung ist.

Ein regionalisiertes Angebot ermöglicht es, daß das betroffene Kind oder der Jugendliche in der vertrauten Umgebung verbleiben kann und damit auch das Weiterbestehen gewachsener sozialer Kontakte und Bindungen und auch die – wenn auch eingeschränkte – Weiterexistenz der Eltern-Kind-Beziehung (sofern nicht Gründe für eine größere räumliche Distanz zwischen Eltern und Kind sprechen) möglich ist.

Im Rahmen der regionalisierten Heimerziehung kann eine intensivere und engere Kooperation zwischen den beteiligten Institutionen der Jugendhilfe entwickelt werden. Vor allem kann auch die Unterstützung und Beratung der Eltern deutlich positiver gestaltet werden.

Die Verwirklichung dieser Zielsetzung soll in mehreren Schritten erfolgen. Zunächst ist eine Analyse des Gesamtangebotes der Hilfen nach § 34 KJHG notwendig. Dieses ist unter quantitativen Gesichtspunkten bereits geschehen. Außerdem ist eine qualitative Bewertung des Gesamtangebotes notwendig. Ein weiterer Schritt sind kleinräumige Analysen des Verhältnisses von Angebot und Nachfrage. Gemeinsam mit den Trägern der stationären Hilfen zur Erziehung sind dann die notwendigen inhaltlichen und strukturellen Veränderungen festzulegen und umzusetzen. In diesem Zusammenhang wird es besonders darauf ankommen, durch Konzepte wie der "milieunahen Heimerziehung" strukturell optimierte Bedingungen zur Verzahnung stationärer und ambulanter Hilfen im Sinne der vorstehenden Darlegungen zu entwickeln.

Zusammenfassung und Schluß

1. Die Heimreform der 80er Jahre war gekennzeichnet von der Umstrukturierung großer Einrichtungen, der Abschaffung geschlossener Unterbringung und der Überwindung medizinischpsychiatrischer, generell "fallbezogener" Indikationen und spezialisierter Angebote. Die fachpolitischen Herausforderungen der 90er Jahre liegen nun darin, die Lebenssituation von Kindern und Jugendlichen zum Ausgangspunkt für individuell zugeschnittene, flexible Unterstützungs- und Entlastungsangebote zu machen. Nach Hilfebedarf spezialisierte, "versäulte" Angebote und Einrichtungen verlieren immer mehr an Bedeutung; die Grenzen zwischen ambulanten, teilstationären und stationären Angeboten verschwinden.

2. Zur großen fachlichen Herausforderung wird auch die generelle Umstellung von einer hoheitlich verstandenen und wahrgenommenen Arbeit zur Dienstleistungsfunktion im Sinne des KJHG. Freiwilligkeit der Inanspruchnahme, solange das Elternrecht nicht durch richterliche Entscheidung eingeschränkt ist, Partizipation von Kindern, Jugendlichen, Eltern und anderen gesetzlichen Vertretern, gemeinschaftlich entwickelte Hilfepläne, die Berücksichtigung geschlechtsspezifischer Lebenslagen und die Einlösung von Mitwirkungsrechten von Minderjährigen sind einige der zu nennenden mit dem KJHG rechtlich formulierten Ansprüche, die es einzulösen gilt. D.h., eine selbstkritische Überprüfung eingefahrener pädagogischer Praxis ist noch erforderlich.

3. Die gesetzliche Zielsetzung, nach Möglichkeit eine Rückkehr des Kindes oder Jugendlichen in seine Familie zu bewirken, erfordert eine generelle regionale Orientierung, eine erneute Auseinandersetzung mit der Elternarbeit, erhöhte

Kooperationsanforderungen mit anderen Diensten und die Voraussetzung, das Hilfeangebot individuell modifizieren zu können. Mit der Pflicht zur kontinuierlichen Überprüfung des Hilfeplanes ist die Hoffnung verkoppelt, daß perspektivisch ungeklärte "Verwahrunterbringungen" einer zielgerichteten, stimmigen Hilfe weichen. Dabei soll es nicht zu einer Neuauflage überholten Diagnose-/Indikations-Denkens kommen. Es geht vielmehr darum, im Interesse des Kindes/Jugendlichen über die Funktion der Herkunftsfamilie zu einer Prognose zu gelangen. Bei einer Entscheidung für die Option Herkunftsfamilie bedarf es einer Professionalität, die die Verantwortung bei den Sorgeberechtigten beläßt, Entlastung gezielt organisiert und familiäre Prozesse moderiert.

4. Das KJHG weitet die familienbezogenen Leistungen erheblich aus und benennt die Sorgeberechtigten (und nicht die Kinder) zu Leistungsempfängern von Hilfen zur Erziehung. Diese Vorgaben dürfen nicht dahingehend mißverstanden werden, daß Parteinahme für Kinder und Jugendliche nur noch eingeschränkt möglich wäre. Es bedarf jedoch einer kritischen Selbstreflexion pädagogischer Praxis, um die Rechte und Pflichten von Sorgeberechtigten nach dem BGB und dem KJHG und den Auftrag an die Jugendhilfe zur Verbesserung der Lebensbedingungen von Kindern und Jugendlichen in Einklang zu bringen. Im Interesse von Kindern sind deren Chancen zum Neubeginn auch außerhalb der eigenen Familie mit Konsequenz zu verfolgen, wenn eine unakzeptable Entwicklung in der Herkunftsfamilie auch bei Unterstützung durch die Jugendhilfe prognostiziert wird.

5. Der 8. Jugendbericht hat auf den sozialen Wandel in der Lebenswelt Jugendlicher aufmerksam gemacht und hierzu die Begriffe Pluralisierung der Lebenslagen und Individualisierung der Muster der Lebensführung geprägt (vgl. Bundesminister für Jugend, Familie, Frauen und Gesundheit, 1990). Damit verbunden ist eine Auflösung sog. Normalbiographien, die orientierend für die Definition von Normalität und Erziehungszielen waren. Dies gilt auch für Erziehungsstile, die nicht nur von der generellen gesellschaftlichen Übereinkunft über gelingende und damit auch mißlungene Sozialisation ausgehen können.

Zu einer besonderen politischen Herausforderung wird werden, daß die Diversifizierung von Lebensverläufen einerseits neue Klientel, neue Probleme, neue fachliche Herausforderungen und Angebote nach sich ziehen wird, andererseits jedoch ein nicht unbeachtlicher Teil der Gesellschaft eher der klassischen Unterstützung insofern bedarf, als sozialstrukturelle und im Lebenslauf wirksam werdende beziehungs- und entwicklungsspezifische Belastungen den Anschluß an Modernisierungsprozesse gar nicht zulassen; Kinder und Jugendliche somit zu "doppelten Verlierern" werden können. Zudem schlagen die Folgen der "Zweidrittelgesellschaft" unmittelbar auf die Entwicklungsbedingungen von Kindern und Jugendlichen durch, wenn das Leben von Eltern und anderer erwachsener Bezugspersonen geprägt ist von dem Versuch, Anschluß an die materiellen Standards des immer reicher werdenden Teils der

Gesellschaft zu finden und darüber eine förderliche Entwicklung für Kinder vernachlässigt wird.

Die Jugendhilfe der 90er Jahre wird nicht zuletzt auch deshalb wieder stärker gefordert sein, neben jugendhilfespezifischen Angeboten ihr Interessenwahrnehmungsmandat für Kinder auch politisch zu erfüllen und sich öffentlich Gehör zu verschaffen.

Anmerkungen

1 Hamburg ist mit seinen ungefähr 1,7 Mio Einwohnern Einheitsgemeinde. Die in den Flächenländern geläufigen Trennungen zwischen dem kommunalen Jugendamt, dem Landesjugendamt und der Obersten Landesjugendbehörde sind somit verwischt. Als örtliche Jugendämter (im Sinne des Kinder- und Jugendhilfegesetzes) fungieren in Hamburg die Bezirksämter in Gestalt der zu den Jugend- und Sozialdezernaten gehörenden Dienststellen "Amt für Soziale Dienste" und "Jugendamt". Überregionale Funktionen und Aufgaben als Landesjugendamt sowie gleichzeitig als Oberste Landesjugendbehörde werden zentral von der Behörde für Schule, Jugend und Berufsbildung (dort vom Amt für Jugend) wahrgenommen. Aufgrund der Stadtstaatensituation sind einige Aufgaben (wie bspw. die Adoptionsvermittlung oder der rund-um-die Uhr tätige Kinder- und Jugendnotdienst), die anderenorts vom örtlichen Jugendamt wahrgenommen werden, zentral beim Amt für Jugend angesiedelt. Das Amt für Jugend hat außerdem im Bereich der Kindertagesbetreuung jugendamtliche, landesjugendamtliche und ministerielle Funktionen.

2 Zu der komplexen Entscheidungsstruktur kam bis Anfang dieses Jahres eine Aufgabenwahrnehmung durch das Amt für Jugend, die von einer automatischen Übertragung von Erziehungsrechten der Personensorgeberechtigten auf das Landesjugendamt ausging. Dieses hoheitliche Verständnis war bundesweit lediglich auf die Unterbringung von Fürsorgeerziehung und Freiwilliger Erziehungshilfe bezogen, nicht aber auf Hilfen zur Erziehung nach §§ 5, 6 JWG. Mit dem Inkrafttreten des KJHG sind jedoch inzwischen die entsprechenden Passagen des Hamburger Ausführungsgesetzes gegenstandslos geworden.

3 Die Regularien der Erziehungskonferenz sowie ihre Stellung im Gesamtprozeß einer Hilfe zur Erziehung ist Bestandteil der im Frühsommer 1991 von der Behörde für Schule, Jugend und Berufsbildung – Amt für Jugend – herausgegebenen Fachlichen Weisung "Hilfe zur Erziehung".

4 Davon unberührt bleiben die Vorschriften in bezug auf die Mitwirkungsrechte der Adressaten der Hilfe gem. §§ 8 und 36 KJHG.

5 Diese sowie die im folgenden genannten Ressourcen werden derzeit zwar überwiegend im Bereich der Sozialpädagogischen Familienhilfe eingesetzt, gleichwohl stehen sie auch für Hilfen gem. §§ 29 und 30 KJHG zur Verfügung.

6 Dieser Beitrag ist die überarbeitete Fassung eines von Dr. Gerd Steege (Amt für Jugend, Hamburg) für amtsinterne Zwecke erstellten Textes.

7 Dabei ist jedoch zu beachten, daß der Status der Pflegefamilie geprägt ist durch den Widerspruch von Privatheit und Öffentlichkeit, das heißt das private (Erziehungs-)Handeln der Pflegefamilie unterliegt der öffentlichen Kontrolle.

8 Als dritte Variante der Pflegeformen nennt das Gesetz geeignete Formen der Familienpflege für besonders entwicklungsbeeinträchtigte Kinder und Jugendliche.

9 Zu weiteren Einzelheiten siehe: Bürgerschaft der Freien und Hansestadt Hamburg, Drucksache 13/6683 vom 04.09.1990: Weiterentwicklung der Hilfen zur Erziehung in Hamburg.

10 Vgl. dazu auch: Bürgerschaft der Freien und Hansestadt Hamburg, Drucksache 13/6683 vom 04.09.1990: Weiterentwicklung der Hilfen zur Erziehung in Hamburg.

Literatur

Altendorf, H.: Offene und ambulante Hilfen in Hamburg – eine Bestandsaufnahme. In: Behörde für Schule, Jugend und Berufsbildung – Amt für Jugend: Jugendhilfe – Informationen, Standpunkte, Empfehlungen. Heft 5, 1989

Behörde für Schule, Jugend und Berufsbildung – Amt für Jugend: Fachliche Weisung "Hilfe zur Erziehung", Hamburg 1991

Behörde für Schule, Jugend und Berufsbildung – Amt für Jugend: Richtlinie für die Arbeit der Ämter für Soziale Dienste, Hamburg, Mai 1989

Bundesminister für Jugend, Familie und Gesundheit (BMJFG): Mehr Chancen für die Jugend. Zu Inhalt und Begriff einer offensiven Jugendhilfe, Stuttgart 1974

Bundesminister für Jugend, Familie und Gesundheit (BMJFG): Dritter Jugendbericht. Aufgaben und Wirksamkeit der Jugendämter in der Bundesrepublik Deutschland. BTDr. VI/3170, Bonn-Bad Godesberg 1972

Bundesminister für Jugend, Familie, Frauen und Gesundheit (BMJFFG): Achter Jugendbericht. Bericht über Bestrebungen und Leistungen der Jugendhilfe, Bonn 1990

Bürgerschaft der Freien und Hansestadt Hamburg, Drucksache 13/6683 vom 04.09.1990: Weiterentwicklung der Hilfen zur Erziehung in Hamburg

Deutscher Verein für öffentliche und private Fürsorge (Hrsg.): Fachlexikon der sozialen Arbeit. 2. überarb. Aufl., Frankfurt/Main 1986

Elger, W., Jordan, E., Münder, J.: Erziehungshilfen im Wandel. Untersuchungen über Zielgruppen, Bestand und Wirkung ausgewählter Erziehungshilfen des Stadtjugendamtes Kassel, Münster 1987

Jordan, E., Trauernicht, G.: Alleinerziehende im Brennpunkt der Jugendhilfe, Münster 1989

Schone, R.: Empirische Untersuchung zu Zielgruppen, Umfang und Wirksamkeit ambulanter Hilfen zur Erziehung als Alternative zur Erziehung außerhalb der eigenen Familie, Münster 1987

Schrapper-Thiesmeier, C.: Das Bedingungsgefüge der kommunalen Jugendhilfe. Eine empirische Untersuchung der strukturellen und organisatorischen Rahmenbedingungen des Jugendamtes. Dissertation, Münster 1985

HANS-JÜRGEN SOMMERFELD

Grundlagen der Finanzierung von Hilfen zur Erziehung in Hamburg

Einleitung

Hilfen zur Erziehung in ihren vielfältigsten Formen werden in Hamburg weitestgehend durch Freie Träger der Jugendhilfe (FT), durch den Landesbetrieb "Erziehungs- und Berufsbildungseinrichtungen" (LEB) sowie durch die bezirklichen Ämter für Soziale Dienste (AS) wahrgenommen.

Klassische Betreuungsformen stellen die Heimerziehung (§ 34 KJHG) und die Unterbringung in Pflegestellen (§ 33 KJHG) dar.

Seit mehreren Jahren kennen wir in Hamburg daneben noch die sog. flexible Betreuung, die Nachbetreuung, sowie am Einzelfall individuell ausgerichtete Betreuungs- und Interventionsmaßnahmen.

Relativ neu hingegen ist der gesamte Bereich der ambulanten Hilfen (§§ 28-31 KJHG).

Die bisher durch AS geleisteten ambulanten Betreuungen in der Familie haben durch diese Rechtsgrundlagen eine Erweiterung erfahren, die über die klassische Familienfürsorge weit hinausgeht.

Tagesgruppen (§ 32 KJHG) sind in der Planung und werden voraussichtlich 1993 ihre Arbeit aufnehmen.

Bislang werden die verschiedensten Hilfeformen unterschiedlich finanziert, Möglichkeiten einer einheitlichen Kostenregelung für alle Hilfeformen werden diskutiert.

Einen Überblick über die derzeitigen Finanzierungsformen gibt die nachfolgende Darstellung, die "Neuen Wege" setzen den vorläufigen Schlußpunkt zu einem Thema, das nicht nur Finanzpolitiker und Fachexperten dauerhaft bewegt, sondern zunehmend auch in der breiten Öffentlichkeit Beachtung findet.

Hilfeformen und ihre finanzielle Ausgestaltung

Die "klassische" Heimunterbringung

Die stationäre Unterbringung eines Kindes oder Jugendlichen in der Einrichtung eines Freien Trägers bzw. in Hamburg auch des Landesbetriebes (LEB; ein sog. "§ 26-LHO-Betrieb", hervorgegangen aus den ehemals städtischen Jugendheimen) ist wohl die älteste und bekannteste Betreuungsform im Rahmen der außerfamiliären Hilfe zur Erziehung.
Praktiziert wird sie in den Formen von
- Erziehungsgruppen (sowohl im LEB, als auch bei Freien Trägern)
- ausgelagerten, verselbständigten Wohngruppen (Freie Träger)

Finanziert werden diese Hilfeformen durch jährlich neu zu vereinbarende Tagespflegesätze. Grundsätze und Inhalte werden in der zwischen den Spitzenverbänden und dem Jugend- und Sozialhilfeträger Hamburg einvernehmlich ausgehandelten "Allgemeinen Pflegesatzvereinbarung" beschrieben.

Basis des individuell zu verhandelnden Pflegesatzes sind die in einem Selbstkostenblatt der Einrichtung nachzuweisenden jährlichen Ausgaben.

Die Pflegesätze der Einrichtungen Freier Träger liegen derzeit in Hamburg zwischen 135,- DM und 220,- DM täglich.

Mit dem LEB wurde für 1992 ein Mischkostensatz von täglich 185,- DM vereinbart.

Auf die mit diesem Mischkostensatz verbundenen Besonderheiten wird im nachfolgenden noch einzugehen sein.

Die Unterbringung in einer Familie bzw. familienähnlichen Wohn- und Betreuungsform

Seit mehreren hundert Jahren gibt es Kinder und Jugendliche, die in sogenannten Pflegestellen aufwachsen.

Pflegeeltern erhalten für die umfassende Betreuung und Versorgung ihres Pflegekindes ein nach Alter des Kindes/Jugendlichen gestaffeltes Pflegegeld, welches sich aus einem Anteil zur Deckung des Lebensunterhalts des Pflegekindes und aus dem Erziehungsgeld (Anerkennungshonorar; derzeit mtl. 300,- DM je Kind) für die Pflegeeltern zusammensetzt.

Hamburg orientiert sich seit Juli 1992 an den vom Deutschen Verein für öffentliche und private Fürsorge vorgeschlagenen Pflegegeldsätzen.

Je nach Alter des Pflegekindes beträgt das monatliche Pflegegeld derzeit zwischen 928,- DM und 1.175,- DM.

Ergänzt wurde diese langjährig bewährte Hilfe in den letzten Jahren durch speziellere Konstruktionen, die Erziehungsstellen und Außenwohngruppen.

Die Entwicklung der Erziehungsstellen basierte auf der immer häufiger festgestellten Tatsache, daß es einerseits als wünschenswert empfunden wurde, Kinder in Pflegestellen unterzubringen, die besondere Problematik des Kindes aber in Einzelfällen zu einer vorhersehbaren Überforderung "normaler" Pflegestellen führt.

Gleiches galt für größere Geschwisterverbände (mehr als 3 Kinder), für die eine gemeinsame Unterbringung innerhalb einer Familie immer schwieriger wurde. In der Konsequenz hätten die Kinder getrennt untergebracht werden müssen – eine pädagogisch zweifelhafte Entscheidung.

Der besondere Anspruch, der mit der Aufgabe verknüpft war, mehrere oder besonders auffällige Kinder im Rahmen einer auf Dauer ausgerichteten Lebensgemeinschaft zu betreuen, machte es erforderlich, von den Bewerbern für eine Erziehungsstelle eine besondere fachliche Qualifikation zu fordern.

Grundsätzlich sollte mindestens eine ErzieherIn-Ausbildung bei den BewerberInnen vorliegen. Eine Überqualifikation stellt hier ausnahmsweise keinen Hinderungsgrund dar. Derzeit befinden sich in Erziehungsstellen ErzieherInnen, SozialpädagogInnen, PsychologInnen, LehrerInnen und AbsolventInnen verwandter Berufsbereiche).

Der (Mindest-)Ausbildungsqualifikation und besonderen Aufgabenstellung gemäß werden Erziehungsstellen besser bezahlt als Pflegeeltern.

Orientiert wird sich dabei an der Vergütungsgruppe Vc BAT sowie den Betreuungsmerkmalen in einer klassischen stationären Erziehungsgruppe. Einen Stellenschlüssel von 1:3 vorausgesetzt (1 Betreuungsperson für 3 Kinder/Jgdl.) beträgt das Honorar für Erziehungsstellen 1/3 der Vergütungsgruppe Vc BAT. Entsprechend der tariflichen Entwicklung im öffentlichen Dienst werden die Honorare für Erziehungsstellen jährlich neu angepaßt.

Derzeit erhalten Erziehungsstellen-MitarbeiterInnen ein Honorar von 1.386,- DM monatlich.

Hinzu kommt ein Pauschbetrag für das aufgenommene Kind. Dieser Pauschbetrag entspricht dem Satz, der auch an Pflegestellen gezahlt wird – je nach Alter monatlich zwischen 628,- DM und 875,- DM.

In den Außenwohngruppen des LEB leben 3 bis 5 Kinder in Lebensgemeinschaft mit 1 bis 2 PädagogInnen. Hier leben Kinder, die aufgrund ihres Alters oder besonderer Problemlagen nicht in eine Pflegestelle vermittelt werden konnten und die auf Dauer keine Rückkehroption in die eigene Familie haben. Bei familienähnlichen Bedingungen (ohne Schichtdienst und Betreuerwechsel) sollen die Kinder eine Chance haben, zu leben und aufzuwachsen.

Außenwohngruppen des LEB haben eine hohe Autonomie; sie verwalten einen Gesamtetat für sich und die Kinder eigenverantwortlich.

Die Wohngruppenbetreuer (in der Regel ehemalige Mitarbeiter des LEB) sind per Dienstvertrag aus dem Öffentlichen Dienst beurlaubt. Der Vertrag enthält eine Rückkehroption.

Finanziert werden die Außenwohngruppen über den Mischkostensatz des LEB.

In den Außenwohngruppen bei Freien Trägern finden bis zu 5 Kinder unter ähnlichen Gesichtspunkten wie in den oben geschilderten Außenwohngruppen des LEB Aufnahme. Auch diese Betreuungsform verfügt über eigene Haushaltsmittel. Der betreuende Pädagoge erhält zusätzlich durch den Träger Hilfen z.B. für Vertretungen.

Im Gegensatz zu den Betreuern im LEB sind die Mitarbeiter weiterhin Angestellte des jeweiligen Trägers mit z.T. finanziellen Sonderkonditionen.

Finanziert werden diese Außenwohngruppen über den jeweiligen Pflegesatz des Trägers.

Individualbetreuungen

An Individualbetreuungsmöglichkeiten stehen derzeit in Hamburg die Einzelbetreuung, die flexible Betreuung, die Nachbetreuung und die Krisenintervention zur Verfügung.

Einzelbetreuung

Die Anfang der 80er Jahre eingeführte Einzelbetreuung Jugendlicher (Ausführende: der LEB und die Freien Träger) sieht die Betreuung im eigenen Wohnraum vor. Denkbar ist auch die Möglichkeit einer Betreuung im Wohnraum des Betreuers.

Der pädagogische Bedarf wird für jeden Jugendlichen individuell zugeschnitten und nach Stunden abgerechnet. Möglich ist eine Bandbreite von 5 bis 20 Stunden wöchentlich. Im Einzelfall kann diese Zeit überschritten werden.

Durch eine dem jeweiligen Bedarf des Jugendlichen angepaßte Steuerung ist der Betreuungsrahmen variabel gestaltbar. Bei positivem Verlauf der Betreuung kann der Stundensatz reduziert, in Krisensituationen ggf. gesteigert werden.

Die Finanzierung dieser Betreuungsform orientiert sich für den Lebensunterhalt des Jugendlichen an den Grundsätzen der Sozialhilfe. Die Einrichtung erhält neben einer Kostenpauschale ein Grundhonorar nach Betreuungsstunden.

Mittlerweile ist die oben definierte Einzelbetreuung ein "auslaufendes Modell", abgelöst seit 1987 durch die Flexible Betreuung.

Flexible Betreuung

Ursächlich dafür war, daß die Einzelbetreuungen bislang weitestgehend von freien Mitarbeitern durchgeführt wurden (auf Honorarbasis). Dieser Mitarbeiterstatus war arbeitsrechtlich unbefriedigend. Hinzu kamen in diesem Zusammenhang unklare Verantwortlichkeiten und (nach Auffassung der Träger) eine unzureichende Grundpauschale (mtl. 180,- DM).

Derzeit wird die flexible Betreuung nur durch Freie Träger ausgeführt. Die zugrundegelegte Betreuungssituation entspricht weitestgehend dem Modell der Einzelbetreuung. Wie dort beschrieben findet die Betreuung in der Regel im angemieteten eigenen Wohnraum des Jugendlichen statt; in Ausnahmefällen auch in Wohnraum, der vom Träger angemietet wurde. Kinder leben in Haushaltsgemeinschaften mit den betreuenden PädagogInnen.

Zur Herauslösung aus dem Herkunftsbereich kann die flexible Betreuung für einen begrenzten Zeitraum bereits schon beim bisherigen Lebensmittelpunkt ansetzen (Betreuung in der Herkunftsfamilie).

Das Konzept der flexiblen Betreuung läßt grundsätzlich jedes denkbare Betreuungsarrangement zu. Es ist in seiner variablen Form nutzbar für die Betreuung von Drogenabhängigen, als ambulante Maßnahme auch geeignet, Jugendliche aus der "Szene" herauszulösen.

Finanziert wird die flexible Betreuung über eigens dafür vereinbarte Pflegesätze. Rahmenbedingungen dafür sind:

1. Der Betreuungsaufwand wird je Einzelfall zwischen Einrichtung und Kostenträger in Form von Betreuungsstunden festgelegt.

2. Die Abrechnung erfolgt einzelfallbezogen.

3. Bei dem aktuellen Stellenschlüssel von 1:2,12 ergeben sich bei einer Wochenarbeitszeit von 38,5 Stunden rd. 18,2 Stunden je Kind/Jugendlichem.

4. Die Betreuungskapazität für die flexible Betreuung durch Einrichtungen wird in Plätzen ausgedrückt.
   Ein Platz flexible Betreuung wird gleichgesetzt mit 18,2 Betreuungswochenstunden. Vereinbart z.B. eine Einrichtung 4 Heimplätze flexible Betreuung, ergibt sich ein Umfang von rd. 73 Betreuungswochenstunden. Das bedeutet auch, daß hierfür 1,9 Stellen pädagogischen Personals zur Verfügung stehen (73 Std./wchtl.: 38,5 = 1,9).
   Diese 4 Plätze bzw. 73 Stunden können flexibel genutzt werden.

   Beispiele:

Jgdl. A:	10	BST	(Betreuungswochenstunden)
Jgdl. B:	15	BST	
Jgdl. C:	18	BST	
Jgdl. D:	20	BST	
Jgdl. E:	10	BST	
Gesamt:	73	BST	= 5 Jgdl.

Jgdl. A:	25	BST	(Betreuungswochenstunden)
Jgdl. B:	18	BST	
Jgdl. C:	30	BST	
Gesamt:	73	BST	= 3 Jgdl.

5. Die vereinbarte Platzkapazität für die flexible Betreuung wird – abhängig vom Einzelfall – entweder der Sollplatzzahl der Einrichtung hinzugeschlagen (= Erhöhung der Sollplatzzahl) oder aber in die vorhandene Sollplatzzahl integriert (= keine Erhöhung der Sollplatzzahl).

6. Für die Steuerung, Verwaltung und Supervision der flexiblen Betreuung stehen den Trägern Leitungskapazitäten zur Verfügung:
   Ab 10 Erzieherstellen (ErzSt) im Bereich flexible Betreuung 1 Leitungsstelle (LSt)

7,5 bis unter 10 ErzSt	= 0,75	LSt
5 bis 7,5 ErzSt	= 0,5	LSt
2,5 bis 5 ErzSt	= 0,25	LSt
unter 2,5 ErzSt	= keine	LSt

7. Der Aufwand für Wirtschaftsaufgaben wird durch flexible Betreuung nicht erhöht.

8. Der Sachaufwand enthält u.a. die Mittel für die Anmietung von Wohnraum und für den Lebensunterhalt der Betreuten. Im übrigen gelten die Kriterien der Pflegesatzvereinbarung.

9. Die Aufwendungen für den Wohnraum und Lebensunterhalt der Jugendlichen orientieren sich an den Bemessungskriterien des Bundessozialhilfegesetzes (BSHG), damit der Übergang in die Selbständigkeit keine zusätzlichen Probleme aufwirft.

10. Die Vereinbarung der Pflegesätze erfolgt im Rahmen der regelhaft jährlichen Antragstellung gem. entsprechender Regelungen der Pflegesatzvereinbarung (APSV).
Den Antragsunterlagen wird eine die Kosten und Erlöse der flexiblen Betreuung nachweisende Kostenstellenrechnung und ein gesonderter Stellenplan beigefügt.

Nachbetreuung

Die Nachbetreuung ist ein Angebot der differenzierten Begleitung eines jungen Menschen im eigenen Wohnraum. Üblicherweise stellt diese Betreuungsform die abschließende Hilfe vor einer Beendigung der Jugendhilfe dar. Der junge Mensch kann eine Person seines Vertrauens vorschlagen, die ihm für einen zeitlich begrenzten Rahmen beratend zur Seite steht.

Vereinbart werden in der Regel Halbjahreszeiträume, die Nachbetreuung dauert nicht länger als ein Jahr. Sinn der Nachbetreuung ist es, vor allem zu Beginn des Lebens in eigenem Wohnraum eine Begleitung für alle wichtigen Fragen des Alltags zur Verfügung zu stellen. Eine pädagogische Qualifikation des Betreuers ist nicht zwingend erforderlich, Vertrauen und Akzeptanz durch den Betreuten stehen im Vordergrund.

Diese relativ "lockere" Betreuungsform wird mit derzeit 195,- DM mtl. für den Betreuer vergütet. Der im Rahmen der Nachbetreuung lebende junge Mensch erhält Wohnraum- und Lebenshaltungskosten nach den Bedingungen des Bundessozialhilfegesetzes.

Krisenintervention

Zu einer Krisenintervention kommt es, wenn es im Betreuungsalltag Konflikte gibt, die es für einen definierten Zeitraum erforderlich machen, den Betroffenen aus seinem bisherigen Beziehungsgefüge herauszunehmen.

Mit dem Instrument der Krisenintervention kann die Unterbringung und Betreuung von Kindern und Jugendlichen außerhalb der Gruppe praktiziert werden. Das Kind bzw. der Jugendliche wird von den pädagogischen Fachkräften der bisherigen Betreuungseinrichtung am anderen Ort mitbetreut. Ziel einer Krisenintervention ist die Rückkehr des Betreuten in die bisherige Betreuungsform.

Im Rahmen dieser Hilfe wird der vereinbarte Pflegesatz für die Einrichtung weitergezahlt. Mehrkosten, die durch erhöhten Personaleinsatz und situationsbedingt entstehen, werden dem Träger der Maßnahme erstattet.

Die Maßnahme ist vorher mit dem Kostenträger abzustimmen.

Neben den vorgenannten Formen der Individualbetreuung gibt es noch eine erhebliche Anzahl von ständig erforderlichen sogenannten "Einzelarrangements".

Ob es nun gilt, erlebnispädagogische Fahrten mit einem Betreuer zu finanzieren, oder ob ein auf Dauer ausgelegtes Verbleiben in einer ausländischen Familie geplant wird – in jedem dieser Einzelfälle müssen die pädagogischen und finanziellen Bedingungen individuell ausgehandelt werden.

Dabei wird immer wieder festgestellt, daß die bisher entwickelten Standards, wie z.B. Pflegesätze, Kostensätze für flexible Betreuung und andere standardisierte Finanzierungsformen nicht jedem Individualfall gerecht werden können.

Insofern sind die Einzelarrangements immer neu zusammenzufügen.

Bei Betreuungen durch den LEB entfällt allerdings diese Notwendigkeit: Der Landesbetrieb Erziehungs- und Berufsausbildungseinrichtungen hat mit der zuständigen Behörde einen Mischkostensatz (Tageskostensatz) vereinbart, der Basis für alle denkbaren Hilfeformen ist. Der LEB bezahlt aus seinem Kostensatz die Betreuung in einer Wohngruppe genauso, wie er aus diesem eine reise- und erlebnispädagogische Maßnahme in der 3. Welt finanziert.

Neue Wege gehen

Die Entwicklung eines neuen Finanzierungssystems im Rahmen der Hilfen zur Erziehung scheint eine dringende Notwendigkeit, um den Anforderungen an die Hilfen zur Erziehung nach dem KJHG gerecht zu werden.

Neben den in den vorhergehenden Abschnitten beschriebenen Finanzierungsformen für:
- Pflegesätze für Hilfen zur Erziehung in Einrichtungen (Standardfinanzierung)
- Pflegesätze in der "flexiblen Betreuung"

müssen Finanzierungsinstrumente für ambulante Betreuungsformen entwickelt werden. Da ist die Idee nicht neu, für alle bisher genutzen Finanzierungsformen eine gemeinsame Größe zu finden.

Eine Umsetzung ist aber wohl nur möglich, wenn als Basis die kleinste gemeinsame Größe aller bisheriger Finanzierungsformen zugrunde gelegt wird: die Stundeneinheit.

Im Aufwand der Träger sind, je nach Betreuungsarrangement, enthalten
- die Personalkosten
- die Sachkosten, unterschieden in
  - Trägerkosten (Leitung, Verwaltung etc.)
  - Individualkosten (Lebensunterhalt, Miete, Bekleidung etc. des Kd./Jgdl.)
- Aufwand für Betreuungsmittel (päd. Material, Handgelder etc.)
- Personalnebenkosten (um ggf. kostenintensivere Strukturangebote von Trägern honorieren zu können).

Für jede Betreuungsform könnte aus diesem "Baukasten" die für die jeweilige Hilfe angezeigte Finanzierung entwickelt werden.

Beispiele:
Im Falle einer Hilfe nach § 34 KJHG (Heimerziehung) könnte der Stundensatz enthalten
- Personalkosten
- Trägerkosten
- Individualkosten
  sowie ggf.
- Personalnebenkosten, falls der Träger eine durch den Jugendhilfeträger gewollte Struktur aufgebaut hat, die besonders nebenkostenintensiv ist (spezielle Wohngruppenverträge; AWGs).

Im Falle einer SPFH (§ 31 KJHG) könnte der Stundensatz enthalten
- Personalkosten
- falls vorhanden: Trägerkosten (entfällt bei ambulanter Betreuung dudrch Einzelpersonen)
- Betreuungsmittel

Im Falle einer Hilfe nach § 35 KJHG (intensive sozialpädagogische Einzelbetreuung) könnten enthalten sein
- Personalkosten
- Trägerkosten
- Individualkosten
- Betreuungsmittel (falls erforderlich, je nach Hilfeplan)

Für jede spezielle Betreuungsform kann ein anderes, den individuellen Notwendigkeiten entsprechendes "Paket" gepackt werden.

Basis dieser vorgenannten Überlegungen war die Tatsache, daß nach bisherigem Schema für jede Hilfeform ein eigenständiger Pflegesatz entwickelt werden muß.

Dieses ist nicht nur sehr aufwendig für Verwaltung und Spitzenverbände, die zu diesem Zwecke eigene, mit hochbezahlten Fachleuten besetzte Stäbe gebildet haben, sondern führt auch dazu, daß die vom KJHG geforderte Individualisierung der Hilfen teilweise nur unzureichend umgesetzt werden konnten.

So ist mit einem vereinbarten Pflegesatz die Betreuung eines Kindes/Jugendlichen zu bezahlen, ohne daß vorher abgeklärt wird, woraus denn nun eigentlich der betreuerische Bedarf dieser Person besteht. Um es anders auszudrücken: ein Pflegesatz finanziert die Betreuung eines 5jährigen Kindes genauso wie den Betreuungsbedarf eines 15jährigen Jugendlichen (in beiden Fällen werden z.B. tgl. 180,- DM berechnet).

Die vor rund 5 Jahren eingeführte Flexible Betreuung krankt daran, daß nahezu regelhaft ein Stundenkontingent von 18 bis 20 Stunden je Jgdl. "verordnet" wird (dieses entspricht im übrigen den Kosten eines Pflegesatzes), ohne daß eine notwendige Differenzierung vorgenommen wird, dieses evtl. auch gar nicht möglich ist.

Probleme mit besonders schwierigen Jugendlichen führen dazu, daß die Stundenzahl erhöht wird (über 30,40 bis hin zu 60 Std. wöchentlich).

Im Rahmen der Umsetzung des KJHG besteht die Notwendigkeit, für die Finanzierung von ambulanten Hilfen neue Konstruktionen zu entwickeln.

Der oben dargestellte "Finanzierungsbaukasten" hat folgende Vorteile:

1. Mit Beginn der Hilfe wird neben der Betreuungsform der individuelle Betreuungsbedarf eines jeden Kindes/Jgdl. durch die Erziehungskonferenz verbindlich festgelegt.

   Im "Normalfall" wird die Betreuungsdichte im Rahmen einer stationären Unterbringung bei rund 2,5 Stunden täglich liegen (einen Stellenschlüssel von 1:2, 14 bei einer 38,5-Stunden-Woche vorausgesetzt; Formel: 38,5 Wochenarbeitsstunden/Stellenschlüssel/Wochentage). Liegen besondere Gründe vor, kann diese Stundenzahl angehoben oder abgesenkt werden. Im Hilfeplan sind diese Gründe aufzuzeigen, die Stundenzahl kann jederzeit bei Bedarf korrigiert werden.

   Der "Baukasten" ermöglicht, auf besondere Strukturen der Einrichtung einzugehen (Personalnebenkosten für Dienst zu ungünstigen Zeiten, Wochenenden, Feiertage) und besondere Maßnahmen finanziell zu begleiten (Betreuungsmittel).

2. Das Finanzierungssystem gilt einheitlich für alle Träger/Einrichtungen/Einzelpersonen in Hamburg. Variabel sind die Sachkosten (Träger- und Individualkosten) sowie ggf. erforderliche Betreuungsmittel.

   Das System ist leicht zu überschauen und gibt Anreize, Neues zu probieren und Strukturen zu verändern.

3. Der Verwaltungsaufwand für die Bearbeitung von Pflegesätzen wird erheblich reduziert. Dieses gilt sowohl für das Amt für Jugend als auch für die Träger bzw. deren Spitzenverbände. Gleichzeitig wird das Abrechnungsverfahren überschaubarer und weniger fehleranfällig. Anhebungen der "Baukastenpauschalen" erfolgen jährlich und einheitlich. Sie könnten sich im Personalbereich an den jeweiligen Tariferhöhungen des Öffentlichen Dienstes, im Sachkostenanteil am Lebenshaltungskostenindex oder an der Sozialhilfesteigerungsrate orientieren.

Die im Zusammenhang mit der Drucksache "Weiterentwicklung der Hilfen zur Erziehung in Hamburg (Teil II)" entwickelte Vorstellung, bei Errichtung von Jugendhilfezentren o.ä. Modellen eine Mischfinanzierung (Finanzierung der Betriebskosten eines solchen Zentrums im Rahmen der Projektfinanzierung/Zuwendungen, Finanzierung einzelner Hilfen über Stunden-Pflegesätze) vorzuhalten, wäre mit diesem Modell nicht nur kompatibel, sondern besser realisierbar.

Neue Formen in der stationären Jugendhilfe

FRED WOHLERT

Außenwohngruppen und öffentliche Verwaltung[1]

Geschichtliche Entwicklung

Im folgenden wird eine Entwicklungslinie der Heimerziehung thematisiert, die in ihrer Struktur mit entscheidenden Elementen der klassischen Heimerziehung bricht. Insbesondere werden jene Probleme erörtert, die sich aus der Einbindung in die öffentliche Verwaltung ergeben.

Etwa seit Ende der 60er Jahre spielt zunehmend der Begriff "Wohngruppen" eine Rolle. Wie so oft in der Sozialpädagogik segeln verschiedene sozialpädagogische Arrangements unter dieser Flagge: Jugendwohnkollektive, Jugendwohngruppen, Jugendwohngemeinschaften, Wohngruppen im Heim, Außenwohngruppen etc. (vgl. Kiehn).

Innerhalb der Gattung "Wohngruppen" sollen hier nur jene Formen interessieren, die in der Praxis häufig auch als "Außenwohngruppen" firmieren:

"Außenwohngruppen nennt man Lebensgruppen von Kindern und Jugendlichen, die im Rahmen der Jugendhilfe untergebracht sind, aber nicht auf dem Heimgelände, sondern außerhalb. Außenwohngruppen sind zwar organisatorisch mit dem Heim verbunden, aber wirtschaftlich und pädagogisch selbständige Einheiten. Die Betreuung kann in familienähnlicher oder Gruppenform geschehen. Im ersteren Fall leben die Erwachsenen in der Gruppenwohnung oder sind dort durchgehend anwesend. Im zweiten Fall erfolgt die Betreuung und Beratung von außen" (Kiehn, S. 50).

Auf den ersten von Kiehn geschilderten Typus wollen wir besondere Aufmerksamkeit richten, weil dieser am radikalsten quergebaut ist zu den Strukturen klassischer Heimerziehung. Wir dürfen bei der Erörterung allerdings nicht übersehen, daß diese Form historische Vorläufer hat und z.B. in der SOS-Kinderdorf-Bewegung auch nach dem Krieg in entscheidenden Elementen immer lebendig geblieben ist.

Die erneute Idee zur Bildung von Außenwohngruppen fällt nun interessanterweise in eine Phase, in der die Heimerziehung nach dem Krieg qualitativ und quantitativ ihren Höhepunkt überschritten hatte. Noch in den 60er Jahren ist es institutionalisierte Sichtweise, daß das Heim unentbehrliche Leistungen für geschädigte Kinder erbringt oder erbringen könnte, wenn es nur materiell hinreichend ausgestattet wird. Das Heim als "therapeutische Klinik" (Bäuerle) kann zu dieser Zeit noch als Leitvorstellung formuliert werden. Daraus resultieren entsprechende Forderungen an Politik und Verwaltung: bessere, funktionale Gebäude, mehr professionelles Personal, Therapeuten, Heimschulen, Werkstätten, Ausbau der Diagnostik (Beobachtungsheime!), so oder ähnlich lauten die Forderungen.

In jener Zeit, da zügig daran gearbeitet wird, in Theorie und Praxis das "Technologiedefizit" (Luhmann) dieser Heimerziehung zu beheben, gibt es jedoch gleichzeitig Stimmen, die alte Prinzipien beschwören: "Beispiel und Liebe geben" in kleinen überschaubaren Erziehungseinheiten nach dem Familienprinzip. Diese Vorstellung wird den damals dominierenden Technologen entgegengehalten. Zunächst behalten diese allerdings argumentativ und politisch die Oberhand gegen jene scheinbar veraltete Form der Heimerziehung, die auf Fachtagungen Mitte der 60er Jahre als "pädagogische Idylle" abgebucht werden. Die Folgeprobleme der "fortschrittlichen Heimerziehung" waren seinerzeit noch nicht zu erkennen. Auf den Reißbrettern, dann auch in der Realität, entstanden die ersten Heime neuen Typs: hell, freundlich, modern, zweckmäßig, aufgelockerte Pavillonbauweise. Organisatorisch werden die Gruppengrößen verringert. Ausgebildetes Personal wird den Gruppen fest zugeordnet, gruppenübergreifende pädagogische und therapeutische Fachkräfte assistieren und Teambesprechungen und Fallkonferenzen werden installiert. Solche Heime mußten relativ groß sein, um Arbeitsteilung und Spezialisierung ökonomisch tragbar zu machen.

Die Ernüchterung über die schöne neue Heimerziehung ließ nicht lange auf sich warten. Birtsch u.a. berichten z.B. über die Sophienpflege in Tübingen: "Wie überall in der Heimerziehung erwiesen sich auch in der Sophienpflege die Realisierung der tariflichen Arbeitszeit und der daraus resultierende Schichtdienst (vier Erzieher pro Gruppe), ferner die vielfältigen Funktionsaufteilungen (Erzieher, Therapeuten, Hauswirtschaftskräfte, Reinigungskräfte ...) als Hindernis zur Verwirklichung dieses Ziels. Die Zergliederung des pädagogischen Alltags in einen Acht-Stunden-Tag und in Spezialaufgaben machten die Bemühungen um konstante Beziehungen zwischen Kindern und Mitarbeitern zunichte. Sie behinderte die Kooperation unter den Gruppenmitarbeitern und schwächte das Engagement aller Beteiligten. Häufige Mitarbeiterwechsel waren eine Folge davon und verschärften die Probleme weiter" (Birtsch, S. 40).

Rolf Podgornik formuliert an anderer Stelle im gleichen Sinne: "Es fällt auf, daß die Institution Kinderheim ihre Aufgabe immer weniger zu erfüllen in der Lage ist, trotz des Einsatzes von wesentlich mehr Erziehern pro Gruppe, trotz der Einbeziehung von Spezialisten in die Therapie, trotz besserer baulicher und sonstiger Ausstattung, trotz Reduzierung der Gruppengrößen. Trotz all dieser Bemühungen um Veränderungen ist es den meisten Heimen nicht gelungen, die fast totale Versorgung der Kinder abzubauen. Die Institution Heim, in der alles verantwortlich vorgeplant ist, besorgt und beschafft wird, muß abgebaut werden. Die künstliche Welt, in der das Kind nicht Menschen schlechthin, sondern stets reflektierenden Pädagogen begegnet, die mit dem, was sie tun und sagen (und nicht tun und sagen), immer etwas Pädagogisches im Sinn haben und verfolgen, was sie 'Erziehungsziel' nennen, und das in vielen Besprechungen der Erzieher festgehalten wird; in Besprechungen, zu denen

Psychologen, Heilpädagogen und andere Gelehrte, die in einem modernen Heim ihre Funktion haben, hinzugezogen werden, selten aber die Kinder" (Podgornik, S. 147).

Aus solchen Einsichten wird die Idee der Außenwohngruppe geboren. Es ist bezeichnend, daß dies gerade in Heimen geschieht, in denen es scheinbar an nichts fehlte. Vermutlich lag es so, daß die Mitarbeiter in diesen Einrichtungen nicht länger an der Tatsache vorbeisehen konnten, daß die klassische Heimerziehung in entscheidenden Hinsichten den Kindern nicht gerecht werden konnte, wie großzügig die Ausstattung auch immer sein mochte. Mit den Außenwohngruppen galt es, eine Form zu finden, die Schluß machte mit dem Schichtdienst, der Arbeitsteilung und funktionalen Zergliederung des Alltags, der Trennung von Arbeitsrollen und Privatheit, der architektonisch zementierten Sonderlebenswelt "Heim".

Erstaunlicherweise fanden sich Mitarbeiter, die bereit waren, in den so konzipierten Außenwohngruppen zu leben und zu arbeiten. Ersterfahrungen bestätigten das Konzept und führten in rascher Folge zu Außenwohngruppen, zunächst in Tübingen, später in Dortmund und noch später in vielen anderen Orten im Bundesgebiet.

Besonders interessant wurde in Hamburg die Gründung von Außenwohngruppen im städtischen Heim in Dortmund empfunden, weil es sich hierbei um einen kommunalen Träger handelte, der in die allgemeine Verwaltung eingegliedert war und damit in die Regularien kameralistischer Haushalts- und Kassenführung. Podgornik führt hierzu aus: "Um das herkömmliche Heim mit seinen Gesprächsstrukturen und sonstigen Dienstregelungen zum Wohngruppenverband zu entwickeln, bedurfte es vieler Jahre Reifung und Abrundung. Für die neue Lebensform mußten erst die gesamten Voraussetzungen geschaffen werden. Arbeitszeitordnung, Dienstrecht, Gemeindeordnung, Satzungen und vor allem der Tarifvertrag für die Eingruppierung der Angestellten im Sozial- und Erziehungsdienst waren zunächst vorhandene Blockaden. Eine Satzung, die den rechtlichen Rahmen für die Form und Arbeitsweise des veränderten Heims sicherstellt, wurde von uns mit Juristen erarbeitet. Ein eigener Dienstvertrag, der der Sonderform der Wohngruppe entspricht, mußte in Zusammenarbeit mit der Personalverwaltung und Juristen entwickelt werden. Er beinhaltet die besondere Arbeitsform der Erziehung in Wohngruppen und regelt die dann erforderlichen Absprachen" (Podgornik, S. 153).

Mit der Gründung von Außenwohngruppen in Dortmund tauchte auch ein Problem auf, mit dem von Anfang an gerechnet werden mußte: Die Gewerkschaften und Personalräte hatten Mühe, mit dem implizierten Frontalangriff auf die Arbeitszeitordnung umzugehen. Das war und ist aus der Sicht der Gewerkschaften verständlich. Das Unterlaufen der Arbeitszeitordnung, für die Gewerkschaften lange gekämpft hatten, die Auszahlungen von Vergütungen für Mehrarbeitsstunden, die letztlich die Vernichtung von potentiellen Arbeitsplätzen bedeutet, mußten den Widerstand der Gewerkschaften hervorrufen. Fachlich-pädagogisch befinden sich die Gewerkschaften allerdings in einer ausweglosen und geradezu schizophrenen Situation, denn niemand vermag zu überzeugen, der einen permanenten Wechsel der Betreuungspersonen für die Erziehung von Kindern fordert.

Organisation, Finanzierungsmodalitäten, Vertragsgestaltung mit den Mitarbeitern, Konzepte der existierenden Außenwohngruppen sind außerordentlich unterschiedlich. Der dabei von Tübingen und Dortmund gewählte Weg dürfte inzwischen hinreichend bekannt sein. Im folgenden soll nunmehr der von Hamburg eingeschlagene Weg beschrieben werden, um anderen Interessierten ggf. Handreichungen und Empfehlungen zu geben. Dabei werden in durchaus polemischer Absicht auch Erfahrungen geschildert, die diejenigen mit denjenigen machen können, die eine funktionierende, geräuschlose Verwaltung der Heimerziehung als hinreichenden Beitrag der Jugendhilfe betrachten.

Aufbau der Außenwohngruppen in Hamburg

Zu der Zeit, als die Idee der Außenwohngruppen die zuständige Verwaltung in Hamburg einholte, war sie längst kein Hirngespinst mehr, sondern eine zehn Jahre alte Realität; nicht fern hinter den sieben Bergen, sondern in anderen Bundesländern und vereinzelt bei freien Trägern. Gleichwohl ernteten die Überbringer der Kunde von einer neuen Form der Heimerziehung in der zuständigen Verwaltung nur Hohn und Spott, in milderer Form jene Art der Anteilnahme, die man gutmeinenden, aber realitätsfernen Weltverbesserern entgegenbringt. Die Killerargumente gegen die Außenwohngruppe lauteten: Diese Mitarbeiter findet man nie, das ist mit der Arbeitszeitverordnung unvereinbar, da spielt der Personalrat nicht mit, das ist mit den Regeln der Haushaltsordnung und des Kassenwesens unvereinbar, da weiß niemand mehr, ob die Heimaufsicht oder die Pflegekinderaufsicht zuständig ist, bei dieser Vermischung von Privatsphäre und Arbeitsphäre sind Dienst- und Fachaufsicht undurchführbar, die ordnungsgemäße Verwendung von öffentlichen Mitteln unkontrollierbar.

Ein besonders seltsames Gegenargument soll kolportiert werden, weil es stellvertretend für eine ganze Reihe anderer "Neidargumente" steht, die im Zusammenhang mit Außenwohngruppen vorgebracht wurden. Die Höhe der vorgesehenen Vergütung von Mitarbeitern in Außenwohngruppen nach dem Dortmunder Vorbild veranlaßte einen Regierungsdirektor zu dem erschreckten Ausruf: "Das entspricht ja der Vergütung eines Oberregierungsrats!"

Die Idee der Außenwohngruppen wäre auch in Hamburg den Weg in das Aktenarchiv gegangen, wenn nicht zur gleichen Zeit ein erheblicher politischer Druck existiert hätte, die Heimerziehung in Hamburg quantitativ und qualitativ neu zu ordnen.

Eine neue Amts- und Behördenleitung machte glücklicherweise die Realisierung von Außenwohngruppen zum Bestandteil eines größeren Reformkonzeptes. Andere Elemente dieses Konzepts waren die Senkung der Gruppenfrequenzen in den Erziehungsgruppen, die Umwandlung von Spezialeinrichtungen, die Verbesserung der Gruppenbetreuungszeiten, die Einrichtung von Jugendwohnungen, die Auflösung der Heimschulen zugunsten einer "Schulischen Erziehungshilfe" usw.

Senat und Bürgerschaft der Stadt beschäftigten sich mit diesem "Reformpaket" und stimmten nach einer Expertenanhörung dem vorgelegten Konzept im Grundsatz zu. Für die Verwaltung standen nunmehr die weiteren Überlegungen unter der Prämisse, daß die Schaffung von Außenwohngruppen jugendpolitisch gewollt war, jetzt ging es nur noch um die Machbarkeit des Projekts. Im nachhinein erwies es sich als richtig, zunächst ein Konzept zu legitimieren und anschließend ein solches Konzept auf den verwaltungstechnischen Prüfstand zu schicken. Dies war mit dem vorhandenen politischen Rückenwind eigentlich nicht so schwierig. Die anstehenden Probleme und ihre jeweiligen Lösungen sollen nun im folgenden kurz skizziert werden:

Vertragsprobleme

Zunächst war die Frage zu prüfen, ob Vertrags- und Vergütungsmodalitäten aus anderen Vorbildern, z.B. aus Dortmund, übernommen werden konnten, ob insbesondere die pauschale Abgeltung von Mehrarbeitsstunden und damit eine unspezifische Handhabung der Arbeitszeitordnung möglich war. Da in Hamburg das Landesjugendamt zu jener Zeit in einer Behörde ressortierte, die für die Überwachung der Arbeitszeitordnung gleichzeitig zuständig war, kam dieser Frage besondere Bedeutung zu. Ergebnis der Prüfung war, daß man die Wohngruppenidee für nicht vereinbar mit der Arbeitszeitordnung hielt. Im übrigen wurde deutlich, daß in Hamburg die Personalvertretungen aus grundsätzlichen Erwägungen nicht bereit waren, die Arbeitsverträge nach dem Dortmunder Modell zu akzeptieren. Damit war für das Projekt der Außenwohngruppen in Hamburg klargestellt, daß es Außenwohngruppen mit unselbständig Beschäftigten nicht geben konnte. Die Lösung des Problems konnte folglich nur darin bestehen, freiberufliche Dienstverträge mit den Mitarbeitern abzuschließen. Der Weg zu Außenwohngruppen über freiberufliche Dienstverträge wurde im übrigen nicht nur von den Gewerkschaften mit Mißbehagen betrachtet, sondern auch von den ständischen Vertretungen der Sozialarbeiter, die diesen Weg als "Privatisierung der Heimerziehung" angriffen.

Bei der Formulierung der freiberuflichen Dienstverträge bestand zunächst die Neigung, eine möglichst enge Anbindung der Mitarbeiter an den Auftraggeber zu formulieren (Teamgespräche, Anbindung an ein bestimmtes Heim, Fachaufsicht etc.). Die Korrektur dieser "Anbindungspassagen" im Dienstvertrag wurde überraschenderweise in der Abstimmungsphase von den Krankenkassen gefordert und später – ebenso überraschend – vom Finanzamt für Körperschaftsteuern. Sie deckten den bis dahin unentdeckten Widerspruch auf, einerseits einen freiberuflichen Dienstvertrag zu wollen, und andererseits Elemente abhängiger Beschäftigung in den Vertrag hineinzuformulieren.

Bei der Zusammenarbeit mit Krankenkassen, Rentenversicherungsträgern, Finanzämtern, Organisations- und Personalämtern gewannen die Projektmanager eine überraschende Einsicht: Eigentlich hatten sie die meisten Widerstände von den fachfremden Verwaltungsstellen erwartet, mühsame Überzeugungsarbeit antizipiert. Nichts dergleichen trat ein: die fachfremden Verwaltungsstellen fanden die Idee der Außenwohngruppen einleuchtend und versuchten in ihrem jeweiligen Wirkungsbereich zu helfen.

Vergütung

Bei der Feststellung der Vergütung wurden zunächst folgende Ziele verfolgt:
1. Sie sollte pauschaliert sein, also unabhängig vom Alter und Familienstand.
2. Sie sollte etwa so hoch liegen, wie in Gruppen mit besonderen Aufgaben (z.B. heilpädagogische Gruppen).
3. Sie sollte eine pauschale Abgeltung für Mehrarbeitsstunden enthalten.

Ziel 1) und 2) führten zu einer Orientierung an der Vergütungsgruppe Vb BAT. Zugrunde gelegt wurde der Familienstand "verheiratet, 2 Kinder, Alter 31 Jahre". Als Zuschläge wurden dieser Grundvergütung hinzugefügt die Heimzulagen, sonstige soziale Leistungen, 13. Monatsgehalt, Urlaubsgeld, durchschnittliche Arbeitgeberleistungen zur Sozialversicherung.

Die Auszahlung von Vergütungen für Mehrarbeit sollte ursprünglich mit der Idee eines "Sabbatjahres" für die Mitarbeiter verknüpft werden. Diese Idee enthielt die Vorstellung, daß die Tätigkeit in einer Außenwohngruppe nicht beliebig lange geleistet werden kann, und sie ging weiter von der Erfahrung aus, daß den Mitarbeitern aus Außenwohngruppen erfahrungsgemäß die Rückkehr in den normalen Schichtdienst eines Heimes und damit in die Unselbständigkeit außerordentlich schwer fällt. Aus diesem Grunde sollten die Mehrarbeitsstunden nicht ausgezahlt werden, sondern in einen Fonds eingebracht, aus dem sich nach einer mehrjährigen Tätigkeit in einer Außenwohngruppe ein bezahlter Fort-/Ausbildungsurlaub finanzieren ließe.

Dieser Weg erwies sich als rechtlich problematisch und verwaltungstechnisch kompliziert. Er wurde deswegen verlassen. Der Autonomie der Mitarbeiter wurde auch in dieser Frage der Vorzug gegeben, indem man die Aufwendungen für Mehrarbeit und Vertretungskräfte ebenfalls auszahlte. Die Höhe der pauschalen Abgeltung beträgt etwa 50 % der Vergütung. Aus diesen Mitteln sollen Urlaubs- und Krankenvertretungskosten gezahlt und ggf. Rücklagen für die eigene Fortbildung gebildet werden.

Soziale Sicherheit

In Zeiten schrumpfender Nachfrage nach Heimplätzen und damit schrumpfenden Stellenangeboten für Erzieher und Sozialpädagogen kam bei der Gestaltung freiberuflicher Dienstverträge der sozialen Sicherheit dieser Mitarbeiter besondere Bedeutung zu. Hinzu kam noch, daß die Finanzierung von Außenwohngruppen in der Regel nur denkbar war über einen Abbau normaler Heimplätze und damit über einen Abbau von Arbeitsplätzen in der klassischen Heimerziehung. Aus dieser Tatsache resultierte die verständliche Forderung der Personalvertretung, nur solche Mitarbeiter für Außenwohngruppen vorzusehen, die im Rahmen klassischer Heimerziehung durch Heimschließungen freigesetzt wurden. Diese Vereinbarung engt natürlich die konzeptionellen Handlungsspielräume ein. Darauf wird noch zurückzukommen sein.

Mitarbeiter für Außenwohngruppen im Rahmen von freiberuflichen Dienst-
verträgen lassen sich nur gewinnen, wenn man ihnen eine Perspektive für die
Zeit "danach" anbieten konnte. Jedenfalls war dies eine Prämisse, die ohne
Konflikte mit den Personalvertretungen nicht aufzugeben war.

Die Lösung der Probleme lag in einer Nebenabrede zum bestehenden Arbeitsvertrag. Darin wurde vereinbart:

1. Die Gewährung von Sonderurlaub für die Zeit des freiberuflichen Dienstver-
   trages,
2. die Anerkennung der Tätigkeit in der Außenwohngruppe als "Wartezeit" im
   Sinne von § 4 Abs. 7 des Ruhegeldgesetzes,
3. die Anerkennung der Tätigkeit als Beschäftigungs- und Dienstzeit nach den
   §§ 19 und 20 BAT.

Mit diesen Nebenabreden hatten die Mitarbeiter eine Garantie, nach dem
Ausscheiden aus der Außenwohngruppe auf einen Arbeitsplatz des Auftragge-
bers zurückkehren zu können, ohne irgendwelche Nachteile im Hinblick auf
Ruhegeld und andere Bestimmungen in Kauf nehmen zu müssen.

Die Fragen der Sozialversicherung waren relativ einfach zu klären. Selbständige Erzieher sind in der Rentenversicherung pflichtversichert, wenn sie keine
Angestellten beschäftigen. Für die Krankenversicherung gilt dies ebenfalls,
wenn die Jahresarbeitsverdienstgrenzen nicht überschritten werden.

Haushaltsveranschlagung

Die Finanzierung der Außenwohngruppen war nur im Wege einer Umschichtung
von Haushaltsmitteln denkbar. In Zeiten sinkender Heimplatznachfrage war an
eine zusätzliche Einwerbung von Haushaltsmitteln für das Projekt nicht zu denken. Das ohnehin in Hamburg laufende Heimschließungsprogramm bot die Möglichkeit, zusätzlich Heimplätze aufzugeben und die freiwerdenden Mittel für die
Außenwohngruppen neu zu veranschlagen. Zuvor waren die Haushaltsmittel für
die staatlichen Heime wie üblich nach den Prinzipien der Haushaltsordnung veranschlagt: möglichst detailliert, in einer Vielzahl von Positionen. Da die Bewirtschaftung der Mittel für die Außenwohngruppen auf keinen Fall durch eine zu
enge und detaillierte Veranschlagung behindert und die Kassenführung möglichst einfach handhabbar bleiben sollte, wurden sämtliche Mittel in nur drei
Titeln veranschlagt: Personalausgaben, Sachausgaben, Mieten.

Die Höhe der Haushaltsveranschlagung folgte dem Prinzip, daß nicht jede
Reform mit Kostensteigerungen verbunden sein muß; es galt aber auch, den
Eindruck zu vermeiden, die Gestaltung der Spielräume unter Einsparungs-
gesichtspunkten anzulegen.

Im Sachmittelbereich wurden letztlich die gleichen Tagessätze veranschlagt
wie in den übrigen Heimen. Energiekosten und Mieten wurden ebenfalls am
Verbrauch in den Heimen orientiert. Das auf diese Weise errechnete "Ein-
kommen" einer Außenwohngruppe zeigte auf den ersten Blick, bei einem
Vergleich mit normalen Familieneinkommen, daß damit auszukommen sein
müßte. Gleichzeitig wurde dabei deutlich, daß die angeblichen Vorteile des
Großeinkaufs und zentraler Beschaffung und Bewirtschaftung in den klassi-

schen Einrichtungen ein modernes Märchen sein muß. Insbesondere wurde deutlich, welche Summen die Unterhaltung der klassischen Heimgebäude verschlingen. Kurzum, die anfänglichen Befürchtungen, Außenwohngruppen seien ökonomisch nicht tragbar, zerstreuten sich sehr schnell. Selbst für die Anmietung bzw. Beschaffung geeigneten Wohnraums standen Mittel zur Verfügung, die ohne weiteres Bewegungen auf dem freien Wohnungsmarkt erlaubten. Trotz relativ großzügiger Veranschlagung der Haushaltsmittel reichte ein durchschnittlicher Heimpflegesatz, um Außenwohngruppen zu finanzieren. (In Preisen von 1983 ca. 135,- DM täglich.)

Werbung und Herkunft der Mitarbeiter

Die Planung der Außenwohngruppen wurde von der bangen Frage begleitet, ob die Prophezeiung eintreten würde, daß die geeigneten Mitarbeiter nicht zu gewinnen seien. Geprüft konnte diese Frage natürlich erst werden, wenn die verwaltungsmäßigen Voraussetzungen geklärt waren, so daß die Werbeaktion durch hinreichend konkrete Informationen abgesichert werden konnte. Erschwerend kam hinzu, daß die Werbung des Personals allein unter den Mitarbeitern der staatlichen Heime erfolgen durfte; diese Zusicherung mußte, wie oben schon ausgeführt, den Personalvertretungen gegeben werden.

Die erste Informationsveranstaltung zum Projekt benötigte einen Saal zur Durchführung. Am Schluß der Veranstaltung trugen sich ca. 30 Mitarbeiter als "ernsthaft interessiert" in eine Liste ein. Im ersten Anlauf wurden jedoch nur zehn Mitarbeiter benötigt. Die Auswahl erfolgte durch eine Kommission. Die Auswahlkriterien waren nicht besonders eng gefaßt: Mindestens dreijährige Erfahrung in der Arbeit mit Heimkindern, ein Mindestalter von 25 Jahren und einschlägige Ausbildung waren gefordert.

Obwohl offenbar genügend Mitarbeiter bereit waren, nach dem Außenwohngruppenmodell zu arbeiten, tauchte sofort ein Problem auf, das aus der selbst auferlegten Beschränkung auf die Mitarbeiter der staatlichen Heime resultierte:

Die Außenwohngruppen waren ursprünglich als Modell für Lebenspartner/Ehepaare gedacht, die gemeinsam fünf Kinder betreuen sollten. Solche Konstellationen waren jedoch unter einem gegebenen Mitarbeiterstamm nicht ausreichend zu finden. Im ersten Anlauf konnten für zwei Außenwohngruppen Kolleginnen gefunden werden, die sich gemeinsam diese Aufgabe zutrauten. Alle anderen Bewerber hatten zwar willige Lebenspartner, diese jedoch waren nicht Mitarbeiter der staatlichen Heime. Dieser Engpaß zwang zu einer ersten Variation der Konzeption:

Die Verträge mußten nun auch mit nur einem Mitarbeiter eingegangen werden, der daraufhin nur drei Kinder zu betreuen hatte. Entsprechend verringerten sich die Zuwendungen für Mieten, Energie etc. In dieser Konstellation steckt jedoch ein Problem, das unter Umständen bedeutsam werden könnte. Die Mitarbeiter der Dreiergruppen hatten meistens Ehe- bzw. Lebenspartner. Faktisch betreuten bzw. beeinflußten diese die Kinder mit und partizipierten, ob gewollt oder ungewollt, an der gesamten Ökonomie der Außenwohngruppe. Zu diesen heimlichen "Miterziehern" besteht jedoch kein Vertragsverhältnis! Das in dieser Konstellation begründete Risiko ist für ein Jugendamt jedoch tragbar, weil der Zugang zu den Kindern und Wohnverhältnissen zwar nicht über die Dienst- und Fachaufsicht, jedoch über die Heimaufsicht bzw. Pflegekinderaufsicht jederzeit möglich ist.

Herkunft der Kinder

Im Prinzip kommen alle Kinder und Jugendlichen für eine Aufnahme in Außenwohngruppen in Frage. Trotzdem wurden für die Belegung, die übrigens gemäß Vertrag nur einvernehmlich erfolgen kann, einige Prämissen gesetzt:

Außenwohngruppen sollen keine Kinder aufnehmen, die sich für Pflegestellen eignen. Für solche Kinder haben Pflegestellen Vorrang. Erst wenn erwiesen ist, daß Pflegeeltern nicht gefunden werden können, die Kinder aber gleichwohl voraussichtlich langjähriger öffentlicher Erziehung bedürfen, dann ist die Form der Außenwohngruppe angezeigt. Erfahrungsgemäß handelt es sich um ältere Kinder, um Geschwisterverbände oder um Kinder, bei denen die rechtliche Situation und die Einstellung der leiblichen Eltern eine Inpflegegabe unmöglich machen.

Die Rede war bisher immer von Kindern. In der Tat scheint die Außenwohngruppe keine besonders geeignete Form für die Neuaufnahme von Jugendlichen zu sein. Diese Auffassung belegen die bisherigen Erfahrungen.

Wie geschah nun die konkrete Belegung der ersten Außenwohngruppen in Hamburg? Fast alle Wohngruppenmitarbeiter hatten das Bedürfnis, Kinder aus "ihren Gruppen" aus dem Heim mitzunehmen. Bei Prüfung der rechtlichen Gegebenheiten und Perspektiven wurde auch so verfahren. Die Auswahl der weiteren Kinder dauerte relativ lange, weil Erwachsene und Kinder wohl spürten, daß die Entscheidung für die Wohngruppe für sie Konsequenzen haben würde.

Wohnraumprobleme

Gleichzeitig mit der Frage der Vertragsgestaltung und Haushaltsveranschlagung wurden die Wohnraumfragen bearbeitet. Klar schien, daß selbst große, normale Mietwohnungen für eine Außenwohngruppe mit ca. sieben bis neun Personen nicht geeignet sein konnten. Aus diesem Grunde wurde zunächst versucht, geeignete Bausubstanz aus den staatlichen Liegenschaften zu aktivieren. Mehrere kleinere ehemalige Kindertagesstätten, die ursprünglich Wohngebäude gewesen waren, standen im Prinzip zur Verfügung. Die Umnutzung als Tagesstätten hatte diese Gebäude jedoch so gründlich verändert, daß beträchtliche Umbaukosten fällig gewesen wären. Kosten, Zeitverbrauch für die Umbauten im Rahmen staatlicher Baumaßnahmen und die Schwierigkeiten der Nutzung durch Privatpersonen türmten sich jedoch schnell zu Hindernissen auf, die man besser gar nicht erst anfaßte. Der Versuch, staatliche Gebäude für die Außenwohngruppen zu nützen, wurde leider etwas spät als Irrweg erkannt. Die Kompliziertheit, der Zuständigkeitswirrwarr, die Umständlichkeiten, die Verschleppung des Projekts durch Mitsprache örtlicher Gremien wurden anfangs unterschätzt.

Letztlich führten diese Schwierigkeiten dazu, daß die schon etwas ungeduldigen Außenwohngruppen-Mitarbeiter den Anstoß für eine neue Richtung gaben. Sie verzichteten auf die vertragsgemäß vorgesehene "Wohnungsfürsorge" des Auftraggebers und kauften ein geeignetes Haus. Die Finanzierung bereitete keinerlei Schwierigkeiten, obwohl die Mitarbeiter kein nennenswertes Eigenkapital aufbringen konnten. Die Behörde half in diesen Fällen mit Bescheinigungen, die es den Banken erleichterten, Kredite zu geben. Im weiteren Verlauf der Gründung neuer Außenwohngruppen stellte sich heraus, daß die Anmietung oder der Erwerb geeigneten Wohnraums kein großes Problem darstellt.

Schlußbemerkung

Die Gründung der ersten Außenwohngruppen in Hamburg liegt nunmehr auch schon einige Jahre zurück. Bis jetzt war es nicht erforderlich, die Konzeption gravierend zu verändern. Es wäre sicher interessant, einmal zusammenzufassen, welche sozialpädagogischen Erfahrungen die "Pioniere" dieser Wohnform inzwischen mit sich und den Betreuten gemacht haben. Vielleicht finden sich einige Kollegen, um anderen direkt aus der Praxis zu berichten.

Anmerkungen

1   Dieser Aufsatz ist erstmalig veröffentlicht in: Unsere Jugend 7/1989, Ernst Reinhardt Verlag

Literatur

Birtsch, V. u.a.: Außenwohngruppen – Heimerziehung außerhalb des Heims, Frankfurt/Main 1980
Kiehn, E.: Sozialpädagogische Jugendwohngemeinschaften, Freiburg 1982
Podgornik, R.: Von der Institution Kinderheim zum Heim als Wohngruppenverband. In: Unsere Jugend 31/1979/4, S. 146-155

VERA BIRTSCH

Jugendwohnungen
Zwischen selbstbestimmtem Wohnen
und sozialräumlicher Pädagogik

Ein Angebot des öffentlichen Trägers in Hamburg

Jugendwohnungen als ein Ergebnis der Hamburger Heimreform

Heimerziehung in Hamburg war bis weit in die 70er Jahre durch die Vorgaben großer Institutionen gekennzeichnet und von den Strukturen des öffentlichen Trägers geprägt. Dieser hat gegenüber den freien Trägern traditionell einen großen Anteil stationärer erzieherischer Hilfen realisiert, der auch heute noch bei fast 50 % aller Plätze liegt.

Es waren die freien Träger die bereits in den 70er Jahren Wohnformen entwickelt, die Jugendlichen ein selbständigeres Leben in kleinen Wohneinheiten ermöglichen sollten und auch tatsächlich ermöglicht haben. Der öffentliche Träger entschloß sich hingegen erst in den frühen 80er Jahren, abgesehen von einer kurzen Phase heilpädagogischer Orientierung, zu einer Reform seiner Angebotsstruktur, die dann allerdings sehr umfassende und einschneidende Veränderungen mit sich brachte.

Es begann zunächst mit vorsichtigen Erprobungen. So richtete das Amt für Jugend 1980 einen "Modellversuch für Jugendwohngruppen" in zwei Heimen ein. Diese Gruppen waren für die Jugendlichen als Übergang vom Heim in die Selbständigkeit gedacht und sollten auf die Fülle von Schwierigkeiten reagieren, die sich bisher aus dem unmittelbaren Übergang vom Heim in die Selbständigkeit gezeigt hatten. Die Gruppen selbst waren für 7 bis 8 Jugendliche im Alter von mindestens 12 Jahren vorgesehen. Jede Gruppe wurde von zwei ErzieherInnen betreut und damit die Betreuungsdichte gegenüber der Situation im Heim deutlich reduziert. Insgesamt wurden die Ergebnisse dieses Modellversuchs positiv bewertet: Beide einbezogenen Heime wollten auf ihre Gruppen nicht mehr verzichten (Erfahrungsbericht 1982, S. 11).

In Anknüpfung an diese Ergebnisse wurden in der Folge dann die für Hamburg in der Zwischenzeit dringlich gewordenen jugendhilfepolitischen

Grundsatzentscheidungen getroffen, deren Ziel eine Ausdehnung und Differenzierung alternativer Betreuungsformen war, die über die Einrichtung von Jugendwohngruppen, Kinderhäusern, Jugendwohnungen und Außenwohngruppen realisiert werden sollten.

Es zeigte sich jedoch, daß die Umsetzung eines solchen Konzepts innerhalb der gegebenen behördlichen Strukturen des öffentlichen Trägers nicht in der gewünschten Weise möglich war. Die Reform der Trägerstruktur und die Schaffung eines Landesbetriebs "Erziehungs- und Berufsausbildungseinrichtungen (LEB)" sollten den Handlungsspielraum erweitern. Zielsetzung des Landesbetriebs war die bedarfsgerechte Planung für die Einrichtung und Umwandlung von Heimplätzen, der Abbau von Heimplätzen und die Zergliederung der Großeinrichtungen gemäß des vom Senat verabschiedeten Reformkonzeptes. Gleichzeitig war das neue Programm in pädagogischer Hinsicht eindeutig mit dem Verzicht auf restriktive Maßnahmen verknüpft, die sich insbesondere in der konsequenten Abschaffung geschlossener Unterbringung dokumentierte, wie sie Anfang der 80er Jahre in anderen Bundesländern der BRD, Hessen an erster Stelle, bereits vollzogen waren.

Heute stellen Jugendwohnungen ein in das Wohngebiet integriertes Betreuungsangebot für 2 bis 7 Jugendliche in Wohnungen dar. Der größte Teil der Jugendlichen ist 16 bis 18 Jahre alt. In der Regel werden Jugendliche ab dem 16. Lebensjahr aufgenommen. Die Betreuung erfolgt durch sozialpädagogische Fachkräfte zusammen mit hauswirtschaftlichem Personal mit bestimmten Betreuungsschwerpunkten und betreuungsfreien Zeiten. Falls erforderlich sind die PädagogInnen auch in den Nachtstunden in den Jugendwohnungen anwesend. Auf die Entwicklung der Jugendwohnungen als eines jugendspezifischen Angebots des Landesbetriebs, ihre konzeptionellen Grundlagen, auf die in der Zwischenzeit gesammelten Erfahrungen sowie auf die geplanten Weiterentwicklungen wird im folgenden Beitrag nun näher eingegangen werden.

Leitgedanken bei der Einrichtung der Jugendwohnungen

Sozialwissenschaftliche Theorien

Das Konzept und die Zielsetzung von Jugendwohnungen sind als schriftliche Vorlagen im Rahmen einiger Senatsdrucksachen skizziert worden (Bürgerschaft der Freien und Hansestadt Hamburg 1981, 1987). Da diese Vorgaben sehr allgemein gehalten waren, muß eine zurückblickende Analyse auch die im Rahmen von Fachgesprächen im Landesbetrieb entwickelten Zielorientierungen einbeziehen. Diesen läßt sich entnehmen, daß die mit den Jugendwohnungen verfolgten Ziele zunächst an die Jugendwohngemeinschaftsbewegung anknüpften.

Jugendwohngemeinschaften und -kollektive sind, abgesehen von vereinzelten Versuchen in der Weimarer Republik, eine Schöpfung der Studentenbewegung. Sie entwickelten sich in deutlicher Abgrenzung und als Alternative zu Angeboten der Jugendhilfe, was sich in der Finanzierung (Projekt- statt Pflegesatzfinanzierung) sowie in einem konsequenten Beratungskonzept (statt in einem Betreuungskonzept) zeigte, vor allem aber darin, daß man zum Bewohner einer Wohngemeinschaft werden konnte, ohne zugleich als ein 'Fall' der Jugendhilfe behandelt zu werden (vgl. Blandow 1989, S. 290; Zwischenbericht Kommission Heimerziehung 1977, S. 200 f). In dieser Form haben Jugendwohngemeinschaften über die Zeit jedoch keinen Bestand gehabt. Immerhin wurden von seiten der Jugendhilfe Aspekte der Konzeption in die Gestaltung eigener Angebote übernommen. An dem für Maßnahmen der Jugendliche üblichen Finanzierungsrahmen über den Einzelfall wurde jedoch festgehalten.

Die Hamburger Jugendwohnungen haben sich vor allem am Autonomieprinzip der ehemaligen Jugendwohngemeinschaften orientiert. Deshalb wurden Jugendwohnungen als Angebot der Jugendhilfe auch von Anfang an als eine "Loslösung der Jugendlichen von der Heimerziehung" bzw. als "Alternative zur Heimerziehung" aufgefaßt (Hartmann 1992, S. 12). In theoretischer Hinsicht gab es gleichzeitig eine deutliche Orientierung an soziologischen Erklärungsansätzen zur Entstehung sozialer Abweichung und Ausgrenzung, insbesondere am sogenannten Labeling-Approach und ihrer Verarbeitung im Rahmen kritischer Erziehungswissenschaft, wie z.B. Mollenhauer (1972).

Der Labeling-Approach geht davon aus, daß die Etikettierung einer Person als "sozial abweichend" dazu führt, daß sich das gezeigte abweichende Verhalten weiter verfestigt und daß der einmal etikettierten Person im Verlauf dann weitere negative Persönlichkeitseigenschaften unterstellt werden. Die genannten Faktoren machen es der betroffenen Person dann äußerst schwer, sich entgegen den Erwartungen zu verhalten, die mit den jeweiligen Etiketten verknüpft sind, ein Vorgang, durch den die Zuschreibung wiederum bestätigt wird (vgl. Secord & Backman 1976, S. 416 f). Die Studien von Freigang (1986) und Kieper (1980) machen deutlich, daß auch Institutionen der herkömmlichen Heimerziehung, insbesondere in ihren spezialisierten Formen, zu Stigmatisierungsvorgängen und damit zu Ausgrenzungsprozessen beigetragen haben.

Mit der Einrichtung von Jugendwohnungen war in Ableitung aus dem genannten theoretischen Bezugsrahmen deshalb die Erwartung verknüpft, die Kette stigmatisierender Etikettierungsprozesse zu unterbrechen und der Verfestigung abweichender Karrieren gegensteuern zu können. Zugleich wurden damit Konsequenzen aus der Institutionskritik gezogen, die, ausgehend von Goffman (1972) mit seinen Analysen zur "Totalen Institution" der Psychiatrie und des Strafvollzugs auch auf Heimerziehung übertragen worden waren. Entspezialisierte Angebotsformen sollten das Stigma vermeiden und den Jugendlichen so den Weg für ein normaleres Leben und verbesserte Möglichkeiten der Entwicklung ebnen.

Die Voraussetzungen für die Erreichung dieser Ziele waren günstig, da alle Jugendlichen, die zunächst in Jugendwohnungen übernommen wurden, Heimerfahrungen hatten und den Übergang in die Jugendwohnungen als 'Befreiung' vom Heimalltag und seiner Kontrolle erlebten. Die von allen Beteiligten prinzipiell sehr positive Bewertung der Ergebnisse der ersten Unterbringungen läßt darauf schließen, daß viele dieser Ziele auch tatsächlich erreicht werden konnten (vgl. Bürgerschaft der Freien und Hansestadt Hamburg 1987, S. 8).

Veränderter Bedarf für Erziehung in Heimen

Die Umwandlung der Heimplätze in Plätze von Jugendwohnungen, wie sie für Hamburg beschrieben wurde, muß aber auch vor dem Hintergrund und als Konsequenz einer Entwicklung betrachtet werden, die sich in der Bundesrepublik bereits Mitte der 70er Jahre deutlich abzuzeichnen begann. Zu beobachten war ein merklich einsetzender Rückgang des Unterbringungsbedarfs, da die in Heimen untergebrachte Zahl der Minderjährigen (und jungen Volljährigen) in der Bundesrepublik zwischen 1979 und 1985 von ca. 70.000 um etwa 20 % auf ca. 60.000 gesunken war (Rechtsgrundlage JWG, BSHG). Bis 1987 war noch einmal ein weiterer Rückgang um 7 % festzustellen (Blandow 1989, S. 285; Birtsch 1990, S. 26).

Dieser Rückgang des Unterbringungsbedarfs im Rahmen der stationären Hilfen zur Erziehung erklärte sich einerseits durch den genannten Rückgang der Geburtenzahlen; andererseits spielte aber auch eine Neudefinition des Bedarfs selber eine entscheidende Rolle. Diese Neudefinition hing mit einem in der Zwischenzeit in Folge der Heimdebatte revidierten Jugendhilfeverständnis zusammen. Die Ziele der Jugendhilfe hatten sich in diesem Kontext vom Eingriffs- und Disziplinierungsinstrument zu einem Instrumentarium der Hilfe und Förderung der Jugend und damit zu einem Auftrag der Gestaltung unterstützender Lebensfelder verändert. Flankierend waren ambulante und teilstationäre Angebote wie Tagesgruppen, entwickelt und eingerichtet worden, die Kinder und Jugendliche auffangen sollten, die bisher nur deshalb in ein Heim gekommen waren, weil keine ausreichenden Beratungs- und Fördermöglichkeiten für sie und ihre Familien zur Verfügung gestanden hatten.

Im Rahmen dieses neuen Systems wurden nun für die Heimerziehung auch die Zielgruppen neu definiert: Trotz eines allgemeinen Belegungsrückgangs fanden sich Zuwächse bei den 12-15jährigen und vor allem bei den jungen Volljährigen (a.a.O.). Deshalb waren Konzepte und Angebote der stationären Erziehungshilfen bereits ab Mitte der 80er Jahre stärker auf Jugendhilfe hin ausgerichtet.

Auch in Hamburg war ein Rückgang des Unterbringungsbedarfs beobachtet worden, der dazu führte, daß zwischen 1978 und 1986 1.100 Plätze abgebaut wurden (Bürgerschaft der Freien und Hansestadt Hamburg 1987). Insofern war die Entscheidung zugunsten des quantitativen Schwerpunktes Jugendwohnungen auch hier durch den gestiegenen Bedarf der Unterbringung älterer Jugendliche mit begründet. Für Kinder wurden wenige Plätze in Kinderhäusern und Außenwohngruppen geschaffen.

Die inhaltliche Ausgestaltung des Konzeptes "Jugendwohnung" stand in engem Zusammenhang mit der Jugenddebatte, die seit 1984, mit Vorlage der Studie des Jugendwerks der Deutschen Shell, wesentliche Veränderungen der Selbstdefinition, Orientierung und Lebenspraxis der Jugend und damit strukturelle Veränderungen der Jugendphase belegen konnte. Die Jugendzeit wurde fortan nicht mehr als Phase des Übergangs ins Erwachsenenalter, sondern als eigenständige Lebensphase mit dem Anspruch auf Prägung eigener Lebensstile gesehen. Dies hatte Rückwirkung auch auf die Gestaltung der Heimerziehung. In der Organisation der Betreuungsformen sollte diese Eigenständigkeit berücksichtigt werden, d.h. Jugendlichen die Möglichkeit zur Entfaltung bei gleichzeitiger pädagogischer Begleitung oder Beratung eingeräumt werden.

Diskussion der Leitgedanken

Mit der zunehmenden Einrichtungen von Jugendwohnungen und der gleichzeitigen Auflösung der meisten Heime des Landesbetriebs sind in einer relativ kurzen Zeitspanne jugendgemäße, in das soziale Umfeld integrierte Angebote entstanden. Anstaltsmäßig überorganisierte Strukturen konnten auf diesem Wege abgebaut werden. Nach siebenjähriger Existenz des Landesbetriebs und mehreren Jahren Erfahrung mit der Praxis der Jugendwohnungen hat sich eine Wirklichkeit dieses Betreuungsangebotes herauskristallisiert, die nunmehr im Sinne einer Zwischenbilanz bewertet werden kann.

Da der Labeling-Ansatz einen zentralen Bezugspunkt bei der Gestaltung des Jugendwohnungskonzeptes bildete, soll hier zunächst noch einmal hinterfragt werden, welche Bedeutung dieser Ansatz für die Strukturierung der Praxis leisten konnte.

Die Bedeutung des Labeling-Ansatzes für die sozialpädagogische Praxis liegt in erster Linie sicher darin, daß er komplizierte soziale Prozesse durchschaubarer gemacht und Mechanismen in der Entstehung sozialer Abweichung und Ausgrenzung aufgedeckt hat. Für ein Betreuungskonzept kann er jedoch nur einen Rahmen anbieten, der in der Benennung pädagogischer Inhalte weiter konkretisiert werden muß. Die Betrachtung sozialer Abweichungen unter der Labeling-Perspektive berücksichtigt zwar eine wesentliche Bedingung für die Entstehung und Festigung der Karrieren von "Dissozialität", bewertet aber auf der anderen Seite das Ausmaß zu gering, in dem Problembelastungen in der Lebenswelt der Jugendlichen und ihrer Familien vorliegen. Gleichzeitig wird die subjektive Seite, eine zumeist defizitäre Selbstdefinition der Jugendlichen sowie die psychischen Auswirkungen von Vernachlässigungen und Mißhandlungen innerhalb des Labeling-Ansatzes nicht thematisiert. Damit die Bedeutung der Problembelastungen in der Lebenswelt der Jugendlichen sowie die subjektive Verarbeitung durch die Person des Jugendlichen in der Praxis nicht unterschätzt oder vernachlässigt werden, sollten sie Ziel der weiteren inhaltlichen Ausgestaltung des Rahmenkonzeptes der Jugendwohnungen sein. Konkrete Handlungsmuster lassen sich bezogen auf die schwierigen Situationen im Betreuungsalltag daraus dann leichter ableiten. Die im Rahmen des Labeling-Ansatzes als Orientierung für die BetreuerInnen in Jugendwohnungen benannte "Alltagskonzeption" war offenbar doch sehr abstrakt geblieben und konnte deshalb keine ausreichende Hilfestellung in den unüberschaubaren komplizierten Abläufen "ungeordneten Alltags" sein.

Insofern waren auch Erfahrungen, die in der Praxis mit der Umsetzung des Jugendwohnungskonzeptes gemacht wurden, für die dort tätigen MitarbeiterInnen mit den Vorgaben des Konzeptes nur zum Teil in Übereinstimmung zu bringen. Für die Arbeit der PraktikerInnen vor Ort waren nämlich vor allem die im Alltag oft beobachteten schweren Belastungen von Bedeutung, die als Ergebnis zerstörerischer Bedingungen des Aufwachsens zu verstehen waren, sowie die sozialen und psychischen Folgen faktisch erlittenen Mißbrauchs, insbesondere des sexuellen, wie sie bei vielen Mädchen und Jungen konkret beobachtet wurden. Da der Umgang mit derartigen Erfahrungen durch die Aussagen des Jugendwohnungskonzeptes nicht abgedeckt waren, fühlten sich viele MitarbeiterInnen in konzeptioneller Hinsicht häufig verunsichert bzw. nicht ausreichend ernst genommen.

Trotz dieses Unbehagens haben aber selbst diese BetreuerInnen die allgemeinen Zielsetzungen und Strategien des Jugendwohnungskonzeptes insgesamt positiv aufgenommen und es bis heute als einen im Prinzip richtigen Weg erlebt, der aus allzu disziplinierenden Strukturen herausgeführt hat. Dies erklärt sich auch daraus, daß der "Normalitätsansatz" der Jugendwohnung ihrer Überzeugung entsprach, den Jugendlichen im natürlichen Umfeld eine glaubhaftere Stütze sein zu können. Auch war ihnen deutlich, daß sie sich unter dem Leitbild der "Ganzheitlichkeit" nun für alle Lebensbereiche des Jugendlichen "zuständig" erklären konnten, also nicht in Abgrenzung zur Therapie nur den "Alltag zu regeln hatten", oder als heilpädagogisches Heim die besonders "schwierigen" Fälle betreuen mußten.

Die Sichtweisen und Erfahrungen der PraktikerInnen sind für die Einschätzung darüber, ob sich Jugendwohnungen in ihrer Konzeption und Realisierung bewährt haben, eine wichtige Quelle der Information. Um zu einer allgemeineren, erweiterten und im einzelnen detaillierteren Einschätzung zu gelangen, müssen jedoch noch weitere Aspekte (organisatorische Umsetzung, Sichtweisen der Jugendlichen etc.) mit einbezogen werden. Dieses Vorgehen wurde 1991 in einer externen Evaluationsstudie zur Umsetzung des "Jugendwohnungskonzeptes" im Auftrag des Hamburgischen Amtes für Jugend realisiert (Hartmann 1992). In diese Studie wurden 155 von 162 zum Zeitpunkt der Untersuchung in Hamburg etablierten Jugendwohnungen einbezogen.

Insgesamt kommt das Gutachten zu einer positiven Bewertung des Jugendwohnungskonzeptes: Trotz der tiefgreifenden Veränderungen, die es für ihre alltägliche Arbeit im einzelnen bedeutet hat, haben alle MitarbeiterInnen Jugendwohnungen als Alternative zur herkömmlichen Heimerziehung begrüßt, und die erwarteten Effekte haben sich aus der Sicht der meisten befragten BetreuerInnen erfüllt: "Mehr lebensnahe Betreuung der Kinder und Jugendlichen, bessere Chancen der Verselbständigung, eine bessere Einbindung in das soziale Umfeld, eine Entspezialisierung der Kinder- und Jugendbetreuung sind erreicht worden" (a.a.O., S. 49). Darüber hinaus enthält das Gutachten eine Fülle weiterer Ergebnisse sowie eine Reihe von Anregungen für die Weiterqualifizierung des Konzeptes, auf die im folgenden näher eingegangen wird.

Praxis der Jugendwohnungen – Ergebnisse einer Studie in 1991

Bezogen auf die organisatorischen Veränderungen, die mit der Umsetzung des Jugendwohnungskonzeptes einhergingen, ist mit dem Hartmann-Gutachten belegt worden, daß hier eine erhebliche Umstrukturierung der Betreuungsformen in Form einer drastischen Reduktion der Heimplätze zugunsten von Jugendwohnungen erfolgt ist. So wurde das im Hamburger Jugendwohnungskonzept

1984 definierte Ziel, 400 Plätze in Jugendwohnungen bereitzustellen, 1991 mit 474 Plätzen (einschließlich den in Kinderhäusern) bereits überschritten. Die im folgenden berichteten Ergebnisse beziehen sich auf den Zeitraum der Expansion der Jugendwohnungen bis zum Jahr 1991, den Hartmann zu untersuchen hatte.

Organisatorischer Rahmen der Jugendwohnungen

Im Landesbetrieb Erziehungs- und Berufsbildungseinrichtungen sind in der Regel 30 bis 40 Plätze in Jugendwohnungen zu einem "Verbund" zusammengefaßt, zu dem auch noch andere Angebote gehören können. Die BetreuerInnen der Jugendwohnungen bilden also insgesamt ein Team von ca. 15 bis 20 sozialpädagogischen Fachkräften, das einer VerbundleiterIn unterstellt ist. Die Organisation der Betreuung ist durch folgende Merkmale gekennzeichnet. Der gegenwärtige Personalrichtwert beträgt 1,5 Betreuerstellen für 4 Jugendliche. Die BetreuerInnen haben seit dem 1.4.1990 eine wöchentliche Arbeitszeit von 38,5 Stunden, sie arbeiten jedoch faktisch 40 Stunden und gleichen die zusätzliche Arbeitszeit nach einem Zeitraum von 6 Monaten bis 3 Jahren durch zusammenhängende Freizeit aus. Die Arbeitszeiten der BetreuerInnen (Aufenthalt in den Jugendwohnungen und Tätigkeiten außerhalb der Jugendwohnungen, die Teilnahme an Besprechungen im Verbund und gemeinsame Aktivitäten mit den Jugendlichen) werden in einem Dienstplan geregelt. Dabei ist eine flexible Handhabung der Arbeitszeiten und eine Absprache zwischen den BetreuerInnen die Regel (a.a.O., S. 38).

Die organisatorische Umwandlung und Reduktion von Heimplätzen in Jugendwohnungen ging einher mit einer Reduktion von Erzieherstellen im Bereich der öffentlichen Erziehung. Ende des Jahres 1990 waren 15 % weniger ErzieherInnen beim Landesbetrieb beschäftigt als 5 Jahre zuvor (a.a.O., S. 47).

Für die beteiligten MitarbeiterInnen bedeutete diese Umwandlung eine erhebliche Umstellung, da die neuen Aufgaben im Rahmen der Jugendwohnungen nicht nur eine andere Arbeitsumgebung und -organisation mit sich brachten, sondern die fachlichen Ansprüche der Betreuung in Jugendwohnungen differenzierter geworden waren. Die Fachkräfte arbeiteten in Jugendwohnungen mit einem wesentlich höheren Grad an Autonomie und anderen Anforderungen durch weitgehend selbständig lebende Jugendliche. Durch die Absolvierung eines einjährigen Kontaktstudiums an der Fachhochschule Hamburg sind sie auf die neuen Aufgaben vorbereitet worden und werden entsprechend ihrer Tätigkeit als SozialpädagogInnen vergütet.

Hauswirtschaftliche Fachkräfte aus den Heimen sind in die Betreuung in Jugendwohnungen integriert worden und haben dort ein breites Aufgabenfeld. Sie sind in den Kontext der Betreuung der Jugendlichen mit einbezogen, da Verselbständigung der Jugendlichen sich auch auf die Erledigung hauswirtschaftlicher Arbeiten erstreckt, die von den hauswirtschaftlichen Fachkräften begleitet wird.

Jugendwohnungen als "neue Freiheit"

Im Rahmen der Hartmann-Studie wurden die Fachkräfte aufgefordert, das Angebot von Jugendwohnungen zu bewerten. Nach einzelnen Aspekten unterschiedlich haben 93 % bis 58 % der Befragten den oben genannten Verbesserungen hinsichtlich lebensnaher Betreuung und Entspezialisierung zugestimmt. In bezug auf ihre eigene Arbeits- bzw. Berufssituation gab die überwiegende Zahl der befragten Fachkräfte an, daß ihnen die Arbeit in Jugendwohnungen mehr Eigenverantwortlichkeit in der fachlichen Betreuung, weniger Kontrolle, flexiblere Dienstpläne sowie eine bessere Verwirklichung fachlicher Fähigkeiten gebracht hätte (a.a.O., S. 50 f).

Die hohen Zustimmungsraten der MitarbeiterInnen gehen, so das Gutachten, mit der Auffassung einher, daß mit der verbesserten Realisierung die Ziele der Betreuung durch Milieunähe und Verselbständigung der Jugendlichen ein Stand erreicht sei, hinter den auf keinen Fall zurückgegangen werden sollte. Gleichzeitig ist den berichteten Zustimmungsraten aber auch zu entnehmen, daß es eine ganze Reihe von Fachkräften gibt, die der Praxis der Jugendwohnungen kritisch gegenüberstand. Hierauf wird weiter unten noch näher eingegangen.

Von den befragten Jugendlichen wurde der Übergang vom Heim zu einer Jugendwohnung, aber auch der Eintritt in die Jugendwohnung direkt aus der Familie oder einer anderen Einrichtung heraus, als "Schritt in die große Freiheit empfunden" (a.a.O., S. 52). "In den Jugendwohnungen können sie in einem – auch in den eigenen Familien – oft bisher nicht erlebtem Umfang ihr eigenes Leben (primär ihre Freizeit) gestalten. Alle befragten Jugendlichen haben daher eine fast uneingeschränkt positive Grundhaltung zum Konzept Jugendwohnung". Das Gutachten führt weiter aus, daß die Jugendlichen im Prinzip mit den ausgedünnten Betreuungszeiten, vor allem mit der nur zeitweisen Anwesenheit eines Betreuers über Nacht zufrieden seien. "Ständige Kontrolle" würden sie sicher ablehnen und seien zum anderen "froh, wenn mal kein Betreuer da ist". Andererseits fühlten sie sich in schwierigen Situationen auch teilweise alleingelassen, vor allem an Wochenenden oder wenn man "nach einem schwierigen Erlebnis nach Hause kommt". Die Tatsache, daß BetreuerInnen stets zu Hause angerufen werden können, scheint dabei unerheblich zu sein, da am Telefon vieles nicht beredet werden könne. Aber auch bei der Freizeitgestaltung würden die Jugendlichen zum Teil gerne mehr auf Unterstützung der BetreuerInnen zurückgreifen (a.a.O., S. 53).

Probleme in den Jugendwohnungen gibt es für die Jugendlichen seltener, als man annehmen sollte. Zwar werden Nachbarschaftsprobleme "nicht häufiger verursacht als in anderen Mietwohnungen auch" (a.a.O., S. 54), es liegen aber Hinweise darauf vor, daß auch den BewohnerInnen in Jugendwohnungen, sobald sie von den Nachbarn (aber auch von anderen Kontrollinstanzen wie der Polizei) als solche identifiziert worden seien, Vorurteile aller Art lasten. Damit hätten sich Betroffene und BetreuerInnen aktiv auseinanderzusetzen. Insgesamt läßt sich sagen, daß Jugendliche sich intensivere Betreuung vor allem in den ersten Tagen und Wochen nach der Neuaufnahme in eine Jugendwohnung wünschen, um sich besser in die neue Situation einleben zu können, daß sie einer verstärkten Betreuungsintensität darüber hinaus jedoch eher ambivalent gegenüberstehen (a.a.O., S. 53).

Die Jugendlichen: Alter, Herkunft, Merkmale ihres Alltags

Zum Zeitpunkt der Hartmann-Untersuchung (1991) waren in den Jugendwohnungen etwas weniger als die Hälfte der Jugendlichen Mädchen (46 %).
47 % kamen aus Ein-Eltern-Familien, nur 2/5 der Jugendlichen kamen direkt aus
der Familie. 26 % kam aus anderen Einrichtungen der Jugendhilfe, zum Teil
auch aus den mittlerweile aufgelösten Heimen. Der Anteil der ausländischen
Jugendlichen ist mit 36 % sehr hoch, wobei die türkische, iranische oder
afghanische Staatsangehörigkeit überwiegt. Noch deutlicher als bei den
deutschen Jugendlichen zeigt sich bei der Altersstruktur der ausländischen
Minderjährigen eine Konzentration auf die Altersgruppe zwischen 16 und 18
Jahren (1/3 waren 17, 1/5 waren 16 Jahre alt) (a.a.O., S. 28). Die Ge-
schlechtsverteilung der ausländischen Jugendlichen wich mit 77 % männlichen
Jugendlichen erheblich von der ihrer deutschen Altersgenossen ab.

Von der Konzeption her müssen die in Jugendwohnungen lebenden Jugendlichen grundsätzlich die Schule besuchen, sofern sie schulpflichtig sind oder
eine berufliche Ausbildung absolvieren. Dies traf bis auf wenige Prozent der in
der Untersuchung berücksichtigten Jugendlichen auch zu. Von den SchülerInnen besuchten knapp 50 % die Hauptschule, ein relativ hoher Anteil erhielt
schulische Erziehungshilfe (fast 25 %). Es handelt sich dabei um ein Förder-
angebot im Rahmen von Einzel- und Kleinstgruppenunterricht mit dem Ziel der
Reintegration in die Regelschule. Jugendliche, die sich nicht mehr in schulischer
Ausbildung befanden, waren zu 23 % in Berufsvorbereitung, zu 22 % in einer
Lehre und zu 54 % erwerbstätig, besuchten eine Berufsfachschule oder waren
arbeitslos.

49 % der Jugendlichen lebten zum Zeitpunkt der Untersuchung in Ein- und
Zwei-Zimmer-Wohnungen, von denen zum Teil zwei Wohnungen im selben
Haus zusammenlagen.

In der Struktur der Jugendwohnungen sind in den letzten Jahren Schwerpunktsetzungen vorgenommen worden. So gibt es Mädchenwohnungen mit
geschlechtsspezifischen Arbeitsansätzen (80 Plätze), in denen die MitarbeiterInnen die Mädchen bei der Aufarbeitung ihrer zum Teil sehr belastenden
biographischen Erfahrungen unterstützen können.

In anderen Jugendwohnungen, in denen überwiegend minderjährige Flüchtlinge betreut werden (95 zum Stichtag 30.4.1992) konnten besondere Erfahrungen mit spezifischen Kulturkreisen, Erfahrungen im Umgang mit Fluchterlebnis-
sen Minderjähriger gesammelt sowie Kenntnisse über die Zusammenhänge des
Ausländerrechtes, des Asylrechtes und des Kinder- und Jugendhilferechtes
gewonnen werden. Schwerpunktsetzungen in der Arbeit erfolgten ebenfalls mit
stark drogenkonsumierenden Jugendlichen. Außerdem sind 6 Plätze für Jugendliche zur Vermeidung von Untersuchungshaft nach dem Jugendgerichtsgesetz
eingerichtet worden.

Das Problem der MitarbeiterInnen: Mangel an Orientierung

In der Bewertung des Jugendwohnungskonzeptes durch die MitarbeiterInnen wurde deutlich, daß sie zwar die Rahmenbedingungen der Jugendwohnungen als Arbeitsfeld für sich und als Lebensort für die Jugendlichen akzeptieren, darüber hinaus aber ein inhaltlich beschriebenes Konzept, das auch Handlungsleitlinien für die Arbeit im Alltag enthält, vermissen. So wurde bemängelt, daß es wohl sehr unterschiedliche konzeptionelle Vorstellungen, aber keine verbindlichen Orientierungen für die inhaltliche Ausgestaltung der Arbeit in Jugendwohnungen gebe (a.a.O., S. 48).

Das Gutachten von Hartmann kommt in diesem Zusammenhang zu dem Schluß, daß das Jugendwohnungskonzept zwar die Ziele der Milieunähe und der Verselbständigung vorgegeben habe, differenzierte fachliche Standards aber nicht erarbeitet worden seien. Im Gutachten wird ferner von Klagen der MitarbeiterInnen berichtet, daß die Kommunikationsstrukturen im Landesbetrieb auch einen geregelten fachlichen Austausch unter den Fachkräften der Basis bisher nicht in ausreichendem Maße sichergestellt hätten, was die Tatsache noch einmal unterstreicht, daß sich die MitarbeiterInnen, wie oben berichtet, in ihrem Versuch, eine konzeptionelle Grundlegung für ihre Arbeit zu finden, die an ihren Erfahrungen anknüpft, häufig alleine gelassen fühlten.

Die im Gutachten an anderer Stelle von den Fachkräften angegebene relativ hohe Rate an Fehlplazierungen Jugendlicher in Jugendwohnungen kann als weiterer Beleg für das Fehlen eines differenzierten Konzeptes für die Arbeit mit verschiedenen Zielgruppe in Jugendwohnungen interpretiert werden. Leider läßt das Gutachten völlig offen, welche Jugendlichen als fehlplaziert betrachtet werden und wie groß diese Personengruppe tatsächlich gewesen ist.

Zukunft der Jugendwohnungen: Planungen zur konzeptionellen Weiterentwicklung

Auf der Grundlage der berichteten Befunde ist die konzeptionelle Grundlegung der Jugendwohnungen in Zukunft zu verändern bzw. weiterzuentwickeln. Erste Schritte dazu sind im Landesbetrieb bereits unternommen worden, die weiteren befinden sich in der Planung. Da diese Bemühungen als Beitrag zur Betreuung von Jugendlichen im Kontext von Hilfe zur Erziehung in der heutigen Zeit gewertet werden können, sollen sie im folgenden genauer beschrieben werden.

Entfaltungsspielräume für Jugendliche und Intensität der Betreuung

Das Bild einer Jugend, das in den 70er Jahren entworfen wurde und das die Eigenständigkeit in der Verwirklichung von Lebensstilen betont, war auf die Zielgruppe der Jugendlichen, die außerhalb der eigenen Familie groß werden, immer nur begrenzt übertragbar. Lebensräume und materielle Ressourcen zur Entwicklung solcher Lebensstile sind diesen Jugendlichen in der Regel nicht gegeben gewesen. Sie müssen statt dessen Auseinandersetzungen um die Teilhabe an diesen Prozessen führen und erfahren über die sozialen Kontrollmechanismen im Gemeinwesen, aber auch durch die Jugendhilfe selber, dann oftmals weitere Beschränkungen.

Auf diese Situation hat die "Jugendwohnung" sich konzeptionell einzustellen, was bedeutet, daß die darin praktizierte Betreuung auf zwei Richtungen hin orientiert sein muß. Zunächst sind die Wünsche der Jugendlichen auf Teilhabe an gesellschaftlichen Entwicklungsprozessen, also auch an einer eigenständigen Identitätsentwicklung, ernst zu nehmen, und es sind Räume − auch im übertragenen Sinne − zur Verfügung zu stellen, die eine solche Umsetzung möglich machen. Das bedeutet, daß die konkrete Jugendwohnung Entfaltungsspielräume bieten muß, die durch die Betreuerteams auch nach außen vertreten werden sollten. So sollten die Wohnräume den Jugendlichen die Möglichkeit für ihnen gemäße Ausdrucksformen bieten, wie z.B. sich in Gruppen zu treffen, ohne daß dadurch gleich der Zorn der Nachbarschaft provoziert wird. Auf der anderen Seite sollten auch Möglichkeiten gegeben sein, in die Phase des Kindseins zurückzufallen, also zu regredieren. Diese Zielrichtung muß Konsequenzen auf die Intensität der Betreuung haben. Sie sollte so flexibel gehalten werden, daß sie je nach Bedarf der Jugendlichen reagieren kann. Gleichzeitig müssen vermehrt die Voraussetzungen geschaffen werden, daß BetreuerInnen, falls notwendig auch regelmäßig, über Nacht anwesend sein können.

Bei der Gestaltung der Betreuungsintensität sind Veränderungen in der Zielgruppe, für die die Jugendwohnungen derzeitig vorgesehen sind, zu berücksichtigen. So leben aufgrund der stattgefundenen gesellschaftlichen Veränderungen, vor allem aber aufgrund der Wanderungsbewegungen aus den osteuropäischen Ländern bzw. aus Ländern, in denen Armut und Verfolgung herrschen, z. Zt. Jugendliche in Jugendwohnungen, bei denen die Art der Betreuung auch auf die kulturellen Erfahrungen Rücksicht nehmen muß, die die Jugendlichen aus ihren Herkunftsländern mitbringen. Ferner müssen Gefährdungen berücksichtigt werden, denen diese Jugendlichen aus ihrer aktuellen Lebenssituation heraus in Deutschland im Zusammenhang mit organisierter Kriminalität ausgesetzt sind.

Das Wissen um sexuelle Gewalterfahrungen, insbesondere von Mädchen in ihren Herkunftsfamilien hat deutlich gemacht, daß Betreuung auch Schutzfunktion vor allem zu bestimmten Tageszeiten oder an Wochenenden annehmen kann und deshalb abgedeckt werden muß.

Um die Voraussetzungen für flexible, und das kann im Einzelfall auch höhere Betreuungsintensität heißen, zu schaffen, werden Jugendwohnungen des Landesbetriebes zukünftig in der Regel nicht unter einer bestimmten Größe eingerichtet werden. Dies bedeutet, daß im Prinzip kein Jugendlicher dort alleine wohnen soll, sondern kleine Gruppen von in der Regel 2 bis 5 Jugendlichen in einer Wohnung zusammenleben. Gleichzeitig muß ein Betreuerzimmer vorhanden sein, um der BetreuerIn immer die Möglichkeit zu geben, auch nachts und am Wochenende dort Dienst tun zu können. Das Amt für Jugend hat finanzielle Mittel zur Abgeltung von Nachtbereitschaften bereits eingeworben, so daß den Realisierungen keine Ressourcenprobleme entgegenstehen. Im Ergebnis wird eine Form von Jugendwohnung angeboten werden können, in der betreuungsfreie Zeiten (auch über Nacht) abwechselnd mit betreuungsintensiveren Zeiten (einschließlich Nachtbetreuung), die je nach Bedarf und Absprache organisiert und so den individuellen Bedürfnissen der jeweils dort untergebrachten Jugendlichen angepaßt werden können.

Schwerpunktsetzungen pädagogischer Art

Jugendwohnungen waren von Anfang an prinzipiell für alle Jugendlichen als Alternative zur Heimunterbringung gedacht. So wurden auch tatsächlich Jugendliche mit den verschiedensten biographischen Erfahrungen und Problemlagen dort untergebracht. In den letzten Jahren ist im Rahmen dieser Vielfalt eine Schwerpunktsetzung für einzelne Untergruppen erfolgt. Spezielle Plätze für Mädchen wurden in den Jugendwohnungen eingerichtet, in einigen Wohnungen wurden für minderjährige Flüchtlinge monoethnische Gruppen gebildet. Diese Schwerpunktbildung ist nicht als Rückkehr zu einer Spezialisierung zu werten, sondern als Spezifizierung des Jugendwohnungsangebotes im Hinblick auf die besonderen Problemlagen und Bedürfnisse einzelner Gruppen von Jugendlichen.

Anhand dieser Orientierung ist die Ausdifferenzierung der Jugendwohnungskonzeption weiter abzusichern. Dies darf aber gleichzeitig nicht dazu führen, daß Schwerpunktsetzungen statisch werden. Konzeptionelle Absicherung bedeutet, daß Erfahrungen der BetreuerInnen mit der jeweiligen Zielgruppe systematisch ausgewertet werden, daß über Fortbildungen Weiterqualifizierungen erfolgen, die den MitarbeiterInnen mehr Handlungssicherheit geben und sich über diese Schritte ein genaueres Anforderungsprofil der Arbeit entwickeln läßt.

Die beschriebene Schwerpunktsetzung der Arbeit ist auch deshalb nicht mit einer Spezialisierung zu verwechseln, weil nicht gleichzeitig Einrichtungsstrukturen auf eine bestimmte Zielgruppe von Jugendlichen festgelegt werden, die sich ihrerseits verselbständigen können. Ein Team, das im offenen Rahmen der Jugendwohnung mit Mädchen bzw. mit Flüchtlingen oder auch mit drogenkonsumierenden Jugendlichen gearbeitet hat und die Erfahrungen dieser Arbeit reflektiert, mit spezifischen Kenntnissen untermauert und feste Kooperationen zu unterstützenden Diensten aufbaut, wird zunehmend sicherer im Erkennen von spezifischen Benachteiligungen und pädagogischen Handlungsnotwendigkeiten werden. Da dieses Team gleichzeitig nicht auf die Zielgruppe festgelegt ist, besteht jederzeit auch die Möglichkeit, die Schwerpunktsetzung wieder zu verändern. Institutionelle Hindernisse müssen in diesem Konzept von Jugendwohnungsarbeit dann nicht mehr überwunden werden.

Zur konzeptionellen Orientierung der Arbeit in Jugendwohnungen

Der beklagte Konzeptmangel erweist sich im Zusammenhang des hier Diskutierten aber nicht als spezifisch für den Bereich der Jugendwohnungen. Vielmehr ist eine allgemeine Unsicherheit festzustellen, welche Handlungsleitlinien für SozialpädagogInnen in der Betreuung von Jugendlichen gelten sollen (vgl. Mollenhauer & Uhlendorff 1992, S. 11 f). Die im Zusammenhang mit der gesellschaftlichen Entwicklung allgemein empfundene "Unmöglichkeit der Erziehung" und der gleichzeitige Wunsch, Erziehung wieder möglich zu machen und das Verhältnis zwischen Jugendlichen und BetreuerInnen neu abzusichern, bestimmen die Suchbewegungen, neue Orientierungen zu finden.

In einer solchen Situation ist es erforderlich, daß die Fachkräfte in ein Netz dichter Kommunikation eingebunden sind, das den systematischen Austausch über die fachlich-inhaltlichen Orientierungen sichert. In einem dezentralisierten System erzieherischer Hilfen, in dem SozialpädagogInnen tendenziell isoliert arbeiten, aber ist die Einrichtung eines solchen Netzes besonders wichtig. Reflexion des alltäglichen Handelns, der Rollenauffassungen, der systematischen und situationsbezogenen Interaktionsprobleme mit den Jugendlichen sind genauso sorgfältig zu organisieren wie die Arbeit in jeder einzelnen Jugendwohnung.

Regelmäßiger fachlicher Austausch muß sich immer auch auf die Leitlinien pädagogischen Handelns beziehen. Bei allen möglichen und hilfreichen Differenzierungen der Auffassungen und Herangehensweisen sollte es ein gemeinsames Grundverständnis der im Rahmen eines Konzeptes 'Jugendwohnungen' Tätigen geben. Dieses zu erarbeiten und in größeren Abständen immer wieder neu abzustimmen, wird für die im Bereich Jugendwohnungen arbeitenden SozialpädagogInnen zukünftig eine wichtige Aufgabe sein. Ein System von Teambesprechungen, Arbeitskreisen und Fachveranstaltungen ist im Landesbetrieb eingerichtet worden, um dafür die Voraussetzungen zu verbessern.

Die Diskussion der angesprochenen Grundorientierungen wird, anknüpfend an die im vorliegenden Beitrag vorgestellten Überlegungen zunächst eine Sichtweise erarbeiten müssen, wie die Lebensphase 'Jugend' zu betrachten ist. Daraus folgt die Beantwortung der Fragen, welches Verhältnis der BetreuerInnen zu den Jugendlichen sich ergibt, welche Aufgaben die Jugendwohnung als Teil der Jugendhilfe wahrzunehmen hat und welche konkreten Handlungsansätze sich aus diesen dann entwickeln lassen. Im folgenden sollen einige für ein solches Konzept wesentlichen Punkte skizziert werden, die durchaus als Diskussionsgrundlage für eine zukünftige konzeptionelle Orientierung innerhalb der Einrichtungen des Landesbetriebes zu verstehen sind.

Teilhabechancen der Jugendlichen in Jugendwohnungen am Prozeß der Individualisierung

Rekapitulieren wir zu diesem Zweck noch einmal die gegenwärtige Diskussion um die Lebensphase Jugend und deren gesellschaftlichen Status, so wird ein wichtiges Ergebnis deutlich, an das anzuknüpfen ist. Jugendliche äußern heute den Anspruch auf eigenständige Lebensgestaltung. Gleichzeitig geraten sie im Zuge der Individualisierung von Lebensführungen unter den Zwang, sich ihre Lebensform auf dem 'Markt der Möglichkeiten' selbst zu wählen. Die Wahl zu treffen, ist aber nicht nur angesichts der Unübersichtlichkeit 'des Angebots' kompliziert. Jugendgemäße Entwicklungsprobleme, wie z.B. sich als junger Mann oder junge Frau mit Gleichaltrigen und Erwachsenen zurechtzufinden, erschweren die Orientierung. Hinzu kommt, daß Jugendliche heute, nach Auffassung der Jugendforscher, auch soziale Probleme zu bewältigen haben, die traditionell nicht jugendgemäß sind. "Jugendliche und junge Erwachsene sind damit beschäftigt, Anforderungen und Aufgaben aus den verschiedenen Lebensbereichen — Arbeit, Studium, Partnerschaft, Kommunikation, soziale Netzwerke, finanzielle Ressourcen — aufeinander zu beziehen, miteinander zu verarbeiten und als ihren Alltag zu organisieren" (Böhnisch 1992, S. 171 f).

Und was die sogenannten 'neuen Möglichkeiten' betrifft, so gelten sie, genau besehen, nur für einzelne Lebensbereiche. Individuelle Lebensstile zu erproben, werden Erwachsenen, vor allem aber Jugendlichen im Prinzip nur im privaten Lebensbereich, beim Ausleben persönlicher Beziehungen und insbesondere in der Freizeit zugestanden (vgl. IGfH-Arbeitsgruppe 1992). Hier werden sie allerdings von der Medienwelt aufgegriffen und von der Konsumindustrie unterstützt. In der Schule ist 'Selbstexpression' im Gegenteil als Störfaktor (Böhnisch & Münchmeier 1990, S. 18), hier wird Anpassung an die von der Schule vorgegebenen Regeln zur Gestaltung der Lernsituation verlangt. Auch im betrieblichen Arbeitsleben ist im übrigen der betonte Selbstausdruck wenig erwünscht — abgesehen von einzelnen Berufen, die solche Verhaltensweisen ins Zentrum der Tätigkeit rücken. Schule ist möglicherweise auch deshalb heute mit so starken sozialen Problemen belastet, weil Jugendliche auch hier ihre 'Individualität ausleben wollen' und dabei sowohl im Klassenverband miteinander in Streit geraten als auch mit dem System Schule in Konfrontation kommen.

In dieser ohnehin schwierigen Gesamtsituation haben Jugendliche, mit denen es Sozialpädagogik in ihren traditionellen Interventionsbereichen, vor allem auch der Heimerziehung zu tun hat, einen nochmal schweren Stand. Mit beschränkten biographischen und sozialen Möglichkeiten und generell niedrigem Bildungs- und Ausbildungsniveau gibt es für sie noch weniger Realisierungschancen für eigene und doch gesellschaftlich anerkannte Lebensstile. Selbständigkeit und eigener Lebensstil sind für sie aber wie für andere Jugendliche ein wichtiges Ziel im Kontext ihrer Lebensbewältigung. Viele verzweifelte Versuche, sich Geltung zu verschaffen, sind vor dem Hintergrund des Kampfes um Teilhabe an den Statusmerkmalen heutiger Jugend zu verstehen.

Für Mädchen und junge Frauen ergibt sich dabei noch die besondere Situation, daß sie in ihrer familiären Sozialisation oftmals noch mehr als die Jungen eingeschränkt wurden und gleichzeitig durch Gewalterfahrungen in der Familie 'doppelt benachteiligt' wurden (vgl. Birtsch 1991, S. 15 ff).

Welche Rolle ergibt sich für SozialpädagogInnen in dieser Situation, die sich pädagogisch begleitend verstehen wollen? Offenbar müssen sie sich auf Widersprüche einstellen: Einerseits sollten sie akzeptieren, wie sich Jugendliche in der Suche nach eigenen Lebensstilen erproben, andererseits sollten sie Hilfestellung bei den entstehenden Orientierungsproblemen und gravierend empfundenen Enttäuschungen über nicht gegebene Teilhabemöglichkeiten geben und Grenzen erläutern. Und drittens sind sie gefordert, zur Reduzierung der Benachteiligungen beizutragen, also Teilhabechancen zu erhöhen und mit dazu beizutragen, daß Jugendliche Qualifikationen für einen geregelten Lebenserwerb erreichen können. Hierbei aber sind sie wiederum Vermittler der in Schul- und Arbeitsbereichen geltenden Normen.

Unterstützung und Forderung von Selbständigkeit im Verhalten der Jugendlichen, bisher als maßgebliches Ziel der Arbeit in Jugendwohnungen angesehen, gerät angesichts dieser Betrachtungen in ein anderes Licht. Abgesehen davon, daß Selbständigkeit als normative Forderung anhand konkreter Verhaltensweisen beschrieben werden muß (wie z.B. aufstehen, einkaufen, Geld einteilen, sich in riskanten Situationen abgrenzen oder schützen können), ist sie natürlich auch dem Alter eines Jugendlichen (zwischen einem 15- und einem 18jährigen bestehen große Unterschiede) und seinem individuellen Entwicklungsstand anzupassen. Außerdem muß sie, je nach Anforderung einer Situation, häufig neu definiert werden.

Aber ein weiteres kommt hinzu, daß wir nämlich den Ansprüchen eines Jugendlichen auf Eigenständigkeit gerecht werden müssen und gleichzeitig in der Lage sein sollten, seine Signale nach Orientierungssuche und Hilflosigkeit wahrzunehmen. Hilfestellungen hierfür zu geben, heißt heute aber nicht mehr, Ziele und Orientierungen zu benennen – wenngleich durchaus mögliche Alternativen verdeutlicht werden sollten. Es wird vielmehr darum gehen, bei gedanklichen Klärungen mitzuhelfen oder emotionale Verwicklungen verarbeiten zu helfen – vor allem aber auch, mit Zeit und Geduld zur Verfügung zu stehen und als Erwachsener die eigenen Standpunkte trotzdem zu vertreten (vgl. Arend/Hekele/Rudolph 1987).

Lebensbewältigung und Sozialintegration als Aufgabe der Sozialpädagogik

Bei ihrem Bemühen, Teilhabechancen am gesellschaftlichen Leben für Jugendliche zu verbessern, werden BetreuerInnen und auch Jugendliche selbst mit den Hindernissen konfrontiert, an denen sie bisher in der Familie, ihrem sozialen Umfeld, vor allem der Schule scheiterten bzw. denen sie sich verweigert haben. An dieser Stelle scheint der der Sozialpädagogik immanente Widerspruch von Hilfe und Kontrolle oder wie Böhnisch (1992) formuliert und ausführlich darlegt, das 'Spannungsfeld von Lebensbewältigung und Sozialintegration' auf. Im Spannungsfeld dieser beiden Hauptaufgaben seien "konzeptionelle Reichweite, Handlungsspielräume und pädagogisches Profil" (a.a.O., S. 72) der Sozialpädagogik anzusiedeln, dies gilt auch für die Konzeption der Jugendwohnungen.

Was aber meinen die beiden Begriffe der 'Lebensbewältigung' und der 'Sozialintegration'? Zur Hilfe bei der Lebensbewältigung gehört konkrete Unterstützung, den Anforderungen z.B. des Arbeitslebens hinsichtlich Leistungsdruck und Arbeitsrhythmus nachkommen zu können, Anforderungen, die für Jugendliche im Kontext Jugendhilfe immer schwerer zu bewältigen sind. Gleichzeitig ist die Unterstützung des Jugendlichen bei der Auseinandersetzung mit gesellschaftlichen Normen notwendig. Auf diese Aufgabe müssen sich BetreuerInnen auch inhaltlich vorbereiten. Heranzuziehen wären hier beispielsweise neuere entwicklungspsychologische Jugendforschungen, die deutlich machen, daß sich Jugendliche in Konfliktsituationen eher an der Situation als an der Norm orientieren – Motive wie "Überleben", "Über-die-Runden-Kommen", "Selbstwert behalten", "Handlungsfähig bleiben" sind für die Jugendlichen wichtiger als die Normorientierung (vgl. Böhnisch 1992, S. 74 f).

Den Aspekt der Lebensbewältigung ins Zentrum der Aufmerksamkeit bei der Suche nach konzeptionellen Ansätzen zu rücken, bedeutet auch, die Arbeit stärker geschlechtsspezifisch zu orientieren. Soziale Chancen, Probleme und Muster der Lebensbewältigung sind bei Mädchen und Jungen so unterschiedlich, daß von zwei 'geschlechtsspezifischen Sozialwelten' (a.a.O., S. 176) gesprochen werden kann, auf die sich Sozialpädagogik ausrichten muß.

Dies wird neben mädchenspezifischer Arbeit, für die es in der Zwischenzeit akzeptierte Ansätze gibt, zukünftig auch jungenspezifische Pädagogik bedeuten.

Viele Probleme der Lebensbewältigung von jungen Männern, die sie mit sich, mit anderen und mit dem Gesetz in Konflikt bringen, hängen mit ihrer Orientierung auf die männliche Rolle und damit verknüpften Unsicherheiten zusammen, da im Zuge der Emanzipation auch die männlichen Rollenklischees ins Wanken geraten sind, was auch die Jugendlichen in der Heimerziehung spüren. Hier kommt es in der sozialpädagogischen Arbeit darauf an, bedeutsame alternative Angebote zu machen, die nicht die vermeintlichen Stärken der Jungen, die in Wirklichkeit auf Kosten von Mädchen und Frauen gehen, fördern und doch geeignet sind, die Selbstwerteinschätzungen von Jungen zu verbessern (zu jungenspezifischen Arbeitsprinzipien vgl. Böhnisch 1992, S. 204 ff).

Mit dem Begriff der Sozialintegration wird die "gelungene Vermittlung von personalen und gesellschaftlichen Wertmustern" (a.a.O., S. 72) verknüpft, gemeint ist die Begleitung des "Prozesses des Hineinwachsens" in eine sich zunehmend pluralisierende Gesellschaft. Dazu gehört, den Jugendlichen "Räume und Bildungsangebote zu verschaffen, in denen sie sich produktiv, aber kontrovers mit gesellschaftlichen Normen aus ihrer jugendlichen Befindlichkeit heraus auseinandersetzen können" (a.a.O., S. 73). Zur Aufgabe der Sozialintegration gehört nach Böhnisch auch, zwischen Mehrheits- und Subkultur zu vermitteln, durch sozialpädagogische Hilfen Subkulturen zu unterstützen und so zu ihrer gesellschaftlichen Akzeptanz beizutragen.

Wie die Aufgaben der Lebensbewältigung und der Sozialintegration praktisch zu verbinden sind, ist konzeptionell noch genauer auszuformulieren. Für die Jugendwohnungen ergeben sich hier aber reale Chancen. Durch ihr Konzept konnte der Disziplinierungscharakter der Heimerziehung deutlich verringert bis abgeschafft werden, wodurch sich BetreuerInnen den Aufgaben, die sich aus der Lebenswelt der Jugendlichen ergeben, unmittelbarer stellen zu können. Insofern könnten sich Sozialintegration und Lebensbewältigung im Alltag der Jugendwohnung zu einem wirklichen Gleichgewicht verbinden lassen.

Jugendwohnung als Lebensort

Wenn die Jugendwohnung also, wie beschrieben, eine Sozialisationsaufgabe erfüllen soll, so müssen auch Prozesse der Identitätsentwicklung ermöglicht werden. Zur Identitätsentwicklung gehört heute aber (s.o.) der Anspruch der Jugendlichen, eigene Lebensstile zu entwickeln. Im 'Privatraum' Jugendwohnung werden Jugendliche diesen Anspruch deutlich vertreten und den SozialpädagogInnen kommt die Aufgabe zu, sie dabei zu unterstützen. Zu den Konzepten, die zur Gestaltung dieser Aufgabe hilfreich sein können, gehören sozialräumliche Ansätze.

Sozialräumliche Pädagogik versteht Räume als Lernorte, als Lebensorte, als Orte, die Menschen sich aneignen und darüber wesentliche Erfahrungen machen können. Hinter diesen Begriffen stehen Konzepte, die im Rahmen dieses Aufsatzes nicht referiert werden können — es wird deshalb an dieser Stelle auf Böhnisch & Münchmeier (1990) verwiesen.

Allgemein ist aber festzuhalten, daß es im Zusammenhang der jugendlichen Identitätsentwicklung für die begleitende Sozialpädagogik darauf ankommt, die Umwelt — als sozialräumliche — so zu gestalten, daß man sich ausdrücken kann, daß jeder eine Chance zur Individualität hat, daß "Selbstinszenierungen" möglich sind.

Die Jugendwohnung als der private Rückzugsbereich ist geradezu prädestiniert, solche Möglichkeiten zu schaffen. Voraussetzungen wären demnach Gestaltungsmöglichkeiten des eigenen Wohnens, die Beteiligung beim Renovieren, bei der Möbelbeschaffung, der Erwerb eigener Möbel und die Pflege von Gegenständen, die beim Auszug mitgenommen werden können. Gleichzeitig müssen die Wohnungen zu 'Gesellungsräumen' werden können, in denen, um den sozialräumlichen Ansatz aufzunehmen, sich die Jugendlichen mit einzelnen aus ihrer Clique treffen können, die Jugendwohnung Teil einer 'Treffpunktstruktur' wird (Böhnisch & Münchmeier 1990, S. 20). Die sich auf diese Weise ergebende Tolerierung jugendlicher Subkultur muß von vornherein als Teil des Konzepts mitgeplant werden. Gleichzeitig muß aber ein fester Rahmen definiert werden, der solche Scenetreffen zum eigenen Schutz der Jugendlichen regulieren kann und Absprachen mit den BetreuerInnen weiter möglich macht.

Die bisher beschriebene konzeptionelle Grundlegung der Jugendwohnung hat sich vor allem auf den unmittelbaren Nahbereich der Wohnung konzentriert und dabei zugleich ihre mögliche Begrenztheit und Eingeschränktheit verdeutlicht. Sozialpädagogisches Tun in Jugendwohnungen sollte aber grundsätzlich auch nach Möglichkeiten suchen, den Lebensort Jugendwohnung zu erweitern. Das heißt nicht nur, die Treffpunktscenen der Jugendlichen außerhalb ihrer Wohnung miteinzubeziehen, sondern mit den Jugendlichen auch weitere öffentliche, z.B. kulturelle Räume der Großstadt aufzusuchen. Gleichzeitig sollten Erfahrungen mit fremden Räumen etwa über reisepädagogische Maßnahmen ermöglicht werden. Auf diese Weise könnten durch Aktivitäten neue Handlungsräume für die eigene Lebenspraxis erschlossen und genutzt werden. Sollte der Jugendwohnungspraxis dieses gelingen, könnte sie den Jugendlichen noch umfassendere Entwicklungsbedingungen bieten.

Literatur

Arend, D., Hekele, K., Rudolph, M.: Sich am Jugendlichen orientieren, Frankfurt/Main 1987

Birtsch, V.: Differenzierte Formen der Heimerziehung. In: IGfH (Hrsg.): Heimerziehung in der Bundesrepublik Deutschland. Materialien zum Ost-West-Begegnungskongreß, Berlin 1990, 25-31

Birtsch, V.: Doppelt benachteiligt — Sozialisation von Mädchen in Familie und Heim. In: Birtsch, Vera, Hartwig, Luise & Retza, Burglinde (Hrsg.): Mädchenwelten — Mädchenpädagogik, Frankfurt/Main 1991, 15-34

Blandow, J.: Heimerziehung und Jugendwohngemeinschaften. In: Blandow, Jürgen & Faltermeier, Josef (Hrsg.): Erziehungshilfen in der Bundesrepublik Deutschland, Frankfurt/Main 1989, 276-315

Böhnisch, L.: Sozialpädagogik des Kindes- und Jugendalters, Weinheim und München 1992

Böhnisch, L., Münchmeier, R.: Pädagogik des Jugendraums. Zur Begründung und Praxis einer sozialräumlichen Jugendpädagogik, Weinheim und München 1990

Bürgerschaft der Freien und Hansestadt Hamburg 1981 – Drucksache 9/3477. Mitteilung des Senats an die Bürgerschaft – Verbesserung der pädagogischen Arbeit und der Arbeitsbedingungen in den staatlichen Erziehungsheimen

Bürgerschaft der Freien und Hansestadt Hamburg 1987 – Drucksache 12/426. Mitteilung des Senats an die Bürgerschaft – Unterrichtung über die Entwicklung und Verbesserungen im Landesbetrieb Erziehungs- und Berufsbildungseinrichtungen

Erfahrungsbericht aus der Jugendwohngruppe Hohe Liedt 1981/82, unveröff. Manuskript, Hamburg 1982

Freigang, W.: Verlegen und Abschieben. Zur Erziehungspraxis im Heim, Weinheim und München 1986

Goffman, E.: Asyle. Über die soziale Situation psychiatrischer Patienten und anderer Insassen, Frankfurt/Main 1972

Hartmann, H.: Das Jugendwohnungskonzept von 1987. Auswertung der Erfahrungen und Bewertung. Unveröffentlichtes Gutachten im Auftrag der Behörde für Schule, Jugend und Berufsausbildung – Amt für Jugend – der Freien und Hansestadt Hamburg 1992

IGfH-Arbeitsgruppe: Ambivalenzen aushalten – Ausgrenzungen verhindern – Teilhabe ermöglichen. In: Peters, F., Trede, W. (Hrsg.) 1992: Strategien gegen Ausgrenzung. Politik, Pädagogik und Praxis der erzieherischen Hilfen in den 90er Jahren – Bericht zur IGfH-Jahrestagung, Hamburg, 1991. Frankfurt/Main, in Vorbereitung

Jugendwerk der Deutschen Shell: Jugendliche und Erwachsene '85. Generationen im Vergleich, 5 Bände, Opladen 1985

Kieper, M.: Lebenswelten 'verwahrloster' Mädchen, München 1980

Mollenhauer, K.: Theorien zum Erziehungsprozeß, München 1972

Mollenhauer, K., Uhlendorff, U.: Sozialpädagogische Diagnosen. Über Jugendliche in schwierigen Lebenslagen, Weinheim und München 1992

Secord, P.F., Backman, C.W.: Sozialpsychologie, Frankfurt/Main 1976

Zwischenbericht Kommission Heimerziehung – Heimerziehung und Alternativen – Analysen und Ziele für Strategien, Frankfurt/Main 1977

KARL-LUDWIG WAGNER / MAREN KNEBEL-PASINSKI

Von der Heimschule
zur Schulischen Erziehungshilfe

Mit der Heimreform Anfang der 80er Jahre und der damit einhergehenden Umorientierung von Großeinrichtungen zu kleineren, individuelleren Wohnformen verloren auch die Heimschulen ihre Funktion. Obgleich damals bereits die Mehrzahl der Heimkinder öffentliche Schulen besuchten, wurden doch in Hamburger Heimschulen noch über 600 Kinder unterrichtet. Dezentralisierung und Normalisierung, erklärte Ziele jener Reform, bedeuteten für den schulischen Bereich, daß jetzt alle Kinder aus Heimen und daraus entstehender Einrichtungen die allgemeine Schule besuchen sollten. Das konnte die wohnortnahe Gesamt-, Grund- oder Hauptschule ebenso sein wie die zuständige Sonderschule.

Allerdings waren die Heimschulen nicht nur das Ergebnis der Großeinrichtung Heim, sondern dahinter stand die Überzeugung, daß die Regelschule nur begrenzt in der Lage sei, Heimkinder zu fördern. Nicht wenige dieser Kinder hatten und haben infolge ihrer Lebensschicksale und Persönlichkeitsentwicklung erhebliche Probleme in der Regelschule, die bis zum Ausschluß vom Schulbesuch oder dauerhafter Verweigerung führen. Die Heimschule als spezielle Form der schulischen Förderung hatte aber mit der Auflösung der Heime ihre angestammte Schülerschaft, die Heimkinder der Großeinrichtungen, verloren. Man war sich jedoch einig, daß diese Kinder auch zukünftig einer besonderen Förderung bedürften, auch wenn die Integration aller in Heimschulen unterrichteter Kinder in Regelschulen ein richtiger und notwendiger Schritt zu mehr Normalität war.

Konsequenterweise löste man die Heimschulen auf und nutzte die freiwerdenden Ressourcen zur Einrichtung der "Schulischen Erziehungshilfe", bald abgekürzt "SE" genannt. Es wurden sieben, für jeden Hamburger Bezirk eine, sogenannte Schulstellen geschaffen. Diesen Schulstellen wurden die bis dahin in den Heimschulen tätigen Lehrkräfte zugeordnet. Ihre Aufgabe wandelte sich radikal: Sie waren nicht mehr für in Heimschulen zusammengestellte Klassen zuständig, sondern nur noch für solche in Heimen lebenden Schulkinder, die aus dem System Schule herausgefallen waren bzw. drohten herauszufallen, weil sie vom Schulbesuch ausgeschlossen wurden oder der Schulbesuch dauerhaft verweigert wurde.

Aufgabe der Schulischen Erziehungshilfe wurde es, von Ausgrenzung bedrohte Kinder sonderpädagogisch so zu fördern, daß Reintegration in eine ihnen gemäße Schulform oder Berufsausbildung ermöglicht wurde.

War man anfangs noch der Meinung, daß nach der Auflösung der Heimschulen sich die Schulische Erziehungshilfe zwar in ihren Arbeitsformen und Arbeitsorten ändern würde, aber nach wie vor für die Kinder aus den Nachfolgeeinrichtungen der Großheime zuständig bleiben werde, so mußte man doch bald erkennen, daß auch Kinder aus anderen Einrichtungen der Unterstützung bedurften. "Öffentliche Erziehung" als Kriterium für ein Tätigwerden von SE wurde immer weniger den tatsächlichen Verhältnissen gerecht. Wenn beispielsweise ein Kind in einer Pflegefamilie lebte, warum sollte es dann von Schulischer Erziehungshilfe ausgeschlossen sein, wenn es an der Schule zu scheitern drohte?

Schulische Erziehungshilfe als Jugendhilfemaßnahme

Mit dem Inkrafttreten des Kinder- und Jugendhilfegesetz am 1.1.1991, das die Heimerziehung in eine Vielzahl von Hilfen zur Erziehung einordnet, wurden denn auch die Voraussetzungen für das Wirken der Schulischen Erziehungshilfe neu bestimmt. Schulische Erziehungshilfe kann nun tätig werden, wenn SchülerInnen

- aus dem System Schule herausgefallen sind oder herauszufallen drohen, und
- Hilfe zur Erziehung nach dem KJHG geleistet wird.

Diese Hilfen zur Erziehung sind die in den §§ 27 ff KJHG beschriebenen wie Erziehungsberatung, Erziehungsbeistandschaft, Vollzeitpflege, intensive sozialpädagogische Einzelbetreuung und natürlich Heimerziehung. Allerdings werden die Kinder und Jugendlichen nicht automatisch zu Fällen für SE, wenn sie solche Hilfe zur Erziehung erhalten. Erst wenn sie aus dem Bereich Schule herausfallen, weil sie in der Klasse/im Unterricht nicht mehr anzutreffen sind, endet die Einwirkungsmöglichkeit der Schule. Natürlich endet nicht die grundsätzliche Verpflichtung des Schulwesens, seinen Erziehungs- und Bildungsauftrag auch gegenüber diesen Kindern zu erfüllen, sie läßt sich aber nicht mehr einlösen.

Durchweg liegen die Ursachen für schulisches Herausfallen im außerschulischen Bereich, äußern sich aber massiv und für alle bemerkbar in der Schule. Langandauernde familiäre Belastungen, Lebensortwechsel auch in Einrichtungen der Jugendhilfe spielen für schulische Ausgrenzungsprozesse eine zentrale Rolle. Für viele Kinder und Jugendliche, die Hilfe zur Erziehung erhalten, ist Schule, insbesondere das Erreichen schulischer Abschlüsse, eine Hürde, die sie nur schwer bewältigen. Keineswegs zufällig ist es so, daß 85 % der von SE betreuten Kinder und Jugendlichen in Heimen, Außenwohngruppen oder Jugendwohnungen leben.

Es bedarf von daher einer Institution, die den Auftrag hat, die Herausgefallenen wieder zu integrieren oder im äußersten Notfall ein alternatives Angebot zu machen. Nach den Erfahrungen, die diese Kinder und Jugendlichen mit Schule gemacht haben, sollte es vernünftigerweise kein weiteres internes schulisches Angebot sein, sondern das eines Dienstes der Jugendhilfe, der das notwendige sozialpädagogische Herangehen verbinden kann mit der für schulische Reintegration notwendigen Fachkompetenz.

In Hamburg ist die Schulische Erziehungshilfe des Amtes für Jugend dieser Dienst, der sich an den einzelnen Kindern und Jugendlichen und ihrer defizitären Situation orientiert, die bereits Anlaß von Interventionen nach dem Kinder- und Jugendhilfegesetz war. SE ist die Hilfe, die "Schule" erst wieder möglich machen soll und stellt damit auch das Angebot der Jugendhilfe dar, das diesen doppelt benachteiligten Kindern gemacht werden kann, damit sie in kritischen Lebensphasen nicht an der Schule scheitern müssen.

Wenn SchülerInnen mit den Mitteln der Schule, also unter Ausschöpfung aller ergänzender Hilfen wie Schülerhilfe, Sonderschule und Schulsozialarbeit nicht mehr gefördert werden können, dann ist SE gefordert. Mit der Kopplung der Gewährung von SE an Hilfen zur Erziehung — und nicht an schulische Kriterien wie Leistungsverweigerung — wird die Stoßrichtung der Hilfe deutlich, nämlich die Wirksamkeit von anderen Jugendhilfemaßnahmen zu erhöhen, indem eine entlastende und reintegrierende Funktion im schulischen Bereich übernommen wird.

Organisation der Schulischen Erziehungshilfe

Die Schulische Erziehungshilfe arbeitet nach dem Regionalprinzip: Jedem der sieben Hamburger Bezirke ist eine Schulstelle zugeordnet, die für die Fälle ihres Bezirks zuständig ist. Dort arbeiten (Sonderschul-)LehrerInnen, etwa 10 in jeder Schulstelle. Die Schulstellen selbst sind Sonderschulen nach dem Hamburger Schulgesetz.

Sie sind aber ausdrücklich keine Sonderschulen für Verhaltensgestörte oder eine andere etablierte Form der Sonderschule. Die Anbindung an das Amt für Jugend und die Bedürfnisse der SchülerInnen haben im Laufe der Zeit ein Profil der Schulischen Erziehungshilfe ausgeprägt, das mit der tradierten Vorstellung von Sonderschule wenig zu tun hat. Dieser Sonderschulstatus der Schulstellen der SE ist aber für die Arbeit hilfreich, weil er den Rückweg in die Regelschule ebnet und keine bürokratischen Hürden aufbaut, denn schulrechtlich ist der Besuch der SE die Erfüllung der Schulpflicht in einer Sonderschule.

Dabei geht es anfangs hauptsächlich gar nicht um das Erreichen schulischer Ziele und Abschlüsse, sondern um ein Stück mehr individuelle Integration, die Voraussetzung für schulischen Erfolg ist. Im Gegensatz zur Regelschule, die den Jugendlichen nicht erreichen kann, wenn er sich verweigert, holt SE ihn dort ab, wo er sich physisch und psychisch befindet, auch wenn er selbst nicht in der Lage ist, Schritte nach vorn zu tun. Das ist mit hohem personellem Aufwand und persönlichem Einsatz der Lehrkräfte verbunden.

Der Personalschlüssel muß sich daher an Betreuungsverhältnissen in der Jugendhilfe und nicht an Klassenfrequenzen orientieren, denn es gibt keine Klassen, sondern bestenfalls altersgemischte Kleinstgruppen. Fast immer ist zu Beginn einer SE-Maßnahme intensive Einzelbetreuung notwendig. Daraus ergibt sich ein hoher Personalbedarf mit einer Relation von 1:3,3 in der Praxis betreut eine Lehrkraft 4-5 SchülerInnen.

Je mehr sich die Kinder und Jugendlichen von der Schule entfernt haben, desto schwieriger gestalten sich die Prozesse, mit denen sich noch Einwirkungsmöglichkeiten eröffnen. Desto weniger sind es auch schulische Methoden, die Pädagogen zu Beginn einer SE-Maßnahme anwenden, sondern immer steht die geduldige Anbahnung einer tragfähigen Beziehung zu dem Kind oder Jugendlichen am Anfang. Die Beziehung ermöglicht es dann später, mit individualisierten Lernangeboten den Rückweg in die Schule zu ebnen.

Nicht selten ist jedoch eine Reintegration in die Regelschule nicht mehr möglich. Gründe sind massive Abwehr der Jugendlichen oder Schwierigkeiten, eine aufnahmebereite Regelschule zu finden. Das hat auch mit dem hohen Durchschnittsalter der SE-Schülerschaft zu tun. Für diese Jugendlichen gibt es alternative Angebote in Form von Kursen, die zum Schulabschluß führen.

Für nicht mehr vollzeitschulpflichtige, also berufschulpflichtige SchülerInnen ist das Herausfallen aus der Schule nicht mehr so offensichtlich, aber ebenso bedrohlich. Ihnen muß SE, häufig in Zusammenarbeit mit den betreuenden Einrichtungen des Landes, Unterstützung zum Verbleib in der Berufschule geben, da ein schulisches Versagen direkte Auswirkungen auf die Ausbildungsverhältnisse hat.

Entscheidend für eine erfolgreiche Arbeit der SE ist immer wieder die Kooperation mit den an der Betreuung eines Kindes oder Jugendlichen Beteiligten. Schulische Erziehungshilfe allein ohne wirksame Maßnahmen durch andere Hilfeangebote trägt selten, sie ist angewiesen auf Einbindung in ein Hilfenetz.

Für eine Beratung über mögliche Hilfen durch SE können sich Eltern oder Personensorgeberechtigte, ErzieherInnen oder LehrerInnen direkt an die Schulstellen wenden. Dort übernehmen nach dem Mentorenprinzip die Lehrkräfte Beratung, Aufnahmeverfahren, Betreuung und Reintegration für jeweils ihre SchülerInnen.

Auf einer Erziehungskonferenz, wie sie für KJHG-Hilfen notwendig ist, treffen die verschiedenen mit dem Fall befaßten Institutionen wie Eltern, Schule, Soziale Dienste, SE, Heim usw. zusammen und beraten gemeinsam über die individuell notwendige Hilfe. Über die Aufnahme in SE entscheidet der zuständige Oberschulrat im Amt für Jugend auf Grundlage eines sonderpädagogischen Gutachtens, das von den mit den Beratungs- und Aufnahmeverfahren befaßten Lehrkräften erstellt wird.

Bei all dem steht das einzelne Kind im Vordergrund, die sonderpädagogische Betreuung richtet sich nach seiner Befindlichkeit, seinen Möglichkeiten und subjektiven wie objektiven Bedürfnissen. Dies alles ist häufig so weit von Schule und ihrer institutionalisierten Form entfernt, daß sich von der Arbeitsweise her die Zuordnung der Schulischen Erziehungshilfe zur Jugendhilfe erklärt.

Praktische Arbeit der Schulischen Erziehungshilfe – Fallbeispiele

Formal zusammengefaßt ist Schulische Erziehungshilfe: Eine zusätzliche Hilfe für diejenigen schulpflichtigen Kinder und Jugendlichen, denen aufgrund desolater und defizitärer Familienstrukturen, die zu tiefgreifenden Störungen in der Persönlichkeitsentwicklung geführt haben, eine Jugendhilfemaßnahme nach dem KJHG gewährt wird und deren Schwierigkeiten sich nicht nur im Bereich Beziehung, sondern ganz gravierend im Bereich schulischer Arbeit ausdrücken.

Dahinter verbergen sich viele einzelne Kinder und Jugendliche – junge Menschen, die abgrundtief unglücklich sind, verzweifelt und hoffnungslos. Ihnen fehlt das entscheidend wichtige Erlebnis, jemanden zu haben, dem sie uneingeschränkt vertrauen können und der sie uneingeschränkt annimmt. Sie wurden immer wieder enttäuscht und zurückgestoßen. Ihre Beziehung zu sich selbst konnte sich nicht ohne Brüche entwickeln. Deswegen können sich auch die Beziehungen zu anderen Menschen und zur Arbeit nur gestört entwickeln – junge Menschen, die nicht auf dem Wege sind zu einer integrierten, selbstverantwortlichen Persönlichkeit.

Eine zentrale Folge einer über Jahre fehlgelaufenen Entwicklung ist die Unfähigkeit eines Kindes/Jugendlichen, gesellschaftlichen Normen und sozialen Forderungen zu genügen, ist die Ablehnung der Zusammenarbeit mit der Gesellschaft und ihren erwachsenen Vertretern, z.B. den Lehrern. Sie finden ihren Platz im sozialen Gefüge nicht durch nützliche Beiträge. Sie strengen sich nicht (mehr) an für Leistung oder Erfolg; sie sind nicht zuverlässig, aufmerksam, kritisch, interessiert. Diese jungen Menschen suchen sich andere Methoden, die sie als geeignet und für sie sinnvoll ansehen, von der Regelschule aber als Ablehnungs- und letztlich Ausgrenzungsgrund gewertet werden. Dabei gibt es zwischen Kampf und Rückzug eine große Bandbreite:

Bernd (Klasse 2) zum Beispiel ist verspielt und ungeschickt; immer wieder "versteht" er vieles nicht, braucht er besondere Hilfe. Er ist unordentlich, hat seine Schulsachen oft nicht dabei. Er versucht, sich als "Klassenkasper" aufzubauen. Bernd reagiert verschreckt auf die Nähe von Erwachsenen. Hausaufgaben macht er nicht, und er versagt intellektuell in zunehmendem Maße.

Matthias (Klasse 6) hingegen fängt mit seinen Mitschülern oft Streit an, auch während der Stunde. Er ist unruhig, läuft in der Klasse herum. Matthias widerspricht dem Lehrer unangemessen; in der letzten Zeit hat er mehrfach die Schulwände besprüht. Seine Leistungen sind (noch) gut, er stellt aber eine große soziale Belastung für die Klasse dar.

Beide Schüler sind Beispiele für diejenigen, die mit destruktiven Methoden versuchen, Aufmerksamkeit zu erlangen. Auf dieser Fehl-Verhaltensebene grenzt Schule noch nicht aus. Es wird mit allgemein-pädagogischen Eingriffmechanismen reagiert: Tadel, Ermutigung, Gespräche mit dem Schüler, Gespräche mit Erziehungsberechtigten. Bereits zu diesem Zeitpunkt setzt die Androhung von Ausgrenzung ein. Bei Beibehaltung des abweichenden Verhaltens wird der

'Maßnahmenkatalog" des Schulgesetzes aufgeschlagen, beginnend mit Ermahnung und Verweis.

Schulische Erziehungshilfe wird gelegentlich bereits auf dieser Stufe eingeschaltet. Im Vordergrund steht dann Beratung — gibt es niedrigschwellige Hilfen, die das Schülerverhalten stabilisieren? Erst wenn hier kein Spielraum mehr ist und die Schwierigkeiten auf der Erscheinungsebene zunehmen, ist SE angeraten.

Dies ist zum Beispiel der Fall bei Anja. Anja ist häufig aggressiv, beschimpft andere, auch Lehrer heftig. Arbeitsmaterial ihrer Mitschüler zerstört sie, wenn sie sich über diese ärgert. Anja reagiert wenig auf Ansprache, Anordnungen und Anforderungen; schulische Leistungen bringt sie fast gar nicht (mehr). Sie kommt zwar weitgehend regelmäßig zur Schule, Unterricht ist in ihrer Anwesenheit aber kaum noch möglich.

Anja versucht, durch stures Gegenangehen subjektive Überlegenheit zu erreichen und provoziert deswegen Machtkämpfe, denen mit den pädagogischen Möglichkeiten der Regelschule nur noch schwer begegnet werden kann. Hier kann Schulische Erziehungshilfe sinnvoll sein.

Dies gilt noch eindeutiger z.B. für die Probleme von Rainer. Rainer hat nur noch geringe Hoffnung, von einem Erwachsenen erwünscht zu sein.

Rainer bedroht Lehrer und Mitschüler, schlägt sie. Mitschüler werden von ihm zur Gegenwehr aufgestachelt, er wird zum Anführer. Gemeinsam mit "Freunden" verläßt er während der Schulzeit das Gelände und schwänzt mit ihnen auch ganze Tage. Diebstähle häufen sich. Rainer zerstört private Gegenstände anderer Schüler ebenso wie Lehrmittel (entwendet Chemikalien, zerbricht einen Globus, tritt gegen Wände usw.). In verbissener Weise verweigert Rainer Arbeitsanforderungen. Die Verantwortung für eigene Schwächen schiebt er auf andere. Der Schulbesuch wird immer unregelmäßiger. Diese — unbewußten — Versuche, sich an den Erwachsenen zu rächen und Vergeltung zu üben für all das erlittene Leid, erfordern dringend ein individualisiertes Konzept von sonderpädagogischen Maßnahmen in dem akzeptierenden Rahmen der schulersetzenden SE.

Besonders massive Unterstützung brauchen Kinder/Jugendliche wie z.B. Peter: er hat gar keine Hoffnung mehr auf Erfolg.

Peter schwänzt nachhaltig die Schule, meistens allein. Auf Beziehungsangebote geht er nicht ein, er zieht sich fast völlig in sich zurück. In zunehmendem Maße nimmt er Drogen. Peter äußert sich negativ über seine eigenen Zukunftsaussichten, investiert auch keine Energie in eine Änderung seiner Situation. Er lebt sein "eigenes Leben" — ohne Schule. Hier verdeutlicht ein Jugendlicher sein Gefühl der Unzulänglichkeit, zeigt passive Hoffnungslosigkeit. Regelschule hat nicht viele andere Möglichkeiten, als ihn "hoffnungslos" allein zu lassen. Schulische Erziehungshilfe gibt nicht auf, sondern setzt hier kompetentes Engagement entgegen, eine auch Einzelfallhilfe ermöglichende Lehrer-Schüler-Relation und eine organisatorische Stützung auch ungewöhnlicher pädagogischer Maßnahmen.

Axels SE-Zeit ist in der Intensität, vor allem in der Individualität typisch, wenn sich auch die Schwierigkeiten nicht immer so extrem darstellen. Axel kam mit zehn Jahren ins Heim, redete kaum und zog sich in seine Realität zurück.

Mit dreizehn Jahren antwortete und arbeitete er in der Schule überhaupt nicht mehr und fehlte oft unentschuldigt. Er wurde daraufhin in die SE aufgenommen.

Axel erfuhr seine Gestörtheit nicht als Leidensdruck; von daher gab es für ihn subjektiv keine Notwendigkeit der Veränderung. Erst die mühsam und langwierige im Bezug erworbene Sicherheit konnte ihn veranlassen, neue Gefühle und Verhaltensweisen auszuprobieren. Axel wurde ein eindeutiger, überschaubarer Rahmen geboten, in dessen Zentrum der Respekt vor dem So-Sein des Jungen und das geduldige Beziehungsangebot der Lehrerin standen.

Axel erhielt im SE-Raum einen Einzeltisch, er setzte sich mit dem Gesicht zur Wand. Da nur das Anfertigen von Comic-Zeichnungen bei ihm positiv besetzt war, erhielt er (immer wieder) neue Farbstifte, die neben riesigen Stapeln von Zeichenpapier auf seinem Tisch lagen. Axel fertigte in diesem ersten SE-Jahr ca. 400 Comic-Zeichnungen an. Die Lehrerin guckte sich die Bilder an, erzählte, las vor, fragte – Axel reagierte manchmal mit Kopfnicken oder Schulterzucken. Ein anderes Kind im Raum ertrug Axel nicht. Axel kam nur jeden zweiten Tag, betrat grußlos den Raum, setzte sich mit Jacke hin, zeichnete zwei Stunden und ging dann grußlos wieder.

Im zweiten SE-Jahr konnte ein älterer Schüler in seiner Anwesenheit unterrichtet werden. Die Lehrerin interpretierte Axels undeutlich gesprochene Ein-Wort-Antworten oder seine Gestik. Axel nahm am Schulfrühstück teil. Er fertigte ca. 800 Comic-Zeichnungen an, kam jeden Tag, nickte zum Gruß, zeichnete vier Stunden und ging dann grußlos wieder.

Im dritten Jahr hatte Axel zwei Mitschüler. Er fertigte nur noch ca. 200 Zeichnungen an. Er erfüllte jeden schriftlichen Auftrag. Vorher wollte er genau wissen, was gefordert wurde und was für den Tag anlag. Änderungen konnte er nicht ertragen. Axel las vor und antwortete auf Fragen mit einigen Worten. Von sich aus sprach er nur mit den Mitschülern. Axel kam täglich, grüßte, setzte sich mit Jacke hin und ging nach vier Stunden mit Gruß.

Im vierten und letzten SE-Jahr arbeitete Axel mit fünf Mitschülern in einer Hauptschulabschlußgruppe. Er stellte Fragen und antwortete in Sätzen. Er leistete schweigend und mit gutem Arbeitserfolg zwei Praktika ab. Im Fachunterricht konnte er nicht so gut arbeiten wie bei der Klassenlehrerin, machte aber mit. In den Projekten "Videofilm" und "Mofa-Führerschein" war er aufgrund seiner zuverlässigen Arbeit einer der besten. Er kam jeden Tag, zog seine Jacke aus und setzte sich – immer noch mit dem Gesicht zur Wand – auf seinen Platz. Er arbeitete solange, wie er es sollte und ging mit Verabschiedung.

Um den Bezug zwischen Lehrerin und Schüler in dieser letzten Phase planvoll abzuschließen und Axel die – von ihm lange Zeit nicht gewollte – Loslösung aus dem vertrauten Rahmen erleichtern zu können, hat die Lehrerin 20 Supervisionsstunden erhalten.

Axel hat einen durchschnittlichen Hauptschulabschluß geschafft und hat eine Maurerlehre angetreten. Nach vier Jahren SE hat Axel ein Stück persönliche Integration errungen und hat ein Stück weit gelernt, an unserer Realität teilzunehmen.

Eine ganz anders gelagerte Problematik und Entwicklung hatte Thorsten. Er hat sich in der Regelschule aufgelehnt, Mitschüler in heftigster Weise körperlich angegriffen, wurde ausgegrenzt und kam in die SE.

Thorsten war auch im Einzelunterricht schwer zu betreuen, weil jeder Anflug von Verhaltensanforderung und Kontrolle bei ihm heftigsten Protest hervorrief. Diese Auseinandersetzungen hatten jedoch konstruktive Züge, da Thorsten ein Interesse daran hatte, sich zu ändern und Schule zu schaffen. Immer wieder konnte Thorsten deutlich gemacht werden, an welchen Punkten er mit der normgebenden Umwelt aneinandergeriet und daß seine vielen Konflikte ihre Ursache in ihm selbst hatten. Er merkte, daß die Forderungen, gegen die er sich wehrte, angemessen waren, er jedoch auf erlernte Gefühle reagierte, die für die Situation im gestörten Familiensystem passend waren, für das ganz andere Gefüge in Schule, SE usw. überflüssig geworden waren. Im Schutz des SE-Unterrichts konnte Thorsten einüben, seine komplizierten Gefühle zu kontrollieren und neue Gefühle auszuprobieren, ohne Angst vor Negativreaktionen haben zu müssen. So übte und lernte Thorsten, sich zu begreifen und damit auch zu akzeptieren – und zu ändern. Das war ein langwieriger Prozeß mit vielen Brüchen und Rückschlägen, aber zunehmend konnte Thorsten eine stabilere Persönlichkeitsstruktur entwickeln. Nach eineinhalb Jahren schulersetzender SE-Betreuung konnte Thorsten wieder in die Regelschule reintegriert werden.

Das Ziel der Schulischen Erziehungshilfe ist an der Arbeit mit Axel und Thorsten gut ablesbar – Re-Integration der Persönlichkeit und, darauf aufbauend, Re-Integration in eine bestimmte Klassenstufe der Regelschule oder in die Berufsausbildung.

Methodische und didaktische Prinzipien

Notwendig für die Aufnahme der pädagogischen Arbeit ist das klare Verständnis der psychischen Situation und der emotionalen Bedürfnisse des Kindes/Jugendlichen. Die Akzeptanz der Tatsache, daß der junge Mensch einen Grund für sein Verhalten hat – mag es uns auch noch so merkwürdig vorkommen, daß es etwas gibt, das ihm so wichtig ist, dafür auf positive Bestätigung zu verzichten und sich vielfältigem Ärger auszusetzen – führt zur leistungsunabhängigen Hinwendung zum Kind/Jugendlichen. Aus dieser Haltung leiten sich die sonderpädagogischen Handlungen ab.

Dazu gehört die Gestaltung eines schützenden und stützenden Rahmens mit den Prinzipien Eindeutigkeit, Überschaubarkeit und Regelmäßigkeit:
- mit der geduldigen Anbahnung tragfähiger Beziehungen – SE-Arbeit baut auf der Wirkung von menschlichen Beziehungen auf. Wichtig ist dabei Aufrichtigkeit. Kinder sprechen auf jeden an, der den Mut hat, so zu sein, wie er ist, mit all seinen menschlichen Schwächen und Fehlern – vorausgesetzt, er ist bereit, sie zuzugeben. Der Versuch, besser zu wissen und besser zu sein ist der schlimmste Versuch gegen eine gute Beziehung zu einem Kind.
- mit der weitgehenden Herausnahme des Faktors Zeit – es kann lange dauern, bis ein Jugendlicher an die Sicherheit der Situation glaubt, die seinen Ängsten und Erfahrungen zuwiderläuft.
- mit der planmäßigen Anwendung von Ermutigung – Ermutigung zeigt sich nicht so sehr am tatsächlichen Verhalten wie an der zugrundeliegenden

Einstellung. Sie ist darauf gerichtet, den Glauben des Kindes an sich selbst zu stärken. Ermutigung setzt daher eine positive Bewertung des Kindes voraus.

- mit geplanter Gesprächsarbeit zu den Konflikten, die dem jungen Menschen hinderlich sind, seinen Wünschen entsprechend zu leben — derartige Verhaltensgespräche sind am effektivsten, wenn das Kind/der Jugendliche einen Leidensdruck spürt und Änderung will.
- mit einer Zuordnung eines Kindes/Jugendlichen zu einer Gruppe — neben die Einzelbeschulung sollen sobald wie möglich Aktivitäten in der Gruppe treten. Dies bedeutet nicht nur eine wirksame Art des Lehrens und Verbesserns, vielmehr ist die Gruppe die Realität, in der das Kind sich bewegt.
- mit individualisierten Lernangeboten, die der Stabilisierung des jungen Menschen dienen, seinem Selbstwertgefühl, seiner Lebensfreude. Dazu können so ganz verschiedene Momente gehören wie die Teilnahme an einem Geschichtsprojekt, Technikunterricht, ein Sportfest, eine Mathematikeinheit, Kochen, eine Deutschlektüre, das Abschreiben und Lernen von Gedichten, der Besuch eines Museums, basteln, zeichnen, reden u.a.m.

Der SE-Lehrer muß also mit viel Einfühlungsvermögen erkennen, was gerade "dran" ist — richtlinienorientierte Arbeit, therapeutische und helfende Gespräche oder eine spezielle Aktivität, die Zugang zum Jugendlichen ermöglicht, die ihn entlastet, aufbaut, bestätigt.

Für Patrick war Kochen die Möglichkeit, wieder produktiv zu sein, Roy mußte Tee trinken und klönen, bis er Vertrauen genug fand, in Arbeit einzusteigen. Wenn es Stefan schlecht ging, mußte er viele Diktate schreiben, die er gut bewältigen konnte, bis es dann wieder für andere Fächer reichte. Klaus brauchte ein ständiges Flüssigkeitsangebot, um sich sicher und angenommen zu fühlen und dann auch zu arbeiten. Stephan mußte zum Einkaufen geschickt werden; erst die Distanz zum Lehrer verbunden mit dem Vertrauen der Geldmitgabe ermöglichte ihm die Rückkehr zur Arbeit.

In ganz unterschiedlichem Ausmaß also sind SE-Kinder und -Jugendliche in der Lage, Schüler zu sein. Immer dann, wenn sie lernen können, lernen sie in Einzel- und Kleingruppenunterricht konzentrierter und schneller als es ihnen in der Regelschulklasse möglich wäre. In der Hilfestellungs- und Erklärungsdichte der SE können die erforderlichen Sachverhalte viel eher verdeutlicht werden. Aufgabe der SE-Lehrer ist es, den Zeitpunkt zu erkennen und zu bestimmen, zu dem gelernt wird. Der SE-Lehrer muß abschätzen können, ob, wann, wie und wie lange ein Kind/Jugendlicher lernen kann.

Das Wissen um die Bedeutung des Schulabschlusses als "Eintrittskarte" in die Berufswelt darf nicht dazu führen, ihn ohne entsprechende Leistung des Schülers zu erteilen. Da war z.B. Farzad, ein freundlicher, gebildeter und intelligenter Iraner, der große Pläne hatte. Leider gelang es nicht, den die deutsche Freiheit genießenden Farzad zu regelmäßigem Schulbesuch zu bewegen; er hatte Fehlzeiten um 50 Prozent. Damit konnte er den Abschluß nicht erreichen — nicht nur, weil jemand, der so oft fehlt, auch vieles nicht lernt, sondern weil Unterricht und Lernen ein Prozeß sind und nur in der Kontinuität Wirkung haben. Nachdem Farzad den Abschluß nach der H9 nicht geschafft hatte, konnte er an einem SE-eigenen halbjährigen Kurs teilnehmen, der über eine Fremdenprüfung zum Hauptschulabschluß führen kann. In jedem Halbjahr gelingt dies ca. 15 Jugendlichen, die nach komplizierter Schullaufbahn einen zweiten oder dritten Anlauf benötigen.

Manche Schüler kommen zunächst zu gar keinem Schul-Ort, nicht zur Regelschule und nicht zur SE-Dienststelle. Im Gegensatz zur Regelschule, bei der hartnäckiges Schulschwänzen außer Anrufen und Schreiben nur die Meldung bei der Schülerhilfe bleibt, kann die SE aufsuchend betreuen. Das Kind/der Jugendliche wird im Wohnraum betreut/beschult, wenn es mit dem Schulweg nicht klappt, wird von dort abgeholt, wird auf dem Spielplatz oder in der Spielzeugabteilung des Kaufhauses aufgesucht. Immer wieder kann so das Interesse des Lehrers am Kind/Jugendlichen gezeigt werden, kann ihm verdeutlicht werden, daß es selbst als ganze Person im Vordergrund steht und nicht nur der Teilbereich "Schüler".

Schulische Erziehungshilfe auf Reisen

Gerade am Anfang der Betreuungszeit, aber auch in vielen anderen SE-Phasen, ist als besondere Form "SE auf Reisen" einzusetzen – ein SE-Lehrer fährt mit einem oder mehreren Kindern/Jugendlichen in ungewohnte Umgebung, z.B. ins Ausland. In der Distanz zu ihrem bisherigen Leben, ohne die gewohnten Konsum- und Ablenkungsmöglichkeiten und losgelöst von den oft dominanten Einflüssen der Jugendlichengruppe haben auch und gerade junge Menschen mit extremen Problemstellungen die Möglichkeit, sich anders als bisher zu erfahren. Hier haben sie eine tatsächliche Chance zur Neuorientierung, Reflexion und Veränderung ihrer sozialen Wahrnehmungs- und Handlungsmuster.

Dabei wird vom Erwachsenen ein überdurchschnittliches Maß an Kreativität, Sensibilität und Initiative gefordert. Die Jugendlichen müssen wissen, warum ihnen das Angebot einer so ungewöhnlichen Maßnahme gemacht wird, wie diese Maßnahme aussehen kann und wie es danach für sie weitergeht. Mit präziser Zielvorgabe, in der Stabilität grundlegender sozialer Bezüge, mit einer kooperativen Gestaltung eines Arbeits- und Freizeitalltags bieten sich neue Lern- und Erfahrungsräume.

Hilfreich ist auch eine äußerlich vom bisherigen pädagogischen Leben herausgehobene Situation: Fremdes Land, fremde Sprache, einfache Unterbringung, die Notwendigkeit von Tätigkeit für die Bewältigung des Alltags, das Fehlen von Video, Computer, Spielhalle, Kaufhaus usw.

Der Lehrer ist über längere Zeit präsent und von Jugendlichen auf seine Verläßlichkeit hin einschätzbar. Bei personeller Kontinuität können die noch ungesicherten, positiven Erfahrungen der Reise auf den SE-Alltag übertragen werden. Mit den Schülern kann so im Spannungsfeld von Fremdheit – Freizeit – Arbeit – Beziehung ein neuer Anfang vorbereitet werden, kann die Situation der generellen Perspektivlosigkeit eines Jugendlichen beendet werden, wird durch neue Motivierung eine Zukunftsorientierung angebahnt.

Schulergänzende Schulische Erziehungshilfe

Neben der schulersetzenden SE mit ihren vielen pädagogischen Akzenten gibt es die schulergänzende SE.

Bei dieser Form der SE handelt es sich um eine Hilfe für diejenigen Schüler, die zwar schon wieder im Klassenverband der Regelschule sein können, aber noch nicht für alle Schulstunden, nicht jeden Tag, nicht in allen Fächern. Häufig ist es so, daß ein Schüler nach der schulersetzenden SE zunächst nur Unterricht bei dem Klassenlehrer der Regelschule erhalten soll. Eine gleichzeitige Umstellung von der beschützenden SE-Situation auf viele Mitschüler und mehrere Lehrer wäre eine Überforderung. Immer wieder hat sich gezeigt, daß ein zu abrupter Wechsel in den Schulalltag einen großen Teil der geleisteten Arbeit wieder zunichte machen kann. Eine behutsame Wiedereingliederung bietet sich an.

Oft ist es für den zu integrierenden Schüler keine spürbare Entlastung, wenn der SE-Lehrer mit in den Regelunterricht geht. Die Anforderungen an Leistung und besonders an das Verhalten bleiben ja bestehen. Günstiger ist es oft, den Schüler räumlich getrennt von der Klasse zu betreuen. Je nach Stand des Schülers kann dann im Einzelunterricht der anstehende Stoff vermittelt oder die Eingliederungssituation thematisiert werden. Die vielen kleinen Momente des Alltags müssen erzählt und gehört werden: Was war schwierig, wie wurde reagiert usw., damit noch in der Schule gehandelt werden kann, ehe sich mögliche Fehleinschätzungen oder -verhaltensweisen verfestigen. Wenn diese Reflexion nicht mehr benötigt wird, braucht der Schüler dennoch Stunden der Entlastung, in denen er allein den Stoff parallel zur Klasse bearbeiten kann. Für alle Schulstunden reicht bei Schülern mit gestörten Strukturen die Kraft selten. Einige Schüler haben spezielle Probleme mit einzelnen Fächern oder einzelnen Lehrern und müssen, um die Integration nicht zu gefährden, hier SE-ergänzend betreut werden. Die schulergänzende SE wird also in verschiedenster Form, immer aber an der Regelschule durchgeführt.

Erfolg der Arbeit der Schulischen Erziehungshilfe

Es gibt wenige Daten für die objektive Messung des Erfolgs der SE-Arbeit. Die Verweildauer kann nicht als Qualitätsmesser gelten — die SE ist nicht um so "besser", je schneller ein Schüler die SE verläßt.

Ein von allen Seiten anerkannter Erfolg ist die Integration eines Schülers in die Regelschule; damit ist sowohl die ergänzende SE-betreute Integration als auch die völlige Wiedereingliederung in die Regelschule gemeint: Einem Kind/Jugendlichen wird wieder zugetraut und zugemutet, daß die Erscheinungsebene unauffällig bleibt — daß also die zugrundeliegenden destruktiven Ziele in konstruktive umgewandelt sind. Ein Erfolg ist es auch, wenn ein Schüler, der nicht in die Regelschule integriert werden kann, — weil er erst sehr spät in die SE kommt oder seine Schwierigkeiten so beträchtlich sind, daß er den beschützenden Rahmen weiterhin benötigt – in der SE den Förderschul- oder Hauptschulabschluß erhält.

Es gibt aber auch eine Anzahl von Schülern, die nicht re-integriert werden können und zumindest zum SE-Zeitpunkt keine Möglichkeit haben, einen Schulabschluß zu erhalten. Bei diesen Schülern ist der Erfolg insbesondere für Außenstehende schwieriger zu erkennen, aber auch der SE-Lehrer selbst kann diese scheinbar kleinen Schritte nur als Erfolg verbuchen, wenn er sich auf den Schüler und seine Problematik einläßt: Dann ist eine Akzeptanz des Schulraumes, die Annahme von Arbeitsaufträgen, der morgendliche Gruß, das Zuhören, das Mitbringen des Sportzeugs und vieles mehr ausgesprochen positiv einzuschätzen, auch wenn es weit von der Erfüllung altersgemäßer, gesellschaftlicher Normen entfernt ist.

Auch der SE-Arbeit aber sind Grenzen gesetzt – da war z.B. Nicole, die auch zur SE so selten kam, daß sich ein möglicherweise tragfähiger Bezug nicht entwickeln konnte; da war z.B. Stephan, der trotz vieler Einzelstunden nicht befähigt werden konnte, sein ihn subjektiv schützendes Selbstkonzept von Abwehr und Selbstüberschätzung abzulegen.

Die große Mehrzahl der jungen Menschen aber, die der SE gemeldet werden, stellt sich ihr auch – viele, weil sich dann doch in das eingefügt wird, was als Rahmen vorgegeben ist, manchmal widerwillig, oft lustlos, aber doch mehr oder weniger kontinuierlich, so daß Erziehung in der Zeit auch stattfinden kann. Bei vielen der älteren Jugendlichen wird die SE als Hilfe gesehen, sich ein Stück selbst zu stabilisieren, Versäumtes nachzuholen, im Gespräch Emotionen zu ordnen und schulische und berufliche Perspektiven zu entwickeln.

Auf die Zeitdauer der neun Jahre Schulischer Erziehungshilfe läßt sich feststellen, daß ca. 75 Prozent der jungen Menschen mit oder nach SE-Unterstützung einen Förderschul- oder Hauptschulabschluß schaffen und ca. 65 Prozent nach der Schulentlassung in Berufsausbildung waren oder sind oder arbeiten. Ein Prozentsatz von 25 bis 35 Prozent der SE-Schüler scheitert zumindest mittelfristig – trotz des Einsatzes u.a. der Schulischen Erziehungshilfe – an schulischer und beruflicher Arbeit. Vereinzelt gelingt es diesen jungen Menschen in späteren Jahren, die Verhaltensänderung zu vollziehen, die zu einem befriedigenden Leben notwendig ist und die der Mehrzahl der Schüler bereits während der SE-Zeit möglich ist.

Veränderte Praxis: Umgang mit spezifischen Problemlagen von Kindern, Jugendlichen und Familien

FRIEDERIKE DEGENHARDT

Drogenkonsum in der Jugendhilfe –

Akzeptanz versus Ausgrenzung

Ein Betreuungskonzept für jugendliche

KonsumentInnen illegaler Drogen

"Panik, jetzt hat sie's zugegeben! Sie hat Heroin geraucht, wollte es mal probieren. Gottseidank bringt es ihr nichts, ist ihr total schlecht davon geworden! Bin ich froh! Trotzdem – ich bin sauer, sie hatte mir doch versprochen, die Finger vom Heroin zu lassen. Naja, wenigstens sieht sie jetzt ein, daß es nichts bringt. Trotzdem überrede ich sie mal, mit zur Drogenberatungsstelle zu gehen" (Mitarbeiterin aus der Flexiblen Betreuung).

In der Drucksache der Bürgerschaft der Freien und Hansestadt Hamburg ist zur Entwicklung des Drogenproblems im Schul- und Jugendbereich zu lesen, daß sich die Situation alarmierend verschärft hat (Drucksache 13/7700). Seit 1985 steigt die Zahl der polizeilich erfaßten und der polizeilich erstmals auffälligen KonsumentInnen der sogenannten harten Drogen kontinuierlich an. Praxisberichte aus nahezu allen Diensten und Einrichtungen der Jugendhilfe und der Hamburger Schulen stellen die deutlich gestiegene Zahl jugendlicher DrogenkonsumentInnen dar.

Als MitarbeiterInnen der Jugendhilfeabteilung des Rauhen Hauses sind wir in den letzten Jahren immer häufiger damit konfrontiert worden, daß die von uns betreuten Jugendlichen illegale Drogen, insbesondere Heroin konsumieren. Wir waren gefordert, Drogenarbeit zu leisten, was wir nicht als unsere eigentliche Aufgabe ansahen.

Im weiteren soll der Prozeß geschildert werden, den wir – von anfänglichen massiven Verunsicherungen bis hin zu einer begründeten fachlichen Haltung in der Arbeit mit DrogenkonsumentInnen – durchgemacht haben.

Unsere Reaktionen reichten zunächst von Abwehr, nicht Wahrhaben wollen über Panik, Verzweiflung und Nicht-Aushalten-Können bis hin zu fieberhaften Aktivitäten bei der Beschaffung von Entgiftungs- und Therapieplätzen.

Nach zermürbenden Kämpfen mit Kostenträgern und Krankenkassen – von der Anstrengung, den Jugendlichen für die Therapie zu motivieren, ganz zu schweigen – atmeten wir erleichtert auf: endlich hatten wir unseren Ju-

ERRATA

Wichtige Berichtigung

Bei der Erstellung dieses Buches hat sich bedauerlicherweise ein Fehler eingestellt.

Der Beitrag

> **»Drogenkonsum in der Jugendhilfe –**
> **Akzeptanz versus Ausgrenzung**
> **Ein Betreuungskonzept für jugendliche**
> **KonsumentInnen illegaler Drogen** (S. 204 ff.)

wurde nicht von Friederike Degenhardt allein, sondern **gemeinsam mit INGRID MAUL-WURF** verfaßt.

Wir bitten dies zu beachten.

Ingrid Maulwurf ist Mitarbeiterin beim Rauhen Haus in Hamburg.

gendlichen sicher in einer der wenigen stationären Langzeittherapieeinrichtungen für drogenabhängige Jugendliche untergebracht! Nach 3 Tagen stand eben dieser Jugendliche wieder vor unserer Tür. Er hatte die Therapie abgebrochen, war vollgepumpt mit Drogen und wir hatten — wie gehabt — einen drogenabhängigen Jugendlichen zu betreuen.

Dies war in mehrfacher Hinsicht schwierig für uns: die Betreuung war für "erfolgreich" beendet und für abgeschlossen erklärt gewesen. Nun hatten wir uns mit dem "Mißerfolg" der Rückfälligkeit auseinanderzusetzen. Wir mußten uns wieder neu auf den Jugendlichen einstellen, von dem wir uns schon verabschiedet hatten. Der Heimplatz war neu belegt. Und nicht zuletzt waren wir von unserem Jugendlichen auch bitter enttäuscht.

Wir hatten also zur Kenntnis genommen, daß der von uns eingeschlagene Weg weder für uns zum gewünschten Erfolg führte noch dem Jugendlichen ein drogenfreies Leben bescherte. Die Delegierung des Problems an eine Spezialeinrichtung brachte uns nicht die erhoffte Entlastung.

Da sich die Jugendlichen nicht verändern ließen und nicht bereit waren, nach unseren Vorstellungen drogenfrei zu leben, waren wir gefordert, uns eine neue Haltung zu diesem Problem zu erarbeiten und uns zum Thema Drogen zu qualifizieren.

"Und wir waren damals schon immer im Gespräch darüber, wie sie da rauskommen kann, welche Möglichkeiten es gibt. Es war damals noch so, daß wir mehr in Richtung Leidensdruckerhöhung gearbeitet haben, Ziel war Entzug und Therapie. Dagegen hat sie sich aber gewehrt, das wollte sie nicht, das konnte sie sich nicht vorstellen. Entzug ja, aber Therapie konnte sie sich nicht vorstellen" (Mitarbeiterin aus der Flexiblen Betreuung).

Auf Erfahrungen oder konzeptionelle Ansätze konnten wir kaum zurückgreifen. Wir wollten jedoch unsere Jugendlichen trotz oder gerade wegen ihrer Drogenabhängigkeit weiterbetreuen.

Zunächst ging es darum, die tatsächliche Situation zu erfassen und zu begreifen. Deshalb wollten wir sowohl die betroffenen Jugendlichen als auch ihre BetreuerInnen zu Wort kommen lassen und haben Interviews mit ihnen durchgeführt. Auszüge dieser Interviews sind in diesem Beitrag wiedergegeben.

"Ja dann kam also auch das erste Mal Heroin in's Spiel, das war vor ca. 1½ Jahren. Es wurde also immer häufiger Heroin erwähnt. Es kamen Leute in die Jugendwohnung, die Heroin konsumierten. A. und B. wehrten das also total ab ... 'wir nicht' und 'niemals' und 'kommt überhaupt nicht in Frage, damit haben wir nichts am Hut' ... Dann ging es so weiter, daß wir dann schon mal so'n Blech fanden, womit wir natürlich damals überhaupt nichts anzufangen wußten. Also, wir waren sehr unbedarft und auch entsprechend panisch. Wir haben uns dann ziemlich dahintergeklemmt, um Informationen zu sammeln über Drogenmißbrauch, insbesondere Heroinmißbrauch. Wir waren auch im Elternkreis, wo das Heroin als die Teufelsdroge angeprangert wurde, ... also das hat uns alles unheimlich viel Angst gemacht. Die Mädchen haben versucht, das vor uns zu verheimlichen ..." (Mitarbeiterin aus einer Jugendhilfeeinrichtung).

Welche Gründe gibt es für Jugendliche, Drogen zu konsumieren?

Das war die wichtigste Frage, die uns interessierte. Es erschien uns notwendig, nicht den Drogenkonsum in den Vordergrund zu stellen, sondern den Jugendlichen zu sehen, der sich in einer bestimmten Lebensphase befindet und auf dieser Grundlage den Konsum von Drogen einzuordnen und zu deuten.

"Ich kiff' seit einem Jahr fast täglich Haschisch, ist ganz locker, kommt gut. Ich mach das, weil ich das gut finde, man kommt irgendwie anders drauf, man fühlt sich anders. Ich hab' das Gefühl, mir geht ganz viel auf, mir geht immer ein ganzer Kronleuchter auf" (Jugendliche aus einer Jugendwohngruppe).

Die Gründe, Heroin zu probieren, sind genauso wenig spektakulär wie bei anderen Genußmitteln. Hierzu zählen z.B. die Verfügbarkeit der Droge, Neugier, Hedonismus, Lernen am Modell, Risikolust oder Lust auf Rausch. Die Risikobereitschaft sowie das Bedürfnis nach Grenzerweiterung und neuen Erfahrungen sind in der Jugendphase besonders ausgeprägt.

Da es um Jugendliche geht, ist es relevant, sich mit den Besonderheiten dieses Lebensabschnittes zu beschäftigen. In der Phase des Jugendalters stehen grundlegende Veränderungen an. Die körperliche Erscheinung verändert sich entscheidend, die geschlechtliche Identität und die damit verbundene Geschlechtsrolle müssen erworben werden. Kurz — der aktive Umgang mit den Ritualen des Erwachsenenlebens beginnt. Der junge Mensch muß die Loslösung von der Herkunftsfamilie bewältigen und die Fähigkeit entwickeln, in einer Gruppe von Gleichaltrigen eine anerkannte Position zu erwerben. Es besteht "das dringende Verlangen nach Fortbewegung" (Erikson 1981).

Auch der Umgang mit existentiellen Gefühlen wie Angst, Wut, leidenschaftliche Liebe, Haß und Extase muß in einer Gesellschaft gelernt werden, die hierfür gerade Jugendlichen wenig Räume bietet. Die Lösung all dieser Entwicklungsaufgaben in dem mühevollen Prozeß der Identitätsfindung verläuft in der Regel krisenhaft.

"Es gab 'ne Zeit, da habe ich nur gekifft und mir war alles, Schule und so ziemlich egal. Das Aufstehen war schwierig und ich hab' viel geschwänzt. Da hing ich richtig in der Scheiße. Ich war ziemlich am Abstürzen, ich wußte nicht, ob meine Existenz so bleibt, wie sie ist. Ich habe fünf Monate geschwänzt und mir war alles scheißegal und ich wollte Schule schmeißen. Ich hing echt tierisch in den Seilen" (Jugendliche aus einer Wohngruppe).

Der Erwerb einer Identität und die damit verbundenen Entwicklungsaufgaben stellen in einer sich wandelnden Gesellschaft an junge Menschen besonders hohe Anforderungen. Dieser Wandel läßt sich unter den Stichworten "Individualisierung von Lebensläufen" und "Pluralisierung von Lebenswelten" zusammenfassen und beschreiben. In ihren Entscheidungen über Lebensläufe und Lebensweisen können sich Jugendliche weniger denn je an Traditionen oder altbekannten Mustern orientieren, anlehnen oder reiben. Eine sogenannte "Normalbiographie" gibt es nicht mehr.

Diese neuen Freiheiten bieten zwar ungleich mehr Möglichkeiten, implizieren jedoch auch das verstärkte Risiko des Scheiterns und der damit verbundenen Ohnmachtsgefühle. Das Ausmaß der sozialen Benachteiligung des Jugendlichen in der Gesellschaft korreliert mit diesem Risiko. Je höher sein Konfliktpotential und je stabiler seine sozialen Bezüge sind, auf die er in Krisen zurückgreifen kann, desto geringer ist das Risiko, daß der junge Mensch versucht, Entwicklungsaufgaben, Herausforderungen und Identitätskrisen dauerhaft mit Hilfe von Drogen zu bewältigen. Das Risiko erhöht sich, wenn er auf die oben genannten Ressourcen nicht zurückgreifen kann.

Der Einstieg des Jugendlichen in die Drogenszene und der Konsum von Rauschmitteln kann sowohl als reiner "Lustgewinn" als auch als Versuch der Selbstbehandlung oder als "nonkonforme" Problemlösungsstrategie betrachtet werden. Auch familiäre oder soziale Konflikte können in direkten Zusammenhang mit dem Drogenkonsum gebracht werden.

"Er hat immer dann mehr Heroin genommen, zumindest hatte ich den Eindruck, wenn es Streß mit C., seinem Stammfreier gab und den gab es sehr massiv. Oder in dem Moment, als ich ihm erzählte, daß sein Vater vorhat, das Sorgerecht abzugeben. Das hat ihn sehr verletzt. Also bei Belastungen hat er sich zumachen wollen. Als er das erfuhr, hat er schon angekündigt, daß er nun nicht mehr anders kann, als sich mit Drogen zuzudröhnen und daß er nicht mehr weiß, ob er den Drogenkonsum unter Kontrolle halten kann. Er hat ab dann auch keinen Tag ohne Drogen verbracht. Von da an war es zunehmend zu beobachten, daß er immer mehr absackte, daß es ihm schlechter ging, daß er Gewicht verlor usw." (Betreuerin aus der Flexiblen Betreuung).

Nachdem wir die Gründe, warum unsere Jugendlichen Drogen konsumieren, besser verstehen konnten, beschäftigten wir uns damit, was sie denn eigentlich nehmen.

Um Sicherheit und Professionalität in der Betreuung jugendlicher Drogenkonsumenten zu erlangen, erwies es sich als notwendig, uns theoretisch und fachlich mit Rauschmitteln, deren Wirkungsweisen, Risiken, Konsumformen und Folgen auseinanderzusetzen.

Wie wirkt Heroin und wie gefährlich ist es?

Bilder von toten Fixern auf Bahnhofsklos schwirrten in unseren Köpfen. Bei jeder Verabredung, zu der unsere Jugendlichen nicht erschienen, waren wir in größter Sorge. Wir hatten Angst, daß sie das nächste Opfer sein könnten.

"Das hat mir unheimlich viel Angst gemacht, da gab es viele Unsicherheiten und viele Fehlinformationen. Es war wirklich so, dieses Heroin, das war wie ein Schreckgespenst. Das hatte sich so verselbständigt, als wenn es eine eigene Macht hat, als wenn mich das auch anspringen könnte, wenn ich in der

Wohnung von M. bin, ganz irrational also. Das ganze Irrationale dabei, das, was Angst macht, das war bedrohlich" (Betreuerin aus der Flexiblen Betreuung).

Diese Ängste belasteten uns sehr, sie behinderten uns in unserer Reflexionsfähigkeit und Professionalität. Wir wollten Aufklärung und Informationen dagegen setzen:

Die Beliebtheit des Heroins in der Drogenszene ist zurückzuführen auf seine schnelle Wirkung, das geringe Vorkommen unangenehmer Nebenwirkungen und seine stark euphorisierende Kraft. Aus pharmakologischer Sicht wirkt Heroin schmerzlindernd und schlaffördernd. Die hustenreizdämpfende und die günstige Wirkung bei Diarrhoe ist auch therapeutisch gesehen von Bedeutung. Die am meisten gefürchtete Nebenwirkung des Heroin stellt die Atemdepression dar, die bei Überdosierung zu Atemstillstand führen kann.

Weitestgehend unbekannt ist, daß Heroin in reiner Form, wenn keine Überdosierung vorliegt, nachgewiesenermaßen auch bei langjähriger Anwendung weder beim Menschen noch im Tierversuch direkte Organschäden hervorruft (vgl. Scheerer/Vogt 1989, S. 299 ff).

Im Gegensatz dazu stehen die legalen Drogen Alkohol und Nikotin, deren gesundheitliche Risiken nachgewiesen und bekannt sind. Heroin rangiert mit Sicherheit unter der Alkohol-Nikotin-Barbiturat-Risikogrenze (Quensel 1985, S. 49).

Wir stellten also fest, daß Heroin eine Droge ist, die – zum Teil auch in Fachkreisen – mit hartnäckigen Mythen behaftet ist.

Diese sind zurückzuführen auf Unwissen, Fehlinformationen, irreale Ängste und pressewirksame Sensationsberichte über HeroinkonsumentInnen oder Drogentote. Einer diese Mythen ist, daß Heroin eine sicher tödliche Droge ist. Ein weiterer Mythos ist: der erste Schuß macht süchtig! Richtig ist, daß mit Heroin, wie mit jeder anderen Droge auch, unterschiedlich umgegangen werden kann. Obwohl Heroin ein hohes Suchtpotential hat, gibt es KonsumentInnen, die Heroin kontrolliert konsumieren, einer Arbeit nachgehen und weder auffallen noch verelenden. Im allgemeinen kann man "den Opiatabhängigen, der unter guten sozialen Bedingungen lebt ... nicht von anderen Menschen unterscheiden" (Jaffe, zitiert nach Scheerer 1989, S. 292).

Die DrogenkonsumentInnen, die mit Heroin kontrolliert umgehen, kennen wir oft nicht, da sie nicht aus dem gesellschaftlichen Rahmen fallen. Wir wunderten uns demnach, warum die psychosoziale und gesundheitliche Verelendung trotzdem so hoch ist und warum die Zahl der Drogentoten ständig steigt.

In diesem Zusammenhang beschäftigten uns die Lebens- und Konsumbedingungen von HeroinkonsumentInnen.

Wie sehen die Bedingungen aus, unter denen Heroin konsumiert wird?

In der Regel sind die Lebensbedingungen für einen von illegalen Drogen abhängigen Menschen in dieser Gesellschaft geprägt von einem enormen Beschaffungsstreß. Soziale Ausgrenzung, polizeilicher Verfolgungsdruck und Repression setzen die Betroffenen unter hohen psycho-sozialen Druck. Es bleibt wenig Raum und Zeit, sich um Grundbedürfnisse wie Wohnung, Ernährung und Körperpflege zu kümmern. Dies hat eine Schwächung der Abwehrkräfte zur Folge. Mangelnde Hygiene und Unterernährung können diesen Kreislauf verstärken. Mit der Stigmatisierung und Kriminalisierung von Rauschmittelkonsumenten gehen oft Obdachlosigkeit, Arbeitslosigkeit und der Verlust sozialer Bindungen und Bezüge einher. Die Finanzierung der Sucht ist meist nur durch Prostitution oder Beschaffungskriminalität möglich. Unter diesen Bedingungen hat der Abhängige kaum eine Alternative zum Leben auf der Szene. (Der Begriff 'Szene' meint den zentralen Treffpunkt von Gebrauchern illegaler Drogen bzw. den Umschlagplatz, an dem die Abgabe an die Endverbraucher erfolgt. Gemeint ist auch die Gesamtheit der Personen, die bestimmte Substanzen konsumieren (vgl. Scheerer 1989, S. 285).)

Die Kontakte des Konsumenten beschränken sich auf Dealer und andere Drogenabhängige. Die Beschaffung wird zur Ganztagsbeschäftigung. Gerade bei jugendlichen Drogenkonsumenten haben wir beobachtet, daß sie häufig sehr isoliert sind.

"G. brauchte lange Zeit, bis er mit mir über Drogen reden konnte. Er hat erst abgecheckt, wie ich darauf reagiere, daß er Heroin nimmt. Er hatte wohl erwartet, daß ich einen Aufstand baue. Es war ihm peinlich, wenn ich ihn auf Heroin sah. Es war ein ständiges Versteckspiel. Er hatte Angst, abgelehnt zu werden, Angst, wieder zwangseingewiesen zu werden, Angst, daß ich ihn dann nicht weiterbetreue. Deshalb war es anfangs schwierig, an ihn heranzukommen, weil er mir ständig was vorspielte" (Betreuerin aus der Flexiblen Betreuung).

Ein weiteres Risiko, das aus der Illegalität der Droge resultiert, ist die Qualität des Straßenheroins. Um die Gewinnspanne beim Verkauf auf dem Schwarzmarkt zu erhöhen, wird der Stoff mit den unterschiedlichsten Substanzen (von Milchzucker bis Rattengift) gestreckt. Der daraus resultierende schwankende Heroingehalt führt zu Unsicherheiten in der Dosierung und birgt die Gefahr der versehentlichen Überdosierung mit tödlichem Ausgang.

Die Auswirkungen der Streckmittel können außerdem schwere Abzesse oder heftige allergische Allgemeinreaktionen hervorrufen. Häufig haben gerade junge Menschen unter den Bedingungen der Illegalität Angst, sich in ärztliche Behandlung zu begeben.

Ein weiteres Gesundheitsrisiko ergibt sich daraus, daß Heroin häufig unter katastrophalen Bedingungen injiziert wird. (Wenig Licht, keine Ruhe, kein sauberes Wasser zum Auflösen des Heroins, z.B. aus der Toilettenschüssel). Jugendliche haben häufig wenig Wissen über nicht gesundheitsgefährdende Injektionstechniken und werden von Erfahrenen selten angelernt oder aufgeklärt. Es bedeutet Streß, sich bei schon beginnender Entzugssymptomatik 'einen Druck zu setzen'. Die Qualität der Droge wird nicht geprüft oder das verunreinigte Heroin wird neben die Vene gespritzt. Das gemeinsame Benutzen von Spritzen führt zur explosionsartigen Ausbreitung von Hepatitis B und HIV-Infektionen.

Aufgrund von Geldmangel werden häufig auch andere psychisch wirksame Substanzen injiziert, z.B. Barbiturate, die über eine hohe Suchtpotenz verfügen und die Gefahr der Überdosierung erhöhen.

Zusammenfassend läßt sich sagen, daß die mit dem Drogenkonsum einhergehenden gesundheitlichen und sozialen Risiken nicht aus der Gefährlichkeit des Heroins selber resultieren, sondern aus der Drogenpolitik (Quensel 1985). Die Unterscheidung zwischen legalen und illegalen Drogen erscheint unter diesen Gesichtspunkten willkürlich und irrational.

"Ich wünsch' mir, daß die Leute das so locker sehen, wie sie ihren eigenen Umgang mit Rauschmitteln auch sehen; hier hat z.B. einer von den Erziehern Alkoholprobleme. Das ist ja wohl ziemlich schizophren. Der bedröhnt sich halt auf 'ne andere, 'ne legale Art. Vor allem, ich krieg' auch meine Sachen, Schule und so auf die Reihe, wenn ich kiffe" (Jugendliche aus einer Jugendwohnung).

Die Unterscheidung in legale und illegale Drogen verhindert, daß für alle Drogen gleichermaßen die Möglichkeit besteht, einen kontrollierten Umgang einzuüben.

Für den Konsum illegaler Drogen gibt es keine kulturelle Einbindung mit Ritualen und Normierungen wie z.B. beim Alkohol. Unter den Bedingungen des BTMG bleibt der Konsum illegaler Drogen mit einem hohen gesundheitlichen und sozialen Risiko behaftet. Dieses Risiko so gering wie möglich zu halten, ist Aufgabe der Drogenhilfe.

"Sie wissen (die verantwortlichen Politiker, d.V.), daß das BTMG Süchtige zu Kriminellen macht und daß dies der Kern einer verheerenden Drogenpolitik ist. Auch Selbsthilfe verspricht nicht, diesen Geburtsfehler zu beheben. Sie leistet allerdings in einer suchtakzeptierenden Lebensweise, daß die betroffenen Individuen am möglichen Ende ihrer Drogenkarriere lebend und mit den geringsten möglichen gesundheitlichen Schäden anzutreffen sind. Das ist mehr, als die staatliche Drogenpolitik von sich behaupten kann. Für den größten Teil der Fixer, die aktiv spritzen, perpetuiert der Rauschgiftbekämpfungsplan die Kriminalisierung und damit das ganze Elend inklusive Aids und fast 1000 Tote im letzten Jahr. Für den größten Teil von uns ist in diesem Plan kein Angebot, mit dem Sie uns erreichen oder unser Los erleichtern wollen. Statt dessen sprechen Sie wiederum Verbote aus und lassen uns keine freie Wahl unseres Lebensstils, ja, Sie lassen uns nicht einmal die freie Wahl der Mittel, falls wir dem illegalen Drogenkonsum ade sagen wollen. Auch wir diskutieren, allerdings eine Legalisierung der uns verbotenen Drogen und glauben wirklich, daß dies ein Weg aus der Kriminalität für uns und ein Weg der Bekämpfung der Mafia für Sie sein kann. Ein anderer Plan sollte an dieser Stelle aktiv werden" (J.E.S., Stellungnahme der Betroffenen zum Nationalen Rauschgiftbekämpfungsplan, 22.5.90).

Auf der Suche nach risikominimierenden, praktikablen Ansätzen in der Arbeit mit drogenkonsumierenden Jugendlichen, und aufgrund der Erfahrung, daß die von uns betreuten Jugendlichen auf therapeutische Angebote mit Abwehr reagierten, setzten wir uns kritisch mit dem Therapiekonzept auseinander.

Ist das Therapiekonzept eine angemessene Antwort auf das Problem des Drogenkonsums bei Jugendlichen?

Immer noch gilt der traditionelle Ansatz der Langzeittherapie als Königsweg bei der "Behandlung" Drogenabhängiger, wenngleich nur eine Minderheit der Abhängigen darauf zurückgreift und Rückfallquote und Abbruchrate extrem hoch sind.

Trotz zweifelhafter Erfolge wird dennoch am Therapiekonzept festgehalten, ermöglicht es doch der Gesellschaft eine klare Zuordnung des Phänomens Sucht/Drogenmißbrauch in den medizinischen Bereich und damit in die Zuständigkeit von Experten und Spezialisten, die den "Kranken" von seinem Leiden heilen. Mit dieser Pathologisierung geht eine Sichtweise einher, die die Persönlichkeit des Drogenkonsumenten als defizitär und den Konsum als krankhaft bewertet. Diese Definition geht jedoch am Selbstbild des Jugendlichen vorbei, der sich höchstens als hilfebedürftig, nicht aber als krank empfindet. Dazu erleben Jugendliche den Konsum von Rauschmitteln als viel zu lustbetont.

Abgesehen davon ist die Zuschreibung "krank" einer Verhaltensänderung nicht zuträglich, da jene aus einer Position der Persönlichkeitsschwäche heraus viel weniger möglich ist als aus einer Position der Persönlichkeitsstärke. Gerade bei jugendlichen Drogenkonsumenten greift das Konzept "Therapie" nur in Ausnahmefällen, weil in der Phase der Jugend in besonderem Maße Identitätsarbeit zu leisten ist, die auf die Zukunft gerichtet ist.

Der Jugendliche fragt sich in dieser Zeit:

Was für einer möchte ich werden?

Und nicht:

Warum bin ich so geworden, wie ich bin?

Letzteres aber ist die zentrale Frage psychotherapeutischer Methoden und Techniken. Außerdem befürchten gerade Jugendliche die Manipulation durch den Therapeuten und den Anpassungsdruck an die üblichen Erwachsenenrollen. Drogentherapie erleben sie in der Regel als bevormundend und restriktiv.

Nicht zuletzt bleibt noch die Hochschwelligkeit und Alltagsferne therapeutischer Langzeiteinrichtungen zu kritisieren. Die Abstinenz, die allenfalls Ziel einer Therapie sein kann, wird zu ihrer Voraussetzung. Bei Nichteinhaltung dieses Gebotes wird nicht die Behandlung modifiziert, sondern eine Weiterbehandlung verweigert.

Der Sprunghaftigkeit Jugendlicher, die durch die Suche nach Erfahrung, durch den Wunsch nach Intensität und durch die Lust auf Grenzerweiterung bzw. -überschreitung entsteht, wird damit in keiner Weise Rechnung getragen.

Welche Konsequenzen hatten diese Überlegungen schließlich für unsere praktische Arbeit?

Unser Erfahrungen mit drogenkonsumierenden Jugendlichen, unsere Auseinandersetzung mit der Lebensphase Jugend und mit den Gründen, Heroin unter den genannten Bedingungen zu konsumieren, waren der Ausgangspunkt, uns eine neue Haltung im Umgang mit diesen Jugendlichen zu erarbeiten.

Ausgehend davon, daß DrogengebraucherInnen auch und gerade unter den Bedingungen des fortgesetzten Konsums ein Recht auf menschenwürdige gesundheitliche und soziale Lebensbedingungen haben, entwickelten wir Handlungsleitlinien für die Arbeit mit drogenkonsumierenden Jugendlichen in der Jugendhilfe, die einem akzeptierenden Betreuungsansatz folgen.

Grundgedanken für ein Betreuungskonzept jugendlicher Drogenkonsumenten

Um Weiterverweisungs- und Ausgrenzungsprozesse gerade gegenüber diesen Jugendlichen zu vermeiden, waren wir als MitarbeiterInnen der Jugendhilfe gefordert, für diesen Personenkreis ein angemessenes Angebot zu installieren. Das hieß zunächst, daß Drogenkonsum bzw. -abhängigkeit kein Ausschlußkriterium mehr für die Betreuung sein durfte und somit der Anspruch auf Abstinenz aufgegeben werden mußte. Jugendliche sollen unserer Meinung nach die Hilfe erhalten, die sie brauchen, unabhängig davon, wie sie sich in bezug auf ihren Drogenkonsum verhalten, bzw. angeben verhalten zu wollen. Dies halten wir deshalb für besonders wichtig, weil gerade Minderjährige und junge Erwachsene in hohem Maße Schutz und Unterstützung brauchen, um heranzuwachsen. Die Betreuung hat sich also nicht danach zu richten, ob die Betroffenen das Ziel Drogentherapie oder Drogenabstinenz für sich formulieren oder ansteuern. Den Drogenkonsum und die damit verbundene Lebensführung sehen wir als eine eigene Entscheidung an. Daraus ergibt sich eine Haltung, den Rauschmittelkonsumenten während seiner aktiven Phase ohne jeden moralischen oder juristischen Druck in seinem "So-sein" anzunehmen. Das bedeutet nicht, den Drogenkonsum gutzuheißen.

Akzeptanz ermöglicht, mit dem Abhängigen eine solche Beziehung aufzubauen, die es ihm erlaubt, eine aktive, selbstbestimmte Rolle einzunehmen, aus der heraus er Hilfe und Unterstützung annehmen kann. Akzeptanz ermöglicht weiterhin, Begleitung des Abhängigen in seiner derzeitigen Lebenssituation. "In aller Regel vertreibt die moralische Attitude: Aus dem Elternhaus ebenso wie aus der Drogenberatung. Halten verlangt Akzeptanz" (Kindermann, S. 122).

Diese, den Jugendlichen in seiner Entscheidung für den Konsum von Drogen, akzeptierende Haltung ist vor dem Hintergrund der Grundprinzipien der Flexiblen Betreuung entstanden.

Der Grundgedanke der Flexiblen Betreuung, daß nicht der Jugendliche sich als Vorableistung an eine bestimmte Betreuungsform anzupassen hat, sondern

212

die Institution sich an den Wünschen, den Bedürfnissen und der Lebenssituation des Jugendlichen zu orientieren hat, impliziert geradezu das Konzept der akzeptierenden Begleitung drogenkonsumierender Jugendlicher.

Die ersten Erfahrungen in der Betreuung dieser Personengruppe wurden in der Flexiblen Betreuung des Rauhen Hauses gemacht. Aus dieser Praxis heraus entwickelten sich Arbeitsprinzipien, die in dem Ansatz der akzeptierenden Begleitung drogenkonsumierender Jugendlicher münden und auf deren Grundlage wir arbeiten (vgl. Winter/Klatetzki 1991).

Arbeitsprinzipien der akzeptierenden Begleitung jugendlicher Drogenkonsumenten

Zunächst unterstellt dieser Ansatz einem Drogenabhängigen keine zwangsläufige Behandlungsbedürftigkeit. Akzeptanz bedeutet für den Umgang mit Jugendlichen, ihn nicht in erster Linie als Drogenabhängigen zu betrachten, sondern als Menschen mit eigener Persönlichkeit, eigenem Willen, Stärken und Schwächen. In der Betreuung geht es darum, Hilfen anzubieten, die die vielfach beschriebenen negativen Begleiterscheinungen, die gesundheitlichen und sozialen Risiken des Drogenkonsums, vermindern helfen.

Diese Hilfen sollen zur Bewältigung eines äußerst risikobelasteten Lebens beitragen und Überleben sichern. Drogenfreie Intervalle gilt es zu verlängern und in Lebensbedingungen einzubetten, die den Jugendlichen den Sinn eines drogenfreien Lebens erkennen lassen. Schließlich geht es darum, alle Versuche des Jugendlichen zu unterstützen, den Drogenkonsum einzuschränken, zu kontrollieren oder auch zu beenden.

Die Wahrscheinlichkeit, aus dem Drogenkonsum und der Szene auszusteigen, steigt mit dem Maß der sozialen Integration. Folglich wird der Jugendliche darin unterstützt, drogenfreie Kontakte aufrechtzuerhalten oder wieder herzustellen. Die Beschäftigung mit Lebensinhalten, die außerhalb des Drogenkonsums und der Szene liegen, wird angeregt und gefördert. Dabei wird das Umfeld des Jugendlichen einbezogen. Die Betreuungsarbeit wird dort geleistet, wo sich der Jugendliche tatsächlich aufhält. Der Betreuungsansatz versteht sich als eine sozialpädagogische Begleitung des Jugendlichen in seinem Alltag. Wir greifen dabei auf die Angebote zurück, die der jeweilige Stadtteil ohnehin bereitstellt und arbeiten eng mit bereits bestehenden Einrichtungen der Drogen- und Jugendhilfe zusammen.

Um deutlicher zu machen, was wir konkret unter Überlebenshilfe verstehen, wollen wir einige Beispiele nennen:

Die Verminderung gesundheitlicher Risiken

Dazu gehört z.B. die Vergabe von Spritzen und Kondomen, die Aufklärung über die Wechselwirkung verschiedener Medikamente und Drogen, sowie 'Safer Use', d.h. wir geben Informationen über einen risikofreien Umgang mit Drogen. Eltern oder Freunde klären wir auf, was sie nach einer Überdosierung zu tun haben. Wir machen die Jugendlichen mit den auf diesen Personenkreis spezialisierten Ärzten und verschiedenen medizinischen Diensten bekannt. Soweit es möglich ist, achten wir auf eine regelmäßige Ernährung der Jugendlichen. Falls der Jugendliche das will, unterstützen wir ihn bei der Organisation eines Drogenentzugsplatzes im Krankenhaus oder planen einen außerklinischen Entzug. Dies geschieht auf der Grundlage eines individuell erarbeiteten Entzugssettings in Zusammenarbeit mit niedergelassenen Ärzten und unter Einbeziehung von Kontaktpersonen aus dem sozialen Netzwerk des Jugendlichen.

Die Verminderung sozialer Risiken

Dazu gehören z.B. gemeinsame Freizeitgestaltung, Hilfe bei der Regelung behördlicher Angelegenheiten oder Unterstützung bei der Beschaffung eines Schul- oder Arbeitsplatzes und bei der Beschaffung oder Sicherung von Wohnraum. Wir begleiten die Jugendlichen zu Gerichtsprozessen und sind parteilich bei Problemen mit der Polizei.

Hilfen zum Ausstieg aus dem Drogenkonsum und der Szene

Bei der Vermittlung von Kontakten zu Therapieeinrichtungen sowie bei der Kostenverhandlung mit dem Versicherungsträger bieten wir Unterstützung und Hilfestellung. In dem Wissen, daß wir häufig die einzigen drogenfreien Kontaktpersonen sind und damit eine wichtige Funktion für die Stärkung der ausstiegswilligen Seite der Jugendlichen haben, verbringen und gestalten wir gemeinsame Zeit mit ihnen.

"Sie hat dann auch gespritzt, aber hat auch immer wieder zwischendurch Pausen gemacht. Es war immer wieder so, daß es ihr zuviel war. Meistens kam sie dann zu mir und hat bei mir übernachtet. Sie hat das auch immer so arrangiert, daß sie nicht total breit war, wenn sie hier ankam, sondern daß sie dann nichts genommen hatte. Dann haben wir zusammen Tabletten besorgt. Wir sind dann zum Arzt gegangen. Der hat ihr Tabletten gegeben, weil sie immer nicht schlafen konnte, was ganz schrecklich für sie war. Auch während der Zeit, in der sie viel Heroin gedrückt hat, hatte sie ganz massive Schlafstörungen und hat ganz furchtbar geträumt und da hat sie tierisch drunter gelitten, weil sie dann irgendwann fix und fertig war. Dann hat sie sich hier bei *mir wieder ausgeruht 'n paar Tage. Wir haben viel geredet und zusammen gekocht und gegessen, sind spazierengegangen und dann irgendwann mußte sie aber immer wieder los" (Mitarbeiterin aus der Flexiblen Betreuung).*

Mit dem neuen Kinder- und Jugendhilfegesetz wurde in Hamburg die Möglichkeit, mit drogenkonsumierenden Kindern und Jugendlichen zu arbeiten, durch die Einführung ambulanter Erziehungshilfen erweitert.

Die Ambulante Jugendbetreuung des Rauhen Hauses konnte im April 1991 mit ihrer Arbeit beginnen. Dieses neue Projekt war Ergebnis unserer Erfahrung in der bisherigen Arbeit mit drogenkonsumierenden Jugendlichen aus der Flexiblen Betreuung.

Das Arbeitskonzept der Ambulanten Jugendbetreuung

Inhaltlich weist diese Hilfeform bei grundsätzlichem Bezug auf die Arbeitsprinzipien Flexibler Betreuung eine andere Schwerpunktsetzung auf. Die ambulant betreuten Jugendlichen leben meistens bei den Eltern oder bei Verwandten. Dies hat zur Folge, daß die Familie in der Betreuung eine große Rolle spielt und die MitarbeiterInnen sich intensiv mit der Familiendynamik auseinandersetzen müssen.

Die bisherigen Erfahrungen haben gezeigt, daß es sich bei den Jugendlichen in erster Linie um solche handelt, die sich in schwierigen Lebenssituationen befinden, die nicht ursächlich durch den Drogenkonsum entstanden sind. Folglich tritt der Drogenkonsum und die damit verbundenen Folgeerscheinungen in der konkreten Betreuungsarbeit in den Hintergrund. Es ist ausgesprochen wichtig, die familiären Beziehungsstrukturen zu verstehen, ohne sofort in das Familiensystem eingebunden oder verstrickt zu werden. Vor allem im Hinblick darauf, daß häufig familiäre Konflikte als auslösend für den Konsum von Drogen gedeutet werden können, müssen die MitarbeiterInnen Klarheit über die Funktion des Drogenkonsums im Familienzusammenhang gewinnen, um angemessen handeln zu können. Häufig übernimmt der Drogenabhängige beispielsweise die Funktion, die Familie vor dem Auseinanderbrechen zu bewahren.

Die verschiedenen Familienmitglieder, einschließlich der drogenkonsumierenden Jugendlichen, begegnen den Professionellen oft mit hoher Ambivalenz, d.h. Distanz und Abwehr, auch wenn sie die Hilfe vordergründig gesucht bzw. gewollt haben. Dies kann zur Folge haben, daß die Familie den Kontakt des Jugendlichen zum Betreuer zu verhindern versucht. Daraus kann geschlossen werden, daß es für die Familie Gründe gibt, den Status quo zu erhalten. Unser Eintreten in die Familie bedeutet immer, daß sich im Familiensystem etwas verändert und dies ist für die Familienmitglieder zumindest beunruhigend.

Die bisherigen Erfahrungen in diesem Arbeitskontext haben gezeigt, daß die Beziehungen der Familienmitglieder untereinander häufig sehr intensiv und eng sind. Der drogenabhängige Jugendliche hat in vielen Fällen eine symbiotische Beziehung zum gegengeschlechtlichen Elternteil entwickelt und wird von diesem als Partnerersatz behandelt. Dieser Elternteil ist häufig bereit, den Heranwachsenden länger als sinnvoll zu versorgen und zu unterstützen bzw. negative Konsequenzen des Drogenkonsums von ihm abzuwenden. Die Ablösung eines Drogenabhängigen von seiner Herkunftsfamilie wird in einer so gestalteten Konstellation erschwert. Der Jugendliche neigt dazu, starke Schuldgefühle zu entwickeln und in Loyalitätskonflikte zu geraten. Er entwickelt das Gefühl, daß dieser Elternteil ohne ihn nicht leben kann. Der Drogenmißbrauch kann in diesen Familien als eine Form mißglückter Ablösung vom Elternhaus oder als Reaktion auf den Wunsch eines Elternteils nach einem abhängigen Kind, gedeutet werden (vgl. Textor, in: Familiendynamik 1/89).

Es wird somit deutlich, daß sich als Arbeitsschwerpunkt in der ambulanten Arbeit mit jugendlichen Drogenkonsumenten und deren Familien herauskristallisiert hat, den Konsum von Drogen in seinem Gesamtzusammenhang, im familiären und sozialen Kontext zu verstehen und einzuordnen.

Auswertung und Schlußbetrachtung

Inzwischen können wir auf 1½ Jahre Erfahrung in der Ambulanten Jugendbetreuung, unserer neuen Haltung gegenüber dem Drogenproblem und dem Ansatz der akzeptierenden Begleitung zurückblicken.

Der Prozeß des Anknüpfens von Beziehung, des Kennenlernens der Familienstrukturen und des Entwickelns von Betreuungsinhalten gestaltete sich langwierig und kräfteraubend. Häufig benötigte der Jugendliche lange Zeit, bis er Vertrauen zu uns gefunden hat. Gerade wenn es sich um jemanden handelt, der Ausgrenzung und Kriminalisierung erfahren hat, war viel Geduld und Einfühlungsvermögen notwendig.

Wir haben uns in diesem Prozeß eingehend mit unseren persönlichen Grenzen, unseren Ängsten und Abwehrmechanismen auseinandersetzen müssen.

Diese Auseinandersetzung war immer wieder ein schwieriger Prozeß, in dem wir auf innere Widersprüche und offene Fragen gestoßen sind:

- Wieviel Verantwortung muß ich übernehmen?
- Wieviel Elend kann ich bei dem Jugendlichen ertragen?
- Heißt akzeptierende Betreuungsarbeit alles mitansehen zu müssen?
- Wann fängt Gleichgültigkeit an?

"Am schwierigsten ist es eigentlich gewesen, wirklich hinzugucken und es wirklich wahrhaben zu wollen, daß die Mädchen drogenabhängig sind, daß sie sich prostituieren, also alles, was dazu gehört. Davor nicht die Augen zuzumachen und zu sehen, daß sie Drogen nehmen, in die Wohnung zu kommen und da Spritzen zu sehen und Löffel, auf denen das Heroin aufgelöst wird, oder Gürtel, die da rumliegen. Es zu akzeptieren, daß sie mit Drogen leben" (Mitarbeiterin aus der Flexiblen Betreuung).

Die Lebensbedingungen und -zusammenhänge der Jugendlichen sind von den Vorstellungen der Professionellen und den damit verbundenen Normen und Werten weit entfernt. Diese Diskrepanz ist häufig nur schwer zu ertragen.

"Ich bin es auch nicht gewöhnt, überall Pumpen, Gürtel und Blutspritzer zu haben, angekohlte Löffel und seine dreckigen Klamotten. Er vergißt, sich sauber zu halten, seine Klamotten zu wechseln, Unterwäsche trägt er eine Woche lang. Ich hab' das ganz schlecht ausgehalten, mir ging's auch nicht gut dabei. Also es ist ein ziemlich ekliger Anblick in's Zimmer zu kommen und zu sehen, wie er stochert und versucht, die Venen zu finden oder wenn er dann einen dicken Hals kriegt und blau anläuft. Meine Geduld ist auch irgendwie am Ende und mit meiner Energie hab' ich wenig haushalten können. Ich habe auch keinen Nerv mehr zu hören 'ich will aufhören, ich will aufhören' irgendwie große Aktion zu machen, zum Arzt zu rennen und die Pillen zu besorgen und er hält es keinen halben Tag aus. Er erwischt irgendwann mal zuviel und dann ist er einfach tot. Das fängt schon damit an, daß er zuviel Ascorbinsäure nimmt. Ich versteh' das auch nicht. Dann fängt er an zu kotzen und rennt dauernd mit einem Eimer durch die Wohnung oder er pennt mit der Zigarette im Mund ein. Das kostet schon ganz schön Nerven" (Mitarbeiter aus der Flexiblen Betreuung).

Die Gefühle, mit denen sich die Betreuer auseinanderzusetzen haben, reichen von Ohnmacht und Hilflosigkeit über Abwehr bis hin zu Aggression. Entsprechend hoch sind die professionellen Anforderungen. Dazu gehören neben einem hohen Maß an Belastbarkeit, Motivation, Kraft und Durchhaltevermögen die Fähigkeit, Nähe und Distanz ausbalancieren zu können.

Ein hohes Maß an Verantwortlichkeit läßt die MitarbeiterInnen häufig mit Schuldgefühlen kämpfen.

"Natürlich war's dann auch so, daß ich mir dann auch Vorwürfe gemacht habe und irgendwie dachte: Hab ich da jetzt versagt, daß G. drogenabhängig geworden ist, weil ich sie ja kennengelernt und betreut habe, als sie noch nicht abhängig war. Und immer wieder die Frage: Was hab' ich falsch gemacht, daß sie jetzt Drogen nimmt, also was hätte ich ihr vielleicht bieten müssen oder geben müssen, damit sie keine Drogen nimmt. Das ist auch schwierig, das ist auch immer wieder so, daß ich darüber nachdenke, ob ich nicht irgendwas hätte verhindern können" (Mitarbeiterin aus der Flexiblen Betreuung).

Um den Jugendlichen Kontinuität in der Beziehung und Betreuung anbieten zu können, ohne die professionelle Distanz zu verlieren, müssen diese Gefühle und Unsicherheiten zugelassen und reflektiert werden. Die Einbindung in kleine Teams und Unterstützung in Form von Supervision ist dazu unerläßlich.

"Wichtig ist also nochmal, zu sehen, daß sich das verändert hat. Am Anfang diese Ängste und die Bedrohung, die vom Heroin ausgegangen sind und dann nachher die Entwicklung dahin, informierter zu sein, sich auszukennen, mit den Jugendlichen dann auch 'ne andere Ebene zu haben, wo man vernünftig drüber reden kann und dadurch, daß man selber nicht mehr soviel Angst hat und sich nicht mehr so bedroht fühlt. Dadurch sind dann plötzlich auch ganz andere Sachen in der Arbeit und mit den Jugendlichen möglich. Vorher hab' ich auch immer nur gedacht, oh nein, bloß weg damit und das haben die Jugendlichen

natürlich gemerkt. Für die hieß das ja dann auch immer: weg, weg mit mir"
(Mitarbeiterin der Flexiblen Betreuung).

Wir hoffen, daß die Bereitschaft der Jugendhilfe weiterhin wächst, sich damit auseinanderzusetzen, Ausgrenzung von jugendlichen Drogenkonsumenten zu vermeiden. Um die Weiterentwicklung bestehender Konzepte zu ermöglichen, sind die MitarbeiterInnen in den skizzierten Arbeitsfeldern auf politische Rückendeckung angewiesen. Da sie sich im Grenzbereich der Legalität bewegen, ist eine Entkoppelung der Drogenhilfe von Strafe und Justiz dringend angezeigt. Daraus ergibt sich zwangsläufig, daß sich die MitarbeiterInnen drogenpolitisch einmischen müssen. Weiterhin plädieren wir dafür, die Entkriminalisierung von KonsumentInnen illegaler Drogen voranzutreiben und das Netz wirksamer und nicht-ausgrenzender Hilfen weiter auszubauen.

Literatur

Beck, U.: Risikogesellschaft, Frankfurt/Main 1986

Benzler/Heitmeyer u.a.: Risiko Jugend, Münster 1988

Dokumentation der Arbeit des Arbeitskreises: Jugendhilfe und Drogen: "Jugendliche und Drogen – Was kann Jugendhilfe bewirken?", Hamburg 1992

Drucksache 13/7700 der Bürgerschaft der Freien und Hansestadt Hamburg: Bericht der Enquete-Kommission "Bekämpfung der Drogensucht"

Erikson, E.H.: Jugend und Krise, Ullstein 1981

Franzkowiak, P.: Spiele mit dem Feuer. In: Päd Extra Juli/August 1991

Jaffe, I.: Drug Addiction and Drug Abuse. In: Goodmann, L.J., Gilman, A. (Hrsg.): The Pharmacological Basis of Therapeutics, New York 1980

J.E.S., Junkies, Exuser, Substituierte: Stellungnahme der Betroffenen zum Nationalen Rauschgiftbekämpfungsplan, 22.5.1990

Kindermann, W. u.a.: Drogenabhängig – Lebenswelten zwischen Szene, Justiz, Therapie und Drogenfreiheit, Freiburg 1989

Lempp/Stöver: Grundlagen akzeptierender Drogenarbeit. In: Wiener Zeitschrift für Suchtforschung 11/88

Ludwig/Neumeyer: Die narkotisierte Gesellschaft? Neue Wege in der Drogenpolitik und akzeptierende Drogenarbeit, Marburg 1991

Quensel, S.: Mit Drogen leben, New York 1985

Rorbach-Kayser, M.: Der emotionale Hunger der Lustfeindlichkeit. In: Sozial Extra, April/Mai 1990

Scheerer, S., Vogt, I.: Drogen und Drogenpolitik, New York 1985

Textor, M.R.: Drogensucht und Familie. In: Familiendynamik 1/1989

Winter, H., Klatetzki, T.: Weder Therapie noch Strafe, Hamburg 1991

Winter, H., Klatetzki, T.: Zwischen Streetwork und Heimerziehung, in: Neue Praxis 1/1990

CHRISTIANE KLUGE

Junge Frauen und ihre Kinder

in den Erziehungshilfen

Zwischen Alltäglichkeit und Problemlage

Aufklärerische Bemühungen der Frauenbewegung, die Arbeiten der Mädchen- und Frauenforschung sowie die Alltagserfahrungen vieler Pädagoginnen haben den Blick auf Problemlagen von Mädchen in den Erziehungshilfen gelenkt. Aspekte der doppelten Benachteiligung von Mädchen — zum einen im Hinblick auf ihre weibliche Sozialisation, zum anderen durch weitere, die sich aus Strukturen der Erziehungshilfen ergeben, ist zur zentralen Kategorie der Mädchenpädagogik geworden.

Bisherige Untersuchungen in der Mädchen- und Frauenforschung haben junge Frauen mit Kindern weitgehend ausgeblendet. Ebenso gibt es wenig sozioökonomisches Datenmaterial über die persönlichen Lebensverhältnisse adoleszenter Mütter und ihrer Kinder.

Eine Untersuchung des Bundesministeriums für Jugend, Familie, Frauen und Gesundheit weist eine kontinuierlich steigende Tendenz der nichtehelichen Geburten von 4,7 % in 1965 auf 9,4 % in 1985 auf, gleichzeitig zeichnet sich ein Trend ab, daß sich wie in anderen Bevölkerungsgruppen auch, das Alter der Mutter bei der Geburt nach oben verschiebt. Die Geburtenquoten bei den Minderjährigen zeigen eine sinkende Tendenz, und zwar lag der Anteil an allen Lebendgeburten 1978 bei 0,76 % (von 576.468 Lebendgeburten) und 1985 bei 0,41 % (von 586.155) (BMJFFG 1989, S. 15).

Für die Erziehungshilfen sind junge Frauen mit Kindern zunehmend ein Thema: PraktikerInnen konstatieren demgegenüber vor allem in den Großstädten eine Zunahme schwangerer minderjähriger Frauen in den Erziehungshilfen.

Das Genannte spiegelt sich in den Strukturen und Arbeitsweisen der Einrichtungen wider: Große Mutter-und-Kind-Einrichtungen wurden als spezialisierte Angebote der Jugendhilfe nur selten hinterfragt. Erst im Zuge der Diskussion um Weiterentwicklung pädagogischer Konzeptionen und der stärkeren Berücksichtigung des Prinzips "Hilfe zur Selbsthilfe" sowie der zunehmenden institutionellen Ausdifferenzierung der Heimerziehung — allerdings mit erheblicher zeitlicher Verzögerung — wurden vermehrt alternative Angebote zu den Großeinrichtungen etabliert. Mutter-und-Kind-Einrichtungen unterscheiden sich heute durch die verschiedensten Wohnformen — ausgewie-

sene Abteilungen größerer Heimverbände, Appartementhäuser, Wohngemeinschaften und Wohnprojekte.

Nach wie vor weitgehend ungebrochen scheint sich jedoch vielerorts die
Vorstellung gehalten zu haben, es seien Einrichtungen/Gruppen eigens für die
Betreuung junger Frauen mit Kindern notwendig.

Das Bundesministerium für Jugend, Familie, Frauen und Gesundheit weist
für das Jahr 1989 eine Platzkapazität von 1.111 für Frauen und 1.154 für
Kinder in Mutter-und-Kind-Einrichtungen für die alten Bundesländer aus (vgl.
ebd. 1986, S. 58).

Dem gegenüber stehen Arbeitsansätze, die eher die Entwicklung der Eigen-
ständigkeit der jungen Frauen betonen, die institutionalisierte Hilfsangebote der
Mutter-und-Kind-Einrichtungen eher als störend betrachten. Dies auch vor dem
Hintergrund der Überlegung, daß junge Frauen, wenn sie das Leben mit einem
Kleinkind und den damit unweigerlich verbundenen Belastungen und Überforderungen realistisch erleben, unter Umständen eher bereit sind, ihr Kind ggf.
in Pflege zu geben. Hier finden sich Formen des Einzelwohnens, wie auch die
Betreuung in der Familie, wie auch in Jugendwohngemeinschaften zusammen
mit anderen Jugendlichen.

Beide Ansätze gehen von unterschiedlichen Prämissen aus und setzen unterschiedliche Schwerpunkte in den Zielsetzungen.

Inwieweit die sozialpädagogischen Betreuungsformen zur Verbesserung der
Lebenschancen junger Frauen und ihrer Kinder beitragen, soll die Bearbeitung
dreier Fragenkomplexe verdeutlichen.

Über normative Orientierungen der Einrichtungen vermitteln sich Frauen und
Mütterbilder, und hier ist für die parteiliche Arbeit mit den Frauen und ihren
Kindern von Bedeutung, inwieweit bei der Betrachtung der Geschlechterverhältnisse die strukturelle Verankerung der Geschlechterrollen (Hartwig 1992)
über die Analyse geschlechtsspezifischen Verhaltens hinaus Berücksichtigung
findet.

Die Lebensentwürfe junger Frauen zeigen — anders als die von Frauen vorangegangener Generationen — eine doppelte Orientierung, nämlich auf Familie
und Beruf (Burger/Seidenspinner 1982, Beck-Gernsheim 1992). Junge Frauen,
die früh ein Kind bekommen, stehen vor der Frage der Vereinbarkeit zweier
ihnen relativ unbekannter Bereiche. Dies ist mit einem immensen Lernprozeß
verbunden (Sozialpädagogisches Institut Berlin 1991).

Die Verantwortung, ein Kind zu versorgen und zu erziehen, stellt hohe
Anforderungen an die jungen Frauen. Die Phase der frühen Mutterschaft, in der
eine stabile Lebenssituation notwendige Voraussetzung für die Entwicklung des
Kindes darstellt, fällt zusammen mit der Adoleszenzphase, in der das Experi-
mentieren mit Lebensstilen und die Suche nach einem geeigneten Lebenspartner
für viele Mädchen zeitweise das Vordergründigste und Wichtigste ist.

Für die Einrichtungen, in denen junge Frauen mit Kindern betreut werden,
stellt die Verantwortung und Parteinahme für die Kinder und deren Mütter eine
vielfach schwer zu realisierende Aufgabe dar.

Zur Geschichte der Mutter-und-Kind-Einrichtungen

Die Wurzeln der Enstehung der Mutter-und-Kind-Heime finden sich in der Zeit um die Jahrhundertwende im Bereich der Armenfürsorge. Gesellschaftliche Vorurteile und Ausgrenzungsprozesse verwehrten ledigen Frauen den Zugang zu sozialstaatlich garantierten Hilfen für Schwangere und Wöchnerinnen. Kirchliche Einrichtungen und mildtätige Organisationen betrieben die ersten Mutter-und-Kind-Heime und nahmen sich der "schuldhaft in Not Geratenen" Frauen an (BMJFFG 1989, S. 37). Erst wesentlich später wurden auch ledige Frauen in die staatlichen Hilfen für Schwangere einbezogen.

Die uneheliche Schwangerschaft galt als ein Makel, der nicht nur die Mutter, sondern auch das Kind traf.

Diese Einstellung prägte über einen langen Zeitraum die konzeptionellen Orientierungen der Mutter-und-Kind-Einrichtungen. Noch 1968 lassen sich in einer Untersuchung zur Situation unverheirateter junger Mütter in der BRD, in die auch Arbeitsformen der Mutter-und-Kind-Heime mit einbezogen wurden, Hinweise auf rigide Sexualnormen finden (vgl. Eisenhauer-Hartung 1968).

Erst als im Zuge der sogenannten Heimkampagnen das Heim als sinnvolle Erziehungsinstitution für Minderjährige grundsätzlich in Frage gestellt wurde und mit zunehmender Liberalisierung sexueller Konventionen (Diskussion um den § 218, Verbreitung der Pille) war ein gesellschaftspolitisches Klima geschaffen, das die Voraussetzung für einen toleranten Umgang mit ledigen Schwangeren ermöglichte.

Lebensentwürfe junger Frauen mit Kindern

Eine eigenständige Mädchenphase, charakterisiert durch die Zeitspanne zwischen Schule und Beruf, zwischen Elternfamilie und eigenem Ehepartner, zwischen Austritt aus der eigenen Kindheit bis zum Eintreten des eigenen Kinderwunsches, gibt es erst seit drei Jahrzehnten.

"Das Lern- und Experimentierfeld 'Jugend' war in der Vergangenheit Jungen vorbehalten ... junge Frauen erlebten früher den Übergang zur erwachsenen Frau nicht als eigenständigen Lebensabschnitt, denn sie wurden schon früh zur Hausarbeit und Beschäftigung jüngerer Geschwister herangezogen, sie erhielten eine kürzere Schulausbildung als Jungen und heirateten letztlich auch früher" (Schlappeit-Beck 1985, S. 56).

Veränderungen wie der frühere Eintritt der Geschlechtsreife (Böhnisch/Schefold 1985, S. 120 ff), die Liberalisierung von Fragen der Ehe und Partnerschaft (Beck-Gernsheim 1983), das frühere Auszugsalter der Mädchen aus dem Elternhaus (vgl. Schlappeit-Beck 1985), die verlängerte Verweildauer von Mädchen in allgemeinen und berufsbildenden Schulen (vgl. Münder u.a. 1984, S. 59 ff), die veränderte Einstellung zu Arbeit und Beruf als wesentliche Lebensperspektive (vgl. Burger-Seidenspinner 1982), sowie das Ansteigen des durchschnittlichen Heiratsalters von Frauen (Schlappeit-Beck 1985, S. 57 ff) sowie die Realisierung der Postadoleszenz, in der junge Frauen sich sozial und emotional verselbständigen, ohne die finanziellen Mittel in die Hand zu bekommen, ermöglichte jungen Frauen eine Phase des Mädchenalters als eigenständige "Jugendphase" zwischen Kindheit und eigenen Kindern.

Mit dem Ausbau des Erziehungs- und Bildungswesens wurde vor allem den Mädchen ein Nachholbedarf zugestanden, das Ziel der Chancenverbesserung für Mädchen wurde dadurch nicht wesentlich erreicht (Beck 1986).

Frauen und Mädchen zählen nach wie vor zur Reserve auf dem Arbeitsmarkt. "Die Situation von jungen Mädchen im Beruf läßt sich in der sozialräumlichen Perspektive – unterhalb von Qualifikation und Quote – signifikant beschreiben: Die meisten Ausdrücke, mit denen weibliche Berufsarbeit belegt wird, sind sozialräumlicher Natur: Frauen sind mobiler, beweglicher, können eher "springen", überbrücken, "in die Familie zurückgehen", wenn jemand ausfällt, "einspringen" (Böhnisch u.a. 1990, S. 81).

Die Lebensentwürfe von Mädchen zeigen deutlich eine doppelte Orientierung auf Beruf zum einen und die Gründung einer Familie zum anderen (Beck-Gernsheim 1992) und sie gehen davon aus, zumindest zeitweilig ihre Berufstätigkeit dafür einschränken zu müssen.

Dies stellt junge Frauen, die früh ein Kind bekommen haben, vor die Frage der Vereinbarkeit von zwei relativ unbekannten Bereichen (Sozialpädagogisches Institut Berlin 1988). Bezogen auf die Berufsperspektive haben die jungen Frauen noch weniger Chancen, einen Beruf bzw. eine Tätigkeit zu finden, der/ die das eigene Auskommen und das des Kindes sichert.

"Die Berufswelt nimmt keine Rücksicht auf Frauenaufgaben und Pflichten. In Kultusministerien und Kommunen mangelt es an Geld oder Bereitschaft, für eine ausreichende Versorgung mit Kinderkrippen, Kindergärten, Ganztagsschulen zu sorgen. Den Nachteil haben die Frauen. Sie erfahren auf vielen Ebenen tagtäglich, wie schwierig es ist, die Anforderungen der Berufswelt mit denen der Erziehung zusammenzubringen ... Kinderhaben ist heute das Strukturrisiko weiblicher Erwerbsbiographie, eine Behinderung an den Maßstäben der Marktgesellschaft gemessen" (Beck-Gernsheim 1992, S. 156). Fragen der Vereinbarkeit von Beruf und Familie werden von der Gesellschaft einseitig auf die Frau abgewälzt, sie sind als individuelle Risiken zu bewältigen (Müller 1989).

Mit der Geburt eines Kindes tritt für die junge Frau eine Veränderung der lebenszeitlichen Perspektive ein. Die Lebenszeit erhält deutlich neue Akzentuierungen. Es setzt ein rapider Prozeß des Erwachsenwerdens ein. Die in der Adoleszenz von Mädchen zu bewältigende strukturelle Unvereinbarkeit zweier Entwicklungsaufgaben, nämlich der Entwicklungsaufgabe zur beruflichen und schulischen Qualifikation auf der einen Seite, sowie der Entwicklungsaufgabe, eine zur heterosexuellen Bindung geeignete Geschlechtsidentität herauszubilden (Hagemann-White 1992), und der zugestandene zeitliche Raum hierfür wird überformt von den Anforderungen der Vereinbarkeitsleistungen (Müller 1989), vor denen erwachsene Frauen stehen: der Vereinbarkeit von Familie und Beruf.

Die Motive junger Frauen, früh ein Kind zu bekommen, werden unterschiedlich dargestellt. Eine Untersuchung des BMJFFG kommt zu dem Ergebnis, daß nur wenige der interviewten Mädchen und Frauen zu diesem Lebenszeitpunkt ein Kind gewünscht hatten. In der großen Mehrzahl der Fälle war die Schwangerschaft zunächst ungeplant und wurde dann doch ausgetragen. Aufgrund ungeplanter Schwangerschaften kam es häufig zu Schwangerschaftskonflikten. Vielfach werden Motive angenommen, wie, der Wunsch, "gebraucht zu werden", den Jugendlichenstatus abzustreifen, persönliche Autonomie zu erlangen, das eigene Leben "in die Hand zu nehmen". Angesichts der objektiv geringen Chancen, trotz Berufstätigkeit ein materiell unabhängiges Leben führen zu können, interpretiert Schlappeit-Beck die Bereitschaft junger Frauen, zu einem frühen Lebenszeitpunkt eine Familie zu gründen, "nicht als Rückfall in die Traditionen ihrer Mütter", sondern als Ergebnis einer realistischen Einschätzung ihrer Lebensperspektiven (Schlappeit-Beck 1985).

Ob dies Lebensmuster eher eine Folge der weiblichen Sozialisation, in der Mädchen auf die Versorgung von Mann und Familie hin orientiert werden, oder eher eine Vorwegnahme mangelnder Chancen auf dem Arbeitsmarkt ist, vermag anhand der bisher vorliegenden Arbeiten zur Mädchen- und Frauenforschung nicht entschieden werden.

Im Ergebnis zeigt sich, daß die Berufsverläufe junger Frauen mit Kindern hohe Diskontinuitäten aufweisen.

Eine Untersuchung des Sozialpädagogischen Instituts Berlin kommt zu dem Ergebnis, daß von 131 befragten jungen Frauen mit Kindern
18,3 % in einem angelernten Beruf tätig waren,
18,3 % eine Berufsausbildung beendet hatten,
32,8 % eine Berufsausbildung abgebrochen hatten,
10,7 % einen Berufslehrgang abgebrochen hatten.
Insgesamt waren 63,4 % berufstätig.

Die Gründe für den Abbruch von Ausbildungen lagen zu einem Teil darin, daß die Inhalte des gewählten Ausbildungsbereichs nicht den Erwartungen der Frauen entsprachen, in anderen Fällen wurden geschlechtsspezifische Anforderungen, Beschränkungen und Verletzungen genannt (z.B. sexuelle "Anmache", Kleidervorschriften u.a.). Nur vereinzelt wurde das Scheitern an den theoretischen Anforderungen der Ausbildung genannt. Als typisiertes Verlaufsmuster beschreibt Bünemann de Falcon folgendes: Junge Frauen wechseln von der Lehrstelle auf eine Arbeitsstelle, von dort auf ein ungeschütztes Arbeitsverhältnis, zeitweilige Jobs, in Qualifizierungslehrgänge, AB-Maßnahmen und manchmal in eine zweite oder dritte Lehrstelle (Bünemann de Falcon, SPI Berlin, 1991, S. 15).

Die Gründe für Abbrüche von Ausbildungs- oder Arbeitsverhältnissen sieht Bünemann de Falcon nicht in mangelnder Durchhaltefähigkeit der jungen Frauen; sie interpretiert das Abbrechen vielmehr als Anpassung an vorgefundene Bedingungen auf dem geschlechtsspezifisch geprägten Arbeitsmarkt zum einen sowie als Orientierungsverhalten im Berufsleben verbunden mit dem Wunsch, doch noch den geeigneten Ausbildungs- bzw. Arbeitsplatz zu finden.

In diesem Zusammenhang verweist Bünemann de Falcon auf einen Wandel der Funktion und Bedeutung von Erwerbsarbeit für die neue Frauengeneration von einer ökonomisch ausgerichteten Begründung der Erwerbstätigkeit hin zu einer auf mehr Sinn und persönliche Befriedigung ausgerichteten Erwerbstätigkeit, und dies gelte nicht nur für Mädchen und Frauen im oberen Teil der "Zweidrittel-Gesellschaft".

"Die Bedeutung von Erwerbstätigkeit als sinnstiftend und als lustbetonte Betätigung ist besonders für Frauen aus ökonomisch und sozial eher benachteiligten Schichten relativ neu und erscheint ... bedeutungsvoll." (ebd., S. 17)

Junge Frauen mit Kindern in den Erziehungshilfen

Untersuchungen wie auch Berichte von Praktikerinnen kommen zu der Feststellung, daß im Zusammenhang mit erwarteten oder bereits eingetretenen Verschärfungen von Lebensproblemen im Zusammenhang mit Mutterschaft bei Minderjährigen mit der Vermittlung in eine Mutter-und-Kind-Einrichtung reagiert wurde (vgl. BMJFFG). Als Gründe für die Vermittlung in eine Mutter-und-Kind-Einrichtung werden genannt: Junge Frauen, die in der Herkunftsfamilie nicht bleiben können oder möchten, weil es Spannungen gibt. In manchen Fällen liegt der Aufnahmegrund darin, daß der vorhandene Wohnraum in der Herkunftsfamilie nicht ausreicht, um die junge Frau mit ihrem Kind zusammen dort wohnen zu lassen, wenn Frauen in ihrer Familie Erfahrungen von Gewalt machen mußten, junge Frauen, die in Einrichtungen der Jugendhilfe leben und diese aufgrund der Schwangerschaft verlassen müssen, da die Einrichtungen nicht auf die Betreuung von Frauen mit Kindern eingestellt sind. Bei der Entscheidung, die schwangeren Frauen zu "verlegen", spielt offensichtlich die Überlegung eine Rolle, daß den Säuglingen das Leben in einer Heimgruppe mit all den Krisensituationen und organisatorischen Belastungen nicht zugemutet werden kann.

Eine wichtige Rolle scheint auch zu spielen, daß jugendlichen Müttern häufig die angemessene Betreuung und Erziehung eines Säuglings nicht zugetraut wird. Die Fachkräfte fürchten z.B., die Mütter könnten "entlaufen" und den Säugling in der Einrichtung, in der Obhut der Betreuer/-innen zurücklassen.

Hierzu ist kritisch anzumerken, ob in Fällen, in denen tatsächlich nur eine Wohnung fehlt, eine stationäre Unterbringung angemessen erscheint.

Für junge Frauen, die bereits in Jugendhilfeeinrichtungen leben, bedeutet der Umzug in eine Mutter-und-Kind-Einrichtung den Verlust des gesamten vertrauten Umfeldes und der vertrauten Lebensbezüge.

Viele Mädchen berichten, daß es für sie zum Zeitpunkt der fortgeschrittenen Schwangerschaft keine Alternative zur Mutter-und-Kind-Einrichtung gab. Die im Kinder- und Jugendhilfegesetz vorgeschriebene Beteiligung der Betroffenen an der Entscheidung über die Art der Hilfe scheint in der sozialpädagogischen Betreuung junger Frauen mit Kindern in den allermeisten Fällen keine Berücksichtigung zu finden (Paragraph 36 Abs. 1: "Der Personensorgeberechtigte und das Kind oder der Jugendliche sind vor der Entscheidung über die Inanspruchnahme einer Hilfe zur Erziehung ... zu beraten und auf die möglichen Folgen für die Entwicklung des Kindes oder des Jugendlichen hinzuweisen ... Ist die Hilfe außerhalb der eigenen Familie erforderlich, so sind die in Satz 1 genannten Personen bei der Auswahl der Einrichtungen ... zu beteiligen.").

Jenseits der Ausdifferenzierung der verschiedenen Wohnangebote für minderjährige Frauen mit Kindern haben sich im wesentlichen zwei Positionen herausgebildet:

Die VertreterInnen der einen Position gehen davon aus, daß Mütter und Kinder in jedem Fall zusammengehören. Festgelegte institutionelle Regeln werden als unterstützend für die Frauen in der Betreuung und Erziehung ihrer Kinder vermittelt. So ist es zum Beispiel nicht unüblich, daß von der Einrichtung Säuglingsnahrung, Kleidung, Mobiliar zur Verfügung gestellt werden und die Frauen lediglich einen geringen Geldbetrag für eigene Lebensmittel und Taschengeld (oder sogar nur letzteres) zu verwalten haben. Auch gibt es Pflichttermine für Säuglingsspielen in einem heimeigenen Spielzimmer wie auch Fachpersonal, das mit für die Versorgung der Säuglinge bzw. Kleinkinder zuständig ist.

Modelle geteilter Elternschaft sind hier in den seltensten Fällen zu verwirklichen; die Partner der Mädchen erhalten eingeschränkte Besuchserlaubnis (in der Regel in den Nachmittagsstunden, Ausnahmen sind möglich, wenn sie die leiblichen Väter der Kinder sind).

Es ist naheliegend, die Einschränkung von Kontakten zu männlichen Partnern aus der Sichtweise der Einrichtungen heraus im Zusammenhang mit dem sozialpädagogischen Auftrag der Mutter-und-Kind-Einrichtungen zu interpretieren.

Die jungen Frauen leben unter dem Gesichtspunkt der Mutterschaft in der Einrichtung, entsprechend ist die Arbeitsweise darauf ausgerichtet, aus jungen Frauen "gute Mütter" zu machen, und das bedeutet, erwartete oder bereits eingetretene Defizite in der Versorgung und Erziehung der Kinder zu beheben.

Partnerschaften mit Männern werden heute zwar jungen Mädchen im Prinzip zugebilligt, jedoch scheint für schwangere Mädchen oder junge Frauen mit Kindern ganz besonders zu gelten, was für Mädchen in den Erziehungshilfen überhaupt gilt: In den Erziehungshilfen scheint der Umgang mit Sexualität und Partnerschaft von den Fachkräften nicht als solcher tabuisiert zu sein, Freundschaften zu Jungen sollen sich jedoch innerhalb lang anhaltender Partnerschaften zu "ordentlichen" Jungen realisieren.

Partnerschaften zu Jungen/Männern werden aus der Sichtweise der Einrichtungen heraus weniger unter dem Gesichtspunkt der Unterstützung des Mädchens gesehen, sondern eher mit der Befürchtung verbunden, sie könnten das Mädchen von den Mutteraufgaben ablenken.

Die institutionell stark gestützte Orientierung junger Frauen auf die Mutterschaft kann in den Fällen zu Konflikten führen, in denen junge Frauen sich entschließen, ihr Kind in Pflege oder zur Adoption zu geben. Eine Inpflegegabe des Kindes bedeutet aus institutioneller Sicht ein Scheitern der Mutter. Die Inpflegegabe zu Verwandten scheint für die Mädchen die mit den wenigsten Ängsten und Schuldgefühlen verbundene Möglichkeit zu sein. Häufig sind es die Großmütter, die sich bereit erklären, das Kind aufzunehmen.

In jedem Fall ist für die junge Frau mit der Weggabe des Kindes die Konsequenz verbunden (in der Regel innerhalb weniger Wochen), die Einrichtung zu verlassen.

Die VertreterInnen der zweiten Position kritisieren, daß in den Mutter-und-Kind-Einrichtungen den jungen Frauen selbstverantwortliche Planungs- und Gestaltungsmöglichkeiten einer eigenständigen Lebensgestaltung buchstäblich "aus der Hand" genommen werden. Eine realistische Auseinandersetzung mit ihrer Lebenssituation bleibt ihnen so verwehrt.

Bevorzugt werden hier kleine, alltagsnahe Arrangements, wie z.B. Einzelwohnen und Jugendwohnungen mit 2 bis 3 Plätzen. Für die jungen Frauen bietet sich in den alltagsnahen, realistischen Formen der Schaffung von "privatem" Wohnraum die Möglichkeit einer autonomen und eigenverantwortlichen Lebensgestaltung für sich selbst und ihr Kind. Institutionelle Regeln z.B. eines Heimes, die das Alltagsleben von Frauen und Kindern strukturieren, wie auch dem reibungslosen Funktionieren des organisationellen Ablaufs dienen, werden reduziert.

Vor allem bieten die alltagsnahen Betreuungsformen auch die Möglichkeit, Settings zu ändern und neue, den veränderten Lebensbedingungen der Frau und ihres Kindes entsprechend zu schaffen. Dies kann z.B. heißen, daß der Partner für eine Zeit mit in der Wohnung lebt, um die Frau bei der Versorgung und Erziehung des Kindes zu unterstützen. PraktikerInnen berichten, daß in manchen Fällen, vor allem in der ersten Zeit nach der Geburt des Kindes von den Frauen das Leben "in der eigenen Familie" als unterstützend empfunden wurde. Wichtig ist hier, daß die junge Frau und ihr Kind im Mittelpunkt des Betreuungsarrangements stehen. In vielen Fällen müssen schon nach kurzer Zeit Brüche der Partnerbeziehungen verkraftet werden.

Anknüpfungspunkte für pädagogisches Handeln ergeben sich aus Widersprüchen und Brüchen, die junge Frauen in ihrer Lebenswelt produzieren und erfahren.

Eine parteiliche Arbeit mit jungen Frauen und ihren Kindern hat zur Voraussetzung, daß strukturell verankerte Benachteiligungen von Mädchen und Frauen Eingang in Problemdeutungen und Handlungsansätze der Jugendhilfeeinrichtungen finden.

Entlastungen für die jungen Frauen werden durch das Einbeziehen von Verwandten, evtl. auch Freunde als Babysitter, sowie durch Hilfsmöglichkeiten im Stadtteil, wie z.B. Krippen, Mütterberatung, Müttertreffs, Elternschulen möglich. Als schwierig hat sich erwiesen, daß die jungen Frauen in den Beratungs- und Unterstützungsangeboten in der Regel auf erwachsene, sehr viel ältere Frauen (häufig zusammen mit deren Partnern) treffen. Viele Mädchen berichten, daß sie sich in diesen Situationen ausgeschlossen fühlten, sich nicht trauten, Fragen zu stellen oder Probleme im Umgang mit dem Kind anzusprechen. In manchen Fällen spielten sprachliche Barrieren eine Rolle.

Die BetreuerInnen können ihre Arbeitszeiten auf den individuellen Lebensrhythmus der Frauen und ihrer Kinder einstellen, die Zeiten, "wann man sich trifft", können von BetreuerInnen und Frauen gemeinsam ausgehandelt werden, da die mit dem Schichtdienst in einer Gruppe verbundene Präsenzpflicht in der Gruppe entfällt. Kurz: Auf der Interaktionsebene entstehen im Vergleich zu anderen Betreuungskonstellationen reale Chancen des situativen Aushandeln. Dies bedeutet auf der anderen Seite auch, daß BetreuerInnen sich auf unterschiedlichste Lebensprobleme junger Frauen mit ihren Kindern (und Partnern) einstellen müssen, wie auch auf krisenhafte Zuspitzungen z.B. bei Krankheit des Kindes und hierdurch entstehende Angst und Überlastung oder durch Partnerprobleme — ohne die Verantwortung mit KollegInnen teilen bzw. Entscheidungen gemeinsam treffen zu können. Dies erfährt besondere Zuspitzung in Fällen, in denen sich abzeichnet, daß eine junge Frau den Belastungen der Versorgung und Erziehung ihres Kindes nicht gewachsen ist und es zur Vernachlässigung des Kindes kommt.

Beiden hier skizzierten Positionen ist gemeinsam, daß sie die Notwendigkeit für junge Frauen, einen Beruf zu erlernen, anerkennen. Dementsprechend gibt es in vielen Einrichtungen Schul- bzw. Ausbildungsmöglichkeiten und einrichtungseigene Krippen; auch in dezentral organisierten Betreuungsformen wird den jungen Fruen vermittelt, daß die Orientierung auf eine zukünftige Berufstätigkeit für sie wichtig ist. Hier werden im näheren Umfeld der Wohnung Schul- bzw. Ausbildungsmöglichkeiten gesucht, wie auch Krippenplätze oder Tagesmütter. Einige Einrichtungen betreuen mehrere junge Frauen mit Kindern in Einzelwohnungen, eine in unmittelbarer Nähe liegende größere Wohnung wird als Krippe für die Kinder betrieben.

Trotz real angebotener institutionell gestützter Entlastungsangebote für die jungen Frauen mit Kindern vermittelt sich das Angebot, einer Berufstätigkeit nachzugehen und während dieser Zeit das Kind in der Krippe versorgen zu lassen, als tiefgreifend ambivalent: Auf der einen Seite richtet sich die konsequente Forderung an die Frauen, eine Schulausbildung bzw. Berufsausbildung bzw. -tätigkeit nachzugehen (Schwanger-Werden junger Mädchen wird nicht selten von PädagogInnen als "Ausweichen" vor den Anforderungen einer Berufsperspektive interpretiert). Auf der anderen Seite weisen PädagogInnen auf Entbehrungen der Kinder durch die Abwesenheit der Mutter hin. Dies wie auch Ausgangsbeschränkungen erfahren junge Frauen real als Einschränkungen von Partnerkontakten.

"Mutterbilder konfrontieren Frauen mit einem totalisierenden Anspruch. Analog der vollen Verfügbarkeit des Lohnarbeiters für den Produktionsprozeß soll die Mutter sich 'ganz' zur Verfügung stellen – dem Kind. Die Mutter 'schluckt' die Frau, und zwar ohne Rest" (Müller 1989, S. 66).

Das gesellschaftliche Problem der Unvereinbarkeit von Beruf und Aufziehen von Kindern vermittelt sich auf der Ebene normativer Orientierungen als widersprüchliche Handlungsanforderung an Mädchen und Frauen mit Kindern.

Ursula Müller verweist auf das Fehlen einer emanzipatorischen Utopie der Mutterschaft. "Die Abwehr des Themas ist nicht zuletzt einem kritischen Impuls geschuldet, der real begründet ist. Die Gebärfähigkeit der Frau als Kristallisationspunkt ihrer gesellschaftlichen Unterdrückung ist zu eindeutig und von jeder Frau zu tief spürbar, als daß ein unbefangener Umgang damit möglich wäre." (ebd., S. 55)

Entlastungen von PädagogInnen bei der Betreuung des Kindes anzunehmen (z.B. Babysitting, um einen Einkaufsbummel zu ermöglichen), die nicht selten unter Berücksichtigung des Jugendlichenstatus der Mutter angeboten werden, wird vor dem Hintergrund geltender Mutterbilder zur doppeldeutigen Botschaft: Junge Frauen stehen unter dem Druck, gerade weil sie Jugendliche sind, beweisen zu müssen, daß sie "es trotzdem schaffen". In der Regel sind es die gleichen PädagogInnen, die einerseits Entlastungen anbieten und andererseits an der Entscheidung, ob einer jungen Frau das Sorgerecht für ihr Kind zugestanden wird, z.B. durch Berichterstattung an das Vormundschaftsgericht bzw. Soziale Dienste maßgeblich beteiligt sind.

Konfrontiert zu sein mit der Notwendigkeit der Parteinahme für das Kind, für das stabile Lebensverhältnisse eine Grundbedingung seiner Entwicklung darstellen, auf der einen Seite und der Parteinahme für die junge Frau, deren Interessen und Bedürfnisse, Träume und Hoffnungen nicht anders sind als die anderer junger Frauen und Mädchen, nämlich Wünsche nach dem Ausprobieren von Lebensstilen, Autonomie und Unabhängigkeit, führt für PädagogInnen zu schwer zu vereinbarenden Widersprüchen.

Dies wirft die Frage nach Möglichkeiten einer getrennten Zuständigkeit und damit Parteinahme für Frauen und Kinder auf.

Resümee

Zusammenfassend betrachtet läßt sich feststellen, daß sich auch in der Arbeit mit jungen Frauen und ihren Kindern wie in der Mädchenarbeit insgesamt "etwas getan hat".

Die Ausdifferenzierung der Betreuungsangebote für junge Frauen mit Kindern zeigt, daß die Kritik an traditionellen Mutter-und-Kind-Heimen ihren Niederschlag gefunden hat. Der Gedanke, daß Sonderformen der Betreuung für Frauen mit Kindern notwendig seien, hat sich jedoch vielerorts gehalten. Jenseits spezieller Angebote für Frauen mit Kindern haben sich aus dem Jugendhilfebereich heraus lebensweltnahe Wohn- und Lebensmöglichkeiten entwickelt, in denen institutionelle Regeln reduziert sind. Das Leben in diesen Angebotsformen ermöglicht Frauen mit Kindern Formen einer autonomen und eigenständigen Lebensgestaltung, die den Rahmen z.B. einer Heimgruppe sprengen würde.

Eine Betrachtung der Zugangswege junger Frauen in die genannten Betreuungsformen verdeutlicht, daß Frauen selbst in den allerseltensten Fällen in die Entscheidungsfindung einbezogen wurden. Dies verweist auf die Notwendigkeit der Entwicklung angemessener Beratungsformen.

Die Lebenskonzepte der jungen Frauen zeigen, daß sie anders als VertreterInnen vorangegangener Generationen den Kampf um die Vereinbarkeit von Familie und Beruf aufgenommen haben und sich um Berufsperspektiven kümmern. Dies wird in der Regel ermöglicht durch das Bereitstellen von Schul- bzw. Ausbildungsangeboten (oft durch die Einrichtungen selbst vorgehalten) und institutionell gestützte Entlastungsangebote bei der Versorgung der Kinder (Krippen, Versorgung durch BetreuerInnen).

Daß in der Geschlechtsrolle strukturell verankerte Benachteiligungen von Mädchen und Frauen bisher noch lange nicht überall Eingang gefunden haben in Problemdeutungen und Arbeitsansätze der Jugendhilfe zeigt sich zum einen darin, daß die Erziehung zur "anständigen Frau" in der Betreuung von Frauen mit Kindern eine noch bedeutsamere Rolle zugewiesen wird, als in der Mädchenerziehung überhaupt, zum anderen in der Art des Umgangs mit Berufstätigkeit.

Hier zeigt sich, daß die Forderung, eine Berufstätigkeit aufzunehmen, und die Forderung, sich intensiv um das Kind zu kümmern — vermittelt über die

Botschaft: "Das Kind braucht die ganze Mutter" — unvermittelt nebeneinander stehen. Die objektiv vorhandenen Schwierigkeiten der Vereinbarung von Familie und Beruf werden den Frauen individuell zugemutet und nicht selten daraus persönliches Versagen abgeleitet.

An dieser Stelle soll erwähnt werden, daß es durchaus Ansätze feministischer Arbeit mit Frauen und Kindern gibt. Diese scheinen jedoch gegenüber dem "main-stream" eher ein "Inseldasein" zu führen.

Parteiliche Mädchen- und Frauenarbeit hätte Geschlechtsrollenkonflikte von Mädchen und Frauen offensiv zu thematisieren.

In der Frage der Parteinahme für junge Frauen und ihre Kinder haben sich Arbeitsansätze, in denen unterschiedliche Personen für die Betreuung von Frauen und Kindern zuständig sind, bewährt. Dies gilt es weiterzuentwickeln und auszubauen.

Literatur

Beck-Gernsheim, E.: Vorgeplantes Leben. Elternschaft zwischen sozialem und genetischen Risiko. In: Rauschenbach/Gängler (Hrsg.): Soziale Arbeit in der Risikogesellschaft, Neuwied, Kriftel, Berlin 1992, S. 147-163

Bier-Fleiter, C., Grossmann, W.: Mutterschaft in der Adoleszenz. Biographien jugendlicher Mütter, Frankfurt/Main 1989

Böhnisch, L., Schefold, W.: Lebensbewältigung. Soziale und pädagogische Verständigungen an den Grenzen der Wohlfahrtsgesellschaft, Weinheim und München 1985

Böhnisch, L., Münchmeier, R.: Pädagogik des Jugendraums. Zur Begründung einer sozialräumlichen Jugendpädagogik, Weinheim und München 1990

Bünemann de Falcon: Schul- und Berufswerdegang der jungen Mütter in Berlin-West — junge Mütter im Spiegel ihres Werdegangs: Brüche, Ambivalenzen, Einstellungswechsel und Handlungsstrategien. Untersuchung des Sozialpädagogischen Instituts Berlin 1991

Bundesminister für Jugend, Familie, Frauen und Gesundheit (BMJFFG): Möglichkeiten und Grenzen der Lebenshilfe für besonders sozial gefährdete Mädchen und Frauen. (Schwangere und Mütter in Mutter-Kind-Einrichtungen), Band 251, 1989

Burger, G., Seidenspinner, A.: Zur Erforschung der Lebenslage von Mädchen. In: Cohen, P. (Hrsg.), Verborgen im Licht. Neues zur Jugendfrage, 1986

Eisenhauer-Hartung, G.: Die Situation unverheirateter Mütter in der BRD unter besonderer Berücksichtigung in Heimen lebender minderjährigen Mütter. Dissertation, Gießen 1972

Hagemann-White, C.: Berufsfindung und Lebensperspektive in der weiblichen Adoleszenz. In: Flaake, K., King, V. (Hrsg.): Weibliche Adoleszenz. Zur Situation junger Frauen, Frankfurt/Main und New York 1992, S. 64-83

Hartwig, L., Kriener, M.: Die Bedeutung von Geschlechtsrollen und Geschlechterverhältnissen in der pädagogischen Praxis. Ansätze zu einer feministischen Jugendhilfe. Im Erscheinen begriffen

Müller, U.: Warum gibt es keine emanzipatorische Utopie der Mutterschaft? In: Interdisziplinäre Forschungsgruppe Frauenforschung (Hrsg.): La Mamma. Beiträge zur sozialen Institution Mutterschaft, 1989, S. 55-78

Münder, J., Slupik, V., Schmidt-Bott, R.: Rechtliche und politische Diskriminierung von Mädchen und Frauen, Sachverständigenkommission sechster Jugendbericht, 1984

Schleppeit-Beck, D.: Wie junge Frauen heute leben. In: dies. (Hrsg.): Mädchenträume, Initiativen — Projekte — Lebensperspektiven, Hamburg 1985, S. 56-80

Zinneker, J.: Jugend im Raum gesellschaftlicher Klassen; neue Überlegungen zu einem alten Thema. In: Heitmeyer, W. (Hrsg.): Interdisziplinäre Jugendforschung, Fragestellungen, Problemlagen, Neuorientierungen, Weinheim und München 1986

KLAUS WOLF

Zum Verhältnis von Jugendhilfe und Jugendpsychiatrie

oder:

Warum die Jugendhilfe nicht die Verlängerung der Psychiatrie ins normale Leben sein kann

Vorbemerkung

Ende 1991 führte das Amt für Jugend eine Tagung durch mit dem Thema "'Grenzfälle' zwischen Jugendhilfe und Jugendpsychiatrie – welche Grenzen sind gemeint?". Grundlage war eine Untersuchung des Instituts für soziale Arbeit e.V. (im folgenden: ISA-Studie) zur "gegenseitigen Inanspruchnahme von Jugendhilfe und Jugendpsychiatrie in Hamburg".

Dies ist der überarbeitete Text meines Referates auf dieser Tagung. Er stellt das Verhältnis von Jugendhilfe und Psychiatrie aus der Sicht der (Hamburger) Jugendhilfe dar.

Kinder werden zu Grenzfällen oder: wessen Grenzen sind gemeint?

Kein Mensch trägt die Qualität in sich, ein Grenzfall zu sein. Institutionen definieren, d.h. begrenzen, ihre Zuständigkeit. Dadurch können sie Grenzfallsituationen schaffen und Menschen die Qualität von "Grenzfällen" zuschreiben.

Wo Institutionen die Grenzen ihrer Zuständigkeit festlegen ist immer eine Entscheidung, die mit den Interessen der Institution zusammenhängt. So steigt die Wahrscheinlichkeit deutlich an, daß Heime sich für die Kinder in der Psychiatrie interessieren, wenn die Heime Belegungsprobleme haben. Oder wenn die Zahl der Ärzte bei abnehmender Bevölkerungszahl zunimmt, steigt die Wahrscheinlichkeit, daß neue Arbeitsfelder für Ärzte reklamiert werden. Auch die

Zahl der als psychisch krank definierten Kinder steigt in einer solchen Lage mit hoher Wahrscheinlichkeit an. Wirkungsvolle Interessenvertretung geschieht bekanntlich nicht dadurch, daß man mit den Institutionsinteressen argumentiert, sondern daß man das Gemeinwohl – hier das Interesse der Kinder – ins Feld führt (vgl. Rößler 1990).

Mich interessiert besonders das Interesse der Jugendhilfe, Kinder auszugrenzen und an die Psychiatrien zu verweisen. Welche Interessen sind dies nun?

Abstrakt kann man sagen, daß soziale Institutionen quasi automatisch Tendenzen entwickeln, Probleme auszusondern, die mit den vorhandenen Handlungsmustern und Routinen nicht zu bearbeiten sind. Dann dient die Aussonderung der Systemerhaltung, Stabilisierung und Legitimation. Wird in der Heimerziehung etwa die Zuständigkeit für die Betreuung eines Kindes, das erhebliche Schwierigkeiten bereitet, erfolgreich zurückgewiesen, ist das Problem für die Einrichtung gelöst. Die Ursachen für die Probleme müssen dabei durchaus nicht beim Kind liegen, sondern können etwa in den wenig leistungsfähigen Strukturen der Einrichtung bestehen.

Es gibt nun einige Faktoren, die die Intensität von Ausgrenzung beeinflussen. Zwei Faktoren sind für unseren Zusammenhang besonders wichtig: Die gesellschaftlichen Erwartungen von außen und die innere Struktur der Einrichtungen in bezug auf Rigidität oder Flexibilität im Umgang mit Normen. Je stärker sich die gesellschaftliche Erwartung an die Heime auf die Einhaltung von Normen bezieht und je stärker die Beurteilung über Kriterien erfolgreicher Kontrolle der Kinder erfolgt, desto stärker ist der Druck, Defizite und Probleme in der Person der Kinder zu suchen und zu definieren. Das gleiche gilt für die Struktur innerhalb der Einrichtungen: Je rigider dort Normen und Regelsysteme vertreten werden, desto stärker ist sie zur Stabilisierung auf die Ausgrenzung und Drohung mit Ausgrenzung angewiesen (vgl. Wolf 1991).

Daher betont die ISA-Studie zurecht, den Zusammenhang zwischen der Abschaffung der geschlossenen Unterbringung in Hamburg und der Definition von Grenzfällen. In Hamburg gab und gibt es ein gesellschaftpolitisches Umfeld, das die Abschaffung der geschlossenen Unterbringung zugelassen hat und eine Politik der Jugendbehörde, die eine relativ große Flexibilität in der Entwicklung sozialpädagogischer Betreuungsarrangements zuläßt. Dadurch wird die Tendenz zur Ausgrenzung reduziert. Anderenorts sind die Rahmenbedingungen deutlich ungünstiger.

Für die Legitimation von Einrichtungen ist es günstig, wenn sie ihr Abschiebungsinteresse in fachliche Rationalisierung kleiden können. Dann wird der Abschiebungswunsch mit dem Kindeswohl begründet: Das Kind bedürfe spezifischer Hilfen, die man ihm nicht anbieten könne, das Kind müsse in seinem eigenen Interesse aus der derzeitigen Beziehungsstruktur herausgelöst werden und vieles mehr. Für Heime ist es besonders günstig, wenn scheinbar objektive Definitionen die Zurückweisung der Zuständigkeit legitimieren. Können medizinisch-psychiatrische Befunde angeführt werden, hat die Einrichtung ihr Dilemma meistens schon gelöst: Für die psychiatrische Behandlung ist nun eine andere Einrichtung zuständig. In welchem Umfang in der Jugendhilfe solche Zuschreibungsprozesse eine Rolle spielen, hat in der sozialwissenschaftlichen

Diskussion der letzten 15 Jahre eine wichtige Rolle gespielt (etwa Thiersch 1977).

Abschiebeprozesse von Heimen in Richtung Psychiatrie spielen in Hamburg – so das Ergebnis der ISA-Studie – keine Rolle (mehr). Dabei ist zu berücksichtigen, daß die Hamburger Heimreformen die Vermeidung von Abschiebeprozessen zu ihren zentralen Ziel erklärt hat und durch mutige jugendpolitische Entscheidungen, konsequentes Gegensteuern der Jugendbehörde und durch das Engagement einzelner Einrichtungen realisiert hat. Das Problem von Abschiebeprozessen ist trotzdem auch in Hamburg nicht generell gelöst. Wie oben dargestellt, entwickeln Institutionen quasi automatisch eine Tendenz zur Abschiebung, die ständig begrenzt und kontrolliert werden muß.

Allerdings – so wird man vielleicht einwenden – können Kinder Erwachsene ja nun wirklich an ihre Grenzen bringen. Wer hat da nicht seine eigenen Erfahrungen?

Sicher hat es die Jugendhilfe mit Kindern zu tun, die häufig extrem belastende Lebenserfahrungen machen mußten. Diese haben Spuren hinterlassen. Mitarbeiter in den Jugendhilfeeinrichtungen müssen sich damit auseinandersetzen, daß Kinder ihre belastenden Erfahrungen auf die neue Lebenssituation übertragen, ihre Betreuer behandeln, wie die Menschen, die sie bisher kennengelernt haben und Strategien fortsetzen, die bisher funktional waren. Ihr Verhalten kann dann ungewöhnlich, unvorhersehbar, verrückt wirken oder es wird als sehr unangenehm empfunden. In solchen Situationen entstehen Zweifel an der eigenen Kompetenz und auch die Bereitschaft, solche schwierigen Situationen auszuhalten ist nicht grenzenlos. Besteht neben dem Zweifel an der eigenen Kompetenz, der Glaube an die größere Kompetenz anderer, verstärkt dies den Wunsch, die Kinder abzugeben. Solche Situationen auch über längere Zeiträume aushaltenzukönnen und – insbesondere – das Aushalten auch als sinnvoll erlebenzukönnen gelingt nur, wenn die Grenzen der Institutionen und auch die Grenzen des einzelnen Mitarbeiters erweitert werden. Die Bereitschaft die eigenen Grenzen zu bearbeiten und zu erweitern ist eine zentrale Bedingung, um Abschiebeprozesse zu vermeiden. Dadurch wird die Aufmerksamkeit nicht in erster Linie auf die Defizite der Kinder, sondern auf die Grenzen der Erwachsenen und auf die Veränderung und Lernfähigkeit der Institutionen gelenkt.

Diese Sichtweise hatte eine Fülle von Konsequenzen für die sozialpädagogische Arbeit in Hamburger Jugendhilfeeinrichtungen. Über diese Konsequenzen hat Sibille Franken (1990) ausführlich berichtet. Einige Aspekte möchte ich hier exemplarisch nennen.

1. Am Anfang stand eine Grundsatzentscheidung: Die für die Betreuung notwendige Fachkompetenz sollte nicht mehr auf der Ebene gruppenübergreifender Dienste und Mitarbeiter angesammelt werden, sondern auf die Ebene der Mitarbeiter verlagert werden, die unmittelbar die Betreuung der Kinder durchführen. Was hier an Fachkompetenz, Empathie und Flexibilität fehlt kann nicht durch gruppenergänzende Dienste kompensiert werden. Der Abbau gruppenergänzender Dienste und die Einrichtung ausschließlich von Sozialpädagogenstellen in der unmittelbaren Betreuung waren die Folgen.

2. Dem Interesse von Sozialpädagogen eine berufliche Identität als Fachleute für die Betreuung von Kindern mit ungewöhnlichen Lebenserfahrungen zu entwickeln wurde große Bedeutung zugemessen. Durch die Bildung einer speziellen Arbeitsgruppe, der Teilnahme an Tagungen, Hospitationen in einer Klinik u.v.m. konnte dieses professionelle Selbstverständnis unterstützt werden. Dabei machten die Sozialpädagogen zunehmend die Erfahrung, daß sie nicht nur auf Tagungen interessiert zuhören, sondern ihre eigenen Vorstellungen und Erfahrungen einbringen konnten.

3. Supervision wurde zum selbstverständlichen Anspruch der Sozialpädagogen. Dabei ging es nicht um den psychologischen Nachhilfeunterricht durch die Heimpsychologen, sondern um die Inanspruchnahme einer Dienstleistung durch sehr unterschiedliche Supervisoren, die die einzelnen Mitarbeiter sich selber suchten. Wichtige Motivation zur Wahrnehmung von Supervisionen war die Bearbeitung persönlich sehr belastender Situationen mit einzelnen Kindern und der langfristige Erhalt der eigenen Arbeitsmöglichkeiten.

4. Hatten die Sozialpädagogen den Eindruck fehlender Informationen, nahmen sie die Beratungsangebote anderer Institutionen in Anspruch, in unserem Zusammenhang etwa den des jugendpsychiatrischen Dienstes des Amtes für Jugend, ambulanter jugendpsychiatrischer Dienste oder der kinder- und jugendpsychiatrischen Kliniken.

5. In belastenden Situationen war neben den langfristig angelegten Strategien zur Erweiterung der Fachkompetenzen auch die unmittelbare Zuständigkeit und Beeinflußbarkeit der Entscheidungen für die Sozialpädagogen wichtig. Wesentliche Entscheidungskompetenzen liegen daher bei den Sozialpädagogen selbst und nicht etwa in einer ausgeklügelten hierarchischen Struktur.

6. Es wurden realistische Ziele für die sozialpädagogische Betreuung entwickelt, die die individuellen Lebenserfahrungen der Kinder und nicht in erster Linie die normativen Erwartungen von außen zum Ausgangspunkt für die Einschätzung machten, was realisierbar seien würde und was nicht.

Dies sind einige Faktoren, die die Bearbeitung und Ausweitung von Grenzen erleichtert haben. Größere Fachkompetenz, größeres Selbstvertrauen und größerer Mut sich auch in schwierige Situationen zu begeben, haben diesen Prozeß in komplexer Weise gefördert.

Lebensweltorientierung der Jugendhilfe oder: Das Leben soll nicht darin bestehen, behandelt zu werden!

Die Jugendhilfe in Hamburg und die Jugendpsychiatrie folgen inzwischen grundsätzlich unterschiedlichen Sichtweisen und Handlungsprinzipien. Diese lassen sich als zwei unterschiedliche Modelle beschreiben. Hier das Modell der Behandlung, dort das Lebensweltorientierte Modell der Jugendhilfe (vgl. Rößler 1990). Die Unterschiede der beiden Modelle können am Beispiel der neueren Geschichte der Heimerziehung verdeutlicht werden.

Anfang der 70er Jahre geriet die Heimerziehung in den Blick einer breiteren Öffentlichkeit. Sie wurde als der Skandal empfunden, der sie war: insbesondere die menschenverachtenden Lebensbedingungen der Kinder wurden zurecht angeprangert. Um dem Mief der Waisenhäuser und dem Skandal einer primär auf Sanktionen setzenden Einrichtung zu entgehen, suchten die Heime nun ihr Heil in einem Selbstverständnis als therapeutisches Krankenhaus. Professionalität, die der Heimerziehung bisher keiner zugestand, suchte man durch die Einstellung psychologischer und therapeutischer Mitarbeiter zu erreichen. Nun sollte nach einer kompetenten Diagnose der Störungen, Abweichungen, Fehlentwicklungen und Defizite der Kinder eine qualifizierte Behandlung in den Heimen stattfinden. Die gruppenergänzenden und therapeutischen Spezialdienste sollten sie gewährleisten. Pädagogen waren für die Grundversorgung in den Gruppen zuständig und galten als unwichtig. Das Wesentliche war die spezialisierte Behandlung. Spezielle Einrichtungen mit jeweils speziellen Behandlungsformen für ein spezielles Klientel boten das Feld für breite Differenzierungen. Am Anfang stand die Diagnose, von ihr hing es ab, welche Einrichtung als besonders geeignet für die Behandlung der diagnostizierten Störungen galt. Die deutliche Kostensteigerung wurde u.a. mit dem Argument relativiert, nach der Phase intensiver Behandlung sei die Rückkehr der Kinder in ihre Familien nun schneller möglich. Außerdem betrieben die Heime – so die angeführte Legitimation – nun nicht mehr nur Aufbewahrung sondern Behandlung, Therapie, ja Heilung sogenannter Verhaltensstörungen. Dieses Modell der Heimerziehung soll als behandlungsorientiertes bezeichnet werden. Solche Einrichtungen gibt es offensichtlich in großer Zahl. Im Vergleich mit solchen Heimen erscheint die Kinderpsychiatrie als die bessere, qualifiziertere und leistungsfähigere Einrichtung der Behandlung und Therapie. Die Psychiatrie verfügt über eine deutlich bessere Ausstattung mit Ressourcen, qualifiziertere Therapeuten und einen höheren Status. Sie ist die Einrichtung für spezialisierte Behandlung.

Dies wollten einige Heime auch sein. Für die Jugendhilfe erwies sich diese Behandlungsorientierung allerdings als Irrweg. Weder erfüllte sich die Hoffnung auf kurzfristige Rückkehr der Kinder in ihre Familien noch die auf Heilung. Dieses System produzierte vielmehr eine Fülle an – zwar nicht beabsichtigten, aber trotzdem sehr wirkungsvollen – Nebenwirkungen. War die Diagnose falsch, waren die Kinder in der falschen Einrichtung und mußten verlegt werden. Eine sich oft mehrfach wiederholende Zerstörung der Lebenszusammenhänge und Beziehungen war die Folge. Starre Regelsysteme, das Leben in großen Gruppen, die Zusammenballung vieler Kinder mit ähnlichen Lebens-erfahrungen an einem zentralen Ort – auch damit die Spezialdienste keine langen Wege hatten – u.v.m. führten zu Nebenwirkungen, die das Leben und die Entwicklung der Kinder auf Dauer stärker beeinflußten, als noch so zahlrei-che Therapieangebote. Auf diese Weise wurden mehr Probleme geschaffen als gelöst.

Unter Stichworten wie "Alltagsorientierte Wende der Pädagogik" (Hörster 1988), Perspektiven einer Alltagsorientierten Sozialpädagogik (Thiersch 1986) oder Lebensfeldorientiertes Verstehen (Koop 1987) – so die Titel einiger Veröffentlichungen – wurde ein anderer theoretischer Zugang und in der Folge eine andere Praxis der Jugendhilfe entwickelt.

Daß die Menschen in einer sich verändernden Gesellschaft Probleme haben und verursachen, gilt hiernach als normal. Mit Begriffen wie Individualisierung von Lebensläufen und Enttraditionalisierung von Lebensformen (vgl. Beck 1986) sind sehr grundlegende gesellschaftliche Veränderungen beschrieben worden, mit denen die einzelnen Menschen umgehen müssen. In dieser Perspektive fragt man nicht nach der für alle verbindlich definierten, normalen Entwicklung – und konstruiert davon abgeleitet abweichendes Verhalten, sondern man interessiert sich für den Sinn des Verhaltens in dem jeweiligen sozialen Kontext. Da erscheint dann ein Verhalten in dem einen sozialen Kontext als durchaus sinnvoll und funktional, das in anderen sozialen Zusammenhängen als unange-messen, disfunktional oder verrückt erscheint.

In dieser Weise angelegte Jugendhilfe konzentriert sich darauf, individuelle Lebenserfahrungen von Kindern aufzugreifen, Orientierung und Lebensstra-tegien im jeweiligen Lebenszusammenhang zu entwickeln und – dort wo stationäre Betreuung notwendig ist – individuelle Betreuungsarrangements zu entwickeln, d.h. für jedes einzelne Kind ein Betreuungsarrangement zu entwik-keln, das die Lebenserfahrungen, Wünsche und Bedürfnisse zum Ausgangs-punkt professioneller Betreuung macht. Das Leben selbst soll gelingen, lebens-wert sein und individuelle Entwicklung ermöglichen.

Diese Art der Jugendhilfe unterscheidet sich damit sehr grundsätzlich so-wohl von einer behandlungsorientierten Heimerziehung, die das Leben zu-gunsten spezialisierter Behandlung vernachlässigt, als auch von der behand-lungsorientierten Psychiatrie oder Psychotherapie.

Diese Lebensweltorientierung schließt – selbstverständlich – nicht aus, daß Behandlung zusätzlich notwendig sein kann. Bricht sich ein Kind den Arm, muß es medizinisch behandelt werden. Oder geht es einem Kind sehr schlecht weil es – so die Definition der psychiatrischen Spezialisten – in einer akuten psychotischen Krise ist, bedarf es ggf. der psychiatrischen Behandlung – ambulant oder stationär. Wir wünschen uns für das Kind im ersten Fall eine gute chirurgische, im zweiten Fall eine gute psychiatrische Behandlung durch Spezialisten, die möglichst viel von ihrem Metier verstehen. Die Kinder sollen solange diese Behandlung erfahren, wie es notwendig ist, jeweils in einer Form, die ihre normalen Lebenszusammenhänge möglichst wenig beeinträchtigt. Die Krankheit soll ihr Leben – auch wenn vollständige Heilung nicht möglich ist – so wenig wie möglich bestimmen. Dies ist die Arbeitsteilung und Zuständigkeit, wie wir sie uns vorstellen und wie wir sie in Hamburg oft – wenn auch nicht immer leicht – erreichen: die Jugendhilfe soll lebenswerte, Entwicklung fördernde Lebensbedingungen schaffen, Therapie – von der Krankengymnastik bis zur Psychotherapie – wollen wir im ambulanten Bereich suchen und finden – nicht etwa durch Mitarbeiter der Jugendhilfeeinrichtungen selbst durchführen – und psychiatrische Behandlung soll auch in den spezialisierten Kliniken durchgeführt werden – für eine Zeit, die so kurz wie möglich sein soll, damit die Lebensbedingungen einer Klinik nicht auf lange Zeit, geschweige denn auf Dauer, das Leben der Kinder bestimmen.

Stationäre Jugendhilfe ist demnach nicht die Verlängerung der Psychiatrie ins normale Leben, nicht die Verlängerung der Behandlung, sondern sie hat andere Orientierungen, andere Menschenbilder und ein anderes professionelles Selbstverständnis.

Die Kritik der Psychiatrien an der Hamburger Jugendhilfe ist zum Teil von einem Mißverständnis geprägt: als ginge es in der Jugendhilfe um die Fortsetzung der Behandlung.

Das Fehlen heilpädagogischer Heime mit starken gruppenergänzenden Diensten (Amt für Jugend 1991, S. 61), ein hohes Maß an Alltagsorientierung (a.a.O., S. 83) und Entspezialisierung (a.a.O., S. 83) sind aus dem Blick einer lebensweltorientierten Jugendhilfe wünschenswert und gewollt. In anderen Kritikpunkten an der Hamburger Jugendhilfe gibt es allerdings auch Berührungspunkte. Der Mangel an "Rund-um-die-Uhr" Betreuungsformen (a.a.O., S. 61) und die Frage, ob nicht manchmal ein zu hohes Maß an Selbständigkeit vorausgesetzt wird, wird auch innerhalb der Hamburger Jugendhilfe diskutiert. Auch die Umsetzung der Entspezialisierung ist keineswegs unumstritten. Ob die Gründe der Kritik die gleichen sind, ist noch eine andere Frage.

Strukturen der Jugendhilfe oder: Brauchen wir spezielle Jugendhilfeeinrichtungen für psychiatrieerfahrene Kinder?

Auf bestimmte Störungen spezialisierte Einrichtungen zu schaffen, ist sinnvoll, wenn es um Behandlung geht. Für eine Lebensweltorientierte Betreuung ist eine solche, durch Spezialisierung gekennzeichnete Struktur nicht sinnvoll sondern schädlich. Bedürfen nun aber Kinder, die in psychiatrischer Behandlung waren, nicht doch besonderer Betreuungsformen. Und benötigen Einrichtungen, die Kinder mit solchen Lebenserfahrungen gut betreuen wollen nicht besonderer, d.h. größerer Ressourcen?

Vor dem Hintergrund der Erfahrungen in Hamburg möchte ich einige Kategorien benennen, mit denen eine lebensweltorientierte Jugendhilfe diese Frage beantwortet.

Zum einen benötigen alle Kinder mit belastenden Lebenserfahrungen – also alle Kinder, die in der Jugendhilfe stationär betreut werden – individuelle Betreuungsarrangements, die von den Lebenserfahrungen und Bedürfnisse der Kinder ausgehend, die Art und Intensität der Betreuung und die Lebensbedingungen jeweils neu individuell schaffen. Nicht hundertmal das Gleiche, sondern jedesmal das individuell richtige, dies ist die Anforderung an die stationäre Jugendhilfe und zwar für alle Kinder, selbstverständlich auch für die, die vor der stationären Jugendhilfe in der Psychiatrie gelebt haben oder während der stationären Jugendhilfe psychiatrische Behandlung erfahren. Insofern bedarf es keiner Spezialeinrichtungen für Kinder aus der Psychiatrie, sondern "nur" individueller Betreuungsarrangements – und wie schwer diese Ansprüche einzulösen sind, weiß vielleicht keiner so genau wie wir.

Zum anderen sind Betreuungsarrangements für unterschiedliche Kinder und Jugendliche sehr unterschiedlich aufwendig. Im Einzelfall sehr aufwendige Betreuungen – aufwendig etwa in der zeitlichen Inanspruchnahme von Mitarbeitern – bedürfen größerer Ressourcen. Diese größeren Ressourcen werden in der behandlungsorientierten Heimerziehung in heilpädagogischen Heimen zur Verfügung gestellt, die besser ausgestattet sind als andere Heime. In einer lebensweltorientierten Jugendhilfe, muß es im Einzelfall möglich sein, solche umfangreicheren Ressourcen zur Verfügung zu stellen. Die Instrumentarien hierfür sind in Hamburg ansatzweise entwickelt. Grundsätzlich ist dieses Problem also durchaus lösbar, ohne Spezialeinrichtungen zu schaffen.

Ferner ist eine wichtige Voraussetzung für eine Jugendhilfe, die aus guten Gründen keine Behandlung durchführen will, daß ambulant die notwendigen psychiatrischen und therapeutischen Behandlungsangebote bestehen und genutzt werden können. Stationäre Spezialeinrichtungen verhindern im übrigen häufig die Entwicklung entsprechender ambulanter Angebote, da sie (oft: scheinbar) den Bedarf befriedigen. Dann ist ggf. die stationäre Betreuung eines Kindes nur deswegen nötig, weil ausschließlich so der Zugang zur Therapie möglich ist. Eine Situation, die weder für das Kind und seine Eltern noch unter Kostengesichtspunkten sinnvoll ist.

Spezielle Heime sind – so fasse ich meine Position zusammen – nicht notwendig, wenn es der lebensweltorientierten Jugendhilfe gelingt, individuelle Betreuungsarrangements zu schaffen, wenn die im Einzelfall hierfür notwendigen Ressourcen zur Verfügung stehen und wenn es ein ausreichendes ambulantes Therapieangebot gibt.

Kooperation von Psychiatrie und Jugendhilfe oder: Zusammenarbeit zu wessen Wohl?

Gute Zusammenarbeit ist auf den ersten Blick ein Ziel an sich: wer sollte wohl für schlechte Zusammenarbeit sein? Aus sozialpädagogischer Sicht ist die Sache nicht ganz so einfach. Psychiatrie und Heimerziehung können als Instanzen sozialer Kontrolle betrachtet werden. Ihre gute Zusammenarbeit ist dann eben nicht unproblematisch, sondern man muß im Einzelfall sehr genau hinsehen, welche Folgen diese gute Zusammenarbeit für die Kinder hat. Es sind durchaus Konstellationen vorstellbar, in denen Psychiatrien und Heime sich gegenseitig ihre gute Zusammenarbeit bestätigen und die Interessen der Kinder dabei nicht gut aufgehoben sind. Erving Goffman (1972, S. 136 ff) hat die Auswirkungen enger Zusammenarbeit von Vertrauenspersonen und Psychiatrien unter dem Begriff "Entfremdungskoalition" ausführlich beschrieben und auf die vielfältigen Situationen von Verrat und Betrug hingewiesen, die bei der Einweisung erfolgen können.

An die Zusammenarbeit sind daher inhaltliche Ansprüche zu stellen. Aus der Sicht der Jugendhilfe möchte ich solche Ansprüche anmelden.

Zum einen beansprucht die Jugendhilfe in Hamburg, zuständig zu sein für die Betreuung von Kindern mit besonders belastenden Lebenserfahrungen. Sie tut dies vor dem Hintergrund ihrer in Theorie und Praxis erworbenen und bewiesenen Professionalität. Und da wir uns diese Professionalität z.T. mühsam erarbeitet haben und da wir sie noch nicht lange beanspruchen können, müssen wir besonders deutlich darauf bestehen – uns geht es da ein wenig wie anderen Aufsteigern auch. Uns gelingt es in der Zusammenarbeit etwa mit Ärzten im Einzelfall meistens gut, diese von unserer Qualifikation und Kompetenz zu überzeugen, weniger zu unserer, als zu deren Überraschung. Ich möchte selbstverständlich unsere Gesprächspartner aus der Psychiatrie nicht über einen Kamm scheren, aber für uns ist schon bemerkenswert, daß in nahezu jedem neuen Kontakt, unser Anspruch jeweils neu angemeldet, legitimiert und bewiesen werden muß, während unsere Gesprächspartner aus der Psychiatrie die Anerkennung ihrer Professionalität wie selbstverständlich voraussetzen. Diese Statusunterschiede führen nun nicht – wie es vielleicht sein sollte – zu besonderer Bescheidenheit bei uns, sondern wir müssen auf der vorher dargestellte Arbeitsteilung beharren: nämlich, wir sind zuständig für die lebensweltorientierte Betreuung, die Psychiatrie für die ggf. zusätzlich notwendige Behandlung. Dies ist ein Essential für uns. Wenn die Kollegen aus der Psychiatrie dem zustimmen, haben wir eine gute Grundlage für die Zusammenarbeit. Das Abarbeiten der unterschiedlichen Statuszuschreibung bleibt dann ggf. für uns noch anstrengend, aber wir wollen auch niemanden überfordern.

Ein zweites Thema ist ebenfalls für die Zusammenarbeit von grundlegender Bedeutung. Die Sozialpädagogik und insbesondere die Jugendhilfe in Hamburg ist gerade durch ihre Professionalisierung und Leistungssteigerung deutlicher an die Grenzen sozialpädagogischer Arbeit gestoßen und hat diese Grenzen zum Thema gemacht.

Bei den früheren Zuständen in den Heimen war es für niemanden verwunderlich, daß die Entwicklung der Kinder dort höchst problematisch war. Aber gerade bei hochqualifizierten, individuellen Betreuungsarrangements werden grundsätzliche Grenzen sozialpädagogischer Betreuung deutlich. Was in der Theorie geradezu banal ist, ist in der Praxis schwer erträglich, nämlich: extrem belastende Lebenserfahrungen können durch sozialpädagogische Betreuung nicht ungeschehen gemacht werden. Solche negativen Lebenserfahrungen können durch andere, menschenfreundlichere Erfahrungen ergänzt werden, die Kinder können vielleicht Strategien entwickeln, wie sie trotz der negativen Erfahrungen manchmal glücklich leben können oder lernen, trotz der negativen Erfahrungen zurechtzukommen. Aber Erfahrungen massiver Gewaltanwendung oder Vernachlässigung oder elender materieller Lebensbedingungen und ihrer Folgen können durch sozialpädagogische Betreuung nicht ungeschehen gemacht werden. Die Jugendhilfe hat dies nicht nur zur Kenntnis genommen und intern diskutiert, sondern auch in der Öffentlichkeit vertreten. Sie ist dafür z.T. hart – und aus meiner Sicht: ungerecht – kritisiert worden.

Eine vergleichbare Diskussion über die Grenzen psychiatrischer Behandlung und insbesondere über die Grenzen psychotherapeutischer Behandlung findet kaum statt, allemal nicht in der Öffentlichkeit.

Die Verständigung zwischen Sozialpädagogen und Psychiatern und insbesondere mit Therapeuten wäre auf einem höheren fachlichen Niveau möglich, wenn jede Seite über die Grenzen ihrer Möglichkeiten angemessen und offen – auch öffentlich – nachdenken würde. Dann wäre es leichter, im Umgang mit den Kindern das zu verwirklichen, was tatsächlich möglich ist an Behandlung, Therapie, Hilfe und Betreuung und die Gefahr wäre begrenzt, daß die – vielleicht manchmal klein erscheinenden – Chancen vertan werden, weil man so tut, als ob die Kinder ihre belastenden Lebenserfahrungen einfach abstreifen könnten. Vielleicht ist die Kooperation zwischen Jugendhilfe und Psychiatrie ja bereits so, daß man sich solchen Fragen zuwenden könnte.

Literatur

Amt für Jugend: "Grenzfälle" zwischen Heimen und Psychiatrie. Zur gegenseitigen Inanspruchnahme von Jugendhilfe und Jugendpsychiatrie in Hamburg. Abschlußbericht zu einer Untersuchung des Instituts für soziale Arbeit e.V., Hamburg 1991

Beck, U.: Risikogesellschaft. Auf dem Weg in eine andere Moderne. Frankfurt/Main 1986

Franken, S.: Erfahrungen im Margaretenhort mit der Betreuung psychiatrieerfahrener Kinder und Jugendlicher. In: Köttgen, C. u.a. 1990, S. 113

Goffman, E.: Asyle. Über die soziale Situation psychiatrischer Patienten und anderer Insassen, Frankfurt/Main 1972

Hörster, R.: Alltagsorientierte Wende in der Pädagogik. Ihre didaktische und ihre sozialwissenschaftliche Pointe. In: Neue Praxis 1988, S. 376 ff

Koop, P.-H.: Lebensfeldorientiertes Verstehen. Sozialarbeit als Erklärungs- und Handlungstheorie. In: Neue Praxis 1987, S. 540 ff

Köttgen, C., Kretzer, D., Richter, S. (Hrsg.): Aus dem Rahmen fallen. Kinder und Jugendliche zwischen Erziehung und Psychiatrie, Bonn 1990

Rößler, J.: Aufgabengebiete und Selbstverständnis der Jugendhilfe. In: Köttgen, C. u.a. 1990, S. 131 ff

Thiersch, H.: Abweichendes Verhalten – Definitionen und Stigmatisierungsprozesse in der Jugendhilfe. In: Thiersch, H.: Kritik und Handeln. Interaktionistische Aspekte der Sozialpädagogik, Neuwied und Darmstadt 1977

Thiersch, H.: Die Erfahrung der Wirklichkeit. Perspektiven einer alltagsorientierten Sozialpädagogik, Weinheim, Basel 1986

Wolf, K.: Keine geschlossene Unterbringung in der Hamburger Heimerziehung: Praxis und Konsequenzen. In diesem Buch

MICHAEL TÜLLMANN

Menschen mit Behinderungen sind vor allem Menschen

Menschen, die über ihre offensichtlichen Schwächen nicht hinwegtäuschen können, leben unter uns als Behinderte. Sie sind festgelegt auf eine diffuse, fremdbestimmte Rolle, die durch Einschränkungen gekennzeichnet ist.

Für diese Menschen gilt nicht, was für andere normal ist. Für sie glaubt man, etwas Besonderes schaffen zu müssen bzw. Altes und zweifelhaft Bewährtes sei für diese Menschen noch gut genug. Diese Einstellung dokumentiert sich auffällig im sozialen Bereich der ehemaligen DDR. Während man mit viel Geld versucht, die Jugendhilfe in den neuen Ländern durch ganz neue Strukturen aufzubauen, exportieren große Verbände der Behindertenhilfe, z.B. im Bereich der beruflichen Rehabilitation, Konzepte von beschützenden Werkstätten. Diese Konzepte sind auf Grund ihrer Aussonderungsfunktion im hohen Maße der Kritik ausgesetzt. Durch große Investitionen in diese Betriebe wird sich auf lange Zeit keine Veränderung für Menschen mit Behinderungen abzeichnen. Das zentrale Problem, das zu Ungleichbehandlung führt, liegt in der Generalisierung der offensichtlichen Behinderung und Angewiesenheit in Teilbereichen auf den gesamten Menschen. Es wird nicht wahrgenommen, daß alle Menschen abhängig sind und der behinderte Mensch nur relativ mehr, sondern es wird zu oft so getan, als ob der sogenannte Behinderte ein anderes Wesen sei.

Die Identität dieser Menschen ist gefährdet, weil die Balance zwischen einem der eigenen Verantwortlichkeit angemessenem Maximum an Unabhängigkeit und einem Minimum an notwendiger, bedürfnisbefriedigender Abhängigkeit nicht mehr angemessen herstellbar ist.

Die durch ungerechte Zuschreibung und Behandlung mißlungene Identitätsfindung kann zu normabweichenden Verhaltensweisen führen. Dies wiederum zu mehr Kontrolle und Zwang. Der Teufelskreis schließt sich mit der Zunahme abweichenden Verhaltens. Die Gefahr einer mißlungenen Identität steigt mit dem Maß an individueller Abhängigkeit.

Empirisch nachgewiesen ist, daß je höher die Abhängigkeit, desto größer die Wahrscheinlichkeit ist,

- daß sich die Zahl der Kontaktpersonen verringert,
- daß sich die Zahl der qualitativen Kontakte verringert,
- daß sich die Zuwendungszeit anderer Personen verringert,
- daß es zu Beeinträchtigungen sozialer Beziehungen kommt,

- daß aus der Familie ausgesondert wird,
- daß aus Bildungseinrichtungen ausgesondert wird.[1]

Werden die Auswirkungen dieser Aussonderungen durch entsprechende pädagogische Begleitung in normalen gesellschaftlichen Alltagssituationen nicht gemildert, kann der Teufelskreis der Desintegration nicht durchbrochen werden. Daher müssen z.B. Einrichtungen für behinderte Menschen sich bei der Forderung nach mehr Personal selber kritisch die Frage stellen, ob dieses Mehr auch mit der Einführung identitätsfördernder Strukturen verbunden ist oder ob es immer nur um ein Mehr desselben geht und man somit in der Gefahr ist, Identitätsbildung zu behindern.

Ich habe meine Erfahrungen mit behinderten Menschen im Rauhen Haus im Kontext der sich dezentralisierenden Heimerziehung gemacht und will in diesem Aufsatz nachweisen, wie lebenserweiternd die Übernahme der in diesem Prozeß gemachten Erfahrungen für die Lebensgestaltung behinderter Menschen ist.

Das Rauhe Haus ist mit geistig behinderten Menschen in Kontakt gekommen, als in der Jugendhilfe auf Grund des zurückgehenden Platzbedarfes die vorgehaltene Kapazität nicht mehr gehalten werden konnte. Die Aufnahme behinderter Menschen verhinderte eine Platzreduzierung in der damaligen Erziehungsabteilung. Besitzstandswahrung war der Anlaß für diese neue Aufgabe.

Nach einer kurzen Phase der Desorientierung bei der Aufnahme aus diesem Personenkreis, verwarf man sehr schnell sonderpädagogische Konzepte und fand im Zusammenleben mit den behinderten Jugendlichen heraus, daß gerade die für die Jugendhilfe erkämpften Strukturen einer Wohngruppe genau für diese Menschen, die auf ein hohes Maß an Emotionalität und Geborgenheit angewiesen sind, das Richtige waren. Eventuell notwendige Therapien, deren Stellenwert man am Anfang total überbewertete, waren extern leicht und professioneller als intern zu organisieren.

Aus dieser positiven Erfahrung heraus wurde im Rauhen Haus die für die Jugendhilfekinder hart errungene Anteilnahme an gesellschaftlicher Normalität durch Abschaffung der aussondernden Heimstrukturen nun auch für die Jugendlichen mit Behinderungen ermöglicht.

Zu diesem Zeitpunkt schien die unterschiedliche historische Entwicklung, die in der Heilpädagogik und der Rettungshausbewegung ihre unterschiedlichen Wurzeln hat, an einem Punkt zusammenzulaufen.

Dieser Punkt bestand in der Beibehaltung des Geltungsbereichs gesellschaftlicher Normalität für diese beiden Personenkreise.

Ein kurzer Rückblick auf die historische Entwicklung macht die große Bedeutung der Aufhebung spezieller Betreungsformen zugunsten einer allgemeinen Pädagogik deutlich und zeigt, daß die nunmehr notwendige gemeinsame Weiterentwicklung schon in den Wurzeln der im geschichtlichem Verlauf sich auseinander entwickelten Richtungen als Möglichkeit angelegt war.

Retten und Heilen

Erziehung ist nur im sozialen Kontext möglich. Eltern, Erzieher, Geschwister und andere Erwachsene zeigen Kindern und Jugendichen, die noch nicht in allen Lebensbereichen selbständig sind, Wege auf, mit den Anforderungen des Lebens umzugehen und sie zu bestehen.

Erziehung ist also lebensnotwendig.

Die Menschen, die erziehen, wollen Erfolge und Wachstum sehen. Erziehung stößt aber auch auf Grenzen. Sie beziehen sich auf unterschiedliche Altersstufen und auf unterschiedliche Gebiete und heißen zum Beispiel: "unmusikalisch", "schlag dir den Beruf aus dem Kopf", "schwach begabt", "faul", "dumm", "zwei linke Hände" und so weiter.

Erzieher, die nicht mehr von Herzen erziehen, vollziehen den Übergang von Erziehung zu bloßer Verwahrung und bloßer Pflege. Menschen, die in ihrem sozialen Kontext jenseits dieser Grenzziehung liegen, sind in Gefahr, ausgestoßen zu werden. Diese Grenzziehung so weit wie möglich hinauszuschieben, war eines der wichtigsten Bestandteile der Pädagogik Wicherns. Er erkannte den Verfall und die Schwächung der Leistungsfähigkeit der von der Industrialisierung bedrohten Familien und baute im Rahmen der Rettungshausbewegung stabile und leistungsfähige Erziehungsfamilien auf, die sich in ihrem Zusammenschluß als Erziehungsgemeinde verstanden. Die Möglichkeiten der Veränderungen wurden mehr auf den sozialen Kontext, also die Erziehungsgemeinde, als auf das Individuum bezogen.

Mit dieser Arbeit sorgte er für weit hinausgeschobene Grenzen in der Pädagogik mit verhaltensgestörten und verwahrlosten Jugendlichen.

In der gleichen Epoche sorgten Georgens und Deinhardt für eine Grenzverschiebung in der Arbeit mit geistig Behinderten. Sie stellten der Erziehung und sich selber die radikale Aufgabe, die Schäden in der Entartung der Gesellschaft nicht nur im Hinblick auf das einzelne Kind, sondern im Blick auf das Ganze der Erziehung zu untersuchen. Sie fanden in aller Erziehung ein punkt- und zeitweise hervortretendes heilpädagogisches Element. Die Tätigkeitsregelung, die in der allgemeinen Erziehung zwischen Schule und Familie aufgeteilt wurde, lag in den heilpädagogischen Anstalten in einer Hand.

Ihre Methoden wurden Abwandlungen der Mittel, die auch für die Erziehung gesunder Kinder galten. Die großen Leistungen von Wichern in der Rettungshausbewegung — und von Georgens und Deinhardt in der heilpädagogischen Bewegung — liegen in Grenzverschiebung und damit in der Erweiterung der Erziehung. Diese Grenzverschiebung sollte dazu führen, daß Kinder und Jugendliche möglichst nicht aus Erziehungsverhältnissen verstoßen werden.[2]

Rettung und Heilung waren also in bestimmten historischen Situationen Herausforderungen, an deren Problemlösungen entlang sich eine Pädagogik für Verwahrloste und Verhaltensgestörte auf der einen Seite und eine Heilpädagogik für Behinderte auf der anderen Seite schwerpunktmäßig entwickelte.

Rettung und Heilung sind bei genauerem Hinsehen nur bestimmte Erziehungssituationen und damit nur zeitweise Betonung von Teilen der allgemeinen Pädagogik.

Eine dauernde Zuordnung von einzelnen Kindern und Jugendlichen zu einer spezialisierten Form der Erziehung, ist Stigmatisierung, weil nur von einer Unfähigkeit oder Begrenzung her der ganze Mensch gesehen wird.

Nach heutigen Erkenntnissen geschieht die Erweiterung der Möglichkeiten der Kinder und Jugendlichen, die in Wohngruppen leben, in erheblichem Maße dadurch, daß die Erziehungs- und Betreuungsinstitutionen die Abwendung von den sich verselbständigten Bestandteilen der allgemeinen Erziehung wie – Pflegen, Retten, Heilen – vollziehen, zugunsten einer allgemeinen, das Ganze im Blickfeld habenden Pädagogik.

Das Interessante an Jugend- und Behindertenhilfeeinrichtungen ist dann nicht mehr die Fähigkeit, perfekt eine komplexe Problemlage auf ein spezielles Problem zu reduzieren und entsprechend spezialisierte Hilfe zu leisten, sondern die Leistung, lebendig und kreativ Lebenswelten mitzuentwickeln, in denen Menschen mit ihren Fähigkeiten, Behinderungen und Grenzen danach streben können, ein zufriedenes und glückliches Leben zu finden.

Vor dem Hintergrund des Zugeständnisses innovativer Strukturen auch für die Behindertenhilfe, entwickelte sich eine kritische Perspektive, aus der wir die Situation von Menschen mit Behinderungen in Einrichtungen wahrnahmen.

Die Identität gefährdende Seite der Behindertenhilfe

Betrachtet man die Behindertenhilfe oberflächlich in Deutschland, so hat man den Eindruck, daß die Menschen mit geistiger Behinderung es hier eigentlich recht gut haben.

Die baulich meist schönen kleinen und großen Heime stellen ein vielfältiges Platzangebot für diese Menschen zur Verfügung.

Hier gibt es keine Schlafsäle mehr wie in der ehemaligen DDR.

Die Menschen mit geistiger Behinderung haben teil an dem wirtschaftlichen Wachstum der Bundesrepublik Deutschland. Für ihr Leben ist gut gesorgt.

Hat man als behinderter Mensch erstmal einen Anspruch auf eine Rundumversorgung erhalten, dann gibt es nur noch wenige Voraussetzungen, die der Mensch mit geistiger Behinderung mitbringen muß. Die wesentliche ist: Er muß normal behindert sein.

Das heißt, er muß den ihm vorgegebenen Alltag auch so leben, wie es für ihn arrangiert wurde.

Morgens, nach dem gemeinsamen Frühstück, muß er es gut finden, in einem gekennzeichneten Bus mit anderen Behinderten in eine Werkstatt gefahren zu werden.

Im Bus darf er sich nicht streiten oder auffällig benehmen.

In der Werkstatt muß er sich einfügen in eine monotone Arbeit. Es sei denn, er ist ein leicht geistig Behinderter mit Teilleistungsstärken und ohne Verhaltensauffälligkeiten.

Dann warten attraktive Arbeitsprojekte in der Werkstatt auf ihn. Fast jede Werkstatt hat solche Angebote.

Die vielen Menschen, die hierzu aber nicht fähig sind, machen den ganzen Tag zum großen Teil eine monotone, abstumpfende Arbeit.

Eingeübt in die Monotonie eines Arbeitsalltages, an den man zum Beispiel den ganzen Tag Kugelschreiber zusammendreht, steigt man wieder in einen Bus, der einen in die Wohnstätte fährt. Eigentlich ist das ganze Leben wie Busfahren. Alles ist organisiert. Jede Haltestelle ist terminiert und festgelegt.

Die Freizeit, also der Reproduktionsbereich, wird bestimmt durch die Art der Anforderungen im Produktionsbereich und ist daher gefährdet, genauso monoton zu sein. Fernsehen, Walkman und Videorecorder liefern die technischen Hilfsmittel für diese abstumpfende Freizeitgestaltung.

Ausgenommen hiervon sind natürlich die Außenangebote.

Im schon vertrauten Bus geht es dann zu einem Gottesdienst oder Chorbesuch in einer Kirchengemeinde. Bei diesen Veranstaltungen ist jeder gern gesehen.

Seit neuestem machen große Discotheken nachmittags Sonderveranstaltungen für Menschen mit Behinderungen.

Bei der Einrichtung der ersten Gruppen für Menschen mit geistiger Behinderung im damaligen Heim Gräflingsberg des Rauhen Hauses, waren wir erstaunt, wieviel Anpassungsbereitschaft die Menschen mit geistiger Behinderung mitgebracht haben.

Die von Verwahrlosungserscheinungen gestreßten Erzieher erlebten die Integration der Behinderten als wohltuend. Diese Phase hielt einige Zeit an, bis wir aufgrund einer ständig anhaltenden Integrationsdiskussion uns wieder an unsere Wurzeln im Jugendhilfebereich erinnerten.

Die Bereitschaft, uns mit auffälligerem Verhalten bei Menschen mit geistiger Behinderung und Sondersituationen auseinanderzusetzen, wuchs.

Immer mehr Menschen, die nicht in Werkstätten arbeiten wollten, sich in Behindertenbussen schlecht benahmen, die eigenwillige Lebensvorstellungen hatten und auf verschiedenste Art gegen ihre jetzigen Lebensbedingungen protestierten, zogen in unsere Gruppen.

Es kamen auch behinderte Eltern mit ihren Kindern. Sie liebten ihre Kinder, aber konnten sie nicht erziehen.

Die Menschen, die in letzter Zeit zu uns kamen, waren zum großen Teil auf eine sehr eigenwillige Art geprägte Individuen.

Es wurde sehr schnell klar, daß generelle Lösungen hier keine Hilfe darstellten. Oft scheiterten diese Menschen an Regelungen und Herausforderungen in anderen Einrichtungen.

Wir waren aufgefordert, sehr individuelle Arrangements zu treffen.

Genau an dieser Stelle trafen wir auf die allgemeinen pädagogischen Prinzipien des Rauhen Hauses, die für die Erziehung in Wohngruppen entwickelt wurden und nun auch für erwachsene Menschen mit Behinderungen gelten sollten.

Diese sind vor allem: Normalisierung, Entformalisierung, Flexibilisierung und Dezentralisierung der Einrichtung, verbunden mit einer verständigungsorientierten Hilfe zur Lebensgestaltung.

Die Anforderungen nach individuellen Betreuungsarrangements, gestellt von den ersten "sogenannten" Problemfällen, wirkten sich jetzt immer stärker auf alle Betreuten aus.

Der Anspruch der Behindertenhilfe des Rauhen Hauses ist es heute, bei jeder Anfrage ein individuelles Angebot zu machen. Dieses individuelle Arrangement steht dem generellen Konzept, das schon immer vorab umd überhaupt fertig ist, entgegen. Es fordert unsere Kreativität, Professionalität und vor allem die Bereitschaft zum Dialog.

Dieser Ansatz bringt konkrete Anforderungen an die Institution, die Mitarbeiter und die Gesellschaft mit sich.

Herausforderung an die Institution

Thiersch, der sich schwerpunktmäßig mit Alltagspädagogik beschäftigt, fragt im Rahmen seiner Überlegung zu dem Begriff Normalisierung kritisch nach, ob die Anstrengung, alle Versorgungen durch eine Institution abzudecken, nicht zu einer Größe der Organisationeinheit führt, in der die Gefahr eines abgeschotteten Eigenraums nur vergrößert wird, zu einer Institution also, die gar nicht anders kann, als zunehmend dem Gesetz ihres eigenen Bestandes und ihrer Bestandssicherung zu folgen.[3]

Während der Entwicklung der Behindertenhilfe des Rauhen Hauses waren verschiedene Organisationsgrößen Ausgangspunkt konzeptioneller Bestrebungen.

Dabei hat sich gezeigt, daß zu kleine Einheiten zu wenig Spielraum für die Entwicklung pluraler Lebensformen ermöglichten.

Heute hat sich nach einer sehr kritischen Auseinandersetzung gezeigt, daß die Abteilung Behindertenhilfe dann an ihre Grenzen kommt, wenn sich Zwischenhierarchien wie Gruppen- und Hausleitung etablieren. Dies geschieht dann, wenn in der Hierarchiespitze die Kommunikation so komplex wird, daß immer stärkere Verdichtungen notwendig werden.

Bei diesem Prozeß verliert der Mitarbeiter vor Ort in der Gruppe oder der ambulanten Einzelbetreuung seine signifikante Rolle. Die Einzigartigkeit jeder autonomen Einheit verliert an Bedeutung, da sie in übergeordnete Zusammenhänge einsortiert wird. Somit werden Entscheidungsprozesse durch immer mehr fremdbestimmte Anteile beeinflußt.

Diese Erscheinungsformen markieren die Grenze quantitativer Ausweitung. Die Vernetzung mit anderen Institutionen wird an dieser Stelle für ein umfassendes Angebot von Eingliederungshilfen in einer Region zur Notwendigkeit.

Verzicht auf Sondereinrichtungen

Im Bereich der Behindertenhilfe gibt es ausreichend Sondereinrichtungen für Menschen mit geistiger Behinderung. Spezielle Förderungsrichtlinien (z.B. Werkstattverordnung) unterstützen ausschließlich diese aussondernden Spezialeinrichtungen. Erst langsam dringen kleine Initiativen in diesen Bereich vor.

Institutionen, die Eingliederungshilfen für Menschen mit geistiger Behinderung in dieser Zeit neu konzipieren, sollten darauf verzichten, neue Sondereinrichtungen zu schaffen und die Position des abgebildeten Dreiecks kreativ zu verbinden.

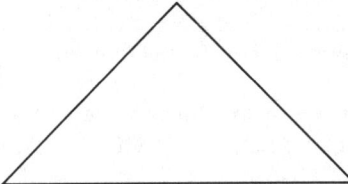

Positionsdreieck

Gesellschaftliche Integration und Entstigmatisierung durch individu-elle Eingliederungshilfen

Verantwortung zwischen Förde-rung der Autonomie und Schutz des Menschen mit Behinderun-gen und der Gesellschaft

Verzicht auf formalisierte Einglie-derungshilfen in Sondereinrich-tungen

Die Positionen dieses Dreiecks müssen bei der Konzipierung individueller Eingliederungshilfen in Einklang gebracht werden.

Wichtig in diesem Zusammenhang ist der ausdrückliche Verzicht auf Eta-blierung von Sondereinrichtungen. Diese werden vor dem Hintergrund von Motiven des Schutzes des Menschen mit Behinderungen und der Gesellschaft schnell gefordert und entsprechen etablierten Umgangsformen institutionalisier-ter Behindertenhilfe, die sich oft zu schnell Problemlösungen durch formale Organisation nähert.

Dies heißt nicht, daß einer Institution zu allen bestehenden Betreuungsfor-men in Sondereinrichtungen individuelle Alternativen einfallen. Aber man stellt sich mit dem Verzicht, solche Einrichtungen zu betreiben, die Aufgabe, dies zu versuchen.

So übernimmt man in der Behindertenhilfe eine innovative Rolle, die im Spektrum der Behindertenarbeit zwischen der Rolle der Selbsthilfevereinigungen (Aktion autonomes Leben) und großer Rehabilitationszentren angesiedelt ist. Aus dieser Position heraus werden die individuellen Bedürfnisse des Einzelfalls mit den Möglichkeiten der Institution konfrontiert, um so angemessene Ein-gliederungshilfen für den Einzelfall anzubieten.

Der Verzicht auf formalisierte Eingliederungshilfen in Sondereinrichtungen bedeutet konkret:

- Dezentraler flexibel nutzbarer Wohnraum anstelle von Wohnheimen.
- Keine Etablierung von Sondereinrichtungen, die Besitzstandswahrung nach sich ziehen.
- Vorrangigkeit ambulanter Hilfen vor stationären Hilfen.

- Kleine Wohngruppen bis zu acht Personen als Alternative zur Heimunterbringung.
- Große Autonomie der einzelnen kleinen Organisationseinheiten und der Mitarbeiter als Voraussetzung individueller Hilfe zum autonomen Leben.
- Überschaubare Größe der Abteilung, die Zwischenhierarchien überflüssig macht und im Bedarfsfall eine schnell herstellbare inhaltliche Diskussion und Entscheidung eines Einzelfalls auf breiter Ebene ermöglicht.

Die Gegner dieser sich flexibilisierenden Einrichtungen und Konzepte werden immer Menschen, die auffällige Behinderungen haben, als Gegenargument in die Diskussion dieser Entwicklung bringen.

Hier ist eine offensichtliche Parallele zu den Diskussionen zur Zeit der Abschaffung der geschlossenen Heimerziehung in der Jugendhilfe in Hamburg erkennbar.

Institutionen müssen daher ihre dezentralen und flexiblen Konzepte in der Betreuung dieses als Gegenargument angeführten Personenkreises unter Beweis stellen.

Auch hier gibt es Analogien zur Entwicklung im Jugendhilfebereich.

Zur Zeit der Abschaffung der geschlossenen Heimerziehung, führte das Rauhe Haus eine Form der Reisepädagogik auf einem Schiff durch. In der Behindertenhilfe wurde ca. sieben Jahre später ein Integrationsprojekt für Menschen mit schwer aushaltbarem Verhalten in die bestehende dezentrale Wohngruppenarbeit ins Leben gerufen.

Beide Projekte waren Übergangsformen zu einer Erweiterung der Konzepte, die für weniger auffällige Menschen bereits bestanden.

Durch einen höheren Grad der Individualisierung und die Flexibilisierung bestehender Konzepte sowie einem entsprechenden Professionalisierungsprozeß, konnten diese durch Provisorien gekennzeichneten Übergänge zu verläßlichen Hilfeformen führen.

In der Behindertenhilfe stehen wir noch vor der großen Herausforderung, vermehrt die Abschiebung in die Psychiatrie zu verhindern.

Die hiermit verbundene Grenzerweiterung ist notwendig. Die durchaus richtige Vorrangigkeit ambulanter vor stationären Hilfen wird den stationären Bereich mit schwierigen Problemen belasten.

Hier müssen wir aufpassen, daß die damit verbundenen Herausforderungen nicht soviel Verunsicherung schaffen, daß abgelegte Heimstrukturen ein Comeback feiern bzw. alte Zöpfe überholter, noch stark formalisierter Heime nachträglich legitimiert werden.

Dies würde den hart errungenen Prozeß der Normalisierung gefährden.

Gleichzeitig kann es nicht angehen, daß die Psychiatrie von Pädagogen als Abschiebemöglichkeit genutzt wird, wenn bei einer Eskalation von Problemen es sich nicht um Symptome eines Krankheitsverlaufs, sondern um die Nichtertragbarkeit der Wesensart eines Menschen mit geistiger Behinderung handelt. Hier müssen pädagogische Einrichtungen eigene Entlastungskonzepte entwickkeln.

Im Rauhen Haus sind wir auf der Suche nach diesen Konzepten.

In der Jugendhilfe haben wir gelernt, diese Menschen mit schwer aushaltbarem Verhalten außerhalb von Gruppen zu begleiten. Dies schuf für alle Beteiligten sofortige Freiräume und Entlastung.

Menschen mit schwer aushaltbarem originellem Verhalten für eine lange Zeit aushalten zu lernen, sich mit nur geringfügigem und manchmal auch anscheinend gar keinem Fortschritt zufriedenzugeben, ist für eine sozialpädagogische, mit Eingliederung beschäftigte Einrichtung, eine große Herausforderung in jeder Hinsicht.

Aufgaben und Rolle des Sozialpädagogen in der alltäglichen Arbeit mit Menschen, die behindert sind

Voraussetzung der nachfolgenden Herausforderung an den sozialpädagogischen Kollegen, der mit den behinderten Menschen im Bereich Wohnen, Arbeit und Kultur zusammenarbeitet, ist ein großes Maß an Eigenverantwortlichkeit und Autonomie dieser Kollegen. Dies muß verbunden sein mit der Einbindung in eine professionelle Diskussion innerhalb und außerhalb der Einrichtung.

Bei der Begleitung und Gestaltung von Interaktionsprozessen während der Integration von Menschen mit ungewöhnlichem Verhalten in die Lebensbereiche Wohnen, Arbeit und Freizeit, ist der Mitarbeiter mit folgenden Herausforderungen konfrontiert.

- Entstigmatisierung und Veränderung der starren Rollenzuweisung seines Gegenübers als Behinderter durch Versuche, die Lebensform dieser Menschen flexibel und kreativ zu gestalten.
- Begleitung dieser Interaktionsprozesse durch die Bereitstellung von Möglichkeiten, neue Rollen auszuprobieren. Durch verstärktes Einfühlungsvermögen der Pädagogen entstehen neue Wege der Alltagsbewältigung. Verstärkte Kulturarbeit, vor allem Theater, kann in gewissem Rahmen eine Rollendistanz herstellen und Identität kann somit neu entdeckt und ausgehandelt werden. Voraussetzung hierfür ist die Selbständigkeit der Bereiche Arbeit, Wohnen, Kultur und Therapie. Diese Lebensräume müssen unterschiedliche Formen der Selbstpräsentation ermöglichen und nicht auf ein bestimmtes pädagogisches Ziel hin aufeinander abgestimmt sein. Nur so können durch einen Wechsel der Lebensfelder die Abhängigkeitssituationen des behinderten Menschen in den unterschiedlichen Bereichen auch unterschiedlich erlebt werden. So können Krisen entstehen, in denen neu nach dem Sinn gefragt wird. Identitätsbildung kann in Bewegung kommen.
- Individuelle Gestaltung von Arbeitsplätzen im Zusammenhang mit normalen Betrieben anstelle von einer meistens monotonen Arbeit in einer beschützenden Werkstatt.
- Vorbereitung zukünftiger Lebensformen durch ambulante pädagogische Betreuung in Familien, der Psychiatrie, bei Wohnungslosen im Hotel und im Gefängnis anstelle von Zuweisung eines Wohnheimplatzes und Abforderung der damit zusammenhängenden Anpassung. Diese Herangehensweise initiiert immer mehr Versuche, starre Rollenzuweisungen zu flexibilisieren. Das

konkrete Ausprobieren veränderter Formen der Alltagsbewältigung setzt eine differenzierte Verständigung des Pädagogen mit dem behinderten Menschen voraus. Ich versuche diesen Prozeß durch folgende Darstellung zu veranschaulichen:

Verständigungsversuche

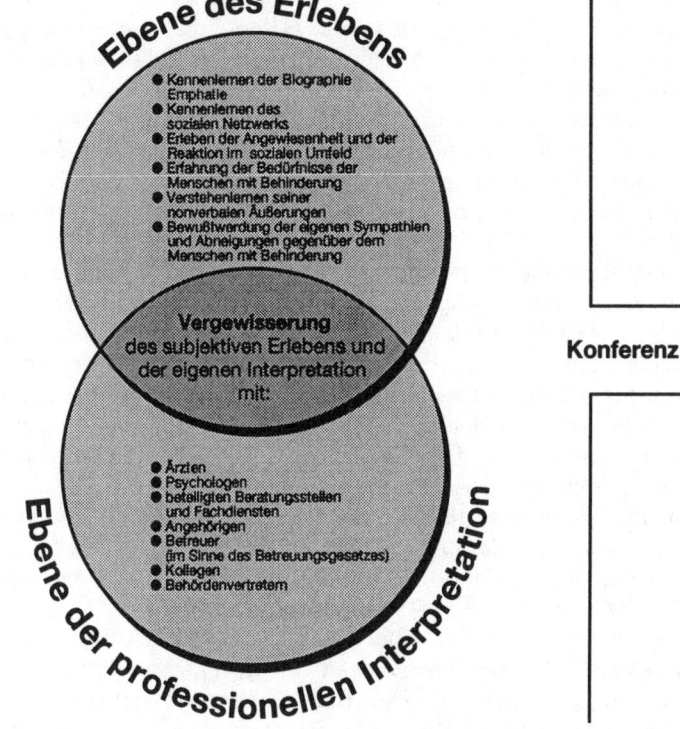

Ebene des Erlebens

- Kennenlernen der Biographie
  Empathie
- Kennenlernen des
  sozialen Netzwerks
- Erleben der Angewiesenheit und der
  Reaktion im sozialen Umfeld
- Erfahrung der Bedürfnisse der
  Menschen mit Behinderung
- Verstehenlernen seiner
  nonverbalen Äußerungen
- Bewußtwerdung der eigenen Sympathien
  und Abneigungen gegenüber dem
  Menschen mit Behinderung

Vergewisserung
des subjektiven Erlebens und
der eigenen Interpretation
mit:

- Ärzten
- Psychologen
- beteiligten Beratungsstellen
  und Fachdiensten
- Angehörigen
- Betreuer
  (im Sinne des Betreuungsgesetzes)
- Kollegen
- Behördenvertretern

Ebene der professionellen Interpretation

Betreuungs-
Erziehungs-

Konferenz

**Institutionelle
und persönliche
Gewalt**
- starre Rollenzuweisung
- fremdbestimmte
  Verwahrung
- bloße Pflege bei gleichzeitiger Verrohung
- Infantilisierung des erwachsenen Menschen
  mit Behinderung
- Abschirmung vom
  gesellschaftlichen Leben
- Strategien der Besitz-
  standswahrung, die sich
  gegen die Autonomie des
  Menschen mit Behinde-
  rung wenden

Symbiose

- Ausschließlich emotio-
  nales Einfühlen
- Verhaftetsein in subjek-
  tive Betrachtungsweisen
- Botschaft: Außer mir
  versteht in keiner
- Übernahme von Persön-
  lichkeitsanteilen in der
  Kommunikation
- Überfürsorge
- unangemessen große
  Kontrolle

**Ziel: Individuelle Eingliederungshilfe, die versucht, eine optimale Balance zwischen bedürf-
nisorientierter Abhängigkeit und größtmöglicher Selbständigkeit herzustellen.**

Dieses Schaubild soll eine Übersicht über die wesentlichen Themen der Verständigung und Vergewisserung im Kommunikationsprozeß mit den behinderten Menschen, ihren sozialen Netzwerken und den professionellen Personen sowie den zuständigen Einrichtungen geben.

Durch diese Kommunikation, die sich der Lebenswelt der behinderten Menschen, die um Eingliederungshilfe nachfragen, möglichst weit anzunähern versucht, können angemessene Hilfen, die die notwendige Unterstüzung genauso wie ein größt mögliches Maß an Unabhängigkeit garantieren, entwickelt werden.

Diese professionell und persönlich sehr anspruchsvolle Verständigung muß sich auf der einen Seite von gesellschaftlicher und persönlicher Gewalt und auf der anderen Seite gegen entmündigende symbiotische Beziehungen abgrenzen. Symbiose und Formen persönlicher Gewalt liegen allerdings oft nahe beieinander.

Ihre Entstehungsgeschichte ist aber meistens sehr unterschiedlich, so daß man diese beiden Abgrenzungen differenziert voneinander betrachten sollte. Zentrum dieser Verständigung ist die Konfrontation des Erlebensaspektes mit professionellen Interpretationsmöglichkeiten. Diese Konfrontation unterscheidet den professionellen Pädagogen von dem freiwillig Hilfe leistenden Mitmenschen.

Beide Helfer sind aber angewiesen auf den Erlebensaspekt. Dieser Begriff möchte ausdrücken, daß "Einfühlen in den Nächsten", Empathie, Solidarität u.a. weder primär über Wissensvermittlung (Rationalität) noch primär über gefühlsmäßige Zuwendung (Emotionalität) zustandekommt, sondern primär über das Erleben von Behinderung.

Dieses Erleben muß in Alltagssituationen, also im trivialen alltäglichem Kampf mit dem Mehr an Abhängigkeit, stattfinden.[4]

In diesem Zusammenhang wird noch einmal deutlich, wie wichtig es ist, daß der Pädagoge sein Fachwissen in geeigneter Form in Selbsthilfegruppen weitergibt, um auch freiwillige Hilfe weiterzuentwickeln.

Dies geschieht im Rauhen Haus durch die Zusammenarbeit der Pädagogen mit regional angesiedelten Initiativkreisen. Durch diese Kooperation wurden mehrere Entlastungskonzepte im wesentlichen für betreuende Angehörige verwirklicht. Besonders zu erwähnen ist hier die zeitliche begrenzte Entlastung der Familien in den Ferien, an Wochenenden und in Notsituationen.

Wenn der beschriebene Verständigungsprozeß, als gemeinsame Suche nach Antworten, nicht mehr gelingt und ein ständiges Ausharren im linken oder rechten Grenzbereich immer mehr Raum einnimmt, werden bei Betreuern und betreuenden Angehörigen "Burn-out"-Symptome auf diese Fehlentwicklungen aufmerksam machen. Die sich immer wiederholende Frage in diesen Grenzsituationen ist: Was macht das überhaupt noch für einen Sinn?

Von zentraler Bedeutung in dem Verständigungsprozeß sind die Betreuungskonferenzen, in denen der behinderte Mensch gegebenenfalls mit seinem gestetzlichen Betreuer, Angehörigen, Professionellen und Vertretern von Behörden Hilfen zur Eingliederung diskutieren. Die im BSHG und im Betreuungsgesetz angestrebte Individualität der Hilfe kann durch diese Kommunikation hervorragend verwirklicht werden.

Bei Menschen mit schwerer geistiger Behinderung ist der skizzierte Verständigungsprozeß besonders schwer, da diese Menschen ihre Beziehungen zu ihrer eigenen Körperwelt, ihrer Mitwelt und Außenwelt ganz anders ordnen als sogenannte Normale. Nicht gemeinsam vorhandene Symbole scheinen die Verständigung unmöglich zu machen.

Der Pädagoge muß in der Lage sein, sein Vorverständnis zu bestimmten Vorgängen bei Kommunikationen zu verändern, damit die scheinbar unverständliche Reaktion des behinderten Menschen verstehbar wird. Die Realisation dieses erweiterten Verstehensprozesses ist die Voraussetzung für die Erweiterung des Normalen in unserer Gesellschaft und entsprechender Eingliederungshilfen.

Gelingt dies nicht, ist auch der Pädagoge in Grenzsituationen Hilfloser und Bedrängter. Ein weiterer Teufelskreis entsteht durch die offene oder verdeckte Ablehnung bei den Pädagogen und den entsprechenden Reaktionen bei den behinderten Menschen.

Spätestens in diesen scheinbar unertragbaren Situationen werden Betreungsformen mit stärker institutionellem Charakter notwendig. Die Frage nach dem Schutz des behinderten Menschen, seiner Umwelt und der Pädagogen drängen sich in den Vordergrund.

Diese Grenze soweit wie möglich hinauszuschieben und sie immer wieder zu hinterfragen, ist die eine Aufgabe, die andere ist, sie nicht zu verdrängen und als pädagogische Einrichtung weiterhin zuständig zu bleiben.

Bleibt die Zuständigkeit an dieser Grenze bestehen, stellt sich nicht die Frage nach der Notwendigkeit von Spezialeinrichtungen.

Diese Rechnung geht natürlich nur auf, wenn alle pädagogischen Einrichtungen diese Grenzerweiterung vollziehen.

Auch hier sind Parallelen in der jüngeren Geschichte der sich entspezialisierenden Jugendhilfe erkennbar.

Herausforderungen an die Gesellschaft

Die Begriffe Normalisierung und Integration stehen für den Eingliederungsprozeß behinderter Menschen in die Gesellschaft. Das Anti-Diskrimminierungsgesetz, in Amerika erlassen und in Deutschland vielen Vertretern emanzipatorischer Behindertenhilfe ein Vorbild, versucht auf gesetzlicher Ebene eine Ausgrenzung von Menschen mit Behinderung an der Teilnahme in Bereichen öffentlichen Lebens zu verbieten.

Durch die Akzeptanz pluraler Lebenswelten und Lebensäußerungen wird der Begriff des Normalen in unserer Gesellschaft erweitert.

In diesem Zusammenhang gibt es auch für Menschen, die auf bestimmte Situationen anders reagieren, als die meisten Menschen es erwarten und deren Verhalten beim ersten Kennenlernen fremd und nicht antizipierbar ist, erweiterte Chancen, am gesellschaftlichen Leben teilzunehmen.

Eine vorschnelle Euphorie wird durch folgende Frage, die sich Prof. Dörner stellt, gebremst:" Ich frage mich und Sie, ob es wirklich nur ein zufälliges zeitliches Zusammentreffen ist, daß wir in der BRD einerseits seit etwa zehn Jahren mit verstärkter Energie und auch mit Erfolg Behinderte in die "normale" bundesrepublikanische Gesellschaft integrieren, und daß andererseits seit derselben Zeit vermehrt das Recht auf Leben von Behinderten häufiger und offener als früher infragegestellt wird."[5]

Diese Frage soll gleichzeitig auf ein Thema hinweisen, das ich in diesem Rahmen nicht ausführlich behandeln kann.

Es geht hier um die sehr populär gewordene Diskussion über das Töten behinderten Lebens. Die Aufarbeitung der Erfahrungen im dritten Reich bis heute müssen hierbei differenziert betrachtet werden.

Hinweisen möchte ich aber darauf, daß die affektive Bewertung behinderten Lebens durch nicht behinderte Menschen als negativ, schlecht und böse, durch entsprechende Untersuchungen festgestellt wurde, während auf kognitiver Ebene ein Verbot besteht, diese Tendenzen auszuleben. Dies ist auch ein allgemeines aber bestimmt auch ein besonders deutsches Problem, das sich auf Grund der Geschichte leicht nachvollziehen läßt.

Auch professionelle Helfer sind von dieser Ablehnung nicht frei: "Nach einer Sekundäranalyse von Cloerkes hat sich auch Kontakt nicht als eindeutig positives Instrument zur Einstellungsveränderung erwiesen. Es muß dabei weniger auf die Quantität als auf die Qualität des Kontakts geachtet werden. Dabei zeigt sich, daß professionelle Kontakte in Abhängigkeit von der beruflichen Qualifikation recht unterschiedlich ausfallen.

Als auffälligen Befund stellt Cloerkes die Diskrepanz zwischen höherem Fachwissen und zum Teil eindeutiger Ablehnung Behinderter bei Ärzten heraus.

Sonderpädagogen zeigen zwar im Vergleich zu Allgemeinpädagogen positivere Haltungen, es finden sich jedoch auch hier neutrale bis ablehnende Einstellungen. Die vergleichsweise positivsten Bewertungen wurden im sozialen Bereich bei z.B. Rehabilitationsberatern und Betreuern in Werkstätten für Behinderte gefunden".[6]

Demnach werden Pädagogen, die mit der Eingliederung von Menschen mit Behinderungen in unsere Gesellschaft beschäftigt sind, bei Kollegen und sich selbst auf diese Ablehnung treffen.

Der Umgang mit diesen Erfahrungen scheint Voraussetzungen für eine wahrhaftige Integration und wirkliche Erweiterung dessen, was man als normal bezeichnet, zu sein.

Man könnte auch sagen, daß die Akzeptanz der eigenen Schwächen und Begrenzungen als Vorleistung für eventuelle Integration behinderter Menschen geleistet werden muß.

Vor diesem Hintergrund wird deutlich, wie isoliert die Mitarbeiter in der Behindertenhilfe sich auch im Kontext anderer sozialarbeiterischer Bereiche in dieser Gesellschaft befinden. Die große Bedeutung individueller Leistung und das hohe Maß an Isolation führen zur Verdrängung von Schwächen und Ausgrenzung der Menschen, die auf diese Seite des Menschseins aufmerksam machen.

Ich frage mich, ob in Deutschland aufgrund unserer Geschichte und unserer übermäßigen Leistungsbetonung, dieses ablehnende Verhalten besonders stark ausgeprägt ist. Bei meinen Besuchen in England habe ich z.B. das Gefühl gehabt, was ich nicht als allgemeine Erscheinung werten kann, daß der Umgang zwischen Menschen mit und ohne Behinderungen selbstverständlicher und unkomplizierter ist. Warum fällt es uns so schwer, Menschen mit ungewöhnlichem Verhalten freundlich gewähren zu lassen?

Konzepte, die ihre Legitimation durch den Begriff Integration beziehen, haben in der Fachöffentlichkeit einen unangenehmen Beigeschmack, da das, was einem als Integration angeboten wird, meistens nur sehr vordergründig ist und beim näheren Hinsehen nur ein Problem vertuscht, was noch lange ungelöst bleiben wird. Im schlimmsten Fall werden Integration und Normalisierung als einseitige Leistung der Menschen mit Behinderung begriffen und beschreiben somit eine fremdbestimmte Anpassung.

Auch wenn die Diskrepanz zwischen Verstand und Gefühl gegenüber dem behinderten Leben bestehen bleibt, müssen wir erkennen, daß wir in unserer Sozialarbeit und Diakonie im Bereich der Behindertenhilfe an der demokratischen Entwicklung in unserer Gesellschaft, die sich durch intellektuelle und geistige Haltungen in Staat und Kirche dokumentiert, teilhaben.

Auf einer intellektuellen, geistigen Ebene können sich in einer demokratischen Gesellschaft Haltungen etablieren, in denen sich die Akzeptanz ausdrückt, daß zu dem Menschsein an sich Krankheit, Behinderung, Begrenzung und gesellschaftlich unangepasstes Verhalten gehört; um weiterhin zu erkennen, daß jegliche Reduktion von menschlicher Komplexität eine Gefährdung der demokratischen und humanen Errungenschaften einer Kultur und ein Rückfall in die Barbarei bedeuten würde.

Durch ein theozentrisches, also Gott im Mittelpunkt habendes Bild, können Menschen daran glauben, daß in allen Wesen und Dingen der uns umgebenden Schöpfung Gott vorkommt.

Von hier her hat alles Leben seinen Sinn, auch wenn wir den Sinn einzelner Erscheinungen für die Evolution nicht begreifen. Der Mensch sortiert nicht aus, sondern versucht zu verstehen und zu vermitteln.

Unsere Vorstellungen von Nützlichkeit und Verwertbarkeit müssen weichen vor der großen Wahrheit Gottes, deren Offenbarungen wir nur bruchstückhaft verstehen und erfahren.

Trotz aller fortschreitenden kulturellen Entwicklung werden wir weiterhin mit den Auswirkungen der dominanten Wertorientierung unserer Gesellschaft, denen Menschen mit Behinderungen oft nicht entsprechen, uns in unserer alltäglichen Arbeit auseinandersetzen müssen. Besonders wach müssen wir sein, wenn behindertes Leben in einer Gesellschaft, in der immer weniger Menschen das Bruttosozialprodukt erarbeiten, als Ballast definiert werden.

Für Pädagogen in der Behindertenhilfe, die zu stark formalisierte Eingliederungshilfen kritisieren und gleichzeitig selbst von den desintegrativen Auswirkungen in unserer Gesellschaft getroffen werden, ist es gut, wenn sie zu einer Bewegung gehören, die an vielen Orten versucht, behinderten Menschen bei einer gelungenen Identitätsbildung zu helfen.

Als Mitarbeiter einer diakonischen Einrichtung würde ich mich freuen, wenn Kirche bei dieser Vernetzung einen Auftrag entdecken würde.

Als Hüterin der frohen Botschaft, die eine Vision einer Gemeinschaft hat, die ohne die Schwachen nicht vollständig ist, die die Last des anderen in seiner Eigenwilligkeit sieht und sie trägt, in der man entsprechend dem Gebot der Feindesliebe, auch die Angst vor dem Fremden und Andersartigen verlieren kann und wo Verfehlungen vergeben werden, um immer wieder neue Anfänge zu machen, hätte sie in ihren Orientierungen beste Voraussetzungen für diese Aufgabe.

Voraussetzung für diese Rolle sind die unterschiedlichen Versuche der kritischen Aufarbeitung der Geschichte der Kirche in der Behindertenhilfe.

Kirche also nicht nur als Anstalt stiftende Diakonie, sondern vermehrt als Gemeinde stiftende Iniative, die Institutionen nach ihrer Lebendigkeit hinterfragt. Das wäre ein Impuls für eine Behindertenhilfe, die eingefahrene Wege verläßt, um sich den Alltagssituationen behinderter Menschen zu nähern.

Zusammenfassung

Anstelle einer Zusammenfassung schildere ich einen Fall, der die gelungene Kommunikation in einer Institution darstellt. Gelungen deswegen, da die positiven Identität schaffenden Entscheidungen ihre Wirkung hatten.

In einer Wohngruppe des Rauhen Hauses lebt ein junger Mann, der aufgrund seiner Ruhelosigkeit aus mehreren Wohnheimen und Werkstätten ausgeschlossen wurde.

Er sammelte auf dem Sperrmüll vor allem Elektrogegenstände, wie zum Beispiel Fernseher.

Sein Traum ist, Elektriker oder Hausmeister zu werden. Seine Fähigkeiten auf diesem Gebiet sind nicht schlecht, die Fehlerquote bei den Elektroarbeiten hält sich in Grenzen, führt aber trotzdem zu Besorgnis.

Nach langen Diskussionen entschied man sich, in seinem Zimmer einen Schutzschalter einzubauen. Der finanzielle Aufwand hierfür war nicht unerheblich. Er machte sich aber bezahlt, da sich die Besorgnis verringerte und der Jugendliche sich tatsächlich daran hielt, nur in diesem Zimmer zu basteln.

Leider hielt der Jugendliche sich nicht daran, den Vorrat an Elektroartikeln zu begrenzen. Die ihm zur Verfügung gestellte Garage reichte nicht mehr aus.

Durch unzureichende Absprache erfolgte eine Zwangsräumung seines Lagers während seiner Abwesenheit.

Der junge Mann kam, kurz bevor der beladene Hänger abtransportiert werden sollte, hinzu.

Wie in einem Wahn ging er auf den Hänger zu und steckte ihn in Brand.

Das Feuer war noch nicht gelöscht, und dem schnell herbeigerufenen Erzieherteam wurde in dieser Erlebenssituation klar, was man vorher eigentlich schon wußte, aber sich nicht richtig vorstellen konnte: Der junge Mann reagierte vergleichbar einer Mutter, der man ihr Baby weggenommen hat. Seine aggressiven Verhaltensweisen waren Ausdruck totaler Verzweiflung.

Die Schuldfrage war somit geklärt, der junge Mann beruhigte sich nach kurzer Zeit.

Ausgehend von diesem Erlebnis, beauftragt man ihn heute mit zunehmend mehr hausmeisterlichen Aufgaben. Er nimmt diese Aufgaben mit Zuverlässigkeit wahr und ist mit seiner neuen beruflichen Rolle zufrieden.

Mit den neuralgischen Punkten, die eine eventuelle Eskalation androhen, ist man vertraut. Sie wahrzunehmen und angemessen mit ihnen umzugehen, reicht seit einem Jahr aus.

Anmerkungen

1   Hahn, M.: Behinderung als soziale Abhängigkeit, S. 198 f
2   Möckel, A.: Der Aspekt der Grenze in der Erziehung der Rettungsbewegung und der heilpädagogischen Bewegung. In: Gefährdung des behinderten Menschen im Zugriff von Wissenschaft und Praxis, München 1986
3   Thiersch: Neue Praxis 4/87
4   siehe (1), S. 299
5   Dörner, K.: Geschichte und Kritik des Tötens als "Erlösen". In: Behindertenpädagogik, 29 (1), S. 51-55
6   Cloerkes, G.: Erscheinungsweise und Veränderung von Einstellungen gegenüber Behinderten. In: Wiedl, K.H. (Hrsg.): Rehabilitationspsychologie, Stuttgart 1986, S. 131 f

THOMAS MÖBIUS / DIETER KRETZER

Sozialarbeit im Strichermilieu
– das BASIS-Projekt in Hamburg[1]

Im Jahr 1986 wurde in Hamburg ein zur damaligen Zeit in der Bundesrepublik einmaliges Projekt zur Straßensozialarbeit im Strichermilieu ins Leben gerufen. Ausschlaggebend für die Einrichtung eines solchen Projektes war das Aufkommen von AIDS und in Folge davon die Notwendigkeit, spezifische, bisher kaum erreichte Gruppen in der Gesellschaft im Rahmen der AIDS-Prävention anzusprechen.

Zielsetzung

Wesentliches Ziel des Projektes ist die Prävention von AIDS, wobei dieser ein Konzept zugrundeliegt, das AIDS-Prävention als einen Bestandteil umfassender gesundheits- und sozialpädagogischer Angebote im Rahmen einer niedrigschwellig orientierten Sozialarbeit versteht. Es geht darum, die Gefahren einer HIV-Infektion weiterhin im Bewußtsein der Mitglieder der Stricherszene wachzuhalten und gleichzeitig für die Integration und Solidarität mit HIV-Infizierten und AIDS-Erkrankten aus der Szene zu werben. Eine Vielzahl von Strichern, Freiern und Barkeepern sind inzwischen in konkreten Kontakt mit HIV und AIDS über eigene Betroffenheit oder die von Bekannten und Freunden gekommen. Dies hat zum einen zu einer ansatzweisen Normalisierung im Umgang mit HIV und AIDS geführt (ein Weiterleben ist möglich), zum anderen eine Tendenz der Verharmlosung und Verdrängung (die erwartete Welle der Erkrankten ist ausgeblieben) in die Wege geleitet.

Neben AIDS als zentralem Thema der Arbeit hat die Drogenproblematik im Laufe der Jahre zunehmend an Bedeutung gewonnen. Der Anteil des Klientels, der drogengefährdet bzw. abhängig ist, steigt ständig. Sozialarbeit ohne Drogenarbeit ist im Strichermilieu — und hier vor allem in der Hauptbahnhofsszene — nicht mehr denkbar.

Die AIDS-präventive Arbeit ist inzwischen durch Jugendhilfeangebote — Übernachtungsstelle (Krisenwohnung) und Streetwork (Schwerpunkt: Drogen) — ergänzt worden.

Ein hoher Anteil der an AIDS-Infizierten/Erkrankten ist homosexuell und/oder konsumiert intravenös Drogen. In der Szene der männlichen Prostitution kommt es aufgrund von Sexualpraktiken vermutlich häufig zu risikoreichem Sexual-verhalten. Auf der Handlungsebene sollen sowohl Stricher als auch Freier bewegt werden, beim Oral- und Analverkehr Kondome zu verwenden und ggf. bei Drogenkonsumenten Einwegspritzen zu benutzen. Dieses Verhalten impliziert ein relativ hohes Maß an Selbstverantwortlichkeit und Bereitschaft, das gewohnte Sexualverhalten zu verändern.

Wie können präventive Maßnahme im Strichermilieu aussehen? Wie können Freier dazu bewegt werden, Kondome zu benutzen, dieselben Freier, die heimlich zum Stricher gehen und Angst haben, von ihren Frauen verlassen zu werden, wenn sie mit ihnen darüber reden würden?

Und was macht ein Jugendlicher, der seit Jahren auf den Strich geht, obdachlos ist, seinen Kater der letzten Nacht mit neuem Alkohol und Tabletten bekämpft, mit einem Kondom, das er im richtigen Moment sich bzw. dem Partner vorsichtig und diskret überrollen soll? Und das bei einem kurzen sexuellen Kontakt im Auto, einer Absteige oder auf der Klappe (öffentliche Toilette).

Prävention von AIDS kann und darf sich nicht in der Aufklärung über Schutzmöglichkeiten und der Verteilung von Kondomen erschöpfen. Hilfestellung zur Stabilisierung der Lebenssituation auf dem Strich, Unterstützung beim Aufbau von sozialen, beruflichen und persönlichen Perspektiven und bei der Entwicklung von Kontaktfähigkeit sind entscheidende Faktoren, die langfristig auf eine Änderung auch des Sozialverhaltens hin zu selbstverantwortlichem Handeln einwirken können.

Es hat sich im Laufe der Jahre eine Verschiebung der Arbeitsschwerpunkte für die ProjektmitarbeiterInnen von Informations- zu Beratungs- und Betreuungsaufgaben hin ergeben. Diese Entwicklung entspricht dem Verständnis von AIDS-Prävention in der Stricherszene als einem szenenahen und lebensweltorientierten Prozeß mit dem Ziel der Stabilisierung des einzelnen in seinem jeweiligen Umfeld.

Konkret bedeutet AIDS-Prävention in der Stricherszene ein niedrigschwellig ansetzendes, sozialpädagogisch orientiertes Betreuungs- und Beratungsangebot an junge Leute mit der Intention, ihnen (wieder) Ressourcen individueller und gesellschaftlicher Art an die Hand zu geben, die ihnen ein selbstbewußtes und selbstbestimmtes Handeln und Entscheiden auch bezüglich ihrer Sexualität ermöglichen.

Unter einem sozialpädagogisch orientierten Blickwinkel der Prävention von AIDS lassen sich für die Arbeit des Projektes folgende konkrete Arbeitsziele formulieren, die in ihrer Gesamtheit langfristig zur AIDS-Prävention in der Stricherszene dienen:

Es sollen Kontakte zu einer Gruppe von Kindern und Jugendlichen, die das vorhandene Hilfesystem nicht nutzten, aufgebaut und intensiviert werden, sofern dies von ihnen erwünscht wird.

AIDS-präventive Botschaften sollen jugendgerecht und in einem sexualpädagogischen Gesamtkonzept integriert vermittelt werden.

Die Sozialarbeit in der Anlaufstelle und auf der Straße soll suchtbegleitenden Charakter haben und versuchen, die psychische und physische Verelendung in der Szene zu reduzieren bzw. sogenannte suchtfreie Ressourcen zu aktivieren.

Die Arbeit des BASIS-Strichprojekts — Streetwork —

Die Arbeit der Mitarbeiter des Projekts unterteilt sich in die Tätigkeitsbereiche Straßensozialarbeit vor Ort in den Hamburger Stadtteilen St. Georg (mit dem Hauptbahnhof) und St. Pauli, Beratung und Begleitung in der Anlaufstelle des Projekts in St. Georg sowie der Betreuung in den Übernachtungsstellen. In der Anlaufstelle der Straßensozialarbeit des Projekts werden 6 MitarbeiterInnen beschäftigt: 1 Projektleiter, 4 StraßensozialarbeiterInnen (davon speziell 1 Stelle für den Bereich drogenabhängiger und gefährdeter männlicher Kinder und Jugendlicher am Hauptbahnhof) sowie eine Verwaltungskraft. Der 1990 eröffneten Übernachtungsstelle stehen 1½ Stellen SozialarbeiterIn, 1 ABM-Kraft sowie HonorarmitarbeiterInnen zur Verfügung. Eine zweite Übernachtungsstelle mit entsprechender Ausstattung soll 1992 in St. Pauli eingerichtet werden.

Streetwork — oder aufsuchende Straßensozialarbeit — ist in der Bundesrepublik eine relativ junge Methode der Sozialarbeit. Es gibt keine Ausbildung im Fach "Streetwork". Auf der Grundlage sozialarbeiterischer Ausbildung scheinen persönliche Faktoren wie Spontaneität, Extrovertiertheit, "Nähe zum Milieu" und Mobilität die förderlichste Grundausstattung für eine/n StraßensozialarbeiterIn auf dem Straßenstrich und in den Szenenkneipen zu sein. Auch wenn es darüber, was ein Streetworker in seinem Arbeitsfeld eigentlich machen sollte, nur wenig konkrete Aussagen gibt, werden viele Hoffnungen in diese Methode gesetzt. StraßensozialarbeiterInnen sollen alle die erreichen, die nicht in das soziale Netz der Schulen, Beratungsstellen, Sozialen Diensten, Stadtteilinitiativen etc. eingebunden sind. Streetwork hat keinen eigenständigen methodischen Charakter; in der Praxis erfolgt eine integrative Anwendung verschiedener Elemente des methodischen Instrumentariums der Sozialarbeit.

Die StreetworkerInnen nutzen die aufsuchende Sozialarbeit zum einen, um Kontakte zur Stricherszene — vor allem auch zu Barkeepern und Wirten — zu halten, zum anderen, um Strichern, die neu in die Szene gelangen, Kontaktmöglichkeiten anzubieten und durch ihre Präsenz vor Ort Hemmschwellen gegenüber SozialarbeiterInnen und Betreuungseinrichtungen abzubauen.

Durch die regelmäßige und personell relativ kontinuierliche Präsenz in der Szene hat sich die Akzeptanz von Hilfeangeboten vor Ort durch die Betroffenen verfestigt. So kam es im Laufe der Jahre auch zu Kontaktaufnahmen mit Besitzern von Männerbordellen zum BASIS-Projekt — ein Bereich, der in den Jahren zuvor den Streetworkern verschlossen geblieben ist.

Neben den Stricherkneipen suchen die StraßensozialarbeiterInnen des Projekts auch regelmäßig mehrmals in der Woche den Hauptbahnhof auf. Auch hier bieten sie Kontakte an und verteilen Kondome. Die Steigerung des Anteils der drogenkonsumierenden Stricher an der Gesamtzahl der männlichen Prostituierten wurde auf dem Hauptbahnhof besonders deutlich, da es an diesem Ort zu einer Vermischung von Drogenhandel und Prostitution kommt und sich hier die drogenabhängigen und jugendlichen Stricher, die keinen Zutritt zu den Stricherkneipen haben, prostituieren.

In verschiedenen Medien ist gerade in den letzten Monaten immer wieder der Hauptbahnhof als Zentrum und Ausgangspunkt der Kinderprostitution und von Drogenkarrieren dargestellt worden. Auch wenn sich eine Tendenz zu

Dramatisierungen in den Darstellungen der Medien feststellen läßt, belegen die Erfahrugen der Streetworker des BASIS-Projekts und der Mitarbeiter der Übernachtungsstelle wie auch die von Kollegen anderer Institutionen, daß es eine Anzahl von Kindern und Jugendlichen gibt, die aus Heimen oder von zu Hause weggelaufen zum Hauptbahnhof kommen und dort in der Szene Anschluß finden. Die Kontaktaufnahme mit Prostitution und Drogen ist unausweichlich. Dies gilt für Jungen und Mädchen gleichermaßen.

Die Hauptbahnhofsszene gibt den Kindern und Jugendlichen ein Zugehörigkeitsgefühl zu einer Gruppe, mit der sie ihr Gefühl der Randständigkeit und Ausgeschlossenheit bestätigen können. Die Kontakte auf dem Hauptbahnhof bieten Attraktion und Sensation, mit Hilfe derer sie sich selbst aufwerten und von ihrer Realität ablenken können. Vor allem Jungen, die neu ins Hauptbahnhofs- und damit Prostitutionsmilieu gelangen, erleben ihren Einstieg häufig positiv. Sie werden von Freiern umworben, sind im Besitz von Geld und Macht und erleben eine Freiheit, die sich krass von der der Heime und des Elternhauses unterscheidet.

Eine im Jahr 1992 zusätzlich eingerichtete Straßensozialarbeiterstelle richtet ihren Augenmerk von daher besonders auf männliche Kinder und Jugendliche, die ihren Aufenthaltsschwerpunkt auf dem Hauptbahnhof und in dessen unmittelbarer Umgebung haben und dort in Berührung mit Prostitution und Drogen kommen.

Die Anlaufstelle

Die Anlaufstelle steht Strichern zum Wäschewaschen und -trocknen, Duschen und Kaffeetrinken zur Verfügung.

Neben den Kontakten vor Ort bieten die Streetworker Beratung und Betreuung in der Anlaufstelle des Projekts an.

Das Essensangebot in der Anlaufstelle der Einrichtung hat sich zu einer festen Institution in der Szene entwickelt. Durch das gemeinsame Essen haben Stricher zum einen die Möglichkeit, sich regelmäßig ernähren, und zum anderen, das Essen als "Strichertreff" zum Austausch von Informationen und der Planung gemeinsamer Veranstaltungen zu nutzen.

In der Anlaufstelle werden sportliche Aktivitäten sowie Gesprächsgruppen, Videoabende und Kinobesuche, die im allgemeinen einen Bezug zur AIDS-Thematik haben sollen, angeboten. Die regelmäßig stattfindende ärztliche Beratung setzt sich mit den Gesundheitsproblemen bei Strichern auseinander: kleine Wunden, Erkältungskrankheiten, Hautkrankheiten, Geschlechtskrankheiten, Zahnprobleme, Hepatitis, HIV-assoziierte Erkrankungen.

Über die Nutzung der Angebote zur Stabilisierung bzw. Verbesserung ihrer Alltagssituation hinaus (Waschmöglichkeiten, Duschen, Essen, Kleidung) haben Stricher die Möglichkeit, sich über einen längeren Zeitraum hin betreuen zu lassen. Inhalte der Betreuung sind Hilfe bei:

- Schuldenregulierung
- Suche nach Wohnraum
- Gerichtsverfahren

- Probleme in der Szene (mit Barkeepern, anderen Strichern, Freiern)
- Schwierigkeiten am Arbeitsplatz, Ausbildungsplatz
- Suche nach Arbeits- und Ausbildungsmöglichkeiten
- Gesundheitsprobleme im Zusammenhang mit HIV-Infektionen und AIDS-Erkrankungen
- Probleme im Zusammenhang mit Drogen (Therapieplatz-, Entzugsplatzsuche)

Die Beratungsgespräche mit Strichern, Freiern und Vertretern anderer Institutionen unterscheiden sich von der Betreuung dadurch, daß es sich hier um die Bearbeitung einer eingegrenzten Fragestellung geht, in deren Anschluß entweder der Kontakt zum Mitarbeiter des Projekts beendet wird oder sich daraus ein Betreuungskontakt entwickelt.

Folgende thematische Schwerpunkte stehen im Vordergrund der Beratungsgespräche:

- Beratungsgespräche mit Strichern, die bei der Lösung eines relativ eng umschriebenen Problems Hilfe suchen (Konfliktlösungen, Fragen zu Problemen mit Behörden, Informationen zu Anwälten, Ärzten, Fragen zu AIDS und HIV);
- Gespräche mit Freiern (und Strichern) zu Beziehungsproblemen untereinander, Diebstahl-Verdächtigungen, Unterbringung von minderjährigen Strichern;
- Gespräche mit Erziehern, Pädagogen etc., die mit Strichern in ihrer konkreten Arbeit konfrontiert sind und Informationen zur Szene bzw. Unterstützung im Umgang mit dem Thema männliche Prostitution suchen.

Die Übernachtungsstelle

Neben Streetwork und Anlaufstelle hat sich 1990 mit der Eröffnung der Übernachtungsstelle das Angebotsrepertoire des Projekts um Schlafplätze für Stricher erweitert. Es stehen ab Ende 1992 in den beiden Stellen 10 Betten zur Verfügung, davon werden bis 4 Plätze an Drogenabhängige vergeben. 4 Plätze sind für eine Betreuungsdauer bis zu 3 Monaten vorgesehen.

Das Procedere der Aufnahme für Übernachter beinhaltet ein kurzes Aufnahmegespräch mit Beteiligung der Streetworker des BASIS-Projekts, in dem u.a. Hausordnung, Regeln der Übernachtungsstelle besprochen werden.

Voraussetzung für den Bewohnerstatus ist die mindestens einwöchige Anwesenheit als Übernachter in der Einrichtung, um einerseits die Problematik bzw. Lebenssituation des Klienten, andererseits die Anforderungen der Mitarbeiter an ihn zu klären. In einem längeren Gespräch werden Ziele des Aufenthaltes und mögliche Problemlösungsstrategien vereinbart, die daraufhin in weiteren Einzelgesprächen überprüft und besprochen werden. Als maximale Verweildauer gilt ein Zeitraum von 3 Monaten, der jedoch in Einzelfällen überschritten wird, sofern dies pädagogisch sinnvoll erscheint.

Nach einer kurzen Anlaufphase im Anschluß an die Eröffnung der Übernachtungsstelle, in der die Belegungskapazitäten zeitweise nur zu 50 % ausgenutzt waren, stieg die Belegungsquote auf zeitweise über 100 % an.

Das Strichermilieu zeichnet sich durch einen hohen Grad an Konkurrenzverhalten, Kriminalität und Stigmatisierungsmechanismen aus. Dieses Verhalten spiegelt sich grundsätzlich auch innerhalb der Übernachtungsstelle wider und erschwert die Arbeit mit den Bewohnern als Gesamtgruppe.

Erfahrungen der ProjektmitarbeiterInnen

Über männliche Prostituierte – Stricher – bestehen vor allem Vorurteile bzw. Kenntnislücken. Selbst in neueren Veröffentlichungen zum Thema Prostitution wird ein Bild des Strichers entworfen, das ihn als einen jungen Menschen charakterisiert, der sich in gepflegter Atmosphäre Männern – und Frauen – hingibt und damit seinen Lebensunterhalt verdient. Oder der Stricher wird zum Kriminellen, Gewalttätigen und Drogenabhängigen stilisiert.

Meist wird die Existenz von Strichern in der Öffentlichkeit totgeschwiegen. Weder Medien zeigen großes Interesse an ihrem Leben noch sind sie Gegenstand wissenschaftlicher Untersuchungen.

Stricher sind nach den Projekterfahrungen eine heterogene Gruppe von Kindern, Jugendlichen und Jungerwachsenen zwischen 10 und 25 Jahren. Gemeinsam ist ihnen, daß sie mehr oder weniger häufig anschaffen gehen. Sie tun dies aus unterschiedlichen Motiven, wobei das Erleben von Lust, Risiko und Macht ein wichtiges Moment sein mag. Nur ein geringer Prozentsatz von ihnen versteht sich als homosexuell. Ein noch geringerer Anteil identifiziert sich mit dem, was er tut, d.h. bezeichnet sich selbst als Stricher.

Die meisten Stricher, die in Kontakt mit den Streetworkern stehen, sind obdachlos, leben auf der Straße, beim Freier oder – wenn das Geld reicht – in einem Pensionszimmer, das sie sich mit anderen teilen. Häufig sind sie schon mit dem "Gesetz in Konflikt" gekommen, haben in Heimen oder in Pflegefamilien gelebt, haben dort aber nicht wieder Fuß fassen können.

Ein intaktes Elternhaus haben nur wenige erlebt. Die, die noch Kontakt zu ihren Müttern haben – so gut wie kein Stricher hat noch Kontakt zu seinem Vater –, verschweigen ihre jetzige Tätigkeit. Für Außenstehende gelten sie lieber als kriminell, als daß es bekannt werden sollte, daß sie auf den Strich gehen.

Auf den Strich zu gehen, ohne über kurz oder lang in Kontakt mit Drogen aller Art zu kommen, schaffen nur wenige. Anschaffen zu gehen, ohne auch Drogen zu konsumieren, scheint auf die Dauer nicht erträglich zu sein. Es mag sein, daß Scham, Wut und Ekel zu groß und schmerzhaft werden, um sie nüchtern ertragen zu können.

Fast jeder Stricher spricht davon, aussteigen zu wollen. Keiner möchte zu sehr in der Szene verwurzelt sein, möchte sie bald wieder verlassen. Die Realität auf dem Strich bestätigt diese Haltung. Stricher, die älter als 20 Jahre alt sind, verlieren an Attraktivität. Ihr Ab- bzw. Ausstieg wird durch die Marktlage vorprogrammiert. Einige versuchen, in der Kneipenszene als Barkeeper oder in der Küche unterzukommen, andere wechseln in die Drogenszene oder ins kriminelle Milieu; nicht selten träumen sie davon, Zuhälter zu werden. Nur wenige haben die Chance, eine Existenz außerhalb der Szene aufzubauen, ohne durch Arbeitslosigkeit, finanzielle Not und Suchtprobleme belastet zu sein.

Der Strich selbst ist hierarchisch strukturiert. Entsprechend gibt es eine Rangordnung, die den Bahnhofsstrich und Kneipenstrich sowie die Prostitution in Männerbordellen und eigenen Appartements umfaßt. Das Projekt richtet sich in erster Linie an die Stricher aus dem Bahnhofsstrich und Kneipenmilieu. Bordellstricher bzw. Callboys und Dressmen sind von den Mitarbeitern nur schwer zu erreichen. Kontakte zu ihnen sind bisher nicht über die Verteilung von Kondomen und Informationsmaterial zum Thema AIDS hinausgegangen.

Eine ständig steigende Zahl von Strichern ist (getestet) HIV-positiv bzw. an AIDS erkrankt. Bei vielen mag die Infektion schon Jahre zurückliegen, wird aber erst jetzt durch häufig unfreiwillige Testung in Krankenhäusern und Knast offenbar.

Abschließend sei noch die Beschaffungsprostitution erwähnt. Die Sucht beherrscht das Leben des drogenabhängigen Strichers. Die Orte, an denen er sich prostituiert, liegen am Rande des Strichermilieus, vor allem um den Hauptbahnhof herum. Drogensüchtige Stricher werden in den Stricherkneipen nicht gern gesehen, die Kundschaft bevorzugt "cleane" Stricher. Die Bezugsgruppe der drogensüchtigen Stricher ist eher in der Drogenszene zu suchen.

Die Geschichten zweier Stricher, die Kontakt zum Projekt aufgenommen haben, mögen dazu dienen, die Möglichkeiten und Grenzen der Arbeit zu veranschaulichen:

Peter ist 19 Jahre alt. Er ist mittelgroß und schmächtig. Er macht eher einen jungenhaften zurückhaltenden Eindruck. Kommt er in die Anlaufstelle, verschwindet er fast lautlos in einem Gesprächsraum. Seine Begrüßung erschöpft sich meistens in einem kurzen "Hallo".

Peter geht seit 3 Jahren auf den Strich. Seit gut 1 Jahr hat er Kontakt zu den Streetworkern des Projektes. Aufgewachsen ist Peter in einer süddeutschen Kleinstadt; die Erinnerungen an seinen Vater beschränken sich darauf, daß er froh war, wenn dieser wieder im Knast war. War der Vater zu Hause, gab es Schläge und Streit. Die völlig überforderte Mutter versuchte den Schein einer heilen Familie zu wahren, hielt die Situation aber nicht aus und reagierte mit Depressionen und zunehmendem Alkoholkonsum.

Peter, der noch einen älteren Bruder hat, hat früh angefangen, von zu Hause wegzulaufen. Zeitweilig wurde er in Heimen untergebracht, seine Mutter hat aber immer wieder versucht, ihn ins Elternhaus zurückzuholen. Mit 16 Jahren ist er endgültig weggelaufen. In Hamburg angekommen, ist er schnell ins Strichermilieu geraten. Über seine ersten sexuellen Kontakte spricht er nicht.

In den folgenden Monaten wurde er immer wieder von der Polizei aufgegriffen, in Heimen untergebracht und verließ diese jedoch wieder, um ins Strichermilieu zurückzukehren. Er lernte unterzutauchen und sich dort zu prostituieren, wo die Polizei nicht so schnell zugreifen konnte. Nach einem halben Jahr auf dem Strich war sein Adressbuch gefüllt mit Telefonnummern von "Stammfreiern", bei denen er abwechselnd unterkam. Das Leben auf dem Strich faszinierte ihn. Peter hat noch nie so viel Geld zur Verfügung gehabt und war begehrt bei den Freiern. Für Geld hat Peter fast alle Wünsche der Freier erfüllt. Über AIDS hat er sich anfangs kaum Gedanken gemacht. AIDS war etwas, was andere sich holten. Mit anderen Strichern über AIDS zu reden, wäre einem Eingeständnis gleichgekommen, passiven Analverkehr zu haben. Und das machen nur die Stricher, die "ganz unten" sind.

Sein Lebensrhythmus veränderte sich. Peter verschlief die Tage und verbrachte die Nächte in den Stricherkneipen oder er saß bei einem Freier vor dem Video. Mit 18 Jahren hat er sich ein Zimmer über einer Stricherkneipe gemietet. Die Miete war gering, die Anwesenheit in der Kneipe wurde erwartet.

Seit 2 Jahren hat sich Peters Haschischkonsum gesteigert. Zeitweilig ist er für mehrere Tage "stoned" gewesen. Hinzu kam der Konsum von Tabletten und Alkohol.

Kontakte außerhalb der Szene hat Peter bis heute nicht gefunden. Er weiß nicht, wie er das anstellen soll. Will er mal weg von der Szene, läuft er allein durch Hamburg oder kommt in die Anlaufstelle. Einsam in seinem Zimmer zu sitzen hält Peter nicht lange aus. Er raucht dann einen Joint, um sein Alleinsein nicht so zu spüren, oder er setzt sich in die Stricherkneipe.

Peter hat Monate gebraucht, bis er Kontakt zu den Streetworkern aufgenommen hat. Im letzten Jahr hat er viel Zeit in der Anlaufstelle verbracht, stundenlang mit den Mitarbeitern geredet, mit anderen gespielt oder nur rumgesessen.

Schritt für Schritt hat er dann angefangen, sein Leben wieder zu organisieren. In vielen Gesprächen hat er zu den Mitarbeitern Vertrauen gewonnen. Seit 2 Monaten bezieht Peter Sozialhilfe und kümmert sich intensiv um eine Wohnung. Seinen Drogenkonsum hat Peter reduzieren können. Für eine Ausbildung ist es seinem Gefühl nach zu früh. Sein Traum ist es, Fußballer zu werden und in der Bundesliga zu spielen. Er traut sich jedoch noch nicht, in einem Verein zu trainieren. Peter braucht noch Zeit, sich stark genug zu fühlen, mit Menschen außerhalb der Szene Kontakt zu haben. Er geht nur noch selten anschaffen. Er wirkt selbstsicherer und offener als noch vor einigen Monaten.

Sexualität ist weiterhin ein heikles Thema für ihn. In der Zeit, in der er regelmäßig auf den Strich ging, war für ihn klar, heterosexuell zu sein und eine Freundin zu suchen. Inzwischen wagt er es, über sich und seine homosexuellen Anteile nachzudenken. Durch die Akzeptanz, die er von den Projektmitarbeitern und von anderen Strichern gegenüber seiner Lebensweise erfahren hat, lernt er, sich selbst anzunehmen.

Der Schritt hin zu einer städtischen Beratungsstelle wäre wahrscheinlich für Peter zu groß gewesen. Die Tatsache, daß die Anlaufstelle speziell für Stricher eingerichtet worden ist und die Mitarbeiter in der Szene verkehren, trägt dazu bei, Schwellenängste zu verringern. Stricher brauchen nicht drum herumzureden. Sie wissen, daß den Mitarbeitern bekannt ist, daß sie anschaffen gehen.

Mario war 15 Jahre, als er zum erstenmal Kontakt mit den Streetworkern des Projekts aufnahm. Er war gekleidet wie eine Mischung aus Punker und Skinhead und schwankte in seiner Meinung entsprechend seiner Kleidung von rechts nach links.

Nach der Öffnung der Grenzen in der ehemaligen DDR ist er aus einem kleinen Ort in Mecklenburg nach Hamburg gefahren. Mario, der in der DDR abwechselnd in Heimen und bei seiner Mutter gelebt hat, ist von Zuhause ausgerissen, nachdem seine Mutter herausgefunden hatte, daß er sexuellen

Verkehr mit Jungen und Männern hatte und ihn zu einem HIV-Test gezwungen hatte. Während der Zeit, in der er auf das Testergebnis wartete, durfte er zu Hause keine gemeinsam benutzten Gegenstände anfassen und kein Familienmitglied berühren.

In Hamburg hat er schnell Kontakte auf dem Hauptbahnhof gefunden und angefangen, die Anlaufstelle aufzusuchen. Versuche, ihn zu einer Rückkehr in die damalige DDR zu motivieren, scheiterten. Mario blieb über Monate in der Übernachtungsstelle des Projektes bis eine Einrichtung in Hamburg gefunden werden konnte, die ihn aufnehmen konnte. Dies war besonders schwierig, da über Monate nicht geklärt werden konnte, wer für die Finanzierung seiner Betreuung zuständig sein sollte. Seitdem er einen festen Platz in einer Jugendwohnung gefunden hat, ist er weit weniger auf dem Strich zu finden, auch wenn er immer noch regelmäßig die Anlaufstelle besucht. Der Strich scheint für Mario die Möglichkeit gewesen zu sein, seine ambivalenten sexuellen Gefühle in bezug auf Männer ausleben zu können, ohne sich selbst als schwul zu identifizieren. Seine sexuellen Kontakte konnte er immer vor sich und anderen gegenüber mit der Möglichkeit, dadurch an Geld zu kommen, erklären. Für Mario war es besonders wichtig, einen Ort zu finden, an dem er akzeptiert und gemocht wurde, obwohl er auf den Strich ging, und an dem er darüber reden konnte, ohne sofort stigmatisiert zu werden.

Anmerkungen

1   Überarbeitete Fassung eines Textes in Lautmann, R., Möbius, T., Stallberg, F.W., Wagner, T.: "Strichjungen - Fakten zur männlichen Prostitution", Sachverhalte, Hintergründe, Informationen, Hoheneck Verlag, 1990

ALBERT BORDE / BARBARA ROSE

Denn sie tun, was sie können

Unbändige Kinder und Jugendhilfe

Am 21. Juli 1992 gegen 3 Uhr morgens stechen zwei Kinder einen stark motorisierten Opel Record auf, knacken das Lenkradschloß und schließen ihn kurz. Der "Erfahrenere" von beiden setzt sich ans Steuer und rast mit mehr als 100 Stundenkilometer durch die Stadt. Auf der Bergedorfer Straße verliert er die Kontrolle, rammt einen Zaun, das Auto überschlägt sich mehrfach, und beide Kinder werden aus dem Auto geschleudert. Der Fahrer hat wie durch ein Wunder nur einige Schürfwunden, der Beifahrer wird unter dem Wagen zerquetscht und ist sofort tot. Beide sind 13 Jahre alt.

Der Tod dieses Jungen ist der traurige Höhepunkt einer Entwicklung, die zunächst noch als Presse-Hit im Sommerloch 1991 (denn da begannen in Hamburg die sogenannten Crash-Kids oder auch Auto-Kids von sich reden zu machen) ihren Anfang nahm.

"So kriecht das Böse in unsere Kinder"

Auch diese im August 1992 veröffentlichte Schlagzeile einer großen, überregionalen Tageszeitung mit Sitz in Hamburg ist nichts Besonderes: seit geraumer Zeit lassen sich fast täglich in hamburgischen und überregionalen Presseorganen solche und ähnlich reißerisch formulierte Artikelüberschriften finden, die den LeserInnen nahebringen möchten, wie verdorben, kriminell und einfach böse Kinder und junge Jugendliche heute sind und wie hilf- und kopflos Jugendpolitik und Jugendhilfe diesem Phänomen gegenübersteht.

Diese neue Sprachschöpfung der Medien hat Methode. So wird heute durchgängig und ohne nachzudenken in den Medien von Kinder-Gangstern, von kriminellen Kindern gesprochen und damit der lesenden Öffentlichkeit vermittelt, daß die Gesellschaft sich vor diesen kleinen, bösartigen Monstern unbedingt schützen muß. Fast zwangsläufig taucht dann die Forderung nach Wiedereinführung der geschlossenen Unterbringung auf mit der Begründung, das Gefährdungspotential, das von diesen Kindern gegen andere und gegen sich selbst permanent ausgeht, zu eliminieren. Zwar ist es wohltuend und ermutigend, wenn die in Hamburg für Jugendpolitik und Jugendhilfe Verantwortlichen klar und eindeutig jedes Ansinnen auf geschlossene Unterbringung ablehnen mit Verweisen auf erstens gehäuftes Entweichen bei geschlossener Unterbringung und zweitens um so zwangsläufigeres Hineingeraten Entwichener in problematische und schwierige Situationen; jedoch fehlt in allen jugendpolitisch vorgetragenen Positionen bislang die u.E. wichtige Feststellung, daß das sicherlich provozierende Verhalten besagter Kinder ein Teil unserer gesellschaftlichen Normalität ist, daß es offensichtlich für einen nicht unbeachtlichen Teil von Kindern (etwa 10-13jährigen) "Sinn macht", sich so und nicht anders zu verhalten.

Daß sich Jugendliche zum Symbol ihres Protestes, ihrer Provokationen und Aktionen das Auto erwählen, ist nichts Neues. Auch die "gesellschaftliche" Erregtheit und Betroffenheit, die auf den Plan tritt, wenn das Statussymbol Auto Gegenstand der Begierde wird, hat Tradition.

Neu ist heute jedoch die rasant sinkende Altersphase von jungen Menschen bis in die Latenzphase hinein, in der Auseinandersetzungen und Konflikte um Teilhabe an der Erwachsenenwelt angesiedelt sind.

Neu ist auch, daß solche Art Teilhabe-Auseinandersetzungen sich auf der Bühne einer individualisierten und pluralisierten Gesellschaft abspielen, wo die verlockende Vielfalt von Optionen und Lebensentwürfen durch ebensoviele Möglichkeiten des Scheiterns bedroht wird.

Dabei geraten die Kinder und Jugendlichen in eine paradoxe Situation. Zum einen wird versucht, das Strafmündigkeitsalter unter die derzeit gültigen 14 Jahre zu diskutieren, um die "Gangster" früher "aus dem Verkehr" ziehen zu können. Zum anderen wird ihnen eine Teihabe an gesellschaftlichen Entscheidungsprozessen eindeutig verweigert. In einer telefonischen Erhebung des Nachrichtenmagazin DAS! des NDR, mit der Fragestellung, ob Jugendliche ab 16 Jahren an gesellschaftlichen Entscheidungen beteiligt werden sollen, indem sie das passive Wahlrecht erhalten, haben sich 79,8 % der Anrufer dagegen ausgesprochen.

Zur Lebens- und Erlebniswelt von Kindern in der Großstadt

Da wir provozierendes, aufsehenerregendes Verhalten von 10-13jährigen Kindern nicht primär als defizitär, krank, oder böse, sondern als sinnmachendes Verhalten sehen, müssen wir – um begreifen zu können – nach dem lebensweltlichen Hintergrund fragen.

Wenn heute von individueller Lebenswelt die Rede ist, meint das immer die persönliche Kombination einer Reihe verschiedener Lebensräume, die insbesondere in Metropolen insular über die ganze Stadt verstreut sind.[1]

Der einheitliche Lebensraum für Kinder, der sich wachsend um die elterliche Wohnung herum anordnet, gehört der Vergangenheit oder der gehobenen Mittelschicht. Kindliche Lebenswelt wird heute durch die Eingrenzung und Trennung der Privaträume einerseits und eine Spezialisierung und Zersplitterung der Außenräume andererseits bestimmt. Die einzelnen Außenräume sind nach alters- und inhaltsspezifischen Aspekten organisiert (Babyschwimmen, Judo für 6-8jährige Jungen, Vorschulkinder-Verkehrsunterricht, Kinder-Disco, usw.). War es Kindern offensichtlich noch möglich, den "einheitlichen Lebensraum", der sich um das Elternhaus herum anordete, als ein Ganzes sinnlich zu erfassen und zu erfahren, so ist heute, angesichts der vielen separierten Teil-Lebenswelten und -räume, das Ganze nur noch als individuelle Kombination existent.

Erlebbar und erfahrbar sind lediglich die Teilräume; die Verbindung zwischen ihnen wird durch moderne Technologie oder — im besten Fall — durch erwachsene Transporteure hergestellt.

"Im verinselten Lebensraum gehört der einzelne nirgends mit seiner ganzen Person hin" (Zeiher, S. 189).

Drei Konsequenzen, die sich aus dem lebensweltlichen Modell der Verinselung ergeben, wollen wir mit besonderer Aufmerksamkeit betrachten, weil sie uns helfen können, den Sinn provozierenden Verhaltens von Kindern zu verstehen.

- Die Verinselung kindlicher Lebenswelten verlangt große Mitwirkung und soziale Kompetenz, um diese Vielfalt von lebensweltlichen Bereichen verbinden und an ihnen teilhaben zu können. Dem steht entgegen, daß individuelle Teilhabechancen nach wie vor sozial höchst ungleich verteilt sind.
- Lebensweltliche Verinselung hat Auswirkungen auf die Beziehungen der Menschen untereinander. Der Zerstückelung von Lebenswelt und der damit verbundenen Funktionalisierung einzelner Lebensbereiche entspricht eine Stückelung und Funktionalisierung von Sozialbeziehungen. Menschen treffen an unterschiedlichen Orten mit unterschiedlichen Interessen und in unterschiedlichen Funktionen aufeinander (kleine Jungen treffen einmal allwöchentlich in der "F"-Jugend (6 Jahre) ihren Fußballtrainer; nach dem Schulunterricht bietet die Schulsozialarbeiterin für verhaltensauffällige Grundschüler zweimal pro Woche eine soziale Gruppenarbeit an ...) Jeder hat dabei seine persönliche "Inselroute", mit einer von ihm entwickelten Zeitstruktur.
- Eine differenzierte, in Teilbereiche und Funktionen aufgeteilte Lebenswelt läßt kaum Platz für funktionsdiffuse Räume und Nischen, in denen sich Kinder ohne Vorgaben und Zielsetzungen kreativ verhalten können. Um unkontrollierte, ungesetzte Räume zu erobern, bedarf es besonderer Anstrengungen, bedarf es meist der Umdeutung von Räumen, und dies ist häufig nicht ohne Risiken bzw. Regelverletzungen zu bewerkstelligen.

Die Tatsache lebensweltlicher Verinselung prägt nach unseren Beobachtungen die Erlebniswelt von Kindern in der Großstadt heute durch folgende zentrale, widersprüchliche Erfahrungen:

Einerseits wachsen Kinder in der Großstadt extrem eingegrenzt auf: die Wohnungen sind eher klein und hellhörig, vor der Haustür verläuft die Straße, "Natur" ist anderswo usw., usw.

Andererseits besitzen Kinder heute aufgrund der Verfügbarkeit und der Nutzung diverser Technologien ein enorm ausgeweitetes Wissen über die Welt. Auch das Wissen über und der Einblick in vielfältige, z.T. höchst unterschiedliche Teilbereiche ihrer Großstadt gehört dazu. Mit diesem für das kindliche

Erleben bedeutsamen Widerspruchspaar von Eingrenzung und Ausweitung ist ein zweites verbunden:

Kinder sind heute abhängig und angewiesen wie nie zuvor auf erwachsene Menschen, die ihnen ihr verinseltes Kinderleben organisieren und zusammenzufügen helfen. Dies sind in allererster Linie die Eltern, z.B. als Organisateure, Manager und Chauffeure einer sinnvollen Freizeitgestaltung, aber auch andere Sozialisationshelfer wie z.B. Lehrer, Trainer, Sozialpädagogen oder auch Eltern anderer Kinder.

Fallen die Erwachsenen als Verbindungsmenschen aus, steht den Kindern entweder nur der einheitliche, anregungsarme Lebensraum Wohnraum zur Verfügung oder sie sind genötigt, die Wege und Verbindungen selbst zu bewältigen, was ein nicht zu unterschätzendes Potential an Risiken beinhaltet.

Andererseits bewegen sich Kinder heute in auf den ersten Blick partnerschaftlich anmutenden Beziehungen zu Erwachsenen. Dies nicht nur, weil wir heute Kindern grundsätzlich eine eigene Persönlichkeit und im Rahmen dieser eine Entscheidungsautonomie zuzubilligen bereit sind (zumindest ideell), sondern auch deshalb, weil Erwachsene und Kinder im Kontext verinselter Lebensräume überwiegend in Situationen miteinander tun haben, in denen eingegrenzte klare Funktionen der Erwachsenen in den Vordergrund treten: Du bist jetzt mein Chauffeur; du bist meine Ballettlehrerin; du bist der Nachhilfelehrer oder Schulsozialarbeiter usw., usw. Die Kinder übernehmen hier partnerschaftlich-arbeitsteilig den jeweiligen Gegenpart. In diesem zweckrationalen Partnerschaftsverhältnis ist gleichzeitig eine latente Konkurrenz zwischen Kindern und Erwachsenen angelegt:

Jeder bedarf des anderen, um sein punktuelles Interesse zu verwirklichen; jeder ist folglich auch darauf aus, auf Kosten des anderen noch "etwas mehr" zu erreichen.

Besonders brisant kann die Konkurrenz im Verhältnis von Kindern und Eltern sein. Denn: das Ermöglichen und Organisieren von Kindheit kostet Zeit und Ressourcen, und beides ist knapp angesichts vieler, verlockender Optionen.

Wenn unsere Behauptung von der erlebnisweltlichen Bedeutung dieser beider Widerspruchspaare zutreffend ist, wenn es also heutzutage "normal" ist, daß Kinder sich im Spannungsverhältnis von begrenzten Erfahrungen und Weite "aus zweiter Hand" sowie Abhängigkeit von Erwachsenen und instrumentell gekennzeichneter Partnerschaft zu ihnen befinden, dann ist die gelingende, kindliche Identitätsentwicklung mit einem geglückten Balanceakt zwischen diesen Widerspruchspaaren zu vergleichen. Dann darf die Eingegrenztheit nicht zu beengt, die Weite nicht zu unübersichtlich, die Angewiesenheit auf Erwachsene nicht gar zu abhängig und die Partnerschaft nicht zu berechnend sein.

Die Voraussetzungen für eine gelingende Balance sind freilich nicht so häufig, wie man gerne glauben möchte. Die sog. Hamburger Auto-Kids, wobei wir wieder am Ausgangspunkt sind, weisen alle außerordentlich eingegrenzte und beengte lebensweltliche Erfahrungen auf, wenn auch in sehr unterschiedlicher Ausprägung: seien es nun drogenbelastete Elternhäuser, Heimkarrieren, seien es Verarmungs- und Verelendungsprozesse in einigen Hamburger Stadtteilen, seien es schließlich Traditionskonflikte in ausländischen Familien oder soziale Entwurzelung im Zuge der Zuwanderung. Bedürfnissen nach Ausweitung, Entgrenzung, Abenteuer und Teilhabe kommt vor solchem Hintergrund ein geradezu existenzieller Stellenwert zu.

Der Ort, an dem dieses möglich zu sein scheint, ist z.B., nicht nur in Hamburg, der Hauptbahnhof als funktionsdiffuser Raum. Vielfalt, Abwechslung, Offenheit, ungeahnte Möglichkeiten, offene Situationen (ist alles so schön bunt hier), all dies symbolisiert ein Hauptbahnhof.

Zweitens haben diese Kinder die Erfahrung gemacht, daß ihre Eltern – aus welchen Gründen auch immer – nicht oder nur ungenügend in der Lage waren, bzw. über mangelnde Ressourcen verfügten, um ihnen die Teilhabe an einem einigermaßen "normalen" Kinder-Leben zu ermöglichen. So haben diese Kinder schon früh Entbehrungen und Frustrationen, das Gefühl des "Nicht-dabei-Seins", soziales Abseits, Isolierung, das Stagnieren oder gar den Abbruch von Beziehungen erfahren. All das sicherlich mit traurigen, ohnmächtigen oder auch wütenden Gefühlen verbunden.

Auch die andere Seite des Angewiesenseins auf Erwachsene, die – wenn auch zweckrationale – Partnerschaftlichkeit, haben die Kinder oft in extremer Weise erlebt: als außerordentlich instrumentalisierte Beziehungen, in denen harte Konkurrenz und Ausbeutung, Über- und Unterlegenheit eine große Rolle spielen.

Diese Kinder landen, ebenso wie Kinder aus der 3. Welt, aus Not auf der Straße. Ihre Not ist aber nicht in materieller Armut oder der Abwesenheit von Hilfsangeboten begründet. Ihre Not besteht in einer Heimatlosigkeit in den Beziehungen und in der Abwesenheit eines geschützten Raumes. Sie ist begründet in dem Mißtrauen zu den Bezugspersonen und in den vielen erlebten Gewalt-, Mißbrauchs- und Verlassenheitserfahrungen.

Wir wissen von den Auto-Kids, daß sie alle in irgendeiner Weise traumatische Erfahrungen mit Gewalt, extremer Unterordnung und Unterlegenheit unter Erwachsene, gemacht haben; wir wissen und beobachten, daß sie ihrerseits unverhohlen ihre Beziehungen und die einzelnen Themen darin zu Erwachsenen instrumentalisieren. Wir erleben auch die Angst und das Erschrecken der Kinder vor emotionaler, vor Beziehungnähe und als Folge ihre teils abrupten Distanzierungen!

Nun wäre es jedoch völlig kurzsichtig und auch falsch, aus solcherart extrem angesiedelten, widersprüchlichen lebensweltlichen Erfahrungselementen von Kindern heute die Karriere von Auto-Kids zu prognostizieren. Diese Kinder sind lediglich die spektakuläre Spitze eines Eisberges, der, so unsere Meinung, zunehmend sichtbar werden wird, zumindest für die Jugendhilfe. Wir wissen heute schon um Kinder mit ähnlich extremen lebensweltlichen Erfahrungen wie die oben beschriebenen, die keine Autos knacken, dafür aber in anderer Weise ein "Leben auf der Straße", eines an mehreren Orten führen, das etliche Gefährdungen mit sich bringt.

Die "Lücke"

Ob "Auto-Kids" oder "Straßen-Kids", gemeinsam ist u.E. beiden eine extreme Ausprägung der weiter oben benannten widersprüchlichen lebensweltlichen Erfahrungen. Gemeinsam ist auch die Altersphase der Latenz. Dieser Altersphase, die zwischen etwa 10 und 13 Jahren angesiedelt ist, kommt entwicklungspsychologisch als Zeit des "Noch-nicht" und gleichzeitig "Nicht-mehr" eine besondere Bedeutung zu: Individualpsychologisch wird sie beschrieben als Zeit der großen Verunsicherung bezüglich des Umganges mit und der Bewertung von Grenzsetzungen, als Zeit der diffusen Offenheit nach vielen Seiten und für viele Einflüsse. In dieser Phase sind Kinder außerordentlich empfänglich für Orientierungen unterschiedlichster Ausrichtungen, sofern diese sie emotional ansprechen, für Bestätigung in festen, überschaubaren gleichaltrigen Gruppen, für bisher unbekannte, ihren Horizont und ihre Empfindungen erweiternde Erlebnisse und Abenteuer. Auch auf der alltagsweltlichen Ebene gilt die Spannung zwischen dem "Noch-nicht" und "Nicht-mehr": Noch sind die Kinder nicht seßhaft, nicht mehr leben sie in ihren Herkunftsfamilien.

Das Zusammentreffen von Latenz-Zeit und aus dem Gleichgewicht gelaufenen, widerspruchsvollen, lebensweltlichen Erfahrungen kann für eine immer größer werdende Zahl von Kindern zu einem besonders risikoreichen, Gefährdungen bergenden Lebensabschnitt werden.

Bis vor kurzem wurden in den Jugendhilfe-Debatten Probleme und Gefährdungen der Latenz-Zeit, vor allem im großstädtischen Kontext, nicht reflektiert, geschweige denn in konzeptionelle Überlegungen gebracht. Aufgeschreckt durch die Existenz und das spektakuläre Verhalten der Auto-Kids begann Jugendhilfe zu reagieren, zumal etliche Kinder aus diesem Kreis bereits Klientel Öffentlicher Erziehung waren. Waren viele der Reaktionen und Arbeitsansätze zunächst hektisch und aktionistisch, so machte sich nach einiger Zeit bei verschiedensten Trägern von Jugendhilfe die Erkenntnis Platz, daß sowohl im Wissensbereich als auch im Angebotsbereich für gerade diese Kinder in der Latenz-Zeit eine große Lücke klafft:

Zwar entstanden in den achtziger Jahren etliche empirische und sozialhistorische Arbeiten zum Thema: Kindheit, vor allem bezogen auf die historische Gewordenheit und gesellschaftliche Ausgestaltung dieser Phase und im wesentlichen die Unvereinbarkeit von Kindheit und Verstädterung problematisierend, die offene Phase der Latenz-Zeit jedoch wurde in diesem sozialen Kontext nicht oder kaum bearbeitet. Jugendhilfe hat sich in den achtziger Jahren deutlich auf das vielfältige wissenschaftliche Wissen zur Jugendphase bezogen und darauf die Weiterentwicklung und Veränderung ihrer Hilfe-Strukturen aufgebaut. Wissenschaft und Jugendhilfe haben sich ab sofort verstärkt mit dem sozialen und psychischen Kontext zu befassen, der die "Kinder der achtziger Jahre" geprägt hat und prägt. Insbesondere interessieren lebensweltliche Situationen und Erfahrungen von älteren Kindern und denen in der Latenz-Phase.

In diesem Zusammenhang ist der Aspekt der Geschlechtszugehörigkeit von Wichtigkeit.

Wir können annehmen, daß Mädchen und Jungen die widerspruchsvollen lebensweltlichen Erfahrungen in sehr unterschiedlicher Weise wahrnehmen und verarbeiten. Aus der feministischen Forschung wissen wir, daß vor allem hinsichtlich des Sich-Einrichtens in vorgegebenen Räumen, der Aneignung und Gestaltung von Räumen grundsätzliche geschlechtsspezifische Differenzen bestehen.

Was finden ältere Kinder nun an Angeboten, an Räumen im organisierten Sozialisationsbereich vor? Bereits 1983 bemerkte Helga Zeiher, daß es besonders für die 9-14jährigen eine "Lücke" im öffentlichen Angebot der Kinderinstitutionen gibt: sie sind dem Hort entwachsen, aber für Jugendfreizeitheime noch zu jung, sie sind für viele Sportangebote noch zu klein und für viele Spielplätze schon zu groß (a.a.O., S. 191).

An diesem Zustand hat sich bis heute wenig geändert. Ältere Kinder sind im Sozialisations- und Freizeitangebot entweder vergessen, oder sie werden regelrecht ausgegrenzt: so werden sie auf den Hamburger Bauspielplätzen zugunsten der jüngeren Kinder in der Regel nicht mehr zugelassen; so sind sie auch nicht Zielgruppe der neu an den Grundschulen eingerichteten Horte. Lediglich im hochschwelligen Bereich der "Hilfen zur Erziehung" sind diese Kinder Klientel vergleichbar andersaltrigen Gruppen von Kindern und Jugendlichen. Fazit ist, daß es kaum "positive" Orte für ältere Kinder gibt, daß sie überwiegend in "negativer" Weise von jugendhilfepolitischen Angeboten erfaßt sind. Ein scheinbar positiver Begriff wie Kinderzentrum (vergleichbar einem Jugendzentrum) legt sofort die Assoziation mit Kinderschutz und Kinderklinik nahe.

Aber selbst im hochschwelligen Angebot der Erziehungshilfen, wie es in Hamburg vorgehalten wird, tut sich eine Lücke auf:

Für eine größer werdende Zahl 10-13jähriger Kinder scheinen die Alternativen: Wohngruppenpädagogische Angebote auf der einen Seite und Einzelarrangements auf der anderen Seite nicht (mehr) ausreichend zu sein. Wir beobachten, daß diese Kinder zwar in den von uns vorgehaltenen Gruppenzusammenhängen leben, sich aber häufig aus ihnen heraus begeben, zum Teil für längere Phasen, ohne dabei zunächst den Kontakt zu den PädagogInnen und der Gruppe abzubrechen. Sie kehren nach Phasen auch wieder in ihre Gruppen zurück, ohne sich jedoch auf Dauer dort einrichten zu wollen oder zu können. Die wohngruppenpädagogischen Arrangements mit ihren Anforderungen an regelhafte und sozialverbindliche Verhaltensweisen sind offensichtlich zu voraussetzungsreich für etliche Kinder und junge Jugendliche. Einzelarrangements, wie sie sich in der Flexiblen Betreuung für ältere Jugendliche bewähren, können kaum eine pädagogisch-konzeptionelle Perspektive sein, da häufig gerade die Kinder, von denen wir hier sprechen, sozial-emotionaler Orte, Schutz und Versorgung in ganz besonderer Weise bedürfen.

Was tun?

Grundsätzlich gehen wir davon aus, daß Jugendhilfe sich für Kinder, die aus unterschiedlichsten Gründen nicht in Gruppenzusammenhängen leben können, wollen oder sollen, ebenso zuständig erklärt wie etwa für Jugendliche in psychischen Grenzsituationen oder für drogenkonsumierende Jugendliche.

Kinder dürfen keinesweg als nicht gruppenfähige, nicht in einer Gruppe tragbare Kinder ausgegrenzt und in Spezial-Einrichtungen abgeschoben werden. Es gilt vielmehr, innerhalb einer nicht-spezialisierten Jugendhilfe Arrangements zu finden, die den besonderen Lebenslagen dieser Kinder Rechnung tragen.

Allzuständigkeit von Jugendhilfe darf aber nicht mit "Ganzheitlichkeit" gleichgesetzt werden. Viele engagierte PraktikerInnen der Jugendhilfe tragen im Herzen den Wunsch, für die betreuten Kinder wieder einen einheitlichen Lebenszusammenhang herzustellen. Dieser verständliche Anspruch ist u.E. zum Scheitern verurteilt, denn Einheitlichkeit und überschaubarer Lebenszusammenhang sind in unseren Zeiten der Individualisierung und Pluralisierung, der vielen, voneinander getrennten Lebensorte nicht (mehr) real, nur mehr Ideologie. Diese Einsicht ist schmerzlich, sie kann jedoch hilfreich sein, sich an den tatsächlich vorfindbaren Bedingungen von Kindern hier und heute zu orientieren und von dort ausgehend Sorge, Verantwortung, Kompetenz und Phantasie für ein (hoffentlich) gelingendes Leben einzubringen.

Obwohl wir noch, wie schon mehrfach betont, wenig über die Lebenswelt dieser Kinder an Wissen haben, können wir doch einige Anhaltspunkte nennen, auf die sich pädagogische Arrangements beziehen müssen:

Ins Auge fallend ist, daß die Kinder ausnahmslos sehr gut in der Lage sind, weite Teile ihrer existenziellen Absicherung in verschiedenen Lebensräumen auf ihre Weise zu gestalten. Bedrohlich und potentiell gefährlich sind die Bereiche: Obdach und emotionales Erleben. Nachdem die Kinder ihren jeweils früheren "Heimat"-Ort aufgegeben haben, können sie ein Obdach meist nur um den Preis tendenziell gefährlicher Abhängigkeiten bekommen (Päderastenmilieu, Drogenszene, Prostitution). Emotionales Erleben verschaffen sich die Kinder sprunghaft und punktuell, möglichst unverbindlich in der Szene bei den dort ansässigen Erwachsenen, entweichen jedoch, wenn Beziehungen zu nahe zu werden drohen oder wenn Konkurrenzen zu befürchten sind. Auch hier sind die Kinder, ähnlich schon wie bei der Beschaffung eines Obdaches, korrumpierbar und ausbeutbar.

Es geht also um zweierlei: um das Zur-Verfügung-Stellen von Obdach und um die Schaffung von Gelegenheiten für sozial-emotionales Erleben. Dies zum einen, um die Kinder zu schützen und Gefährdungen von ihnen abzuwenden, zum anderen aber auch, "positiv" gewendet, um Beziehungsfähigkeit und soziales Verhalten erfahrbar zu machen.

Vor diesem Hintergrund lassen sich zwei verschiedene pädagogische Ansätze denken und realisieren: Zum einen – und naheliegend – ist ein Zusammenleben ohne Gruppe, ohne regulierten und komplexen Gruppenalltag und -druck möglich. Wenn sich z.B. Situationen in bestehenden Wohngruppen zuspitzen und die Entscheidung gefällt wird, daß die Herausnahme eines Kindes für dieses selbst die bessere Perspektive darstellt, ist zu prüfen, ob ein oder mehrere Teammitglieder sich imstande sehen, die Betreuung für nur dieses Kind an einem anderen Ort fortzuführen. In diesem Fall ist eine ausreichend große Wohnung zu finden, in die MitarbeiterInnen und Kind einziehen können. Die Unterbringung gemeinsam mit BetreuerInnen ist grundsätzlich sehr labil. Belastungssituationen sind von Einzelpersonen zu ertragen. Die Gefahr des

Verschleißens von MitarbeiterInnen ist groß, da eine Vielzahl nicht vorhersehbarer Probleme entstehen wird, auf die die MitarbeiterInnen nicht gefaßt sind.

Es bietet sich ebenfalls die Möglichkeit an, ein ähnliches Arrangement wie das oben beschriebene, für mehrere Kinder (sicherlich aber niemals mehr als drei) zu gestalten. In diesem Fall ist es von großer Wichtigkeit, daß für jedes Kind eine Bezugsperson vorhanden ist, so daß sich bei gemeinsamem Nutzen einer Wohnung dennoch die Betreuungsarrangements sehr unterschiedlich entsprechend den Bedarfen der Kinder gestalten können und keine unerträglichen Konkurrenzsituationen entstehen.

Zweitens stellen wir uns ein Arrangement vor, das genannt werden kann: Wohnen ohne Pädagogik. Dieses Arrangement geht von dem Grundgedanken aus, die normalerweise bei Jugendhilfemaßnahmen integrierten Dienstleistungen des Wohnens, Versorgens sowie der pädagogischen Betreuung zu entkoppeln bzw. neu zu kombinieren. Obdach und Beziehungsarbeit werden in diesem Modell also getrennt organisiert.

Das kann heißen, "ausbrechende" bzw. "nicht gruppenfähige" Kinder und junge Jugendliche sollen je nach individueller Situation Begleitung und Betreuung einer ihnen möglichst bereits vertrauten pädagogischen Bezugsperson erhalten und einen Schutz- und Versorgungsort "auf Zeit" angeboten bekommen. Personen, die die Beziehungsarbeit bzw. die Versorgungsarbeit leisten, sind also nicht identisch. Dem Zeit-Faktor kommt insofern eine besondere Bedeutung zu, als wir von relativ sprunghaften temporären Phasen ausgehen, in denen Kinder und Jugendliche des Ausbrechen in verschiedenen Formen er- und durchleben. Erfahrungen lassen uns einen Zeitraum zwischen 3 und 6 Monaten annehmen, während dessen ein strikt entkoppeltes Angebot hilfreich sein kann.

Eine weitere Variante des Wohnens ohne Pädagogik ist das Modell: Erwachsenen-Wohngemeinschaft.

In den siebziger Jahren gab es eine Reihe von Wohngemeinschaften Erwachsener, die bereit waren, Heimkinder — sehr häufig "entlaufene" Heimkinder — bei sich aufzunehmen. Diese Wohngemeinschaften waren so etwas wie ein Rückgrat für Heimkampagnen und Modell für eine Heimreform. Auch in den achtziger Jahren waren nach geduldigem Suchen solche Wohngemeinschaften zu finden, die — mit Zahlung eines Honorars — bereit waren, Kinder und Jugendliche bei sich aufzunehmen, um ihnen ein soziales Umfeld, das nicht durch den pädagogischen Auftrag determiniert ist, anzubieten.

Wenn wir diese Tradition heute wiederbeleben wollen, müssen wir allerdings folgendes bedenken:

Eine Wohngemeinschaft heute wird angesichts der Wohnraumnot mehr noch als früher dazu neigen, die Mitglieder unter Druck zu setzen, die den Bestand der WG als Ganzes gefährden. Bringt man dort also solche Kinder unter, über deren Betreuung wir hier nachdenken, ständen diese unter ständigem Druck, ausgegliedert zu werden.

Da aber dennoch Wohngemeinschaften von Erwachsenen vor allem eines leisten können, was unter anderen Arrangements nicht zu leisten ist, nämlich ständige Präsenz und relative Verhaltensstabilität, unabhängig von dem Verhalten eines in der WG untergebrachten Kindes, muß überlegt werden, wie das

Modell WG an die Anforderung: stabiles soziales Umfeld angepaßt werden kann, ohne daß es sich zu sehr von seiner Voraussetzungsarmut entfernt.

Wir schlagen vor, daß Träger große Wohnungen mieten und an WGs untervermieten. Das Hausrecht behält dabei der Träger. In diesen WGs wird ein Zimmer für ein Kind freigehalten. Wird dieses Zimmer genutzt, übernehmen professionelle Helfer die Betreuung des Kindes.

Es wäre jedoch töricht und überheblich, wenn wir annähmen, daß durch die skizzierten möglichen Arrangements sich die Lücke im Angebot für die uns interessierenden Kinder bereits schließen ließe. Ebenso, und die Angebote des Obdachs bzw. des emotionalen Erlebens ergänzend, ist dringend erforderlich, niedrigschwellige Anlaufstellen für die Kinder dort zur Verfügung zu stellen, wo sie ihr Leben "auf der Straße", in der Öffentlichkeit gestalten. Eine solche Anlaufstelle kann Schutz, Rückzug, Grundversorgung anbieten, kann weiterhin – sofern es von den Kindern gewünscht ist – ein szenefreies Obdach vermitteln oder Kontakte zur früheren "Heimat" knüpfen. Eine solche Anlaufstelle kann auch Vernetzungspunkt und Informationspool für die verschiedenen pädagogischen Begleitpersonen dieser Kinder sein.

Bei all diesen durchaus hoffnungsvollen Denk- und Handlungsansätzen sollten wir jedoch auch die damit verbundenen Schwierigkeiten nicht aus dem Auge verlieren, schon alleine deshalb nicht, um gegen Enttäuschungen und Rückschläge gewappnet zu sein:

Mit Sicherheit werden pädagogische Arrangements, ähnlich den oben beschriebenen, mit außerordentlich hohen moralischen Anforderungen konfrontiert sein. Handelt es sich doch bei der Klientel nicht um Jugendliche oder Erwachsene, sondern eben um Kinder. Und zwar um Kinder, die sich in äußerst "unkindgemäßen" Lebensumständen befinden, deren Lebensweisen häufig durch Phänomene gekennzeichnet sind, die weit eher mit krisenhaftem Erwachsenenleben in Verbindung gesetzt sind als mit dem Alltag, den man sich für Kinder wünscht (Nichtseßhaftigkeit, Prostitution, Drogenkonsum ...). So stehen pädagogische Arrangements von Beginn an unter einem öffentlichen Rechtfertigungsdruck, diese unkindgemäßen und unbotmäßigen Phänomene doch bitte schön möglichst schnell zu beseitigen.

Deshalb kommen Träger und pädagogische MitarbeiterInnen, die sich mit Phantasie und Experimentierfreude auf neue Wege einlassen, nicht umhin, diese auch in der Öffentlichkeit zu vertreten und damit Einflußnahme auf die Gestaltung von Politik auszuüben.

Anmerkungen

1   vgl. hierzu: Zeiher, H.: Die vielen Räume der Kinder. Zum Wandel räumlicher Lebensbedingungen seit 1945. In: Preuss-Lausitz u.a.: Kriegskinder, Konsumkinder, Krisenkinder, Weinheim und Basel 1983

PETER BORCHARDT / KATRIN HAIDER-LORENZ /
KATRIN KOLDEWEY

"Die Familien sind der Kompaß für unsere Arbeit"

Lebensweltorientierung in der Sozial-pädagogischen Familienhilfe

Der Hamburger Hintergrund

Seit einem guten Jahr werden in Hamburg Erfahrungen mit ambulanten Erziehungshilfen, vor allem mit der Sozialpädagogischen Familienhilfe gemacht. Im Unterschied zu den meisten anderen Bundesländern waren solche Erziehungshilfen in Hamburg bis zum Inkrafttreten des neuen Kinder- und Jugendhilfegesetzes so gut wie kaum entwickelt und praktiziert worden. Statt dessen hatte hier beispielhaft während der achtziger Jahre eine grundlegende Reform der stationären Erziehungshilfen, der Heimerziehung stattgefunden, an deren Ende eine Vielzahl unterschiedlichster stationärer Arrangements stand, dem Anspruch verpflichtet, einzelnen Kindern und Jugendlichen so alltagsnahe und normale Lebensbedingungen wie möglich zu schaffen. Die Angebotspalette reicht von ganz individuell gestalteten Einzelarrangements (Flexible Betreuung) über kleine dezentrale, autonom lebende und wirtschaftende Wohngruppen bis zu lebensgemeinschaftsähnlichen Modellen. Vor diesem Hintergrund bekam die Diskussion um die nun durchs KJHG notwendig werdende bedarfsgerechte Einführung der neuen ambulanten Erziehungshilfen eine ganz besondere Brisanz. Auf die Frage, wie denn die ambulanten Erziehungshilfen konzeptionell zu gestalten seien, an welchen Traditionen man sich orientieren wolle, ließ sich nicht ohne Berücksichtigung des Zustandes der stationären Erziehungshilfen antworten.

Im folgenden soll der Versuch unternommen werden, die Diskussion um die Einführung der Sozialpädagogischen Familienhilfe, konzeptionelle Überlegungen und erste praktische Erfahrungen aus der Sicht eines Freien Trägers, der sich aktiv für die Reformierung der Heimerziehung engagiert hatte, darzustellen und zu reflektieren.

Eine kontroverse Debatte

1990 gingen die Wogen hoch, als in Erwartung des neuen KJHG die Diskussion über die Einführung bislang in Hamburg nicht praktizierter ambulanter Erziehungshilfen begann. Befürworter und Gegner der ambulanten Hilfen (vor allem der vorrangig umzusetzenden Sozialpädagogischen Familienhilfe) lieferten sich einen heftigen, verbalen Schlagabtausch, was angesichts einer etwa 20jährigen Tradition dieser Hilfeart in anderen Bundesländern und viel älterer historischer Wurzeln familienorientierter Hilfen zunächst bestaunt wurde.

Was waren die Hintergründe und die Argumente?

Die Befürworter wollten endlich an die positiven Erfahrungen, die mit der Sozialpädagogischen Familienhilfe bereits in anderen Bundesländern gemacht worden waren, anknüpfen. Dies bedeutete, die durchs KJHG vorgegebene Differenzierung der Erziehungshilfen durch eine Forcierung familiennaher und -intensiver ambulanter Erziehungshilfen als Alternative und im Vorfeld der stationären Unterbringung voranzutreiben. Ein nicht unerhebliches Argument war den Befürwortern darüber hinaus der Spareffekt, den ein Ausbau der (letztlich billigeren) ambulanten Hilfen durch erhoffte Reduzierung stationärer teurer Unterbringung haben würde. Zu diesen, vor allem von den jugendhilfepolitisch Verantwortlichen vorgetragenen Argumentation gesellte sich eine breite Front der Befürworter aus dem Bereich der Allgemeinen Sozialen Dienste. Diese erwarteten durch eine Einführung ambulanter Erziehungshilfen mehr finanzielle und personelle Ressourcen, um ihre sehr belastete Arbeitssituation zu entspannen; gleichzeitig liebäugelten sie mit der Möglichkeit kontinuierlicher einzelfallbezogener Arbeit an Familien, wozu sie angesichts ihrer Arbeitssituation so gut wie gar nicht kamen. Die Gegner der Einführung Sozialpädagogischer Familienhilfe setzten sich überwiegend aus engagierten Praktikern stationärer Erziehung, verstärkt durch einige kritische Sozialwissenschaftler, zusammen. Sie argumentierten eher politisch als fachlich: Ihr Herz hing am erreichten Stand der Heimreform, den sie verteidigen wollten. Dieser Stand wäre durch eine Differenzierung von Erziehungshilfen in eher "weiche" und eher "harte" Maßnahmen insofern bedroht, als Kinder und Jugendliche dann nach der altbekannten Maßgabe: die Guten ins Töpfchen (sprich: ambulante Erziehungshilfen), die Schlechten ins Kröpfchen (sprich: stationäre Erziehung) sortiert werden könnten. Heimerziehung würde damit (wieder) zu einer negativen Restkategorie werden, die immer dann zum Zuge käme, wenn alle anderen Erziehungshilfen erfolglos ausprobiert seien. Auf die mit solcher Hierarchie einhergehenden Stigmatisierungsprozesse und deren verheerende Auswirkungen auf junge Menschen wiesen die Gegner ebenfalls hin. Auch problematisierten sie die nicht nur in der Sozialpädagogischen Familienhilfe, sondern allgemein im Kinder- und Jugendhilfegesetz durchgängig angelegte Familienorientierung bzw. die primäre Fixierung auf Personensorgeberechtigte, und ganz besonders auf die Frauen als Mütter und damit als Zentren der Familien. Sie belegten mit Hilfe der empirisch vorfindbaren Wirklichkeit, daß diese Familienorientierung eher einem konservativen Wunschdenken entspricht als den tatsächlichen Lebenslagen von Familien-Menschen. Insofern lehnten sie Sozialpädagogische Familienhilfe als eher ideologische Angelegenheit denn als tatsächlich hilfreiche professionelle Maßnahme ab und wiesen eindringlich auf die Möglichkeiten kontrollierender

Einflußnahme dieser Hilfeform hin, gerade weil sie besonders familiennah angesiedelt werden soll. Wenn die "Familienhelferin für die Familie zugleich Freundin, Mithausfrau, Bezugsperson, Vorbild, Beraterin, ja zu einem Teil des erweiterten Familiensystems" (8. Jugendbericht, 8.139) wird, dann ist damit nicht nur Verwirrung in der professionellen Identität gestiftet, sondern auch das Einfallstor für Ausforschung und Kontrolle geöffnet.

Nachdem sich der Staub, der durch die kontroversen Debatten aufgewirbelt worden war, etwas gelegt hatte, war es möglich, die "guten Gründe" beider Seiten mehr in Augenschein zu nehmen:

- Der Prozeß der Heimreform und der erreichte Stand darf durch die Einführung ambulanter Erziehungshilfen nicht in Frage gestellt werden. Ambulante Erziehungshilfen können eine Ergänzung und Erweiterung, damit eine Fortführung des Prozesses sein. Gleichzeitig kann der erreichte Stand der Heimreform nicht als endgültiges Ergebnis festgeschrieben werden, auch im stationären Bereich sind Erweiterungen und Veränderungen notwendig, da die Lebenswelt der Kinder und Jugendlichen sich verändert.
- Es fehlt an alltagsnah- und sozialräumlich angesiedelten Erziehungshilfen, die es ermöglichen, Personensorgeberechtigte sowie Kinder und Jugendliche in kritischen, schwierigen Lebenssituationen derart zu unterstützen und zu begleiten, daß der gemeinsame Alltag weiterhin aufrechterhalten werden kann und Trennungen nicht sein müssen.

Handlungsorientierungen

Auf der Basis dieser Grundsätze entwickelte sich in Hamburg zwischen den Freien Trägern und dem Fachamt folgender Handlungsrahmen für die Realisierung der ambulanten Erziehungshilfe/der Sozialpädagogischen Familienhilfe:

- Sozialpädagogische Familienhilfe ist eine regional angesiedelte Hilfe zur Erziehung, die im sozialräumlichen Alltag der Menschen ansetzt mit dem Auftrag, diesen Alltag zu stützen, aufrechtzuerhalten und möglicherweise zu verbessern.
- Sozialpädagogische Familienhilfe ist eine ambulante Erziehungshilfe in einem Leistungskatalog grundsätzlich gleichwertiger Hilfen (gemäß §§ 27 ff KJHG), die je nach dem spezifischen Einzelfall mehr oder weniger als Hilfe geeignet sein kann.
- Sie hat sich fachlich und organisatorisch in Beziehung zu den anderen Erziehungshilfen zu setzen und zwar derart, daß je nach den unterschiedlichen Problemlagen und Bedarfen verschiedene Möglichkeiten von Hilfe angeboten werden können und daß bei Veränderung von Bedarfen und Problemlagen flexible Übergänge von einer Hilfeart zur anderen ohne Abbrüche von Beziehungen, ohne Wechsel von einer Institution in die andere möglich sind.

Ein solcher Handlungsrahmen stellt freilich an die pädagogischen MitarbeiterInnen keine geringen Anforderungen:

- Regional angesiedelte, sozialräumlich verortete Arbeit verlangt differenziertes Wissen über die konkrete Region, über die Lebenslagen der dort lebenden Menschen, darüber, wie diese ihren Stadtteil subjektiv erfahren. Weiterhin verlangt ein solcher Arbeitseinsatz umfangreiche Kooperations- und Vernetzungsaktivitäten, die mehr und anderes sein müssen als z.B. regelmäßige Treffen der Professionellen aus den verschiedenen Einrichtungen in einem Stadtteil.

- Zweitens sind die MitarbeiterInnen herausgefordert, sich an den Lebenssituationen, Bedürfnissen und Bedarfen der Klientel zu orientieren, an deren Vorstellungen von "gelingendem" oder gar "gelungenem" Leben. Das ist zwar eine Binsenweisheit in der Sozialpädagogik, jedoch an dieser Stelle besonders zu betonen, da der Arbeitsgegenstand der Professionellen die Familie und die in ihr lebenden Menschen ist. Wir haben alle Erfahrungen damit, wie sehr sich Familie als Einfallstor für Wunschvorstellungen, Erziehungs- und Besserungsversuche eignet, und wir alle wissen auch darum, daß es die Familie als kollektives Subjekt nicht gibt, sondern daß in Familien Frauen, Männer, Jugendliche/Kinder leben, die zum Teil sehr unterschiedliche, manchmal gar entgegengesetzte Interessen und Bedürfnisse haben.
- Drittens ist von den MitarbeiterInnen eine hohe Flexibilität gefragt. Diese bezieht sich sowohl auf den fachlichen Bereich, nämlich auf das Verhältnis von speziellem Wissen zu Allround-Wissen, als auch auf die Organisation von Hilfen; Wie kann es gelingen, kontinuierliche professionelle Begleitung bei wechselnden Problemlagen und formaler Nicht-(mehr)Zuständigkeit zu gestalten?

In den folgenden Kapiteln versuchen wir, die benannten Handlungsorientierungen anhand unserer bisherigen Erfahrungen zu konkretisieren.

Die Region

Wie im ersten Teil dargestellt, war eine wichtige Voraussetzung für den Start der Sozialpädagogischen Familienhilfe deren regionale Verankerung.

Um das zu gewährleisten, wurde eine begrenzte Zuständigkeit auf ein Gebiet im Osten Hamburgs vereinbart. Die dort vorhandenen (Lebens-)Bedingungen beeinflussen den Alltag und die Problemlagen der Menschen, auf die unser Angebot abzielt. Deshalb bilden Kenntnisse über regionale Gegebenheiten eine entscheidende Ausgangsbedingung für unsere Arbeit und prägen die Ausgestaltung und Schwerpunktsetzung.

Vergleichbare Wohnsiedlungen, deren Atmosphäre eher die Notwendigkeit eiliger Wohnraumbeschaffung spüren läßt, als daß sie gründliche städteplanerische Überlegungen widerspiegelt, gibt es in Großstädten der Bundesrepublik in hoher Zahl.

Die hier vorhandenen Strukturen schaffen breite Betätigungsfelder für Sozialarbeiter und sind wohlbekannte, vielfach beschriebene Phänomene. Trotzdem soll im folgenden die Region, in der wir tätig sind, kurz dargestellt werden.

Die gesamte Region, bestehend aus zwei Teilbereichen zweier Stadtteile, ist fast reines Wohngebiet und nur an wenigen Stellen durchsetzt mit kleineren Gewerbegebieten. Ein hoher Anteil an Neubauten aus den fünfziger, sechziger und siebziger Jahren formt das Bild. Der ehemals dörfliche Charakter des

Gebietes wurde stückweise vor und insbesondere nach dem zweiten Weltkrieg verändert. Neben vereinzelten Einfamilienhausgebieten entstanden Wohnsiedlungen des sozialen Wohnungsbaus, die abgegrenzte Quartiere bilden und jeweils unterschiedliche Strukturen aufweisen. Dennoch sind diese Siedlungen trotz größerer Grünflächen geprägt durch Beton, Eintönigkeit und Enge der Wohnungen.

Lebten hier früher schon eher Arbeiter und einfache Angestellte, so ist das Gebiet heute gekennzeichnet durch eine zunehmende Verarmung der hier lebenden Menschen. 1983 lag in Teilbereichen des Gebiets das durchschnittliche Jahreseinkommen schon um 10.300,- DM unter dem Landesdurchschnitt. 1986 betrug dieser Wert 11.800,- DM (Hamburg in Zahlen Heft 5/91).

1989 erhielten 14,5 % der Bewohner des entsprechenden Ortsamtsbereiches, zu dem das Gebiet gehört, laufende Hilfen zum Lebensunterhalt. Der Hamburger Durchschnitt lag im gleichen Zeitraum bei ca. 9 % (Statistisches Landesamt der Freien und Hansestadt Hamburg, 1990).

Die zunehmende Verarmungstendenz geht einher mit einer Ballung massiver sozialer Probleme, die sich beispielsweise ausdrücken in einer Zunahme von Drogenkonsum, Alkoholmißbrauch, Gewalt in den Familien, Vandalismus insbesondere in einigen Wohngebieten, die immer mehr den Charakter von sozialen Brennpunkten erhalten. Diese Entwicklung wird gefördert durch eine Belegungspolitik der Wohnungsämter, Familien mit Schwierigkeiten eher in diesen Wohngebieten anzusiedeln. Neue Bauvorhaben werden mit der Erhöhung der Bevölkerungsdichte in Zukunft eher eine Verschärfung bestehender Probleme bewirken. Bereits jetzt ist ein Anstieg der Bevölkerungszahlen zu verzeichnen.

Geht man davon aus, daß dieser Anstieg keine stärkere soziale Mischung bedeutet, nimmt die Belastung des Gebietes zu.

Demgegenüber steht ein von der in der Region tätigen Fachkräften immer wieder beklagter gravierender Mangel an sozialen Hilfs- und Entlastungsangeboten. So fehlen, wie in anderen Stadtteilen auch, ausreichende Angebote der Kinderbetreuung wie Kindertagesheime und Spielhäuser. Elternschulen und Orte, die Kontakt und Austausch ermöglichen, sind nicht in ausreichendem Maße vorhanden. Insbesondere aber besteht ein Mangel an Beratungsangeboten für die unterschiedlichen Problemlagen, vor allem in den Bereichen der Erziehungs- und Familienberatung und im Bereich der Drogenarbeit.

Das Projekt

Mit dem vorgegebenen Handlungsrahmen und unter den beschriebenen sozialräumlichen Bedingungen begannen wir vor 1½ Jahren mit der praktischen Umsetzung der Arbeit.

Wir fanden günstig gelegene geeignete Büroräume, die von der Größe her die Voraussetzung für vielfältige Formen der Arbeit bildeten.

Die Betreuung der ersten Familien verdeutlichte uns die Unterschiedlichkeit der Problemlagen, die Anlaß sein können für die Beantragung Sozialpädagogischer Familienhilfe. Sie zeigten uns die Bedarfe, die Voraussetzung sind, um gelungene Hilfsarrangements zu ermöglichen, und waren so eine Art Kompaß für die Konkretisierung des Konzeptes und der organisatorischen Ausgestaltung der zu schaffenden Einrichtung.

Dieser Prozeß soll im folgenden anhand der verschiedenen Aktivitäten und Grundlagen der Arbeit verdeutlicht werden.

Isolation abbauen: Der Mittagstisch

Gleich zu Beginn der Arbeit mit den Familien stellten wir fest, daß die Lebensrealität der Frauen häufig geprägt ist von Isolation und fehlenden Kontakten. Sie äußerten den Wunsch nach einem Ort, an dem sie sich treffen, etwas gemeinsam tun und Kontakte knüpfen können. So erwuchs der Gedanke, einen einmal wöchentlich stattfindenden Mittagstisch einzurichten, den wir dann auch realisierten. Wir sind während dieses Mittagstisches präsent und unterstützen die Verwirklichung von Ideen, die der Verbesserung der alltäglichen Lebenssituation der Betroffenen dienen.

So sind Tagesfahrten in den Ferien entstanden (für Familien mit sehr wenig Geld, die an anderen Ferienfahrten nicht teilnehmen konnten) und die Planungen für weitere Freizeitaktivitäten, verbunden mit Überlegungen, die Entlastung von Familien (besonders Alleinerziehender) durch ein Babysitting-Projekt zu fördern.

Oftmals nahmen die gemeinsamen Aktivitäten in der Gruppe sowie das Äußern und Wahrnehmen von Bedürfnissen (und das Gefühl, ich bin nicht die Einzige, der es so geht) den angespannten Situationen in den Familien die Brisanz. Der Schritt, wieder aktiver am Leben teilzunehmen, erschien nun nicht mehr so groß.

Durch die Gespräche während des Mittagstisches z.B. wurden Themen angesprochen, die im Kontext entstanden, weil die Erfahrungen der Menschen dort sich oftmals ähnelten. Tabuthemen wie Gewalt, Schulden etc. lagen offen auf dem Tisch, so daß wir eine "natürliche" Situation für das Gespräch nutzen konnten und damit den Themen die Peinlichkeit und die Scham genommen wurde.

Für die Beteiligten waren diese Gespräche zudem die Chance, einen Schritt mehr aus der Isolation zu gehen und zu sehen, daß sie mit diesen Problemen nicht allein belastet sind.

Inzwischen ist der Mittagstisch ein offenes, auch für andere Bewohner der Region zugängliches, Angebot. Wir versprechen uns dadurch mehr Kontaktmöglichkeiten und Geselligkeit, aber auch, dem Mittagstisch mehr Normalität zu geben.

Durch die Offenheit dieses Angebotes können unterschiedliche Menschen den Mittagstisch nutzen, so daß dieser nicht etwa ein zusätzliches hochschwelliges Spezialangebot darstellt, sondern sowohl für betreute Familien wie auch andere zugänglich ist.

Zudem ist es auch eine Möglichkeit, die Räumlichkeiten und die PädagogInnen der SPFH kennenzulernen, um zu einem späteren Zeitpunkt eventuell intensivere Hilfe in Anspruch nehmen zu können.

Zur Zeit kristallisiert sich der Wunsch nach zusätzlichen offenen Angeboten weiterer Gruppen heraus (Sport-, Väter-, Frauengruppe etc.).

Wir hoffen, ihnen in Kürze konkrete Formen geben zu können.

Hochschwellige Angebote mit niedrigschwelligen kombinieren: Die offenen Beratungszeiten

Durch die konkrete Arbeit wurde uns immer mehr bewußt, daß wir der Sozialpädagogischen Familienhilfe als einem sehr hochschwelligen Angebot ein Gegengewicht geben müssen.

Wir gehen von einem akzeptierenden Ansatz aus, d.h. auch zu akzeptieren, wenn Elternteile beschließen, daß ihnen die Form der SPFH zu verbindlich und zu nahe ist oder wenn wirklich nur eine punktuelle Beratung in einer akuten Krise gefragt ist. Die offenen Beratungszeiten bieten Personen, die den allgemeinen Sozialen Diensten (noch) nicht bekannt sind, also (noch) nicht aktenkundig sind, punktuelle Hilfen. Und für Familien, die bei uns in Betreuung sind, ist so eine Chance eröffnet, nach Auslaufen der SPFH nicht sofort ohne Unterstützung zu sein und sich nach und nach aus der Betreuung zu lösen.

Die offenen Beratungszeiten erweitern das sozialpädagogische Angebot in die Region und sind zudem ein Bindeglied zwischen Jugendhilfe und dem Gemeinwesen, wie auch zwischen Jugendhilfe und dem allgemeinen Sozialen Dienst.

Abschließend ist noch einmal der Aspekt vor Augen zu führen, daß offene Beratungszeiten den an Familienhilfe interessierten Familien die Möglichkeit bieten, die Wartezeit zu überbrücken und in der akuten Notlage sofortige Unterstützung zu bekommen. Zudem hat die punktuelle Beratung auch einen präventiven Charakter, indem sie Krisen aktuell aufgreift und so eine Summierung von Problemen verhindern kann.

Flexibilität der Hilfe: Die Tagesgruppe

Seit Beginn des Projektes im vergangenen Jahr war die Einrichtung einer Tagesgruppe als ein weiteres Angebot aus dem Maßnahmenkatalog des KJHGs, angebunden an das Projekt SPFH, im Gespräch. Diese Überlegung bekam aber erst Konturen durch die konkrete Arbeit mit den einzelnen Familien.

Immer öfter sahen wir uns mit der Situation konfrontiert, daß die Sozialpädagogische Familienhilfe als Hilfangebot nicht auszureichen schien, um das Wohlergehen einzelner oder mehrerer Kinder zu gewährleisten. Von seiten der Kinder waren starke Kontaktwünsche an die betreuenden Pädagogen zu bemerken. "Kann ich nicht bei Dir wohnen?" war eine Frage, die uns einige Male gestellt wurde und die als ernst zu nehmende Äußerung sicher als ein Ausdruck momentaner Unzumutbarkeit der häuslichen Situation zu deuten wäre. Der sehr harte Grad an Belastungen unterschiedlichster Art für die Eltern bestimmte oftmals das ambivalente Verhalten ihren Kindern gegenüber.

Der eventuellen Veränderung des familiären Kontextes mußte erst einmal eine massive Entlastung vorangehen.

Dennoch waren die emotionalen Bindungen innerhalb der Familie so groß, daß eine Fremdplazierung als nahezu gewalttätiger Eingriff in die Familie erschien.

Es galt also, ein Konzept zu entwickeln, welches als ambulantes Angebot zur Erziehung die vorhandenen Ressourcen der Familie ergänzte.

Ein häufiges Verhaltensmerkmal einiger dieser Kinder war ihr eher depressives, d.h. stilles, zurückgezogenes Wesen, was die Gefahr in sich barg, daß in familienergänzenden Betreuungsformen, wie Kindertagesheimen, Spielhäusern etc. diese Kinder eher übersehen wurden und somit bindungslos und isoliert blieben. Zudem waren die Kinder in ihrer Sprach- und Motorikentwicklung häufig so retardiert, daß eine Eingliederung in bestehende Angebote sehr schwierig wäre. In diesem Kontext erscheint uns die Einrichtung einer Tagesgruppe als eine Chance, bestehende Bindungen zu erhalten, aber dennoch Kindern die Möglichkeit zu schaffen, einen Teil des Alltags außerhalb ihrer (hochbelasteten) Familie zu verbringen, um ihnen Entfaltungsspielräume verfügbar zu machen und gleichzeitig den Eltern in einem hohen Maß Unterstützung und Entlastung zukommen zu lassen.

Dennoch soll die Tagesgruppe nicht eine Spezial-Alternative zum Kindertagesheim werden. Geplant ist vielmehr, die Kinder zu stabilisieren und je nach den individuellen Bedürfnissen wieder in die "normalen" Zusammenhänge ihrer Lebenswelt zu führen, d.h. stadtteilorientiert mit den Institutionen zusammenzuarbeiten und die bestehenden Angebote zu nutzen.

Um die Bedingungen der Kinder auch innerfamiliär zu verbessern und zu begleiten, wird die Elternarbeit neben der Begleitung und der Betreuung der Kinder ein wichtiger Faktor der Arbeit.

Bis zum endgültigen Entstehen der Tagesgruppe werden diese Kinder stundenweise von Honorarkräften der SPFH betreut.

Anfang kommenden Jahres soll die Tagesgruppe als Angebot der Ambulanten Hilfe zur Erziehung mit 6 Kindern und einem neuen Team vorläufig als Modellprojekt beginnen.

Vernetzung

In der Region

In der alltäglichen Arbeit mit den Familien ist häufig eine sehr konkrete Zusammenarbeit mit anderen Institutionen der sozialen Arbeit gefordert. Oftmals ist es ein wichtiger Teil unserer Hilfe, Familien und ihren einzelnen Mitgliedern dauerhafte Unterstützung und Entlastung in ihrem Alltag zugänglich zu machen und ihnen beispielsweise Kontaktmöglichkeiten im Stadtteil oder auch Kinderbetreuungsangebote verfügbar zu machen.

Viele der von uns betreuten Familien werden immer wieder auf professionelle Unterstützung zurückgreifen und darauf angewiesen sein. Deshalb ist es eines unserer Ziele, diesen Menschen Zugangswege zu geeigneten Hilfen aufzuzeigen und Anbietern sozialer Dienstleistungen Belange und Bedarfe der von uns Betreuten nahe zu bringen, um so Zugangsmöglichkeiten zu erleichtern.

Darüber hinaus versuchen wir, dazu beizutragen, daß fehlende Angebote wie etwa ein Babysittingdienst, ein zusätzlicher pädagogischer Mittagstisch für Schüler, Tagesfahrten für Familien und Treffpunkte, wie sie unser Mittagstisch darstellt, in der Region neu geschaffen werden. Langfristig hoffen wir, dadurch den Abbau von Überlastung und Isolation von Familien zu unterstützen und so mitzuhelfen, wichtige Ursachen familiärer Krisensituationen abzubauen.

Um die soziale Infrastruktur der Region zu verbessern, sehen wir trägerübergreifende Aktivitäten oftmals als geeignete Möglichkeit an, da auf diese Weise die verschiedensten Ressourcen der einzelnen Träger nutzbar gemacht werden können, ein größerer Personenkreis erreicht wird und gleichzeitig eine aktive Vernetzung verschiedener Einrichtungen gefördert wird.

Einen Versuch, derartiges zu initiieren, stellen die weiter vorn schon erwähnten Tagesfahrten dar.

Auf unsere Initiative und den von uns vorgefundenen Bedarf hin gelang es einer Abteilung des Amtes für Soziale Dienste, einer Beratungsstelle für junge Erwachsene und unserer Einrichtung, durch gemeinsame Finanzierung ein solches Angebot zu verwirklichen. Die organisatorische Umsetzung wurde in diesem Fall wegen der Kürze der Zeit von uns allein geleistet.

Schwierigkeiten, die bei der gemeinsamen Kostendeckung aufgrund unterschiedlicher Finanzierungsträger der einzelnen Einrichtungen auftraten, ließen sich überwinden. Aufgrund des Erfolgs dieses Projektes planen wir, im nächsten Jahr eine größere Zahl dieser Tagesfahrten anzubieten, die von verschiedenen Trägern organisatorisch und finanziell unterstützt und verwirklicht werden soll.

Ein Forum für die Organisation solcher trägerübergreifender Aktivitäten im Stadtteil können bestehende Arbeitskreise sein, in denen sich Professionelle aus verschiedenen Einrichtungen treffen, um sich über Probleme der Arbeit auszutauschen, Informationen weiterzugeben und sozialpolitische Themen zu diskutieren.

Mit dem eigenen Träger

So vielschichtig wie die Probleme der Nutzer unserer Einrichtungen sind, so flexibel müssen wir mit unseren Hilfsangeboten sein. Z.B. zeigt sich in Einzelfällen im Verlauf der Zusammenarbeit mit einer Familie, daß eine ambulante Erziehungshilfe nicht das notwendige und geeignete Angebot ist, um Kindern ein befriedigendes Aufwachsen zu ermöglichen, sondern eine stationäre Unterbringung sinnvoll erscheint.

Wir entwickeln deshalb eine enge Zusammenarbeit mit einigen Wohngruppen des Rauhen Hauses, die die Möglichkeit bieten, Kinder und Jugendliche in räumlicher Nähe zu ihren angestammten Lebensbezügen unterzubringen und den Übergang von der Familie in die neue Lebensform zu begleiten.

Bei der fortgesetzten Betreuung innerhalb eines Trägers sind Modelle denkbar, wo der schon aus der ambulanten Arbeit vertraute Pädagoge ein Kind oder eine/n Jugendliche/n zumindest phasen- oder stundenweise im stationären Kontext betreut, um die Erfahrung von schmerzhaften Beziehungsabbrüchen für Kinder und Jugendliche zu vermindern.

Um solche Übergänge tatsächlich zu ermöglichen, sind Veränderungen im stationären Bereich notwendig. So müssen Aufnahmen beispielsweise kurzfristig erfolgen können und für Krisensituationen zeitlich begrenzte Wohnmöglichkeiten nicht nur für Kinder und Jugendliche, sondern auch für Mütter und Kinder geschaffen werden.

Fazit

Unser derzeitiges professionelles Selbstverständnis

Durch das Angebot verschiedener Hilfeformen versuchen wir, für Hilfesuchende echte Wahlmöglichkeiten zu schaffen, etwa zwischen offenen, unverbindlichen Beratungsangeboten und intensiver ambulanter Betreuung oder auch die Vermittlungsmöglichkeit in stationäre Betreuung. So wollen wir Menschen ermöglichen, sich ihren eigenen Lebensvorstellungen entsprechende Formen der Unterstützung zu erschließen.

Für den Bereich der Sozialpädagogischen Familienhilfe erscheint es uns als wichtiges Kriterium, daß die Erziehungsberechtigten diese Hilfeform freiwillig in Anspruch nehmen, denn hier sind in fast allen Fällen Eltern Hauptadressaten unseres Angebots, und ihre Motivation und Bereitschaft zur Zusammenarbeit ist eine grundlegende Voraussetzung für eine gelingende Arbeit.

Aus dem Vorhandensein von Wahlmöglichkeiten zwischen verschiedenen Formen ambulanter Hilfe zur Erziehung, aber insbesondere auch durch das offene und unverbindlichere Beratungsangebot versprechen wir uns, daß tatsächlich positive Entscheidungen für diese Form der Hilfe ermöglicht werden, obwohl wir uns natürlich darüber im klaren sind, daß der Begriff der Freiwilligkeit ein relativer ist und zu Beginn der Arbeit mit einer Familie letztlich unklar bleiben wird.

Das Prinzip des Akzeptierens der Wünsche, Bedürfnisse und Bedarfe der Menschen, die sich an unsere Einrichtung wenden, bewirkt nach unserer Erfahrung ein verändertes Verständnis vom Begriff des Aufsuchens. Nicht selbstverständlich finden die Treffen zwischen Familienmitgliedern und SozialpädagogIn in der Wohnung der Familie statt, sondern unterschiedlichste Orte der Begegnung sind denkbar, die verschiedensten Arbeitssettings können im Kontakt mit der Familie gefunden werden. Der Terminus des Aufsuchens hat sich für uns von seiner wörtlichen, räumlichen Bedeutung weg zu einer übertragenen, symbolischen Bedeutung hin verändert. Dabei gewinnen eigene Räume, die als Ort der Arbeit zur Verfügung stehen und dementsprechend ausgestattet sein müssen, an Bedeutung. So könnten die Betreuten ihre Intimsphäre schützen und Probleme, die in der eigenen Wohnung schnell offensichtlich würden (etwa Schwierigkeiten mit der Haushaltsführung) in ihrem eigenen Tempo in die Arbeit einfließen lassen.

Da die verschiedenen Familienmitglieder häufig sehr unterschiedliche Bedürnisse haben, erscheint uns immer wieder die Betreuung einer Familie nicht nur durch eine einzelne Fachkraft als sinnvoll und notwendig, sondern wir greifen häufig auf die Möglichkeit zurück, aus dem Team der Einrichtung heraus oder durch speziell für einen Fall gesuchte Honorarkräfte einzelne Familienmitglieder gesondert zu unterstützen, um ihnen so verbesserte Entwicklungsmöglichkeiten anzubieten und Einzelinteressen Raum zu lassen.

Eine solche Arbeitsweise setzt voraus, daß ein Team von PädagogInnen besteht, das auf regelmäßig stattfindenden Dienstbesprechungen Interaktionsprozesse reflektiert, neue Handlungsweisen entwickelt und miteinander abstimmt. Dies erfordert eine hohe Bereitschaft, die eigene Arbeit transparent zu machen und einen professionellen Blick, der die Arbeit mit einer Familie nicht als die Privatangelegenheit des einzelnen Pädagogen begreift. Wir versuchen, die durch die Arbeit geforderte Flexibilität und die immer wieder entstehende Verunsicherung als Chance zu nutzen, nicht in den Systemen der Familie zu verharren.

Durch Supervision können diese Prozesse vertieft und begleitet und eventuell im Team entstehende Konflikte aufgearbeitet werden. Supervision verbessert auch die Möglichkeit für die einzelnen Mitarbeiter, sich nicht (zu sehr) in familiäre Systeme zu verstricken.

Zusammenfassend möchten wir noch einmal betonen, daß unserer Erfahrung nach ein breites Spektrum an verschiedenartigen Hilfe- und Unterstützungsangeboten, die eine hohe Durchlässigkeit untereinander haben, notwendig ist, um den unterschiedlichen Bedürfnissen und Problemlagen von Betroffenen gerecht zu werden.

Über die
Heimerziehung hinaus

BARBARA ROSE

"In erster Linie ist die Frau Mutter"

Konsequenzen des Kinder- und Jugendhilfe-

gesetzes (KJHG) für Frauen

Eine längst überfällige Reformdiskussion findet im KJHG ihren Abschluß

Mit Beginn des Jahres 1991 ist das KJHG in Kraft getreten nach einer über 20jährigen Reformdiskussion, während derer verschiedenste Entwürfe zur Neuordnung des Kinder- und Jugendhilferechtes und damit zur Ablösung des (auf das Reichsjugendwohlfahrtsgesetz von 1992 zurückgehenden) Jugendwohlfahrtsgesetzes vorgelegt, heftig und kontrovers diskutiert, wieder verworfen wurden. Nun also ist das Gesetz auf dem Tisch; die einzelnen Bundesländer sind auf dieser Grundlage beschäftigt, Ausführungsgesetze zu entwikkeln.

In Hamburg hat seit Mitte des Jahres 1990 eine lebhafte Diskussion in fachpolitischen, fachbehördlichen und sozialpädagogischen Kreisen um die Ausgestaltung des Gesetzes begonnen. Insofern ist eine kategorische Einschätzung der Auswirkungen des KJHG auf die Lebenslage von Frauen mit Sicherheit verfrüht: Es lassen sich zwar sehr deutlich mehr oder weniger intendierte Wirkungsweisen und Regulationen im Hinblick auf Rolle und Funktion der Frauen in dieser Gesellschaft im Gesetz identifizieren; wieweit diese jedoch tatsächlich konsequent in politisch/bürokratische Handlungsvollzüge umgesetzt werden, wieweit sie gebrochen oder kompensiert werden, läßt sich zum jetzigen Zeitpunkt noch nicht beurteilen. So lohnt es noch allemal, der Frage nach den im KJHG intendierten Wirkungen auf die Lebensweise von Frauen kritisch nachzuspüren und sich aktiv in die Ausgestaltungsmöglichkeiten vor Ort einzumischen.

Das KJHG als sozialpolitischer Ordnungsrahmen für das letzte Jahrzehnt dieses Jahrhunderts

Jedes Gesetz beinhaltet Interpretationen über das jeweils vorherrschende normative und politische Verständnis der gesellschaftlichen Verhältnisse, also auch der Geschlechterverhältnisse. Diese Einsicht leitete bereits vor nunmehr fast 200 Jahren Charles Fourier, als er feststellte:

"Allgemein läßt sich die These aufstellen: Der soziale Fortschritt vollzieht sich entsprechend den Fortschritten in der Befreiung der Frau, und der Verfall der Gesellschaftsordnung vollzieht sich entsprechend der Abnahme der Freiheit der Frau ... Die Erweiterung der Vorrechte der Frau ist das allgemeine Prinzip allen sozialen Fortschritts."

Bezogen auf das KJHG, steht es um die Wertschätzung und Befreiung der Frau und damit um den sozialen Fortschritt schlecht, denn: In erster Linie ist die Frau im KJHG Mutter! Nicht der Frau, sondern der Mutter gebühren professionelle Hilfestellungen unterschiedlichster Art und Reichweite, die allesamt auf ein Ziel ausgerichtet sind: die Mutterpflichten im familialen, privaten Rahmen zu erfüllen.

Zwar stellt die Leserin beim ersten Durchsehen des Gesetzes eine emanzipierte Sprachregelung fest: Statt "Eltern" werden durchgängig "Mütter" und "Väter" benannt; die traditionellen Mutter-Kind-Einrichtungen sind in diesem Sinne sogar zu Vater-/Mutter-Kind-Einrichtungen umdefiniert worden. Auch wird zu Beginn des Gesetzes in den allgemeinen Vorschriften der Gleichberechtigung von Mädchen und Jungen sowie dem Abbau geschlechterspezifischen Benachteiligungen sogar ein Passus eingeräumt (§ 9 Abs. 3). Jedoch sind diese Äußerungen und die Betonung von entscheidenden Veränderungen in familialen Lebenslagen (Ein-Eltern-Familien; verändertes Rollenverhalten der Frauen) in der Gesetzesbegründung nicht viel mehr als Makulatur: In allen Abschnitten des Gesetzes selber wird von einer weitgehenden bis ausschließlichen Allzuständigkeit der Eltern/der Personensorgeberechtigten (und damit real: der Mütter) für alle wesentlichen Belange der Erziehung der Kinder als Normalfall ausgegangen.

So sind in den Abschnitten 2, 3 und 4 des 2. Kapitels des Gesetzes, in welchem es um die Leistungen der Jugendhilfe geht, grundsätzlich die Personensorgeberechtigten (real: die Mütter) Adressatinnen des Gesetzes. Rechten von Kindern und Jugendlichen als eigenständigen Individuen mit denkbar eigenen, zu denen ihrer Personensorgeberechtigten querstehenden Interessen, wird kein angemessener Rahmen gestattet.

So wird ein Leben in den ursprünglichen Familien kontinuierlich als die Norm definiert; alle professionellen Hilfen im Gesetz sind zunächst und primär daran auszurichten, diese Norm aufrechtzuerhalten oder wiederherzustellen.

So ergibt sich automatisch ein "Notfall", wenn die Betreuung der Kinder durch die Eltern ausfällt.

So sind für besonders entwicklungsbeeinträchtigte Kinder und Jugendliche geeignete Formen der Familienpflege zu schaffen usw. usw.

Alles in allem: ein relativ diffus/traditionelles Bild von funktionierender Familie als einer Einheit von Ehe, Familie, Elternschaft, deren Zentrum allzuständige und allkompetente Personensorgeberechtigte (Mütter) ausmachen, die jedoch vielfältiger unterstützender Hilfen bedürfen, um ihrer gesellschaftlich erwünschten Funktion gerecht zu werden, zeichnet sich da ab. In der Folge solchen Denkens wird im Gesetz kaum bis gar nicht zwischen den in Familien lebenden Menschen differenziert; es wird eine Identität von Eltern- und Kinder/Jugendlichen-Interessen definiert, und zwar in beide Richtungen. In diesem Kontext wird dann auch ideologisch plausibel, warum der Rechtsanspruch auf einen Erziehungsplatz außerhalb der Familie für Kleinkinder fallengelassen worden ist.

Korrekterweise könnte das KJHG auch Familienhilfegesetz oder Mütterhilfegesetz heißen. Zumindest ist es ein Erziehungsgesetz, das sich nachrangig zur privatfamilialen Erziehungsverantwortlichkeit verortet. Damit liegt das KJHG ganz im Trend anderer sozial-, familien- und gesundheitspolitischer Debatten und Neuerungen seit der 2. Hälfte der 80er Jahre: Die gemeinsame Tendenz, unter der Überschrift "Umbau des Sozialstaates", von verschiedenen Konservativen bis grünen politischen Lagern diskutiert und programmatisch verarbeitet, wird in einer neuen Arbeitsteilung zwischen öffentlicher und privater Sphäre deutlich. Bisher als gesellschaftlich-öffentlich definierte soziale Dienstleistungen werden nunmehr zunehmend in den privat-familialen Bereich rückverlagert und durch ein differenziertes Netz professioneller Hilfen kontrollierend flankiert. Für Frauen bedeutet dieses, daß sie primär in bezug auf ihre reproduktiven Tätigkeiten als Mütter, Ehefrauen, als Töchter/Schwiegertöchter definiert und bewertet werden, daß ihnen also eine eigenständige Lebensweise als Frauen in dem skizzierten ordnungspolitischen Kontext nicht zugestanden ist.

Die Wirklichkeit ist anders!

Kontrastieren wir die im KJHG gewonnenen Vorstellungen über und Festlegungen auf Rollenverhalten und Funktion der Frauen mit der empirisch vorfindbaren Wirklichkeit weiblicher und familialer Lebensweisen, dann stellen wir wenig Nähe, Aufeinander-Bezogenheiten, sondern vielmehr auseinanderklaffende Sachverhalte fest. Die Veränderungen und Bewegungen familialer und damit auch immer weiblicher Lebenslagen, welche allgemein unter den Begriffen der Individualisierung und Pluralisierung gefaßt werden, sind nicht wirklich ernsthaft Gegenstand der Ordnungs- und Gestaltungsinteressen im KJHG geworden:

Lediglich der Sachverhalt, daß wir heute nach wie vor von einer hohen Stabilität der Personen innerhalb von Familien, nämlich Kindern und deren leiblichen Eltern, ausgehen können, scheint als globale Orientierung des Gesetzes akzeptiert worden zu sein. (1961 lebten 91 % aller bis zu 15jährigen mit ihren leiblichen Eltern zusammen, heute sind es immerhin noch 80 %, die bei den leiblichen Eltern/einem leiblichen Elternteil aufwachsen.) Alle weiteren Faktoren, die familiale und weibliche Lebensweisen bestimmen (demographische, soziale und arbeitsmarktrelevante), sind dagegen seit den letzten 30 Jahren in großer Veränderung begriffen. Diesen Faktoren gegenüber, die im folgenden knapp skizziert werden, verhält sich das KJHG indifferent bis ignorant, allenfalls ist noch eine "Mängelsichtweise" (z.B. im Hinblick auf die vielen alleinerziehenden Frauen) gestattet, die kompensatorische Strategien nach sich zieht.

Zu den Veränderungen:

- Die Geburtenziffer ist in den letzten 30 Jahren deutlich zurückgegangen, von 2,5 Kindern 1960 über 1,4 1982 auf gar 1,28 1985 bis wiederum 1,4 Kinder pro Frau im gebärfähigen Alter heute.
- Die Zahl kinderloser Paare hat zwischen den Eheschließungsjahrgängen 1959 und 1977 um 18 % zugenommen.
- Die Zahl der Kinder, die mit 4 und mehr Geschwistern aufwachsen, beträgt heute 5 %. 1960 betrug diese Zahl noch 13 %. Der Anteil der Kinder, die alleine und mit einem Geschwister aufwachsen, ist dagegen im gleichen Zeitraum von 65 % auf 80 % gestiegen.
- Daraus resultiert eine Verkleinerung der privaten Haushalte. Insgesamt nehmen die Haushalte jedoch gleichzeitig auch zu, zum einen durch die Zunahme Alleinlebender bzw. später Eheschließungen und zum anderen durch die Erhöhung der Scheidungen und die Abnahme der Wiederverheiratungsquote.
- Zwischen 1960 und heute hat sich die Scheidungsquote mehr als verdoppelt; lag sie 1960 noch bei 14 %, so hatte sie 1988 31 % erreicht und sie steigt weiter. Geschieden werden längst nicht mehr überwiegend die kurzdauernden Ehen (zwischen 3 bis zu 7 Jahren Dauer), sondern vor allem und verstärkt auch sogenannte Langzeitehen.
  Die Scheidungen werden seit der Scheidungsreform zu 70 % von Frauen vorangetrieben. Bis 1984 gab es noch eine sogenannte positive Wiederverheiratungsbilanz, vermehrt heirateten geschiedene Männer ein zweites Mal.
- Daneben gibt es etwa 3 Millionen Personen, die in nichtehelichen Gemeinschaften zusammenleben. Trennungen in diesen Gemeinschaften werden statistisch nicht erfaßt.
- Die Quote der Ein-Eltern-Familien (etwa 90 % Frauen bei Zunahme des Geschiedenenanteils auf heute bereits 2/3 im Unterschied zu noch 40 % in 1970) steigt. Sie liegt heute bei etwa 900.000 Müttern und 100.000 Vätern mit insgesamt etwa 1½ Millionen Kindern bis zu 12 Jahren.
- Der Anteil der nichtehelich geborenen Kinder stieg im gleichen Zeitraum von 4,6 auf 11 % von allen geborenen Kindern.
- Die Zahl der erwerbstätigen Frauen, besonders der Mütter und hier wiederum der alleinerziehenden, ist ganz enorm gestiegen. Mehr als 40 % der Mütter von Kindern zwischen 6 und 15 Jahren sind erwerbstätig, bei den Kindern unter 3 Jahren sind es immerhin noch 30 %.
- Im Zusammenhang mit der Zunahme alleinerziehender Frauen und erhöhten Scheidungsquoten ist von Bedeutung, daß 50 % aller geschiedenen Mütter mit Kindern mit einem monatlichen Netto von unter 1.600,- DM auskommen müssen.

All diese Zahlen sind statistischer Durchschnitt (bezogen auf die alten Bundesländer) und regional noch nicht gebrochen. (In Hamburg z.B. wie auch in anderen Großstädten sind die sich hinter dem statistischen Durchschnitt vollziehenden Veränderungsprozesse von besonderer Prägnanz.) Insgesamt verweisen die Zahlen sehr deutlich darauf, daß Familien heute in vielfältigen Formen ge- und erlebt werden. Diese Vielfältigkeiten wurden ganz entscheidend durch Veränderungen im Rollenverhalten von Frauen angestoßen: Der Geburtenrückgang begann mit der sicheren Empfängnisverhütung und Familienplanung durch die "Pille" ab der 2. Hälfte der 60er Jahre. Die Bildungsreform ab Ende der 60er Jahre und die Gleichberechtigungspolitik in den 70er Jahren ließen Frauen vermehrt ins Erwerbsleben streben – seitdem wollen Frauen "beides": Familie und Beruf. Und sie realisieren diese doppelte Option auch, wenngleich unter individuell verantworteten, sehr stressigen und eingeschränkten Bedingungen.

Es sind offensichtlich überwiegend die Frauen, die auf der Grundlage eines veränderten weiblichen Biographieverlaufes (weniger Kinder, längere Lebenserwartung, Verkürzung der Mutterphase) den traditionellen Familienbildern und den darin enthaltenen Rollenanforderungen nicht mehr folgen mögen, die zunehmend Teilhabe an verschiedenen gesellschaftlichen Bereichen anstreben. Insofern begrenzt der im KJHG abgesteckte politische Rahmen zunächst einmal und primär ganz entschieden Bewegungsspielräume und Lebensplanungen von Frauen, ja nimmt die Veränderungen und Differenzierungen in den Lebenslagen der Frauen nicht einmal zur Kenntnis.

(Daß das KJHG auch hinsichtlich der Lebenslagen von Kindern und Jugendlichen sich eher ignorant gegenüber aktuellen sozialwissenschaftlichen Erkenntnissen verhält, daß es höchst kritikwürdig ist, Interessen von Kindern und Jugendliche unter die ihrer Personensorgeberechtigten zu subsumieren, soll nur kurz vermerkt werden, ist jedoch nicht Thema dieses Aufsatzes).

Gibt es eine "Hamburger Perspektive"?

Ein Kinder- und Jugendhilfegesetz, das seinen Namen verdiente, hätte sich an den Interessen, Bedürfnissen und vorfindbaren Lebenslagen von Kindern und Jugendlichen primär zu orientieren, statt Personensorgeberechtigten (Müttern) vorzuschreiben, wie sie – trotz widriger anderer Verhältnisse – ihre privat zu leistende Erziehungskraft an einer vorgeschriebenen Standard-Fiktion von "Normalfamilie" ausrichten. D.h. ein Kinder- und Jugendhilfegesetz, das seinen Namen verdiente, hätte das größte Augenmerk auf die Ermöglichung und Zur-Verfügung-Stellung von materiellen, rechtlichen und administrativen Ressourcen als Voraussetzung der Realisierung vielfältiger Lebensentwürfe und -planungen von Kindern, Jugendlichen, Personensorgeberechtigten (Männern und Frauen mit ihren Aufgaben als Väter und Mütter) zu richten. Dann könnte auch gewährleistet sein, die von der überwältigenden Mehrheit der Frauen geäußerte "doppelte Option" (sowohl Beruf als auch Familie zu leben) ernst zu nehmen und folgenreich bei der Gestaltung von Kinder- und Jugendhilfe zu berücksichtigen.

In diesem Sinne ergeben sich dann auch die Maßstäbe, die bei einer Bewertung der Hamburger Spielart der Gestaltung und Ausführung des Gesetzesrahmens anzulegen sind. Und hier zeigen sich durchaus Hoffnungsschimmer:

Seit Vorlage und Einführung des KJHG ist in Hamburg immer wieder von fachpolitischer Seite darauf hingewiesen worden, daß es sich bei diesem Gesetz auch um ein modernes Leistungsgesetz handelt (gemeint ist hier der 4. Abschnitt im 2. Teil des Gesetzes zum Thema: Hilfen zur Erziehung). Ein Leistungsgesetz also, welches einen subjektiv-öffentlichen Rechtsanspruch (wenn auch leider nur beschränkt auf die Personensorgeberechtigten) enthält, der sich ausschließlich an der konkreten Situation, am erzieherischen Bedarf im jeweiligen Einzelfall ausrichtet. Damit ist dem Zurückgreifen auf traditionelle Standardlösungen, die kaum noch der vorfindbaren vielfältigen Wirklichkeit entsprechen, ein Riegel vorgeschoben! Die AdressatInnen von Hilfen können vielmehr in ihrer Einzigartigkeit und Besonderheit wahrgenommen werden, und danach haben sich die Hilfen auszurichten. Diese Orientierung an der Individualität wird noch verstärkt durch das den Personensorgeberechtigten zugesprochene Wahl- und Beteiligungsrecht. Wahlrecht z.B. zwischen unterschiedlichen Trägern gleichartiger Leistungen, die unterschiedliche Wertorientierungen präsentieren, sowie eine Inhalts- und Methodenvielfalt.

Somit ist der Jugendhilfe durchaus aufgetragen, eine Pluralität von Werten, eine Vielfalt von Normalitäten zu akzeptieren und zum Ausgang für Praxis zu machen.

Neben der Philosophie von der "Vielfalt von Normalitäten" ist für die hamburgische fachpolitische Debatte charakteristisch eine Orientierung am Regionalprinzip bei der Gestaltung und Umsetzung der Bestimmungen im KJHG.

Besonders dieser 2. Aspekt, das ernsthafte Bemühen um eine regionale Ausgestaltung, ist folgenreich für die Frauen:

Der regionale Kontext, das Gemeinwesen ist für Frauen ein zentraler Lebens- und Arbeitsbereich, selbst wenn sie berufstätig sind. Hier, im sozialräumlichen Kontext, finden Frauen die Chancen und Begrenzungen, die Ressourcen und Probleme vor, die entscheidende Voraussetzungen für das Gelingen ihrer Reproduktionstätigkeiten sind. Hier, im weiblichen Gemeinwesen, ist es weniger relevant, wieviele Kneipen, Vereine und parteipolitische Gruppierungen zu zählen sind, sondern eher wird danach Ausschau gehalten, welche sozialen Dienstleistungen zur Unterstützung, Entlastung und Verbesserung der alltäglichen Haus- und Erziehungsarbeit vorhanden sind, welche Kommunikations-Strukturen und -Orte bestehen, um z.B. der Isolierung zu entgehen, um z.B. Selbstfähigkeit zu entwickeln.

Insofern können die Hamburger fachpolitischen Vorhaben, die darauf abzielen, Kinder- und Jugendhilfe — vor allem die Hilfen zur Erziehung — als ein regionales, miteinander vernetztes Verbund-System zu gestalten, ein Lichtblick für Frauen sein, zumal wenn sich solcherart Hilfe-Systeme an den Kriterien der Unterstützung, Entlastung, Kommunikation und Teilhabe orientieren. Unterstützung beinhaltet familien- und personenunterstützende Hilfen, z.B. Beratungen in Konfliktsituationen einzelner Familien-Mitglieder, innerhalb der Familie, bei Verhandlungen mit Institutionen. Entlastung meint familien- und personenentlastende Dienste, um Überforderungen zu reduzieren, etwa Schularbeitenhilfen, Mittagstische, Babysitter-Dienste, zeitweise Versorgung und Unterbringung in kritischen Situationen. Kommunikation bedeutet die Ermöglichung und Unterstützung informeller sozialer Netze, die Aktivierung von Selbsthilfe.

Teilhabe schließlich meint Partizipation der Leistungsempfangenden an Planungen und Entscheidungen der jeweiligen Jugendhilfeeinrichtungen. Eine solche Perspektive der Umsetzung wichtiger Teile des Kinder- und Jugendhilfegesetzes, die den sozialen Raum als einen eminent wichtigen im Alltagsleben von Frauen zum Ausgangspunkt nimmt, bedarf natürlich professioneller HelferInnen, die ihrerseits offen dafür sind, den fachlichen Blick auf die Vielfältigkeit von (nicht nur) weiblichen Lebenslagen zu richten, statt weiterhin tradiertes Familien- und Frauenrollendenken (in erster Linie ist die Frau Mutter!) zu pflegen, und sei es heimlich.

Zusätzlich zu den skizzierten Möglichkeiten, die den Frauen dazu verhelfen könnten, im Bereich der Kinder- und Jugendhilfe nicht nur als Mütter, sondern eben auch als Frauen anerkannt zu werden, ist jedoch nach wie vor und weiterhin auf die Notwendigkeit eines Rechtsanspruches für Kinder im Alter von 3 Jahren bis zum Schuleintritt auf einen Kindergartenplatz hinzuweisen. Da der Gesetzgeber diesem in allen Reform-Diskussionen der Jugendhilfe einhellig anerkannten Rechtsanspruch nun jedoch keinen angemessenen Platz im Gesetz eingeräumt, sondern den Schwarzen Peter den einzelnen Ländern zugeschoben hat, sind diese gefordert. Und es gibt bereits einzelne hoffnungsvoll stimmende landespolitische Verlautbarungen und Absichtsbekundungen, so auch in Hamburg. An diesen ist hartnäckig anzuknüpfen, diese sind immer wieder auf ihre Realisierung hin zu befragen. Der Kindergartenplatz als soziale Garantie ist ein Baustein, welcher der Mutter ihre Teilhabe als Frau an der gesellschaftlichen Wirklichkeit ermöglichen kann.

GITTA TRAUERNICHT

Hilfen zur Erziehung –
Hilfe für Alleinerziehende?

oder:

Von der Heimerziehung zur sozialökologisch
orientierten Entlastung und Unterstützung

Vorbemerkung

Jugendhilfe ist in den letzten Jahren auch in das Blickfeld der frauenpolitischen Diskussion gekommen. Dabei lag der Schwerpunkt der Kritik allerdings bei der unzulänglichen Unterstützung von Frauen durch entlastende Angebote vor allem im Bereich der Tagesbetreuung und der Benachteiligung von Mädchen in der Jugendarbeit. Andere Bereiche der Jugendhilfe erfuhren keine vergleichbare öffentliche Beachtung und frauenpolitische Bewertung, obschon doch das gesamte Feld der Sozialpädagogik, von der allgemeinen Kinder- und Jugendarbeit über spezielle Beratungsangebote bis hin zu den erzieherischen Hilfen, von eminent frauenpolitischer Bedeutung ist. Geht es der Jugendhilfe doch im wesentlichen um Förderung der Erziehung und bewegt sie sich damit in einem Feld, das typischerweise gesellschaftlich normiert als "Domäne der Frauen" und auch im Berufsfeld Jugendhilfe als Frauenarbeit angesehen wird.

Ich will am Beispiel der Hilfen zur Erziehung außerhalb der eigenen Familie – kurz Fremdunterbringung genannt – das gespannte Verhältnis zwischen Lebenslagen, Interessen und Erwartungen von Frauen einerseits und dem gängigen Arbeitsansatz und Selbstverständnis der Jugendhilfe andererseits beleuchten. Zum Schluß möchte ich kurz die Konturen einer anderen, einer "frauen- und kinderfreundlichen" Jugendhilfe aufzeigen. Dabei wird deutlich werden, daß die "Weiterentwicklung" der Hilfen zur Erziehung über die ambulanten und stationären Hilfe zur Erziehung hinaus vielfältige Entlastungs- und politische Einmischungserfordernisse verlangt. Die Ausführungen beruhen auf einem 1986/87 vom Institut für soziale Arbeit e.V. durchgeführtem Forschungsprojekt "zur Überrepräsentanz von Kindern aus Ein-Eltern-Familien in Erziehungshilfen" (vgl. Trauernicht 1988; Trauernicht/Jordan 1989). Mit diesem Projekt wurden durch Aktenanalysen, Fachkräftebefragungen und insbesondere durch Gespräche mit betroffenen Frauen und Männern jugendamtsinterne Entscheidungsprozesse rekonstruiert, auf ihre Begründungen hin untersucht und familiäre Situationen vor und zum Zeitpunkt von sog. Fremdunterbringungen analysiert. Die Untersuchung fand in einer Großstadt, einer mittelstädtischen und einer ländlichen Region statt. (Hamburg war in diese Untersuchung nicht einbezogen, die vorliegenden Ergebnisse können jedoch überregionalen Erkenntnisgewinn beanspruchen).

Familienkonstellationen und -probleme

Von den rund 100.000 Kindern und Jugendlichen, die 1987 in den westlichen Bundesländern außerhalb der eigenen Familie durch die Jugendhilfe in Heimen und Pflegefamilien untergebracht sind, stammen ca. 75 % aus Ein-Eltern-Familien. Zwar sind Ein-Eltern-Familien keine neue oder neuentdeckte Zielgruppe sozialer Arbeit; und auch deren Überrepräsentanz in der Fremdunterbringung paßt durchaus in ein Theoriemodell, das "abweichendes" Verhalten von Kindern auf unvollständige Familienverhältnisse ("broken-home") zurückführt. Dennoch ist die Tatsache, daß Kinder aus Ein-Eltern-Familien in Heim- und Familienpflege überrepräsentiert sind, bislang kaum ins Blickfeld der fachlichen Diskussion gerückt oder hätte Fragen nach den Ursachen nach sich gezogen.

Hinter dem Begriff Ein-Eltern-Familie oder Alleinerziehende verbergen sich unterschiedliche Familienkonstellationen: ledige Frauen, geschiedene oder in Trennung befindliche Frauen und Männer, verwitwete Frauen und Männer sowie Lebensgemeinschaften und neu zusammengesetzte Familien ("Stieffamilien") mit ihren Kindern. Wie verteilen sich diese Familienverhältnisse nun bei Fremdunterbringungen? Zum Zeitpunkt der Fremdunterbringung lebten ca. 40 % der Kinder unserer Untersuchungsgruppe von ca. 400 Kindern mit ihrer alleinstehenden Mutter, ca. 15 % mit ihrem alleinstehenden Vater, ca. 20 % in Lebensgemeinschaften bzw. in "Stieffamilien" und ca. 22 % mit ihren beiden leiblichen Eltern zusammen. Hinter diesen Familienkonstellationen verbergen sich je spezifische, durchaus unterschiedlich prononcierte Lebensverhältnisse von Frauen mit Kindern.

Ledige Frauen und ihre Kinder

Die allgemeine Lebenssituation lediger Frauen und ihrer Kinder ist gekennzeichnet von typischen gegenwarts- und zukunftsbezogenen Konflikten. In der Regel jung, ungewollt schwanger geworden, noch ohne Ausbildung, abhängig von Sozialhilfe und mit noch unerfüllten eigenen Lebensansprüchen fühlen sich diese Frauen durch das Kind unversehens ans Haus gebunden. Es gibt Versorgungsengpässe über Tag bei der Vereinbarkeit von Ausbildung oder Berufstätigkeit und Erziehungsaufgabe und abends Konflikte zwischen der Mutterrolle und der Lust nach Freizeit und neuer Partnersuche. Die Beziehung zu den Vätern ihrer Kinder oder neuen Partnern ist häufig ungeklärt, wie auch die eigene Lebenssituation und das Verhältnis zu den eigenen Kindern. Zur Versorgung und Erziehung wird die Unterstützung anderer benötigt; Großmütter spielen dabei eine zentrale Rolle. Stehen diese nicht zur Verfügung und bietet die Jugendhilfe keine Entlastung, werden Kinder häufig alleingelassen – nicht zuletzt auch deshalb, weil man dies aus der eigenen Kindheit selbst kennt.

Vernachlässigung lautet dann auch die häufigste Diagnose des Jugendamtes zum Zeitpunkt der vorübergehenden oder endgültigen Weggabe der Kinder an Pflege- oder Adoptiveltern und Kinderheime. Eine Diagnose, die von den ledigen Müttern in den Interviews weder bestritten noch verharmlost wurde. Die Fremdunterbringung ihrer Kinder stellen sie als unerwünschtes Ergebnis letztlich von ihnen selbst nicht mehr auflösbarer Rollenkonflikte und mangelnder Unterstützung dar.

Verheiratet-getrennt lebende und geschiedene Frauen

Bei verheiratet-getrennt lebenden und geschiedenen Frauen kommt der retrospektiven Perspektive eine zentrale Bedeutung zu. Im Unterschied zu den ledigen Müttern haben diese Frauen schon eigene, zumeist langjährige Familien-(leidens)geschichten hinter sich. Oft haben sie mehrere und zumeist schon ältere Kinder. Diese haben die Eheprobleme häufig lange Zeit miterlebt, waren Anlaß und Zielscheibe für weitere Auseinandersetzungen. Ihre Beziehungen zu beiden Elternteilen sind in der Regel belastet von Kränkungen, mangelnder Unterstützung bei der Identitätsfindung und auch von Gewalt.

Zu den Problemen aus den gescheiterten Ehen kommt für die Alleinerziehenden die aktuelle materielle Belastung: 60 % der alleinerziehenden Frauen lebten von Sozialhilfe; bei über 50 % von ihnen werden Unterhaltsansprüche darüber hinaus nicht oder unzulänglich eingelöst. 30 % der alleinerziehenden Frauen bestreiten ihren Lebensunterhalt ganz oder teilweise aus einer beruflichen Tätigkeit. Berücksichtigt man, daß lediglich 14 % der Frauen unserer Untersuchungsgruppe eine Berufsausbildung haben und daß diese mit der Aufnahme der Berufstätigkeit ihre Ansprüche auf Sozialhilfe und Unterhalt weitestgehend verlieren, ist die Erwerbsquote hoch. Die interviewten Frauen machten deutlich, daß sie in der Aufnahme ihrer Berufstätigkeit jedoch die einzig wirksame Möglichkeit sehen, den Teufelskreis von Abhängigkeit und Armut zu durchbrechen.

Die physische und psychische Situation der alleinerziehenden Frauen ist auch durch andere Belastungen häufig schlecht. Die Folgen erlittener Gewalterfahrungen, bei getrennt lebenden Frauen die potentielle Bedrohung durch den Noch-Ehemann, Wohnungsprobleme, Probleme mit dem sozialen Umfeld, die plötzliche Verselbständigung in allen Alltagsdingen und die in der Regel massiven Schulprobleme der Kinder führen zusätzlich zur materiellen Not zu extremen und vielfältigen Belastungen.

In dieser Situation sieht die Jugendhilfe am häufigsten in der Fremdunterbringung von Kindern die "notwendige und geeignete" Hilfe. Dabei ist diese Entscheidung überhaupt nicht stimmig mit den von der Jugendhilfe selbst dokumentierten zentralen Gründen für die Fremdunterbringungen. Genannt wird nämlich bei einem Drittel der alleinerziehenden Frauen der schlechte Gesundheitszustand und bei einem weiteren Drittel die akute familiäre Situation wegen der Trennung und Scheidung. Daß dennoch in den Akten bei alleinerziehenden Frauen selten dokumentiert ist, daß eine "Überlastung eines Elternteils durch

Wegfall eines anderen Elternteils" vorliegt, kann wiederum nicht verwundern. Hierin manifestiert sich nämlich ein gesellschaftliches Selbstverständnis, das von Frauen sowohl während der Ehe als auch in Zeiten von Trennung und Scheidung wie selbstverständlich eine ausreichende Versorgung ihrer Kinder erwartet.

Alleinerziehende Väter

Anders sieht dies bei alleinerziehenden Vätern aus. Immerhin bei zwei Dritteln von ihnen wurde zum Zeitpunkt der Fremdunterbringung ihrer Kinder "Überlastung wegen Ausfalls des anderen Elternteils" festgstellt. Obgleich die Männer den Verbleib ihrer Kinder durchaus offensiv betreiben und sie durch Verwandte und Bekannte entlastet werden, kommt es nach durchschnittlich viel kürzerer Zeit als bei alleinerziehenden Frauen zur Fremdunterbringung von Kindern. Und obgleich chronische soziale und ökonomische Defizite nur bei 10 % der alleinerziehenden Männer festgestellt wurden und nur 10 % von Sozialhilfe leben, wird zwei Dritteln von ihnen eine generell hohe Problembelastung attestiert.

Die Zuständigkeit dieser alleinerziehenden Männer für ihre Kinder zeichnete sich in der Regel bereits durch den Ausfall der Mütter als Versorgungsperson während der Ehe ab. Häufige Abwesenheiten der Männer aus beruflichen Gründen wie Montagetätigkeit oder Schichtarbeit gingen einher mit Eheproblemen, die verstärkt wurden durch außereheliche Beziehungen und Suchtabhängigkeiten, nach Angaben der Männer aber durch Verschuldung ihrer Frauen. Die Männer definieren sich als Opfer von Geschehnissen, die sie nicht beeinflussen konnten. Eigene Anteile am Scheitern ihrer Ehen bis hin zum offensichtlichen Einsatz körperlicher Gewalt werden geleugnet oder als erforderlich dargestellt. In der Regel gingen die Frauen in Frauenhäuser oder auch zu neuen Partnern; die Männer definieren diese sie im Kern ihrer Männlichkeit treffende Tatsache aber zumeist um: Sie hätten ihre Frauen "hinausgeworfen".

"Stieffamilien" und Lebensgemeinschaften

Zu den alleinerziehenden und alleinlebenden Frauen und Männern weist die Situation von Frauen in Lebensgemeinschaften und neu zusammengesetzten Familien einige beachtliche Unterschiede auf. So ist einerseits die ökonomische Lage der zusammengesetzten Familien besser, andererseits spielen die Eltern-Kind-Konflikte jedoch eine wesentlich größere Rolle. So werden denn auch 40 % dieser Familien von der Jugendhilfe "grundlegende Beziehungsstörungen" attestiert und bei ca. 60 % von ihnen spielen "inkonsistente Erziehungspraktiken" der Eltern eine bedeutende Rolle bei der Fremdunterbringung von Kindern. Suchtproblematiken treten in zusammengesetzten Familien ebenso wie körperliche Mißhandlung der Kinder deutlich häufiger als bei Alleinerziehenden auf.

Diese Fakten werfen ein Schlaglicht darauf, daß neue Partnerschaften die Situation für Frauen und ihre Kinder häufig keinesfalls erleichtern. Neukonstellationen innerhalb des Familienverbandes können die Dynamik zwischen bislang Alleinerziehenden und ihren Kindern stören und durch ungeeignete Erziehungspraktiken – in der Regel durch die neuen Partner – verschärfen. Durchaus nachvollziehbare Reaktionen der Kinder, wie Weglaufen und Delinquenz, wirken wiederum verschärfend auf die ohnehin grundlegend gestörten Beziehungen. Auffällig ist die oft besonders konfliktbeladene Konstellation zwischen Stiefvätern und Töchtern. Die sorgeberechtigten Mütter fühlen sich hin und hergerissen zwischen der Loyalität zu ihren Kindern einerseits und neuen Partnern andererseits.

Wenn die Konflikte sich zuspitzen, wird in der Fremdunterbringung von der Jugendhilfe offensichtlich häufig die einzig mögliche Lösung gesehen. Die Heimunterbringung ihrer Kinder entlastet die Mütter nicht, da sie sich nach eigenen Angaben dauerhaft mit Versagens- und Schuldgefühlen plagen. Diese Schuldgefühle verstärken sich häufig noch, da die Kinder sich verstoßen fühlen, die Mütter sich auch ambivalent loslassen und letztlich die Entwicklung der Kinder überaus problematisch bleibt.

Herkunftsfamilien/mit beiden Elternteilen

Bei der Fremdunterbringung von Kindern aus Familien mit beiden leiblichen Elternteilen kristallisieren sich vor allem zwei aus frauenpolitischer Sicht interessante Problemprofile heraus.

Bei einem Typ von Herkunftsfamilie stehen nicht so sehr materielle Probleme im Vordergrund als vielmehr zutiefst gestörte, wenn nicht gescheiterte Ehebeziehungen, die aber unter hohem Leidensdruck insbesondere der beteiligten Frauen und Kinder fortgeführt werden. Gewalt, physische und psychische Dauerbelastungen, soziale Vereinsamung und faktische Zuständigkeit für die Versorgung und Erziehung der Kinder führen bei den betroffenen Frauen zur Überlastung. Die Väter sind im Erziehungsgeschehen entweder nicht präsent oder schalten sich punktuell disziplinierend ein, entziehen sich dem Familienleben und pflegen intensive Außenkontakte.

In einem zweiten Problemtyp ist es weniger die Ehebeziehung, die als belastend erscheint. Das wesentliche Konfliktpotential resultiert vielmehr aus einer gestörten Beziehung zwischen Vätern und älteren Kindern – zumeist den Töchtern –, die mit zunehmendem Alter in Opposition zu deren Erziehungspraktiken und normativen Vorstellungen geraten. Autonomiebestrebungen der Minderjährigen und forciertes Beharren auf Normerfüllung besonders durch Väter, begleitet von erhöhten Kontrollversuchen, charakterisieren eine Konfliktkonstellation, die nicht selten in der Unterbringung der Kinder außerhalb der eigenen Familie endet.

Angebote der Jugendhilfe

Ist nun die Jugendhilfe eine Hilfe für die Alleinerziehenden? Wird sie von ihnen selbst nachgefragt?

Erstkontakte zum Jugendamt

Interessante Informationen liefern hier die Erstkontakte zwischen der Jugendhilfe und den betroffenen Eltern. So erfolgte der erste Kontakt der Untersuchungsgruppe zum Jugendamt in 40 % der Fälle durch gesetzlichen Auftrag der Jugendhilfe: Bei Geburt eines nichtehelichen Kindes durch die automatische Einrichtung einer Amtspflegschaft zwecks Vaterschaftsfeststellung und Sicherung der Unterhaltszuständigkeit (16 %) bzw. im Zusammenhang von Trennung und Scheidung in Form von Stellungnahmen zur Verteidigung der elterlichen Sorge (24 %).

Während bei den alleinerziehenden Frauen generell eine höhere Bereitschaft vorliegt, sich bei Konflikten an das Jugendamt zu wenden, ist dies bei Zwei-Eltern-Familien anders.

Fachkräfte der Jugendhilfe berichten, daß sich Männer z.T. vehement gegen die Einmischung des Jugendamtes wehren. Gerade Männer legen Wert auf eine gute Außenoptik ihrer Familiensituation und hindern ihre Frauen an der Aufnahme institutioneller Unterstützung.

D.h., daß die Überrepräsentanz von Kindern aus Ein-Eltern-Familien nicht zuletzt auch damit zusammenhängt, daß staatliche Institutionen ihre Aufmerksamkeit qua gesetzlichem Auftrag auf Alleinerziehende lenken. Daß diese darüber hinaus durch größere Bereitschaft in das Handlungsfeld Jugendhilfe geraten, während Männer den zumeist ja weiblichen Fachkräften erfolgreich die Tür verschließen, führt letztlich zur verstärkten Fremdunterbringung von Kindern Alleinerziehender. Diese Fakten zeigen einmal mehr, daß die Jugendhilfe von ihrem Grundansatz her weder offensiv reagiert, noch Dienstleistung für BürgerInnen ist.

Aufgeräumt werden muß auch mit der Vorstellung, daß Kinder und Jugendliche primär wegen Verhaltensauffälligkeiten in Heime oder Pflegefamilien kommen und diese quasi zu einer objektiv definierbaren Größenordnung wie der Fremdunterbringungsquote führten. Lediglich bei 14 % unserer Untersuchungsgruppe wurden Verhaltensauffälligkeiten bei Kindern attestiert.

Die Lebensumstände von Familien, aus denen heraus Kinder und Jugendliche in Einrichtungen der Jugendhilfe und Pflegefamilien kommen, sind wesentlich gekennzeichnet von Armut, Krankheit, Scheidung und geschlechtsspezifischer Benachteiligung.

Hilfe vom Jugendamt

Nun könnte die Fremdunterbringung von Kindern je durchaus als Unterstützung und Entlastung familiär zugespitzter Situationen erlebt und organisiert werden. Voraussetzung dafür wäre allerdings, daß diese Entscheidung selbstbestimmt getroffen wird, daß andere Angebote vorhanden, aber nicht geeignet oder ausreichend sind, daß die Beziehung zum Kind gefördert wird und die Funktion der Fremdunterbringungen allen Beteiligten klar ist. Dies könnte bedeuten, daß Frauen und Kinder von Schuld und Stigma befreit werden, materielle Sicherheit und persönliche Restabilisierung befördert und Rückführung systematisch betrieben werden. Es könnte aber auch heißen, daß den Frauen dauerhaft die

Last der Erziehungsaufgabe genommen und den Kindern eine alternative Lebensperspektive gegeben wird.

Wie aber sieht die Realität aus? Die Ergebnisse des Forschungsprojektes zur Hilfe von Jugendämtern sind eher deprimierend.

Die Hälfte der Alleinerziehenden bewertete die Arbeit der Jugendämter nicht als Unterstützung, sondern als Kontrolle und Bevormundung und sieht sich mit weitreichenden Entscheidungen wie eine Fremdunterbringung ihrer Kinder ohne eigene Einflußmöglichkeiten konfrontiert. Die anderen Alleinerziehenden gaben an, daß sie mit den Jugendämtern durchaus zufrieden seien, da sie deren Beratung und Unterstützung gesehen und positiv erlebt haben. Gleichzeitig wurde aber deutlich, daß hier lediglich die Bemühungen und das Engagement von MitarbeiterInnen honoriert, letztlich aber das Jugendamt als eine überforderte und mit unzureichenden Unterstützungsmitteln ausgestattete Institution gesehen wurde.

Die empirischen Daten bekräftigten diese kritische Einschätzung gegenüber den Jugendämtern. Zwischen Erstkontakten und Fremdunterbringung standen unterschiedlich lange Zeiträume – durchschnittlich jedoch immerhin ca. 4 Jahre zur Verfügung. In dieser Zeit hätten zumindest vielfältige offene und ambulante Hilfen eingesetzt werden können. Die Betrachtung der realisierten Hilfen zeigt jedoch, daß lediglich jede 3. Familie eine sog. formlose erzieherische Betreuung durch den sozialen Dienst erhielt und nur bei jeder 7. Familie eine Erziehungsberatung erfolgte; hier jedoch auch häufig nur zum Zwecke der Diagnosestellung. Ambulante Hilfen mit relativ hohem Intensitätsgrad wie die sozialpädagogische Familienhilfe, die Erziehungsbeistandschaft und die Tagespflege als Erziehungshilfe wurden lediglich für jede 10. Familie geleistet. Auch die Inanspruchnahme von Angeboten der Kindertagesbetreuung und der allgemeinen Jugend- und Familienförderung ist offensichtlich gering, wenngleich die Aktenlage hier keine verläßlichen Daten enthält. Ein Hinweis ist jedoch, daß in 84 % der Akten ein solches Angebot überhaupt nicht einmal erwähnt ist. Ganztagsangebote, insbesondere auch für Kleinstkinder und Schulkinder sind zumeist auch nicht vorhanden und bei Kindergärten ist bekannt, daß sie zu häufig von Kindern aus sozial benachteiligten Familien nicht besucht werden.

Die Kontakte zum Jugendamt führten letztlich bei 40 % unserer Untersuchungsgruppe dazu, daß das Jugendamt hinsichtlich einer Fremdunterbringung initiativ wurde und sich bei insgesamt einem Drittel der Familien vom Vormundschaftsgericht das Sorgerecht übertragen ließ. Zwar haben letztlich 60 % der Eltern der Fremdunterbringung zugestimmt, aber welche Alternative hätten sie denn auch gehabt?

Gewünscht hätten sie sich nach eigenen Angaben eher wirksame Angebote, die sie in die Lage versetzt hätten, die Probleme auch ohne Fremdunterbringung ihrer Kinder zu lösen. So nennen die Alleinerziehenden insbesondere

- umfängliche und flexible Tagesbetreuungsmöglichkeiten,
- informative Rechtsberatung in Fragen des Sorgerechts, bei Unterhaltsleistungen und Sozialhilfe,
- Gruppenangebote mit Gleichbetroffenen,
- nützliche Hinweise und Beratung in Erziehungsfragen,
- konkrete Entlastung in der Alltagsorganisation.

Bei den Zwei-Eltern-Familien nutzten die Frauen selbst kurze Abwesenheiten ihrer in der Regel bei den Interviews anwesenden Ehemänner und formulierten Wünsche zur Unterstützung von eigenen Trennungs- und Scheidungsabsichten. Die Ehemänner wiederum verhielten sich eher klassisch rollenkonform und reduzierten ihre Unterstützungswünsche auf die Überwindung der eigenen Arbeitslosigkeit.

Zufriedenheit von Alleinerziehenden und Zwei-Eltern-Familien mit der Fremdunterbringung ihrer Kinder ist in den Akten selten dokumentiert. In den Interviews wurde deutlich, daß sich kaum jemand mit der Situation arrangiert hat. Die Alleinerziehenden hatten sich auf die Fremdunterbringung eingelassen in der Hoffnung auf Entlastung anderweitig nicht aufzulösender Probleme. Häufig ist es jedoch nur zu Problemverschiebungen gekommen. Die meisten Alleinerziehenden fühlten sich nach der Fremdunterbringung ihrer Kinder vom Jugendamt alleingelassen mit den nach wie vor vorhandenen Problemen. Hinzu kommen Schuldgefühle gegenüber den Kindern begleitet von kritischen Kommentaren von Verwandten und Bekannten hinsichtlich des Versagens der Mütter. Die Heime sind häufig weit entfernt vom Lebensort der Alleinerziehenden und deren aktives Einbeziehung in die weitere Entwicklung ihrer Kinder findet zu selten statt. Die erhoffte Rückführung der Kinder wird von der Jugendhilfe nicht systematisch betrieben. Dieser Eindruck der Alleinerziehenden selbst wird gestützt durch die Aktenanalyse. 86 % der Fremdunterbringungen erfolgte unbefristet, und lediglich bei 5 % wurde explizit das Ziel genannt, die Entwicklung tragfähiger Eltern-Kind-Beziehungen zu verfolgen. Auch die Tatsache, daß bei Trennung und Scheidung situativ begrenzte Extrembelastungen auftreten, führte nicht zu einer Befristung der Fremdunterbringung und einem an Entlastung der einzelnen Familienmitglieder orientierten Hilfeplan.

Das kurz skizzierte Forschungsprojekt hat zwar lediglich die Erwachsenenseite berücksichtigt, aber vielleicht auch gerade deshalb den Blick unverstellt gelassen für Ursachen der Fremdunterbringung von Kindern, die von der Jugendhilfe pädagogisch verkürzt, oft nicht strukturell gedeutet, geschweige denn nachhaltig bearbeitet werden (können); Armut, Krankheit, Überlastung, soziale Isolation und die ganze Last gescheiterter Ehen, in der Regel auf den Schultern von Frauen.

Natürlich ist die Seite der Kinder selbst zu betrachten. Es soll hier auch gar nicht unterschlagen werden, daß die desolaten Sozialisationsbedingungen von Kindern, die Jugendhilfe auch mit Fremdunterbringung auf den Plan zu rufen hat.

Wenn aber äußere Lebensumstände bei einem großen Teil der Alleinerziehenden Anlaß für die Fremdunterbringung sind, dann ist es nicht hinnehmbar, daß die Jugendhilfe es nicht schafft, zumindest ihre eigenen Handlungsmöglichkeiten zur Entlastung der Frauen einzusetzen und statt dessen pro Kind ca. 5.000,- bis 6.000,- DM im Monat für eine Heimunterbringung ausgibt.

Politische Einflußnahme

Jugendhilfe muß auf Lebenslagen Alleinerziehender Einfluß nehmen und deren ökonomische, soziale und rechtliche Situation verbessern helfen. Über die JugendministerInnen, die Arbeitsgemeinschaften der Obersten Landesjugendbehörden, den Deutschen Verein für öffentliche und private Fürsorge, über die Hochschulen und viele andere Institutionen und Gremien sind ausgehend von der unmittelbaren Wahrnehmung der Lebensverhältnisse von Alleinerziehenden durch die Jugendhilfe Forderungen an andere Politikbeereiche zu formulieren, die Einfluß auf den konkreten Alltag von Alleinerziehenden und ihren Kindern haben. Zentrale Themen hierbei sind die Wohnsituation, die materielle Situation und die geschlechtsspezifisch normierten Erwartungen an Frauen. Keine Wohnghettos am Stadtrand, schon gar nicht ohne soziale Infrastruktur, verbesserte Durchsetzbarkeit zivilrechtlicher Ansprüche und Steuerentlastungen, Mehrbedarfszuschläge bei der Sozialhilfe, Verlängerung der Arbeitsbefreiung bei kranken Kindern und Wiedereinstieg in das Erwerbsleben sind hier die Stichworte. Zu Recht wird daher auch in der allgemeinen Diskussion darauf hingewiesen, daß Alleinerziehende nicht per se eine gesellschaftliche Problemgruppe darstellen, sondern daß das Problem vieler Alleinerziehender ihre Armut ist.

Gesetzliche "Zugangsschleusen" zur Jugendhilfe aufgeben und Rechtsansprüche auf Unterstützung schaffen

Die gesetzliche Amtspflegschaft als "Zwangspflegschaft" ist nicht mehr zeitgemäß und abzuschaffen. Der im Kinder- und Jugendhilfegesetz verankerte Anspruch auf Unterstützung von Alleinerziehenden einerseits und nichtsorgeberechtigten Eltern(teilen) andererseits ist nicht nur auf ledige Frauen, sondern insbesondere auch auf geschiedene und getrenntlebende Frauen zu beziehen und durch offene und ambulante Angebote der Jugendhilfe einzulösen. Hamburg hat hierzu einen fachpolitischen Vorstoß auf Bundesebene gemacht (vgl. Amt für Jugend 1992).

Von der traditionellen Praxis, Familiengerichten durch Stellungnahmen zuzuarbeiten, die zur Regelung der elterlichen Sorge Position beziehen, muß entsprechend des Kinder- und Jugendhilfegesetzes zukünftig abgesehen werden, soweit das Wohl des Kindes nicht gefährdet ist. Gefragt ist die Jugendhilfe hier nicht als "Schiedsrichter", sondern als Moderator von familiären Klärungsprozessen zur Verteilung der elterlichen Sorge in rechtlicher und alltagspraktischer Hinsicht.

Materielle Absicherungen, wie z.B. das Unterhaltsvorschußgesetz, hingegen sind durch die Jugendhilfe offensiv einzusetzen. Hier hat die jüngst getroffene Entscheidung zur Ausweitung der Leistungsdauer und Altersgrenze der Kinder eine deutliche Verbesserung gebracht. Damit wird insbesondere der prekären Situation von geschiedenen Frauen auch mit älteren Kindern Rechnung getragen.

Alle diese Leistungen dürfen jedoch nicht darüber hinwegtäuschen, daß zumeist erst die Berufstätigkeit den materiellen und individuellen "Kick" in die neue Lebensphase von geschiedenen Frauen und ledigen Müttern bringt.

Jugendhilfe als Dienstleistung für Alleinerziehende und Interessenvertretung von Kindern

Natürlich hat das Jugendamt die Aufgabe, für das Wohl des Kindes Sorge zu tragen und in Wahrnehmung dieses Auftrages ggf. auch gegen Wunsch und Willen von Sorgeberechtigten Kinder außerhalb ihrer eigenen Familie unterzubringen. Entscheidend ist jedoch, daß die Jugendhilfe alle ihre fachlichen Möglichkeiten einsetzt und verfolgt.

Anknüpfungspunkt ist die verordnete und übernommene Zuständigkeit für die Erziehung und Betreuung von Kindern. Hier gilt es im Bewußtsein von Frauen (und Männern) und real durch vielfältige und flexible Tagesbetreuungsangebote zur Entlastung beizutragen. Ein Rechtsanspruch auf Tagesbetreuung für alle Kinder ist sicherzustellen. Auch Schulen müssen Ganztagsangebote, pädagogische Mittagstische und Hortangebote machen. Bei der Platzvergabe sind sozial- und frauenpolitische Prioritäten zu setzen.

Der bedarfsgerechte Ausbau der Kindertagesbetreuung gehört zu den erklärten politischen Zielen Hamburgs: 10.000 zusätzliche Plätze in einer Legislaturperiode und mittelfristig Vollversorgung im Elementarbereich sowie einen Platz für jedes 4. Kind im Krippenalter und jedes 5. Kind im Schulalter. Ganztagsplätze werden von den meisten Trägern vorrangig an Alleinerziehende vergeben; für den öffentlichen Träger ist dies durch eine Fachliche Weisung sichergestellt.

Innerhalb der Angebotspalette der Hilfen zur Erziehung sind ambulante Formen erheblich auszuweiten. Unter ambulanter Hilfe wird hier generell ein entspezialisiertes, zeitintensives Angebot verstanden, das Probleme am Lebens- oder Aufenthaltsort von Kindern und Jugendlichen mindern oder lösen soll. Hilfe zur Selbsthilfe ist die Maxime, von familiären Belastungen materieller, sozialer und individueller Natur zu entgegnen. Mit der Reform der Hamburger Heimerziehung haben sich verselbständigungsorientierte ambulante Formen eher für Jugendliche entwickelt: bezirkliche Jugendwohnungen mit relativ geringer Betreuungsdichte sowie einzelfallbezogene, auch intensive Angebote in der Flexiblen Betreuung. Seit 1991 wurden bei Sozialen Diensten einerseits und freien Trägern andererseits ca. 70 Stellen für den Ausbau ambulanter Hilfen, insbesonder auch für Kinder in Familien, eingerichtet. Der Ausbau wird in der nächsten Jahren fortgesetzt.

Frauengruppen fördern die Selbsterkenntnis und die Einsicht in geschlechtsspezifische Zusammenhänge. Was bei Mittelschichtsfrauen mit den "consciousness-raising-groups" in den 60er und 70er Jahren begann, ist in der Bildungs- und Unterstützungsarbeit auch bei sozial benachteiligten Frauen und insbesondere Alleinerziehenden weiterzuführen. Fachlich beförderte Selbsthilfe zu Unterstützung des Selbstbestimmungsprozesses und Bündelung aller materieller und sozialen Hilfen — zeitlich und räumlich -; auch dies sind Forderungen an die Jugendhilfe, Sozialhilfe, Gesundheitspolitik und Arbeitsmarktpolitik. Stadtteil-

Frauen- und Mütterzentren müssen zur sozialen Infrastruktur des Stadtteils gehören. Hier setzt Hamburg einen deutlichen fachlichen Schwerpunkt.

Auch die sog. Fremdunterbringung kann ihren Schrecken verlieren, wenn ihre Entlastungsfunktion genutzt, Alleinerziehende nicht ihre Kinder und Kinder nicht ihre Eltern verlieren, beide Seiten von Schuld- und Versagensgefühlen befreit und ein aktives Miteinander möglich bleibt. Dies hat jedoch zur Voraussetzung, daß Kleinsteinrichtungen und Pflegestellen im Stadtteil angesiedelt sind und das Netzwerk sozialer Dienstleistungen ergänzen. Eine zentrale Bedeutung kommt dabei der Entwicklung von Hilfeplänen zu, die die Position der einzelnen Familienmitglieder ebenso deutlich macht, wie die Funktion und zeitliche Perspektive einer Unterbringung außerhalb der eigenen Familie. Die flächendeckende Einführung von sog. Erziehungskonferenzen und der Erstellung schriftlich fixierter Hilfepläne erfolgte in Hamburg unmittelbar nach Inkrafttreten des Kinder- und Jugendhilfegesetzes. An zwei Dritteln aller Erziehungskonferenzen nehmen inzwischen Sorgeberechtigte bzw. Kinder teil; ein deutlicher Schritt in Richtung Partizipation.

Literatur

Amt für Jugend: Amtspflegschaft = Zwangspflegschaft? Informationen, Standpunkte, Empfehlungen, Hamburg 1992

Trauernicht, G. (Hrsg.): Soziale Arbeit mit Alleinerziehenden. Projekte aus der Praxis, Münster 1988

Trauernicht, G., Jordan, E.: Alleinerziehende im Brennpunkt der Jugendhilfe. Erziehung außerhalb der eigenen Familie im Spiegel der Akten aus Sicht betroffener Familien und neue Wege der Problemlösung, Münster 1989

Zu den AutorInnen

Peter Borchardt, Sozialpädagogische Familienhilfe des Rauhen Hauses, Hamburg

Vera Birtsch, Leiterin des Landesbetriebes Erziehungs- und Berufsausbildungs-einrichtungen, Hamburg

Albert Borde, Leiter der Flexiblen Betreuung des Rauhen Hauses, Hamburg

Friederike Degenhardt, Ambulante Jugendbetreuung des Rauhen Hauses, Hamburg

Günter Finke, Leiter des Grundsatzreferates Erziehungshilfe im Amt für Jugend, Hamburg

Katrin Haider-Lorenz, Sozialpädagogische Familienhilfe des Rauhen Hauses, Hamburg

Christiane Kluge, Referentin im Landesbetrieb Erziehungs- und Berufsaus-bildungseinrichtungen, Hamburg

Maren Knebel-Pasinski, Schulische Erziehungshilfe des Amtes für Jugend, Hamburg

Katrin Koldeweg, Sozialpädagogische Familienhilfe des Rauhen Hauses, Hamburg

Dieter Kretzer, Kinder- und Jugendpsychiatrischer Dienst des Amtes für Jugend, Hamburg

Rüdiger Kühn, Leiter der Einrichtungen des Vereins für Stadtteilbezogene, Milieunahe Erziehungshilfen (SME)

Thomas Möbius, Leiter des Basis Projekt e.V., Hamburg

Friedhelm Peters, Professor an der Fachhochschule Erfurt

Barbara Rose, Leiterin der Erziehungsabteilung des Rauhen Hauses, Hamburg

Hans-Jürgen Sommerfeld, Leiter des Kostenreferates im Amt für Jugend, Hamburg

Gitta Trauernicht, Leiterin des Amtes für Jugend, Hamburg

Michael Tüllmann, Leiter der Abteilung Behindertenhilfe des Rauhen Hauses, Hamburg

Karl-Ludwig Wagner, Schulische Erziehungshilfe des Amtes für Jugend, Hamburg

Fred Wohlert, Leiter des Referates Jugendhilfeplanung und Fachinformation im Amt für Jugend, Hamburg

Klaus Wolf, Hochschullehrer an der Fachhochschule Neubrandenburg

JOHANNES MÜNDER U.A.

Frankfurter Lehr- und Praxis-Kommentar zum Kinder- und Jugendhilfegesetz

Die überarbeitete, zweite Auflage des Frankfurter Lehr- und Praxiskommentars zum KJHG berücksichtigt die Erfahrungen der Praxis in der Anwendung und Umsetzung des KJHG, die zwischenzeitlich hierzu entwickelten Richtlinien und Empfehlungen, die einschlägige Rechtsprechung und - vor allem - die Änderungen der Gesetzeslage durch »Das Erste Gesetz zur Änderung des Achten Buches Sozialgesetzbuch - KJHG", das am 1. April 1993 in Kraft getreten ist.

Wie bei dem 1978 in erster Auflage und 1988 in vierter Auflage vorgelegten »Frankfurter Kommentar zum JWG« geht es der Autorengruppe auch beim KJHG um eine Kommentierung der juristischen Rahmenbedingungen, die die tatsächlichen Lebenslagen der von Jugendhilfe betroffenen Kinder, Jugendlichen und ihrer Familien reflektiert und dazu beitragen will, der sozialpädagogischen Praxis bei öffentlichen und freien Trägern der Jugendhilfe qualifizierte und erfolgversprechende Arbeitsbedingungen im Kontext der neuen gesetzlichen Vorschriften zu ermöglichen.

Da der Bereich der Jugendhilfe nur in interdisziplinärer Kooperation erschöpfend erschlossen werden kann, gehören der Autorengruppe Juristen, Verwaltungsfachkräfte, Praktiker der Jugendhilfe und Sozialwissenschaftler an.

ca. 650 Seiten, 55 DM, ISBN 3-926549-41-6

2., überarbeitete Auflage
Gesetzesstand: 1.4.1993

VOTUM Verlag

BERND JANSEN/CHRISTIAN JUNG/
CHRISTIAN SCHRAPPER/MONIKA THIESMEIER (HG.)

Krisen und Gewalt
Ursachen, Konzepte und Handlungsstrategien in der Jugendhilfe

Die Beschäftigung mit besonderen Problemsituationen, mit den »Grenzen der Erziehung« ebenso wie mit existentiellen Krisen und erlittener und gelebter Gewalt hat in der Jugend- und Erziehungshilfe eine lange Tradition. In dieser spiegeln sich neben den Verunsicherungen und Herausforderungen des Arbeitsfeldes und der MitarbeiterInnen auch immer wieder veränderte gesellschaftliche Rahmenbedingungen und Erwartungen an eine Jugendhilfe, die zuständig gemacht wird für die Ausnahmen und Notfälle der so gerne gesehenen »Normalfamilie". Doch auch die öffentliche Aufmerksamkeit für die Bedrohungen und die Instabilität familiärer Lebenswelten ist deutlich gestiegen, Stichworte hierfür sind die Debatten um Kindesmißhandlung, sexuellen Mißbrauch von Kindern, Gewalt in Familien, eine steigende Scheidungsrate, Auswirkungen von Arbeitslosigkeit, »Neuer Armut« und »Neuer Wohnungsnot« auf Familien und Kinder.

Die hier vorgestellten Beiträge und Praxisberichte reflektieren die unterschiedlichen, sich teilweise dramatisch verändernden Lebens- und Entwicklungsbedingungen von Kindern und Jugendlichen ebenso wie die Möglichkeiten und Chancen einer hilfreichen und unterstützenden Jugendhilfe. Aus verschiedensten Perspektiven wird kritisch untersucht, wie Krisen und Gewalt in der kindlichen Entwicklung zu verstehen sind, welche Bedingungen PädagogInnen brauchen, um für Kinder und Jugendliche hilfreich und unterstützend sein zu können und wie Einrichtungen und Behörden leistungsfähige Jugendhilfe gestalten können.

Mit zahlreichen Praxis- und Projektberichte sowie mit Beiträgen von Peter BERKER, Karl-Heinz FILTHUT und Kurt FREY, Cornelia HARTMANN-JANSEN, Bernd JANSEN, Christian JUNG, Rainer KRÖGER, Walter LANDSBERG, Dietbert LIPPKA, Horst PETRI, Bernd RADLOFF, Beate ROTERING und Norbert WIELAND, Manfred SCHOLLE, Christian SCHRAPPER, Magdalena STEMMER-LÜCK, Eberhard SEIDEL-PIELEN, Monika THIESMEIER, Johannes WEINBERG.

ca. 250 Seiten, 24,80 DM, ISBN 3 – 926549 – 66 – 1

VOTUM Verlag

ERWIN JORDAN/REINHOLD SCHONE

Jugendhilfeplanung – aber wie?
Eine Arbeitshilfe für die Praxis

Jugendhilfeplanung hat mit dem Inkrafttreten des KJHG eine erhebliche fachliche und jugendpolitische Aufwertung erfahren. Mit der Verpflichtung zur Jugend-hilfeplanung stellt sich für den öffentlichen Träger der Jugendhilfe (Jugendämter) zugleich die Frage, wie sie dieser anspruchsvollen Aufgabe gerecht werden sollen.

Die Autoren entwickeln ein prozeßorientiertes Planungskonzept, das einerseits auf die Umsetzung aktueller fachlicher Standards in der Jugendhilfe ausgerichtet ist (Organisationsentwicklung) und andererseits dazu beitragen soll, Ressourcen und öffentliche Sensibilitäten im Rahmen (kommunal-)politischer Willensbildung und Entscheidung auf die komplexen Aufgaben der Jugendhilfe zu richten (Jugend-hilfepolitik).

Dieses Arbeitsbuch wendet sich an alle Fachkräfte der Jugendhilfe, insbesondere auch an JugendhilfeplanerInnen, MitarbeiterInnen von Fachdiensten und freien Trägern sowie JugendhilfepolitikerInnen.

220 Seiten, 29,80 DM, ISBN 3 – 926549 – 52 – 1

VOTUM Verlag